Studien zum Wirtschafts-, Bank- und Kapitalmarktrecht

Herausgegeben von

Prof. Dr. Matthias Lehmann, Universität Wien
Prof. Dr. Christian Schröder, Universität Halle-Wittenberg
Prof. Dr. Rolf Sethe, Universität Zürich

Band 22

Jessica Ferreira Rocha

One share, one vote im deutschen und schweizerischen Aktienrecht

Eine rechtsvergleichende Untersuchung vor dem Hintergrund der Wiedereinführung der Mehrstimmrechtsaktie

Nomos

Onlineversion
Inlibra

Die Deutsche Nationalbibliothek verzeichnet diese Publikation in der Deutschen Nationalbibliografie; detaillierte bibliografische Daten sind im Internet über http://dnb.d-nb.de abrufbar.

Zugl.: Zürich, Univ., Diss., 2025

ISBN 978-3-7560-3936-4 (Print)
ISBN 978-3-7489-7088-0 (ePDF)

1. Auflage 2026

Vorwort

Diese Arbeit wurde von der Rechtswissenschaftlichen Fakultät der Universität Zürich im Herbstsemester 2025 als Dissertation angenommen. Rechtsprechung und Literatur sind bis Dezember 2025 berücksichtigt.

Mein besonderer Dank gilt meinem Doktorvater Professor Dr. Rolf Sethe, der die Arbeit begleitet und durch wertvolle Anregungen zum Gelingen meines Vorhabens beigetragen hat. Herzlich danken möchte ich weiter Professor Dr. Christoph Bühler für die zügige Erstellung des Zweitgutachtens. Professor Dr. Rolf Sethe, Professor Dr. Christian Schröder und Professor Dr. Matthias Lehmann danke ich für die Aufnahme dieser Arbeit in ihre Schriftenreihe.

Darüber hinaus danke ich allen, die mich während der Erstellung dieser Arbeit unterstützt haben, insbesondere Tania Ferreira Rocha, Saskia Anthes, Lukas Bickel, Anton Goll, Max Löer, Laura Pfiz und Pia Schneider, die mit großem Engagement die mühevolle Arbeit des Korrekturlesens übernommen haben. Mein besonderer Dank gilt zudem Herrn Dr. Dominik Pohlmann, der mir während der gesamten Promotionszeit als kompetenter Ansprechpartner stets hilfsbereit zur Seite stand.

Mein größter Dank gebührt meinen Eltern und meiner Schwester Tania Ferreira Rocha, die mich während meiner rechtswissenschaftlichen Ausbildung immer ermutigt und bedingungslos unterstützt haben. Ohne sie wäre die Fertigstellung dieser Arbeit kaum möglich gewesen. Ihnen ist diese Arbeit gewidmet.

Stuttgart, im Januar 2026 *Jessica Ferreira Rocha*

Inhaltsverzeichnis

Abkürzungsverzeichnis

a.A.	andere Ansicht
a.F.	alte Fassung
Abs.	Absatz
AcP	Archiv für die civilistische Praxis
ADHGB	Allgemeines Deutsches Handelsgesetzbuch
AEUV	Vertrag über die Arbeitsweise der Europäischen Union
AG	Aktiengesellschaft
AktR	Aktienrecht
Alt.	Alternative
Art.	Artikel
BaFin	Bundesanstalt für Finanzdienstleistungsaufsicht
BB	Betriebsberater
BBl.	Bundesblatt
BeckOGK	Beck'scher Online Großkommentar
BeckOK	Beck'scher Online-Kommentar
BeckRS	Beck-Rechtsprechung
Begr.	Begründung
BGB	Bürgerliches Gesetzbuch
BGBl.	Bundesgesetzblatt
BGH	Bundesgerichtshof
BIP	Bruttoinlandsprodukt
BKR	Zeitschrift für Bank- und Kapitalmarktrecht
BT-Drs.	Bundestagsdrucksache
c.a.	circa

CEMs	Control Enhancing Mechanisms
DB	Der Betrieb
DJ	Deutsche Justiz
DNotZ	Deutsche Notar-Zeitschrift
DStR	Deutsches Steuerrecht
DZWiR	Deutsche Zeitschrift für Wirtschafts- und Insolvenzrecht
ECGI	European Corporate Governance Institute
EF	Expert Focus
EMCA	European Model Companies Act
EuGH	Europäischer Gerichtshof
EuR	Europarecht
EUV	Vertrag über die Europäische Union
EuZW	Europäische Zeitschrift für Wirtschaftsrecht
EWS	Europäisches Wirtschafts- und Steuerrecht
f./ ff.	folgende
Geo. L. J.	The Georgetown Law Journal
GesKR	Gesellschafts- und Kapitalmarktrecht
ggf.	gegebenenfalls
GmbHR	GmbHRundschau
grds.	grundsätzlich
GroßKomm	Großkommentar
GwBekErgG	Geldwäschebekämpfungsergänzungsgesetz
GwG	Geldwäschegesetz
GWR	Gesellschafts- und Wirtschaftsrecht
h.M.	herrschende Meinung
HGB	Handelsgesetzbuch

i.E.	im Ergebnis
i.F.	im Folgenden
i.H.v.	in Höhe von
i.S.d.	im Sinne der/ des
i.S.e.	im Sinne einer/eines
i.S.v.	im Sinne von
IPO	Initial Public Offering
J. Banking & Fin.	Journal of Banking & Finance
J. Corp. Fin.	Journal of Corporate Finance
JuS	Juristische Schulung
JZ	JuristenZeitung
KG	Kommanditgesellschaft
KK	Kölner Kommentar
KMU	kleine und mittlere Unternehmen
lit.	littera
m.w.N.	mit weiteren Nachweisen
MAR	Marktmissbrauchsverordnung (Market Access Regulation)
MFT	multilaterales Handelssystem (Multilateral Trading Facility)
MIFID II	Markets in Financial Instruments Directive
MIFIR	Markets in Financial Instruments Regulation
MüKo	Münchener Kommentar
MVRD	Multiple Voting Rights Directive
MVRD-E	Entwurf des Europäischen Parlaments vom 26.10.2023

MVRD-E (COM)	Entwurf der Europäischen Kommission vom 7.12.2022 zur MVRD
N.V.	naamloze vennootschap
NJW	Neue Juristische Wochenschrift
Nr.	Nummer
NZG	Neue Zeitschrift für Gesellschaftsrecht
NZZ	Neue Zürcher Zeitung
OHG	Offene Handelsgesellschaft
OLG	Oberlandesgericht
OR	Obligationenrecht
RefE	Referentenentwurf
RegE	Regierungsentwurf
RFamU	Recht der Familienunternehmen
RIW	Recht der Internationalen Wirtschaft
RL	Richtlinie
RL-E	Richtlinienentwurf
Rn.	Randnummer
RNotZ	Rheinische Notar-Zeitschrift
S./s.	Satz; Seite; siehe
SE	Societas Europaea
SJZ	Schweizerische Juristen-Zeitung
sog.	sogenannte
SPAC	Special Purpose Acquisition Company
SZW	Schweizerische Zeitschrift für Wirtschafts- und Finanzmarktrecht
u.a.	unter anderem

UAbs.	Unterabsatz
v.a.	vor allem
VegüV	Verordnung gegen übermäßige Vergütungen vom 20.11.2013
vgl.	vergleiche
WiWo	WirtschaftsWoche
WM	Zeitschrift für Wirtschafts- und Bankenrecht
WpHG	Wertpapierhandelsgesetz
WpÜG	Wertpapiererwerbs- und Übernahmegesetz
Yale L. J.	The Yale Law Journal
ZBJV	Zeitschrift des Bernischen Juristenvereins
ZfbF	Zeitschrift für betriebswirtschaftliche Forschung
ZGR	Zeitschrift für Unternehmens- und Gesellschaftsrecht
ZHR	Zeitschrift für das Gesamte Handels- und Wirtschaftsrecht
ZIP	Zeitschrift Wirtschaftsrecht
ZRP	Zeitschrift für Rechtspolitik
ZSR	Zeitschrift für Schweizerisches Recht
ZuFinG	Zukunftsfinanzierungsgesetz

A. Einleitung

I. Anlass der Untersuchung

Im Aktienrecht gilt der Grundsatz des Gleichlaufs von Kapitaleinsatz und Stimmkraft.[1] Dahinter steht der Gedanke der Verteilungsgerechtigkeit: Der Aktionär soll nur den Einfluss auf die Aktiengesellschaft (i.F.: AG) ausüben, der seinem Kapitaleinsatz und damit dem übernommenen Risiko entspricht.[2] Um dies zum Ausdruck zu bringen, wird häufig das Schlagwort *one share, one vote* verwendet. Im Spannungsfeld hierzu stehen Gestaltungsmöglichkeiten, die abweichend von diesem Grundsatz die Stimmkraft ausschließen, beschränken oder verstärken. Die Zulässigkeit solcher Gestaltungsmöglichkeiten, die im Folgenden als Abweichungsmöglichkeiten bezeichnet werden, ist seit jeher Gegenstand umfassender Diskussionen und gehört zu den umstrittensten Fragen des Aktienrechts.[3] Insgesamt gehört der *one share, one vote*-Grundsatz zu den international am meisten diskutierten Themen der Corporate Governance.[4]

Die jüngsten Gesetzgebungsvorhaben auf europäischer und deutscher Ebene zur Wiedereinführung der Mehrstimmrechtsaktie haben diese Diskussion erneut entfacht. Mehrstimmrechtsaktien sind Aktien, die ein über den Anteil am Grundkapital hinausgehendes Stimmrecht gewähren[5] und die Stimmkraft somit verstärken. Hintergrund der Reformbestrebungen ist der Ruf aus der Praxis nach flexiblen Gestaltungsmöglichkeiten des Stimm-

---

1 Zur deutschen Rechtslage: §§ 12, 134 AktG; *Ziemons*, in: Schmidt/Lutter AktG, 5. Aufl. (2024), § 12 Rn. 1; *Dauner-Lieb*, in: KK AktG, 3. Aufl. (2011), § 12 Rn. 14; *Mock*, in: GroßKomm AktG, 5. Aufl. (2017), § 12 Rn. 2; *Heider*, in: MüKo AktG, 6. Aufl. (2024), § 12 Rn. 8; *Vatter*, in: BeckOGK AktG, § 12 Rn. 7; zur schweizerischen Rechtslage: Art. 692 Abs. 1 OR; BGE 95 II 555, 561; *Bohrer/Kummer*, in: ZK, 2. Aufl. (2021), Art. 692 OR Rn. 6, 42; *Daeniker*, in: Tschäni (Hrsg.), Mergers & Acquisitions XV (2013), S. 145, 147.

2 *Mock*, in: GroßKomm AktG, 5. Aufl. (2017), § 12 Rn. 2; *Heider*, in: MüKo AktG, 6. Aufl. (2024), § 12 Rn. 5.

3 So zur Mehrstimmrechtsaktie: *Schmalenbach*, Finanzierungen 4. Aufl. (1928), S. 253; *Brändel*, in: GroßKomm AktG, 4. Aufl. (2004), § 12 Rn. 2; *Denninger*, DB 2022, 2329; so *Eckardt*, in: Geßler/Hefermehl/Eckardt/Kropff AktG (1984), § 12 Rn. 32; *Kluth*, ZIP 1997, 1217.

4 So *Böckli/Huguenin/Dessemontet*, Expertenbericht (30.09.2003), S. 148.

5 Vgl. Art. 2 lit. b) MVRD; RegE ZuFinG vom 16.8.2023, S. 124.

rechts. Der Gründer und Geschäftsführer des deutschen Unternehmens Personio, *Hanno Renner*, sieht in dem Grundsatz *one share, one vote* einen Nachteil für den Börsenstandort Deutschland und fordert daher die Zulassung von Ausnahmen in Form unterschiedlicher Stimmrechtsklassen.[6] Die fehlende Möglichkeit, in Deutschland Mehrstimmrechtsaktien zu wählen, führte dazu, dass Unternehmen wie Trivago N.V., Sono Group N.V. und Linium Air Mobility N.V. ihren Sitz in die Niederlande verlegten.[7] Insgesamt zeigt ein Blick ins Ausland, dass große Technologieunternehmen wie Google, Facebook, LinkedIn und Tesla Mehrstimmrechtsstrukturen aufweisen.[8] Im Falle von Facebook ermöglichen Mehrstimmrechte *Mark Zuckerberg* bei einem Kapitalanteil von ca. 14 % mehr als 50 % der Stimmrechte zu halten.[9] In den Vereinigten Staaten waren im Jahr 2021 32 % der IPOs mit Mehrstimmrechtsaktien verbunden.[10] In Schweden weisen 80 % der börsennotierten Gesellschaften Mehrstimmrechtsstrukturen auf.[11]

Vor diesem Hintergrund hat die Europäische Kommission am 7. Dezember 2022 einen Vorschlag für den sog. *Listing Act* vorgelegt. Die Kommission verfolgt das Ziel, die europäischen Kapitalmärkte für Unternehmen attraktiver zu gestalten und kleinen und mittleren Unternehmen (sog. KMU) den Zugang zum Kapitalmarkt zu erleichtern.[12] Das Maßnahmenpaket umfasst u.a. den *Vorschlag für eine Richtlinie des europäischen Parlaments und des Rates über Strukturen mit Mehrstimmrechtsaktien in Gesellschaften, die eine Zulassung ihrer Anteile zum Handeln an einem KMU-Wachstumsmarkt beantragen* (i. F.: MVRD), der eine Mindestharmonisierung von Mehrstimmrechtsstrukturen auf europäischer Ebene vorsieht. Hiernach sollen die Mitgliedstaaten den Unternehmen die Verwendung von Mehrstimmrechten gestatten, wenn diese zum ersten Mal an einem geregelten Markt oder einem multilateralen Handelssystem (sog. MTF)

---

6 *Álvarez*, Personio: Deutsches Einhorn will an die Börse, WiWo (9.1.2023) abrufbar unter: https://www.wiwo.de/erfolg/gruender/start-ups-in-deutschland-personio-deutsches-einhorn-will-an-die-boerse/28911956.html (zuletzt geprüft am 29.12.2025).

7 Vgl. *Nicolussi*, AG 2022, 757, 758.

8 Deutsches Aktieninstitut (DAI), Auslandslistings von BioNTech, CureVac & Co. (Juli 2021), S. 38; *Bueren/Crowder*, in: Fleischer/Mock (Hrsg.), Große Gesellschaftsverträge aus Geschichte und Gegenwart (2021), § 19 S. 971; *Fleischer/Mock*, NZG 2020, 161, 167; *Florstedt*, NZG 2024, 139, 142; *Volkmann/Thoma*, RFamU 2023, 443, 445.

9 *Kuthe*, BB 2023, 1603, 1605.

10 *Florstedt*, NZG 2024, 139, 142.

11 *Hopt/Kalss*, ZGR 2024, 84, 98.

12 COM(2022) 761 final vom 7.12.2022, S. 1.

notieren (Art. 3 Abs. 1 MVRD der konsolidierten Fassung vom 24.4.2024).[13] Auch in Deutschland ist die Einführung der Mehrstimmrechtsaktie seit Inkrafttreten des sog. Zukunftsfinanzierungsgesetzes (i. F.: ZuFinG) wieder zulässig, nachdem sie gemäß § 12 Abs. 2 AktG a.F. – ausweislich der Gesetzesbegründung zur Stärkung der Eigentümerkontrolle und zum Schutz der Erwartungshaltung des Kapitalmarktes (i.F.: KonTraG)[14] – für einen Zeitraum von 25 Jahren verboten war. Die Wiederzulassung soll Start-ups und kleinen und mittleren Unternehmen den Zugang zum Kapitalmarkt und die Aufnahme von Eigenkapital erleichtern, wodurch die Leistungsfähigkeit des deutschen Kapitalmarkts reflexartig gestärkt werden soll.[15] Die Gesetzgebungsvorhaben und die damit einhergehende „*Renaissance*" dieser Aktiengattung[16] werden überwiegend begrüßt.[17] Vereinzelte Stimmen lehnen eine Wiedereinführung der Mehrstimmrechtsaktien vehement ab[18]

---

13 Die konsolidierte Fassung vom 24.4.2024 (P9_TA(2024)0352) ist abrufbar unter: https://www.europarl.europa.eu/RegData/seance_pleniere/textes_adoptes/definitif/2024/04-24/0352/P9_TA(2024)0352_DE.pdf (zuletzt geprüft am 29.12.2025).

14 KonTraG, BT-Drs. 13/9712 vom 20.1.1998, S. 12.

15 Eckpunkte für ein Zunftsfinanzierungsgesetz, S. 1, abrufbar unter: https://www.bundesfinanzministerium.de/Content/DE/Downloads/Finanzmarktpolitik/2022-06-29-eckpunkte-zukunftsfinanzierungsgesetz.html (zuletzt geprüft am 29.12.2025); RefE ZuFinG vom 12.4.2023, S. 1; RegE ZuFinG vom 16.8.2023, S. 1.

16 *Hammen*, Der Konzern 2023, 289; *Joser*, ZIP 2023, 1006, 1013.

17 *Beckmann*, Das Mehrstimmrecht (2023), S. 360; Association for Financial Markets in Europe (AFME), Stellungnahme RefE ZuFinG (10.5.2023), S. 11; Bundesverband Crowdfunding e.V., Stellungnahme ZuFinG (11.10.2023), S. 11, die darüber hinaus - ähnlich wie die UG im System der GmbH - eine „Aktiengesellschaft light" vorschlagen; Bundesverband Deutsche Startups e.V., Stellungnahme ZuFinG (4.10.2023), S. 2; Deutsches Aktieninstitut (DAI), Stellungnahme RegE ZuFinG (28.9.2023), S. 8, 20 f.; Deutscher Anwaltverein (DAV), Stellungnahme ZuFinG (Mai 2023), S. 22; Bundesverband der Wertpapierfirmen e.V. (bwf), Stellungnahme RefE ZuFinG (10.5.2023), S. 2; Deutsche Börse Group, Stellungnahme ZuFinG (12.4.2023), S. 3; Scalable Capital, Stellungnahme ZuFinG (10.5.2023), S. 2; für eine Zulassung in einem eng begrenzten Umfang: Institut der Wirtschaftsprüfer in Deutschland e.V. (IDW), Stellungnahme RefE ZuFinG (8.5.2023), S. 2; *Herzog/Gebhard*, GWR 2021, 445, 446; Deutsche Börse Group, Strategien zur nachhaltigen Finanzierung der Zukunft Deutschlands (2021), S. 40 f.; *Hopt/Kalss*, ZGR 2024, 84, 88; *Mock/Mohamed*, NZG 2022, 1275; *Kalss*, ZHR 2023, 438, 496; *Eichten/Lang/Morlock*, notar 2024, 75, 79; *Eckhardt*, Listing Act - Mehrstimmrechtsaktien, cepAnalyse Nr. 7/2023 (2023); *Rubner/Leuering*, NJW-Spezial 2024, 79, 80; *Grobe/Müller/Rau*, BB 2024, 259, 265; eher kritisch: Deutsche Schutzvereinigung für Wertpapierbesitz e.V. (DSW), Stellungnahme RefE ZuFinG, S. 3 ff.; *Gumpp*, in: Grigoleit AktG, 3. Aufl. (2025), § 135a Rn. 16; *Harnos*, in: Schmidt/Lutter AktG, 5. Aufl. (2024), § 135a Rn. 4.

18 Bundesverband Investment und Asset Management e.V. (BVI), Stellungnahme COM(2022) 761 final (21.2.2023), S. 1; Bundesverband Investment und Asset Ma-

und bezeichnen sie als „*Rolle Rückwarts*", „*Griff in die historische Mottenkiste*"[19] oder als „*Innovationsbremse*"[20]. Die Kritiker argumentieren dabei ohne nähere Begründung mit dem *one share, one vote*-Grundsatz. Die Wiedereinführung der Mehrstimmrechtsaktie würde

> *„einen Paradigmenwechsel bedeuten und mit dem […] bewährten „one share, one vote"-Prinzip brechen, das seit vielen Jahrzehnten und aus guten Gründen fest verankerter Bestandteil des deutschen Aktienrechts ist."*[21]

Ähnlich lautete die Stellungnahme des Deutschen Gewerkschaftsbunds (DGB):

> *„Die damit verbundene Abkehr vom Grundsatz „one share one vote" schwächt zudem die Rechte von Kleinanleger*innen und entlarvt das Schlagwort der Aktionärsdemokratie endgültig als Illusion."*[22]

Während in Deutschland und in der EU im Zusammenhang mit der Wiedereinführung der Mehrstimmrechtsaktie eine Aufweichung des *one share, one vote-* Prinzips diskutiert wird, wurde in der Schweiz vereinzelt die Forderung laut, eben diesen Grundsatz konsequenter umzusetzen.[23] Auslöser hierfür war der geplante Verkauf einer Kontrollmehrheit an der Sika AG an einen französischen Industriekonzern.[24] Die Nachkommen der Gründeraktionäre kontrollierten die Gesellschaft mittels Stimmrechtsaktien, die ihnen bei einer Kapitalbeteiligung von 16,1 % eine Stimmenmehrheit von 52,4 %

---

nagement e.V. (BVI), Position zum Referentenentwurf (ZuFinG) (10.5.2023), S. 1; Deutscher Notarverein e.V., Stellungnahme COM (2022) 761 final (21.2.2023), S. 1 ff., 5; Initiative Minderheitsaktionäre, Stellungnahme ZuFinG (10.5.2023), S. 3; Deutscher Gewerkschaftsbund, Stellungnahme RefE ZuFinG (8.5.2023), S. 8 f.; Deutscher Gewerkschaftsbund, Stellungnahme ZuFinG (2.10.2023), S. 7 ff.

19 *Casper*, ZHR 187 (2023), 5, 6.

20 *Denninger*, DB 2022, 2329, 2332.

21 Bundesverband Investment und Asset Management e.V. (BVI), Stellungnahme COM(2022) 761 final (21.2.2023), S. 1.

22 Deutscher Gewerkschaftsbund, Stellungnahme RefE ZuFinG (8.5.2023), S. 9; Deutscher Gewerkschaftsbund, Stellungnahme ZuFinG (2.10.2023), S. 8.

23 Vgl. etwa *Bischof*, Interpellation 14.4154 vom 11.12.2014, abrufbar unter: https://www.parlament.ch/de/ratsbetrieb/suche-curia-vista/geschaeft?AffairId=20144154 (zuletzt geprüft am 29.12.2025); *Minder*, Postulat 15.3504 vom 1.6.2015, abrufbar unter https://www.parlament.ch/de/ratsbetrieb/suche-curia-vista/geschaeft?AffairId=20153504 (zuletzt geprüft am 29.12.2025); Botschaft zur Änderung des Obligationenrechts (Aktienrecht) vom 23.11.2016, BBl 2017 399, S. 460 f.

24 *Häusermann*, SZW 2015, 239 m.w.N.; *Poggio/Zihler*, EF 2016, 79, 82.

gewährten.[25] Hierzu wurden mehrere Vorstöße im Parlament eingereicht, darunter das am 1. Juni 2015 eingereichte *Postulat Minder* mit dem Titel

> *„Von der Aktionärsoligarchie zur Aktionärsdemokratie. Das Prinzip „One share, one vote" prüfen".*[26]

In seiner Interpellation *„Sika Schweiz AG. Nachhilfe für die Aktienrechtsreform?"* vom 11. Dezember 2014 richtete *Bischof* mehrere Fragen an den Bundesrat, darunter diejenige, wie die immer wieder aufkommende *one share, one vote*-Forderung zu beurteilen sei und welche Vor- und Nachteile das System der Stimmrechtsaktie für die Schweiz habe.[27] Im Rahmen der großen Aktienrechtsrevision wurde die Stärkung der Mitwirkungsrechte der Aktionäre v.a. in Publikumsgesellschaften als zentrales Thema erachtet.[28] Bezüglich der Stimmrechtsaktie wurde hingegen kein gesetzgeberischer Handlungsbedarf identifiziert.[29] Der o*ne share, one vote*-Grundsatz spielt in der Schweiz aktuell nicht nur im Zusammenhang mit der Stimmrechtsaktie eine Rolle. So hieß es jüngst im Zusammenhang mit der Basler Versicherung *Baloise*, bei der kein Aktionär mehr als 2 % der Stimmrechte auf sich vereinen kann:

> *„«One share, one vote» sollte auch für die Baloise gelten."*[30]

---

25 Hierzu etwa *Forstmoser/Küchler*, EF 2016, 86, 87.

26 *Minder*, Postulat 15.3504 vom 1.6.2015, abrufbar unter https://www.parlament.ch/de/ratsbetrieb/suche-curia-vista/geschaeft?AffairId=20153504 (zuletzt geprüft am 29.12.2025).

27 *Bischof*, Interpellation 14.4154 vom 11.12.2014, abrufbar unter: https://www.parlament.ch/de/ratsbetrieb/suche-curia-vista/geschaeft?AffairId=20144154 (zuletzt geprüft am 29.12.2025).

28 Botschaft zur Änderung des Obligationenrechts (Aktienrecht und Rechnungslegungsrecht sowie Anpassungen im Recht der Kollektiv- und der Kommanditgesellschaft, im GmbH-Recht, Genossenschafts-, Handelsregister- sowie Firmenrecht) vom 21.12.2007, BBl 2008, 1589, S. 1607 ff.; *Forstmoser*, Stärkung der Aktionärsdemokratie – aber wie?, NZZ (29.7.2010), 26.

29 Botschaft zur Änderung des Obligationenrechts (Aktienrecht) vom 23.11.2016, BBl 2017 399, S. 460 ff.; *Forstmoser/Küchler*, in: Schweizerisches Aktienrecht (2022), Art. 693 7 f.; *Nobel*, SZW 2017, 576, 577, 580 f.

30 *Heim*, «One share, one vote» sollte auch für die Baloise gelten, Handelszeitung (26.3.2024) abrufbar unter: https://www.handelszeitung.ch/unternehmen/one-share-one-vote-sollte-auch-fur-die-baloise-gelten-697163 (zuletzt geprüft am 29.12.2025).

II. Ziel der vorliegenden Arbeit

Vor diesem Hintergrund ist Ziel dieser Arbeit, den *one share, one vote*-Grundsatz zu definieren und seinen tatsächlichen Bedeutungsgehalt im deutschen und schweizerischen Aktienrecht zu bestimmen. Es soll geklärt werden, inwiefern das Prinzip tatsächlich zu den unverzichtbaren Grundsätzen des Aktienrechts gehört.

Die jüngsten Gesetzgebungsinitiativen auf europäischer und deutscher Ebene haben in der Debatte um den *one share, one vote*-Grundsatz eine rechtspolitische Neuorientierung eingeleitet. Ein weiteres Ziel dieses Dissertationsvorhabens ist die kritische Analyse des Gesetzgebungsprozesses im Hinblick auf die Wiedereinführung der Mehrstimmrechtsaktie in Deutschland. In diesem Zusammenhang hat sich *Beckmann* schon vor Erlass des ZuFinG in seiner Dissertation mit der Frage auseinandergesetzt, ob sich das zum Zeitpunkt seiner Veröffentlichung noch bestehende Verbot der Mehrstimmrechtsaktie bewährt hat. Konkret hat er untersucht, ob es gelockert bzw. aufgehoben werden sollte.[31] Wenig später befasste sich *Wolf* in ihrer Dissertation mit der Fragestellung, unter welchen Bedingungen ein Investor bereit ist, einem Gründer größeres Vertrauen zu schenken und auf seinen eigenen Einfluss zu verzichten.[32] Sie ordnet die gesetzgeberischen Vorschläge ein und unterbreitet vereinzelt Verbesserungsvorschläge.[33] Hierauf aufbauend soll die vorliegende Untersuchung die Frage um die Wiedereinführung der Mehrstimmrechtsaktie nicht isoliert betrachten, sondern vor dem Hintergrund der schon bestehenden Abweichungsmöglichkeiten. Die Frage soll damit in die *one share, one vote*-Debatte eingebettet werden. Ausgehend von den Hintergründen dieses Grundsatzes, seines tatsächlichen Bedeutungsgehalts sowie seiner ökonomischen Bedeutung, soll die Frage geklärt werden, ob das deutsche Aktienrecht einer Mehrstimmrechtsaktie bedarf und wenn ja, in welchem Umfang der Gesetzgeber regulierend eingreifen oder aber die einzelnen Modalitäten der Gestaltungsfreiheit der Aktionäre überlassen sollte. Zur Klärung dieser Frage soll die schweizerische Rechtslage rechtsvergleichend herangezogen werden. Für die Frage nach der Zulässigkeit von Stimmrechtsabweichungen und der hierbei zu gewährenden Gestaltungsfreiheit könnte der Ausgangspunkt des jeweiligen Aktienrechts maßgeblich sein: Während das deut-

---

31 Vgl. *Beckmann*, Das Mehrstimmrecht (2023), S. 1, 9.

32 Vgl. *Wolf*, Mehrstimmrechtsaktien (2023), S. 38.

33 Vgl. *dies.*, Mehrstimmrechtsaktien (2023), S. 38.

sche Aktienrecht von dem Prinzip der Satzungsstrenge geprägt ist,[34] geht das schweizerische Aktienrecht von einem liberalen Ansatz und von dem Grundsatz der Gestaltungsfreiheit aus.[35] Zudem kennt das schweizerische Aktienrecht mit der Stimmrechtsaktie eine Gestaltungsmodalität, welche – wie die Mehrstimmrechtsaktie – die Stimmkraft verstärkt. Rechtsvergleichende Betrachtungen konzentrieren sich bislang auf den anglo-amerikanischen Raum,[36] sodass ein Vergleich zur schweizerischen Rechtslage zu neuen Begründungsansätzen führen soll.

III. Gang der Untersuchung

Die Untersuchung ist in fünf Abschnitte unterteilt. In Kapitel B. sollen zunächst die Hintergründe des *one share, one vote*-Grundsatzes dargelegt werden. Hierfür ist einleitend zunächst die Bedeutung des Stimmrechts in der jeweiligen Rechtsordnung darzustellen (B.I.). Den Schwerpunkt dieses Kapitels stellt die historische Entwicklung dar, da diese für das heutige Verständnis und die jeweils vorzufindenden Gestaltungsformen von entscheidender Bedeutung ist (B.II.). Abschließend soll die Entwicklung auf europäischer Ebene nachgezeichnet werden (B.III.).

Kapitel C. befasst sich mit der konkreten Umsetzung des *one share, one vote*-Grundsatzes im Aktienrecht. Zur Begriffsbestimmung sind einleitend die jeweils möglichen Bedeutungselemente herauszuarbeiten und zu analysieren (C.I.). Um die tatsächliche Bedeutung vollständig zu erfassen, müssen sämtliche im Aktienrecht vorfindlichen Abweichungsmöglichkeiten betrachtet werden, da diese Aufschluss über die Begriffsbestimmung geben (C.II.). Die Erscheinungsformen der Durchbrechung des Grundsatzes der Proportionalität von Stimmkraft und Kapitalbeteiligung sollen systematisch nach ihrer jeweiligen Wirkweise (aufhebend (C.II.2.) – beschränkend (C.II.3.) – verstärkend (C.II.4.)) und ihrer Umsetzung in der jeweiligen Rechtsordnung dargestellt werden. Hierbei soll zugleich herausgearbeitet werden, wann ein Bedürfnis für die jeweilige Abweichung besteht und welche Ziele dabei verfolgt werden. Die gewonnenen Erkenntnisse dienen

34 § 23 Abs. 5 AktG.

35 Botschaft zur Änderung des Obligationenrechts (Aktienrecht) vom 23.11.2016, BBl 2017 399, S. 539; Stellungnahme des Bundesrates v. 19.8.2015 zum Postulat Minder (1.6.2015), abrufbar unter: https://www.parlament.ch/de/ratsbetrieb/suche-curia-vista/geschaeft?AffairId=20153504 (zuletzt geprüft am 29.12.2025); *Böckli*, AktR, 5. Aufl. (2022), § 4 Rn.154.

36 So etwa die Arbeit von *Wolf*, Mehrstimmrechtsaktien (2023), S. 39 f.

der Vorbereitung der in Kapitel E. zu beantwortenden Frage, ob ein tatsächliches und rechtliches Bedürfnis für eine weitere Abweichungsmöglichkeit in Form der Wiedereinführung der Mehrstimmrechtsaktie in Deutschland besteht.

In Kapitel D. wird die ökonomische Perspektive des *one share, one vote*-Prinzips, dessen theoretische Grundlage (D.I.) sowie die sich hieraus ergebenden Vor- und Nachteile (D.II.) beleuchtet. Des Weiteren sind die in diesem Zusammenhang von dem europäischen und deutschen Gesetzgeber in Auftrag gegebenen Studien darzustellen (D.III.). Die empirischen Erkenntnisse sollen Aufschluss über die mit den Abweichungen von *one share, one vote* verbundenen Gefahren geben.

Den Hauptteil dieser Untersuchung bildet Kapitel E., welches sich mit der Wiedereinführung der Mehrstimmrechtsaktie im deutschen Aktienrecht befasst. Einleitend werden die Gesetzgebungsvorhaben (E.I.) und anschließend die gesellschaftsrechtliche Bedeutung der Mehrstimmrechte (E.II.) erörtert. Unter Einbeziehung der in den vorangegangenen Kapiteln gewonnenen Erkenntnisse soll sodann die Frage nach der Wiedereinführung beantwortet werden (E.III.). Dabei soll zunächst die Vereinbarkeit mit höherrangigem Recht (E.III.1.) geprüft und der aktuelle Diskussionstand dargestellt und gewürdigt (E.III.2.) werden. Vor dem Hintergrund der schon existierenden Gestaltungsmöglichkeiten soll anschließend dargestellt werden, weshalb es der Mehrstimmrechtsaktie bedarf (E.III.3.). Ein weiterer Schwerpunkt dieses Kapitels liegt sodann in der Bewertung der einzelnen Modalitäten (E.IV.). Die herausgearbeiteten rechtsökonomischen und rechtsvergleichenden Erwägungen sollen hierbei herangezogen werden.

Die Kapitel B. bis E. schließen jeweils mit einer Zusammenfassung der gewonnenen Erkenntnisse ab. Die Untersuchung endet mit einer abschließenden rechtsvergleichenden Betrachtung (F.I.) sowie einer thesenartigen Zusammenfassung der wesentlichen Ergebnisse (F.II.).

B. Der one share, one vote-Grundsatz – Hintergründe

I. Bedeutung des Stimmrechts

Das Stimmrecht gilt als eines der wichtigsten Verwaltungsrechte.[37] Es ist ein in der Mitgliedschaft der Aktie verkörpertes Recht in Gestalt einer mitgliedschaftlichen Befugnis des einzelnen Aktionärs, durch Abgabe einer empfangsbedürftigen Willenserklärung an den Beschlüssen der Haupt- oder Generalversammlung gestaltend mitzuwirken und unmittelbar auf das Handeln der Gesellschaft Einfluss zu nehmen.[38] Es wird herkömmlicherweise auch als Herrschafts- und Mitverwaltungsrecht,[39] als Kardinalrecht[40] oder teilweise auch als „Mutterrecht" bezeichnet.[41] Über das Stimmrecht üben die Aktionäre Kontrolle und gestaltenden Einfluss aus. Als akzessorischer Bestandteil der Mitgliedschaft kann das Stimmrecht nicht von dieser abgespalten werden (sog. Abspaltungsverbot).[42] Auf das Stimmrecht als solches kann der Aktionär nicht verzichten, wohl aber auf dessen Ausübung.[43] Eine Ausnahme galt in der Schweiz zwischenzeitlich für Pensionskassen, die gemäß Art. 22 der *Verordnung gegen übermäßige*

---

37 BGH, Urt. v. 19.12.1977, II ZR 136/76, NJW 1978, 540, 541; *Ziemons*, in: Schmidt/Lutter AktG, 5. Aufl. (2024), § 12 Rn. 3; *Bohrer/Kummer*, in: ZK, 2. Aufl. (2021), Art. 692 OR Rn. 2.

38 *Zöllner*, Stimmrechtsmacht (1963), S. 11; *Grundmann*, in: GroßKomm AktG, 5. Aufl. (2019), § 134 Rn. 1; *Koch*, in: Koch AktG, 2025, § 133 Rn. 16; *Bohrer/Kummer*, in: ZK, 2. Aufl. (2021), Art. 692 OR Rn. 1; *Dauner-Lieb*, in: KK AktG, 3. Aufl. (2011), § 12 Rn. 5.

39 *Grundmann*, in: GroßKomm AktG, 5. Aufl. (2019), § 134 Rn. 1.

40 *Kalss*, ZHR 2023, 438, 441.

41 *Bohrer/Kummer*, in: ZK, 2. Aufl. (2021), Art. 692 OR Rn. 2 m.w.N.

42 *Heider*, in: MüKo AktG, 6. Aufl. (2024), § 12 Rn. 6; zum Abspaltungsverbot *Schmidt*, Gesellschaftsrecht 4. Aufl. (2002), S. 560; für die GbR ist es in § 711a S. 1 BGB verankert und gilt über die Verweisnormen des § 1 Abs. 4 PartGG, § 105 Abs. 3 HGB bzw. §§ 161 Abs. 2, 105 Abs. 3 HGB auch für die Partnerschaft, die oHG und für die KG. Als allgemeines verbandsrechtliches Prinzip gilt der Rechtsgedanke für alle Gesellschaftsformen, also auch für die AG, so Koch, in: Koch AktG, 2025, § 8 Rn. 26; *Vedder/Gumpp*, in: Grigoleit AktG, 3. Aufl. (2025), § 8 Rn. 22; *Mock*, in: GroßKomm AktG, 5. Aufl. (2017), § 8 Rn. 187; Vielfach wird § 8 Abs. 5 AktG als Normierung des Abspaltungsverbots gesehen, vgl. *Heider*, in: MüKo AktG, 6. Aufl. (2024), § 8 Rn. 89 m.w.N.

43 BGE 114 II 57, 61; *Boss*, in: OFK OR, 4. Aufl. (2023), Art. 692 Rn. 1.

Vergütungen vom 20. November 2013 (sog. VegüV)[44] ihre Stimmrechte in der börsenkotierten Schweizer AG ausüben mussten. Die VegüV wurde im Zuge der Aktienrechtsrevision zum 1. Januar 2023 in das OR und andere Gesetze überführt.[45] Die Stimmpflicht findet sich nun in Art. 71a und 71b BVG.

Die Aufgabe des Stimmrechts besteht darin, die Legitimitätsgrundlage für die Kontrolle und Gewichtung des Willens der Beteiligten zu schaffen.[46] Die wohl wichtigste Folge der Ausübung des Stimmrechts ist die damit verbundene Kontrollmöglichkeit innerhalb der AG. Verfügt ein Aktionär über die Stimmenmehrheit, kann er wichtige Entscheidungen treffen. Wie weit diese Kontrollmöglichkeit reicht, hängt von den im Gesetz und in der Satzung jeweils vorgesehenen Mehrheitsverhältnissen ab. Schon an dieser Stelle sei darauf hingewiesen, dass das Stimmrecht ein wichtiges, aber nicht das einzige Kontrollinstrument ist.

Betrachtet man die ökonomische Bedeutung des Stimmrechts, so kommt ihm eine Art „Lückenbüßerfunktion" zu. In einer grundlegenden Arbeit von *Easterbrook* und *Fischel* aus dem Jahr 1983 stellen die Autoren die These auf, dass ein Unternehmen aus ökonomischer Sicht ein großes Geflecht vertraglicher Vereinbarungen ist.[47] Sie beschreiben, dass in einem Unternehmen verschiedene Produktionsfaktoren so zusammenkommen, dass beispielsweise Investoren ihr Kapital, Unternehmer ihre unternehmerischen Tätigkeiten und Ingenieure ihre besonderen Fähigkeiten einbringen. Mit anderen Worten: Im Unternehmen werden die Vorteile der Arbeitsteilung optimal genutzt, indem sich die einzelnen Akteure gegenseitig ergänzen. In einem solchen Geflecht von Vertragsbeziehungen, in dem unterschiedliche Interessen aufeinandertreffen, sei es nicht möglich, die Pflichten und Beschränkungen der einzelnen Akteure vertraglich festzulegen, was ohnehin ineffizient wäre. Die Aufgabe des Gesellschaftsrechts bestehe folglich darin, einen rechtlichen Rahmen für die Unternehmensstruktur zu setzen.[48] Die Ausübung des Stimmrechts erfülle die Funktion, diesen Rahmen mit Details auszufüllen[49] und ermöglicht es damit, den von dem Gesetzgeber für alle vorgegebenen Rahmen an die jeweiligen Bedürfnisse der Aktionäre im Einzelfall anzupassen.

---

44 AS 2013, 4403.

45 Bundesamt für Justiz, AS 2022, 113.

46 *Adams*, AG 1990, 63, 67.

47 *Easterbrook/Fischel*, Voting in Corporate Law, The Journal of Law & Economics (1983), 395, S. 401.

48 *Dies.*, Voting in Corporate Law, The Journal of Law & Economics (1983), 395, S. 401.

49 *Dies.*, Voting in Corporate Law, The Journal of Law & Economics (1983), 395, S. 402.

II. Historische Entwicklung

Das heutige Verständnis des *one share, one vote*-Grundsatzes und seiner Abweichungsmöglichkeiten ist durch die historische Entwicklung geprägt. In diesem Kapitel sollen die wirtschaftlichen und rechtlichen Entwicklungen der proportionalen Verteilung des Stimmrechts nachgezeichnet werden.

Erste Abweichungen lassen sich bis ins alte Rom zurückverfolgen, wo die sog. *publicani* unterschiedliche Aktien an die Reichen und die breite Öffentlichkeit ausgaben.[50] Ein exakter Zeitpunkt, an dem die Entstehung des heutigen Typs der AG begann, kann nicht eindeutig festgelegt werden.[51] Ob die Wiege der modernen AG in Italien und der römisch-rechtlichen *societas publicanorum* oder in der germanischen Nutzungs- und Erwerbsgenossenschaft[52] bzw. den Handelskompagnien des 17. Jahrhunderts liegt,[53] soll an dieser Stelle nicht weiter vertieft werden, da die AG in ihrer heutigen Form jedenfalls ihren Ursprung in den Handelskompagnien des 17. Jahrhunderts findet.[54]

1. Die Handelskompagnien des 17. Jahrhunderts

Die Handelskompagnien des 17. Jahrhunderts entstanden in England und den Niederlanden im Überseehandel.[55] Rechtliche Grundlage dieser Kompagnien waren nicht gesetzliche Regelungen, sondern staatliche

50 *Burkart/Lee*, The One Share - One Vote Debate: A Theoretical Perspective, ECGI Finance Working Paper N°. 176/2007 (Mai 2007), S. 1.

51 *Sethe*, Die personalistische Kapitalgesellschaft mit Börsenzugang (1996), S. 13.

52 Hierzu *Lehmann*, Die geschichtliche Entwicklung des Aktienrechts (1895), S. 5 ff.; *Bösselmann*, Die Entwicklung des deutschen Aktienwesens im 19. Jhd. (1939), S. 50 ff.; *Wiethölter*, Interessen und Organisation der AG (1961), S. 53 ff.

53 *Vogt*, ZHR 1858, 477, 478; *Planitz*, Die Stimmrechtsaktie (1922), S. 4; *Schmulewitz*, Die Verwaltungsaktie (1927), S. 20; *Zöllner*, in: KK (1984), Einl. Rn. 56.

54 *Vogt*, ZHR 1858, 477, 478; *Lehmann*, Die geschichtliche Entwicklung des Aktienrechts (1895), S. 7 ff.; *Wiethölter*, Interessen und Organisation der AG (1961), S. 56 ff.; *Zeißig*, Mitgliedschaft und Stimmrechtsmacht (1996), S. 22; *Assmann*, in: GroßKomm AktG, 4. Aufl. (2004), Einl. Rn. 13; *Meier-Hayoz/Forstmoser*, GesR, 13. Aufl. (2023), S. 293; hierzu insgesamt *Nobel*, in: *BK*, 2017, § 3 Rn. 4 ff.

55 *Bösselmann*, Die Entwicklung des deutschen Aktienwesens im 19. Jhd. (1939), S. 56; *Cordes/Jahntz*, Aktienrecht im Wandel I (2007), S. 1, 14.

Privilegien, die sog. Oktrois.[56] Dabei handelte es sich um einen von dem jeweiligen Landesherren speziell für die jeweilige Kompagnie erlassenen Rechtsakt, der unterschiedliche Privilegien enthielt.[57] Allein die Erteilung dieses hoheitlichen Oktrois, der zum Teil zugleich Regelungen gesellschaftsrechtlicher Art enthielt, war für die Gründung einer Kompagnie erforderlich.[58] Die innere Organisation der Gesellschaft wurde häufig in einem gesonderten Vertrag, dem sog. Statut, geregelt.[59] Eine klare Trennung zwischen hoheitlicher Regelung im Oktroi und privatrechtlicher Regelung im Statut erfolgte nicht.

Die erste Handelskompagnie, die 1602 gegründete *Niederländisch-Ostindische Handelskompagnie*,[60] entstand aus dem Zusammenschluss kleinerer kaufmännischer Vereinigungen, die keine gleich hohe Einlage leisteten, sondern in unterschiedlichem Umfang nur insoweit zeitlich begrenzt Gelder zur Verfügung stellten, als diese zur Durchführung der von dem Unternehmen verfolgten Zwecke – regelmäßig der Schifffahrt – erforderlich waren.[61] Ein Zusammenschluss in Form einer Versammlung war unbekannt,[62] jedenfalls nicht vorgesehen, sodass den Aktionären meist keine Verwaltungsrechte zustanden.[63] Die Verwaltung und die Beschlussfassung oblagen den von der Regierung ernannten und von den Aktionären unabhängigen Vorstehern.[64] Die Kompagnien unterschieden drei Arten von Aktionären, nämlich den sog. *„Hauptpartizipanten"*, die den *„Directoren"* zur Seite standen, den *„stimmberechtigten Partizipanten"*, welche die mit geringen Aufgaben betraute Generalversammlung bildeten und den *„gewöhnlichen*

56 *Lehmann*, Die geschichtliche Entwicklung des Aktienrechts (1895), S. 82; *Cordes/Jahntz*, Aktienrecht im Wandel I (2007), S. 1, 15.

57 *Bösselmann*, Die Entwicklung des deutschen Aktienwesens im 19. Jhd. (1939), S. 61, der die Oktrois als „eine Art Einzelgesetz" bezeichnet; hingegen spricht *Bruch*, Die Reform des Aktienrechts (1932), S. 11 von einem „Gesetzesprivileg".

58 *Cordes/Jahntz*, Aktienrecht im Wandel I (2007), S. 1, 15; *Zöllner*, in: KK (1984), Einl. Rn. 57.

59 *Cordes/Jahntz*, Aktienrecht im Wandel I (2007), S. 1, 16; *Zöllner*, in: KK (1984), Einl. Rn. 57.

60 *Wiethölter*, Interessen und Organisation der AG (1961), S. 59 f.

61 *Assmann*, in: GroßKomm AktG, 4. Aufl. (2004), Einl. Rn. 16; *Wiethölter*, Interessen und Organisation der AG (1961), S. 59.

62 *Schmulewitz*, Die Verwaltungsaktie (1927), S. 21; *Wiethölter*, Interessen und Organisation der AG (1961), S. 59.

63 *Lehmann*, Die geschichtliche Entwicklung des Aktienrechts (1895), S. 58; *Planitz*, Die Stimmrechtsaktie (1922), S. 5; *Wiethölter*, Interessen und Organisation der AG (1961), S. 58 f.

64 *Lehmann*, Die geschichtliche Entwicklung des Aktienrechts (1895), 58 ff.

Aktionären", die nur eine Gesamtabrechnung erhielten.[65] Die den Aktionären zukommenden Rechte waren nach dem Maß ihrer Beteiligung abgestuft und beschränkten sich zum Teil auf eine rein vermögensrechtliche Beteiligung.[66] Nur vereinzelt fanden sich differenzierte Regelungen hinsichtlich der Stimmrechtsstruktur. So sah etwa ein Privileg der *Englisch-Ostindischen Kompagnie* von 1693 vor, dass kein Mitglied mehr als 10 Aktien zu je 1.000 £ und mehr als 10 Stimmen haben durfte.[67]

Erste Anzeichen einer sog. „*Demokratisierung der Verfassung*"[68] der AG traten gegen Ende des 17. Jahrhunderts auf. Es bildeten sich zunehmend Generalversammlungen,[69] um den Partizipanten ein Mitspracherecht in bestimmten Angelegenheiten einzuräumen. Soweit Generalversammlungen existierten, waren jedoch regelmäßig nur die Großaktionäre, die sog. *Hauptpartizipanten*, zur Teilnahme berechtigt, während die „einfache" Aktie ohne Stimmrecht blieb.[70] Die Aktie verkörperte also nicht notwendigerweise Mitgliedschaftsrechte, sondern gewährte den Aktionären in vielen Fällen nur Vermögensrechte.[71] Diese Entwicklung setzte sich im 18. Jahrhundert fort, als nur eine bestimmte Anzahl von Aktien das Stimmrecht gewährte.[72] Unter dem Einfluss Frankreichs kam es sodann zu einer fortschreitenden „demokratischen" Entwicklung in einzelnen Gesellschaften,[73] insbesondere durch die wachsenden Befugnisse der Generalversammlung und durch die Begrenzung der Beteiligung der *Hauptpartizipanten* auf einen Maximalbetrag.[74] Letzteres stellte die erstmaligen Einführung von Höchststimmrechten dar.[75]

Zusammenfassend kannten die Kompagnien damit keinen Gleichlauf von Kapitalbeteiligung und Stimmkraft. Mit der Beteiligung war gerade kein entsprechendes Mitspracherecht verbunden. Die Aktie diente in erster Linie als reines Vermögensrecht. Im Laufe der Zeit kam es zu ersten Schrit-

---

65 *Ders.*, Die geschichtliche Entwicklung des Aktienrechts (1895), S. 59 f.

66 *Wiethölter*, Interessen und Organisation der AG (1961), S. 58.

67 Hierzu *ders.*, Interessen und Organisation der AG (1961), S. 62.

68 So *ders.*, Interessen und Organisation der AG (1961), S. 62.

69 *Bösselmann*, Die Entwicklung des deutschen Aktienwesens im 19. Jhd. (1939), S. 58.

70 *Schmulewitz*, Die Verwaltungsaktie (1927), S. 21; *Bösselmann*, Die Entwicklung des deutschen Aktienwesens im 19. Jhd. (1939), S. 59; *Cordes/Jahntz*, Aktienrecht im Wandel I (2007), S. 1, 19.

71 *Frank-Fahle*, Die Stimmrechtsaktie (1923), S. 9; *Assmann*, in: GroßKomm AktG, 4. Aufl. (2004), Einl. Rn. 19.

72 *Lehmann*, Die geschichtliche Entwicklung des Aktienrechts (1895), S. 61.

73 *Frank-Fahle*, Die Stimmrechtsaktie (1923), S. 9.

74 *Lehmann*, Die geschichtliche Entwicklung des Aktienrechts (1895), S. 61.

75 *Zeißig*, Mitgliedschaft und Stimmrechtsmacht (1996), S. 26 f.

ten in Richtung einer Mitbestimmung der Aktionäre durch die Schaffung von Generalversammlungen, worin ein erster, wenn auch kleiner Schritt in Richtung *one share, one vote* gesehen werden kann.

2. Code de Commerce

Der französische *Code de Commerce* von 1807,[76] mit dem die neuzeitliche Entwicklung der AG begann,[77] erwähnte und anerkannte die AG erstmals als Gesellschaftstyp in Art. 19 ff. des gesellschaftsrechtlichen Abschnittes. Eine wesentliche Neuerung war in Art. 37 des Code geregelt, wonach die staatliche Konzession an die Stelle des einfallbezogenen Oktrois trat. Kennzeichnend war die Übertragung des Gleichheitsgedankens auf das Rechts- und Wirtschaftsleben.[78] Der Code enthielt nur wenige Regelungen. Vorschriften über das Stimmrecht waren nicht enthalten, sodass der Satzungsgeber einen großen Gestaltungsspielraum hatte und das Stimmrecht einzelner Aktionäre weiterhin höher oder niedriger gestalten, oder ganz ausschließen konnte.[79]

3. Deutsche Kodifikationen

Der Code de Commerce galt zwar nur für die Landesteile der Rheinprovinz Preußen, Rheinbayern, Rheinhessen und Baden.[80] Er entfaltete auch über diesen Geltungsbereich hinaus Wirkung und beeinflusste die rechtliche Entwicklung.[81]

a) Entwicklung bis zum Erlass des ADHGB von 1861

Mit der fortschreitenden Industrialisierung im 19. Jahrhundert wuchs das Bedürfnis nach einer Kapitalsammelstelle. Für die Entwicklung des Akti-

---

76 Übersetzte Fassung abgedruckt in *Bösselmann*, Die Entwicklung des deutschen Aktienwesens im 19. Jhd. (1939), S. 203 f.

77 *Wiethölter*, Interessen und Organisation der AG (1961), S. 64.

78 *Planitz*, Die Stimmrechtsaktie (1922), S. 5; *Frank-Fahle*, Die Stimmrechtsaktie (1923), S. 9 f.

79 *Schmulewitz*, Die Verwaltungsaktie (1927), S. 21 f.

80 Vgl. *Zöllner*, in: KK (1984), Einl. Rn. 59; *Rompe*, Ordnung und Unordnung im Aktienwesen (2020), S. 33 Fn. 3; *Deutsch*, Aktienrecht im Wandel I (2007), S. 46, 91 ff.

81 *Assmann*, in: GroßKomm AktG, 4. Aufl. (2004), Einl. Rn. 30 ff., insb. Rn. 34 ff.

enrechts in dieser Zeit war der Eisenbahnbau von großer Bedeutung. *Assmann* bezeichnet ihn als

> *„Katalysator [...] und [...] Wegbereiter der ersten aktienrechtlichen Kodifikationen auf deutschem Territorium"*.[82]

Schon 1837 stellte *Hansemann* den Konflikt zwischen *one share, one vote* und Höchststimmrechten dar. Er vertrat die Auffassung, dass der Gesetzgeber einen Mittelweg zwischen den beiden Extremen, jedem Aktionär eine Stimme und jeder Aktie eine Stimme zu geben, finden müsse, da sich diese Extreme wie *„Demokratie und Aristokratie"* gegenüberstünden.[83] Er schlug eine Mindeststimmkraft und eine stufenweise Beschränkung der Höchststimmzahl vor.[84] Neben den Höchststimmrechten[85] war es üblich, dass Kleinaktionäre entweder gar kein Stimmrecht hatten,[86] oder das Stimmrecht von dem Besitz mehrerer Aktien abhängig gemacht wurde.[87] Einige Eisenbahngesellschaften schufen stimmrechtslose *„Prioritätsactien"*.[88] Eine mögliche Begründung für eine solche disproportionale Gestaltung liefert *Vogt* 1858 in einem anderen Zusammenhang, nämlich der Frage der persönlichen Verantwortlichkeit der Aktionäre. Er stellte fest, dass der Aktienerwerb eine Form der Kapitalanlage sei und es dem Aktionär nur um die Dividende, nicht aber um eine Stimme in der Gesellschafterversammlung zur Einflussnahme gehe,[89] was durch die geringe Teilnahme an den Gesellschafterversammlungen gestützt werde.[90] Im Gegensatz dazu forderte *Pöhls* 1842, dass jede Aktie eine Stimme und jeder Aktionär so viele Stimmen wie

---

82 *Ders.*, in: GroßKomm AktG, 4. Aufl. (2004), Einl. Rn. 44.

83 *Hansemann*, Die Eisenbahnen und deren Aktionäre in ihrem Verhältniß zum Staat (1837), S. 116.

84 *Ders.*, Die Eisenbahnen und deren Aktionäre in ihrem Verhältniß zum Staat (1837).

85 *Hopt*, Wissenschaft und Kodifikation des Privatrechts im 19. Jh., Bd. 5 (1980), S. 128, 151; *Zeißig*, Mitgliedschaft und Stimmrechtsmacht (1996), S. 33 ff.

86 *Schmulewitz*, Die Verwaltungsaktie (1927), S. 22 der die Berliner Handelsgesellschaft - eine KGaA - als Beispiel nennt, bei der nur diejenigen Aktionäre an der Generalversammlung teilnehmen konnten, die mindestens 20 Anteilsscheine besaßen.

87 *Schmulewitz*, Die Verwaltungsaktie (1927), S. 16; *Hopt*, Wissenschaft und Kodifikation des Privatrechts im 19. Jh., Bd. 5 (1980), S. 128, 151 der als Beispiel das Statut der Darmstädter Bank nennt, die den Besitz von mindestens 20 eingetragenen Namensaktien, nicht aber Inhaberaktien forderte.

88 *Bösselmann*, Die Entwicklung des deutschen Aktienwesens im 19. Jhd. (1939), S. 154; *Bezzenberger*, Vorzugsaktien (1991), S. 5 verweist darauf, dass es sich hierbei regelmäßig um reine Obligationen gehandelt habe; zu der Prioritätsaktie mit Stimmrecht s. *Wang*, Vorzugsaktie (2016), S. 35 ff.

89 *Vogt*, ZHR 1858, 477, 513.

90 *Ders.*, ZHR 1858, 477, 514.

Aktien haben solle, da seiner Auffassung nach die Eigenschaft als Teilhaber und nicht als persönlicher Gesellschafter im Vordergrund stehe.[91] Das zeigt, dass schon zur damaligen Zeit Uneinigkeit bei der Frage nach der proportionalen Verteilung des Stimmrechts herrschte.

Der deutsche Gesetzgeber hat immer wieder versucht, das Stimmrecht zu regeln. Während die erste deutsche Regelung, das preußischen Gesetz über die Eisenbahnunternehmungen von 1838, keine Vorschrift über die Verfassung oder Willensbildung enthielt,[92] sah Art. 267 des Entwurfs eines Handelsgesetzbuches für das Königreich Württemberg von 1839 vor, dass im Zweifel auf jede Aktie eine Stimme entfallen soll. Der Aktionär sollte aber insgesamt nicht mehr als sechs Stimmen haben, soweit die Gesellschaft in hundert oder mehr Aktien zerlegt war, und nicht mehr als drei Stimmen, wenn die Gesellschaft in weniger Aktien zerlegt war.[93] Das Gesetz wurde nie verabschiedet. Im ersten eigenständigen AktG eines deutschen Staates, dem Preußischen Gesetz über die Aktiengesellschaft (PrAktG) vom 9. November 1843, fehlte eine entsprechende Vorschrift. Regelungen zum Innverhältnis wurden bewusst dem Satzungsgeber überlassen.[94] Man entschied sich damit für die Satzungsautonomie. Der Gesellschaftsvertrag musste nur bestimmen, wie das Stimmrecht von Mitgliedern ausgeübt werden sollte (§ 2 PrAktG).

Der Entwurfs eines Handelsgesetzbuchs für die Preußischen Staaten von 1857 sah in Art. 192 Abs. 2 vor, dass jede Aktie eine Stimme gewähren sollte, wenn der Gesellschaftsvertrag nichts anderes bestimmte,[95] da das „*im Allgemeinen das Natürlichste*“ sei.[96] Die gesetzliche Normierung eines Höchststimmrechts wurde abgelehnt, da dies nicht generell, sondern in jedem individuellen Fall durch das Statut geregelt werden sollte.[97] Die Sat-

91 *Pöhls*, Das Recht der Actiengesellschaften mit besonderer Rücksicht auf Eisenbahngesellschaften (1842), S. 198.

92 *Zöllner*, in: KK (1984), Einl. Rn. 59; *Wiethölter*, Interessen und Organisation der AG (1961), S. 71.

93 Entwurf eines Handelsgesetzbuches für das Königreich Württemberg mit Motiven von 1839, S. 82.

94 *Wiethölter*, Interessen und Organisation der AG (1961), S. 72; *Zöllner*, in: KK (1984), Einl. Rn. 59; *Kießling*, Aktienrecht im Wandel I (2007), S. 193, 227.

95 Entwurf eines Handelsgesetzbuchs für die Preußischen Staaten nebst Motiven, Erster Teil: Entwurf von 1857, S. 36.

96 Entwurf eines Handelsgesetzbuchs für die Preußischen Staaten nebst Motiven, Zweiter Teil: Motive vom 1857, S. 92.

97 Entwurf eines Handelsgesetzbuchs für die Preußischen Staaten nebst Motiven, Zweiter Teil: Motive vom 1857, S. 92 f.

zung sollte einen Mindestaktienbesitz, den sog. Zensus, vorsehen können.[98] Diese Entwicklung zeigt, dass es Regelungen zum Stimmrecht immer nur in die jeweiligen Entwürfe schafften.

b) Das ADHGB von 1861

Das änderte sich mit dem ADHGB von 1861, das sich durch eine erstmals umfassende und differenzierte Regelung der inneren Verfassung der AG auszeichnete.[99] Die Regelungen blieben überwiegend jedoch dispositiv und ließen den Satzungsgebern einen weiten Gestaltungsspielraum.[100] Neu war die gesetzliche Regelung des Stimmrechts. Art. 224 Abs. 2 ADHGB 1861[101] übernahm wörtlich die in Art. 192 Abs. 2 des Entwurfs eines Handelsgesetzbuchs für die Preußischen Staaten von 1857 vorgesehene Regelung, wonach jede Aktie ihrem Inhaber eine Stimme gewährt, wenn nicht der Gesellschaftsvertrag ein anderes festsetzt. Damit wurde der *one share, one vote*-Grundsatz erstmals, wenn auch nur dispositiv, gesetzlich verankert. Im Gegensatz zu Höchst- und Mindeststimmrechten,[102] waren die grds. zulässigen Mehrstimmrechte praktisch unbedeutend, da sie unbekannt waren.[103]

c) Erste Aktienrechtsnovelle von 1870

Für die weiteren Entwicklungen des Aktienrechts spielten neben dem Sieg des Deutsch-Französischen Kriegs 1870/1871, der die Wirtschaft beflügelte, auch die zahlreichen technischen Neuerungen eine Rolle, die zu einem Anstieg der Nachfrage und der Produktion und damit zugleich zu einem Anstieg liquider Mittel führten.[104] Infolge des wirtschaftlichen Aufschwungs stieg die Investitionsbereitschaft. Es kam zu einer Gründungswelle, die

---

98 *Pahlow*, Aktienrecht im Wandel I (2007), S. 237, 269.

99 *Zöllner*, in: KK (1984), Einl. Rn. 61.

100 *Casper*, ZHR 187 (2023), 5, 20.

101 Art. 224 Abs. 2 ADHBG (1861) wörtlich zitiert in *Schmulewitz*, Die Verwaltungsaktie (1927), S. 22.

102 *Planitz*, Die Stimmrechtsaktie (1922), S. 43 Fn. 54; *Schmulewitz*, Die Verwaltungsaktie (1927), S. 22 f.; *Peltzer*, AG Sonderheft („Die Aktienrechtsreform 1997") 1997, 90, 91.

103 *Schmulewitz*, Die Verwaltungsaktie (1927), S. 22; *Peltzer*, AG Sonderheft („Die Aktienrechtsreform 1997") 1997, 90; *Hammen*, Der Konzern 2023, 289, 290.

104 Vgl. hierzu *Lieder*, Aktienrecht im Wandel I (2007), S. 318, 379.

durch die fast vollständige Aufhebung des Konzessionssystems weiter beflügelt wurde. Neben dieser weitgehenden Aufhebung des Konzessionssystems und der Einführung des Normativsystems, war die Aktienrechtsnovelle von 1870 durch ein wirtschaftsliberales Grundverständnis gekennzeichnet.[105] Die Gründung lag nicht mehr im staatlichen Ermessen, sondern der Staat hatte nur noch das Vorliegen der gesetzlichen Gründungsvoraussetzungen zu prüfen. Die Satzungsautonomie der Aktionäre blieb unangetastet.[106] Der für das Stimmrecht relevante Art. 224 Abs. 2 ADHGB[107] blieb ebenfalls unverändert. Stimmrechtsbeschränkungen waren nach wie vor gesetzlich nicht geregelt, kamen aber in den Statuten in den verschiedensten Formen häufig vor. Neben dem gänzlichen Ausschluss des Stimmrechts war das Höchststimmrecht am weitesten verbreitet.[108] Es war üblich, in der Satzung festzulegen, dass nur die Inhaber einer bestimmten Anzahl von Aktien stimmberechtigt waren.[109] Die Mehrstimmrechtsaktie war zulässig,[110] aber weiterhin unbekannt.[111] In der damaligen Literatur wurde sie nicht erwähnt.[112]

d) Zweite Aktienrechtsnovelle von 1884

Die Novelle von 1884 kann als Geburtsstunde des modernen Aktienrechts bezeichnet werden.[113] Kennzeichnend war der weitere Ausbau des Normativsystems, um die Attraktivität der Aktie und das Vertrauen in die AG wiederherzustellen.[114] Ziel war die Stärkung der Generalversammlung und

---

105 *Lieder*, Aktienrecht im Wandel I (2007), S. 318, 320 f.; *Wiethölter*, Interessen und Organisation der AG (1961), S. 35; *Zöllner*, in: KK (1984), Einl. Rn. 62.

106 *Sethe*, Die personalistische Kapitalgesellschaft mit Börsenzugang (1996), S. 61.

107 Abgedruckt in *Schubert/Hommelhoff*, ZGR Sonderheft 4 (1985), 120.

108 *Renaud*, Das Recht der AG, 2. Aufl. (1875), S. 462 f.

109 *Schmulewitz*, Die Verwaltungsaktie (1927), S. 16; *Hueck*, Vorzugsaktien (1922), S. 17; *Renaud*, Das Recht der AG, 2. Aufl. (1875), S. 464.

110 *Hueck*, Vorzugsaktien (1922), S. 17.

111 *Zöllner*, in: KK, 2. Aufl. (1988), § 12 Rn. 8. *Schmulewitz*, Die Verwaltungsaktie (1927), S. 22 f.

112 *Zeißig*, Mitgliedschaft und Stimmrechtsmacht (1996), S. 33.

113 *Casper*, ZHR 187 (2023), 5, 20.

114 Allgemeine Begründung zum Gesetz betreffend die Kommanditgesellschaften auf Aktien und die Aktiengesellschaften vom 07. März 1884, abgedruckt in *Schubert/Hommelhoff*, ZGR Sonderheft 4 (1985), 387, 408.

die Beseitigung des sog. Verwaltungsabsolutismus,[115] da die Auffassung vorherrschte, dass die Vertragsfreiheit weit über die zulässigen Grenzen hinaus ausgedehnt worden sei.[116] Die Wahl der Aufsichtsratsmitglieder oblag nun der Generalversammlung (Art. 224 HGB 1897). Um diese Konzeption zu gewährleisten und wichtige Entscheidungen den Aktionären zu überlassen, war nach damaliger Auffassung die Sicherung und Stärkung des Stimmrechts unerlässlich. In einem vorangegangenen Gutachten des Reichsoberhandelsgerichts zur Reform des Aktienrechts vom 31. März 1877 wurde ausgeführt, dass

> *„das Gelten einer Stimme für eine Actie als das Naturgemäße anzusehen ist, wovon man auszugehen hat. Es kommen nun aber Limitirungen nach Oben und Unten in Betracht [...]. Was die Limitierung nach Oben anlangt, [...] ist deshalb hier nach wie vor dem Gesellschaftsvertrage volle Freiheit der Festsetzungen darüber zu lassen, ob nach oben das Stimmrecht limitiert wird und in welchem Umfange. [...] Dagegen erscheint es uns nicht angemessen, daß das Stimmrecht durch den Gesellschaftsvertrag einzelnen Actionären soll gänzlich entzogen und an die Voraussetzung des Besitzes einer größeren Anzahl Actien soll geknüpft werden dürfen. Das Stimmrecht in der Generalversammlung ist das einzige Mittel, vermöge dessen der Actionär eine mittelbare Einwirkung auf die Gesellschaftsangelegenheiten ausüben kann. Wer eine Actie [...] erwirbt, wird der Regel nach auch von der Annahme ausgehen, daß ihm damit eine Stimmberechtigung erwachse. Es muß vermieden werden, daß Betheiligungen mit allem Anschein vollkommener Theilnahmerechte circulieren, die sich erst durch Kenntnisnahme vom Gesellschaftsvertrage als unvollkommene Betheiligungen erweisen. [sic]“*[117]

115 *Schmulewitz*, Die Verwaltungsaktie (1927), S. 24; *Voß*, Das Stimmrecht der Generalversammlung (1930), S. 117; *Schubert/Hommelhoff*, ZGR Sonderheft 4 (1985), 87; *Planitz*, Die Stimmrechtsaktie (1922), S. 6.

116 Allgemeine Begründung zum Aktenstück Nr. 21 vom 07. März 1884, abgedr. bei *Schubert/Hommelhoff*, ZGR Sonderheft 4 (1985), 387, 464.

117 Gutachten über die geeignetsten Mittel zur Abhülfe der nach den Erfahrungen des Reichs-Oberhandelsgerichts bei der Gründung, der Verwaltung und dem geschäftlichen Betriebe von Aktienunternehmungen hervorgetretenen Uebelstände vom 31. März 1877, abgedruckt in *dies.*, ZGR Sonderheft 4 (1985), 157, 231 ff.

Entgegen dem in den Vorberatungen von Kammergerichtsrat *Keyssner* gestellten Antrag, Höchstbeträge für unzulässig zu erklären,[118] hielt der Gesetzgeber eine solche Festsetzung weiterhin für zulässig. Wegen der Verschiedenheit der einzelnen Gesellschaften sollte die Entscheidung hierüber allein dem Satzungsgeber überlassen bleiben.[119] Die gängige Praxis, das Stimmrecht an den Besitz einer bestimmten Anzahl von Aktien zu knüpfen, sollte hingegen zum Schutz der Kleinaktionäre eingedämmt werden.[120] Auch der vollständige Stimmrechtsausschluss und das sog. Mindeststimmrecht sollten nicht mehr möglich sein.[121] Das Gesetz wurde am 18. Juli 1884 ausgefertigt. Der für die AG geltende Art. 221 Abs. 2 ADHGB 1884 verwies auf Art. 190 ADHGB 1884, der das Stimmrecht in der KGaA regelte. Abs. 1 lautete:

> *„Jede Aktie gewährt das Stimmrecht. Dasselbe wird nach den Aktienbeträgen ausgeübt. Der Gesellschaftsvertrag kann für den Fall, daß ein Kommanditist mehrere Aktien besitzt, die Ausübung des Stimmrechts für dieselben durch einen Höchstbetrag oder in Abstufungen oder nach Gattungen beschränken.“*

Hierdurch wurde die satzungsmäßige Gestaltungsfreiheit eingeschränkt und der *one share, one vote*-Grundsatz gesetzlich zwingend verankert. Die Frage, ob Mehrstimmrechte zur damaligen Zeit zulässig waren, wird uneinheitlich beantwortet, ohne dass hierbei eine Problemdarstellung erfolgt.[122] Die Autoren stützen sich jeweils nur auf die von ihnen vertretene Auffassung, ohne sich mit einer bestehenden abweichenden Auffassung auseinanderzusetzen. Teilweise wird argumentiert, die Novelle habe hinsichtlich der Zulässigkeit von Mehrstimmrechten keine Änderung gebracht,[123] sodass

118 Verhandlungen der Aktienrechtskommission, wiedergegeben nach ZStA Potsdam, Reichsamt des Inneren, Nr. 1, Bl. 122-123, abgedr. in *dies.*, ZGR Sonderheft 4 (1985), 263, 285.

119 Allgemeine Begründung zum Gesetz betreffend die Kommanditgesellschaften auf Aktien und die Aktiengesellschaften vom 07. März 1884, abgedruckt in *dies.*, ZGR Sonderheft 4 (1985), 387, 464 f.

120 Allgemeine Begründung zum Gesetz betreffend die Kommanditgesellschaften auf Aktien und die Aktiengesellschaften vom 07. März 1884, abgedruckt in *Schubert/Hommelhoff*, ZGR Sonderheft 4 (1985), 387, 424, 465; *Petersen/Pechmann*, Gesetz betreffend die KGaA und die AG (1890), S. 221; *Schmulewitz*, Die Verwaltungsaktie (1927), S. 16; *Hueck*, Vorzugsaktien (1922), S. 18.

121 *Peltzer*, AG Sonderheft („Die Aktienrechtsreform 1997") 1997, 90, 91.

122 Die divergierenden Auffassungen erkennend *Rompe*, Ordnung und Unordnung im Aktienwesen (2020), S. 228 f.

123 *Handelsrechtsausschuss des Deutschen Anwaltvereins* (DAV), NZG 2023, 464 f.

die Schaffung mehrerer Aktiengattungen mit unterschiedlich hohen Stimmrechten durch die Satzung aufgrund der weiterhin bestehenden Satzungsfreiheit zulässig blieb.[124] Die überwiegende Lehre geht zutreffend von der Einführung eines Mehrstimmrechtverbots aus.[125] *Depenbrock* verweist zur Begründung eines solchen Verbots auf die Kommentierung von *Staub* zu Art. 209a Abs. 1 Nr. 4 ADHGB 1884, wonach Bestimmungen, die einzelnen Gattungen unterschiedliche Rechte einräumten, in die Satzung aufgenommen werden mussten. *Staub* vertrat in diesem Zusammenhang die Auffassung, dass eine Bevorzugung des Stimmrechts nicht möglich sei, da es allen Aktionären in gleicher Weise zustehen müsse.[126] Im Rahmen von Art. 221, 190 ADHGB 1864, schrieb *Staub* hingegen, dass diese Regelung nur besage, „*dass an jede Aktie mindestens eine Stimme geknüpft*" sein müsse, „*aber auch an eine Aktie mehrere Stimmrechte geknüpft werden*" können,[127] woraus man die Zulässigkeit der Mehrstimmrechte ableiten könnte.[128] Damit ist die Kommentierung von Staub – so wie die gesamte Thematik – uneinheitlich. Er hält Stimmvorzüge (Art. 209 a Abs. 1 Nr.4 ADHGB 1884) für unzulässig, Mehrstimmrechte hingegen für zulässig.

Der Wortlaut des Art. 190 Abs. 1 ADHGB 1884 sagte nichts über die Zulässigkeit von Mehrstimmrechten aus. Ein systematischer Blick auf Art. 190

124 *Staub*, Kommentar zum allgemeinen deutschen Handelsgesetzbuch (1893), S. 439, § 2; *Schmulewitz*, Die Verwaltungsaktie (1927), S. 23 f.; *Casper*, ZHR 187 (2023), 5, 20; *Grundmann*, in: GroßKomm AktG, 5. Aufl. (2019), § 134 Rn. 14; *Hueck*, Vorzugsaktien (1922), S. 18, der im Zusammenhang der Zulässigkeit des mehrfachen Stimmrechts auf Art. 190 Abs. 3 ADHGB verweist.

125 *Petersen/Pechmann*, Gesetz betreffend die KGaA und die AG (1890), S. 221 f., 422; *Horrwitz*, Schutz- und Vorratsaktien (1926), S. 23; *Hinderling*, ZSR 48 (1929), 88, 90, 104; *Depenbrock*, Vorzugsaktien (1975), S. 172; *Zeißig*, Mitgliedschaft und Stimmrechtsmacht (1996), S. 49 Fn. 122; *Peltzer*, AG Sonderheft („Die Aktienrechtsreform 1997") 1997, 90, 91; *Anderson*, Stimmrechtsproportionalität (2016), S. 66 f.; *Rompe*, Ordnung und Unordnung im Aktienwesen (2020), S. 228 f.; *Hammen*, Der Konzern 2023, 289, 290; *Beckmann*, Das Mehrstimmrecht (2023), S. 38; *Wolf*, Mehrstimmrechtsaktien (2023), S. 196; *Wang*, Vorzugsaktie (2016), S. 39.

126 *Staub*, Kommentar zum allgemeinen deutschen Handelsgesetzbuch (1893), S. 340, § 7.

127 *Ders.*, Kommentar zum allgemeinen deutschen Handelsgesetzbuch (1893), S. 439, § 2.

128 Hiergegen könnte wiederum die spätere Kommentierung in *ders.*, Kommentar zum Handelsgesetzbuch 6 u. 7 (1900), S. 760, Anm. 3 sprechen, da es hierin hieß, dass die Regelung, dass Aktien der einen Gattung mit einem höheren Stimmrecht ausgestattet werden können, als die Aktien einer anderen Gattung, eine Abweichung der bisherigen Rechtslage darstelle.

Abs. 5 ADHGB 1884,[129] half ebenfalls nicht weiter, da die Einräumung eines Mehrstimmrechts keine „*Bedingung des Stimmrechts*“ ist. Eine eindeutige Antwort gab jedoch die Gesetzesbegründung, aus der hervorgeht, dass Mehrstimmrechte nicht zulässig sein sollten. Es sollte nicht der Satzung überlassen bleiben, zu bestimmen, dass die Inhaber von Prioritätsaktien gar kein Stimmrecht haben oder – und das ist in diesem Zusammenhang entscheidend – dass ihnen ein höheres Stimmrecht als den Stammaktien eingeräumt wird. Vielmehr sollten die Aktien jeder Gattung das gleiche Stimmrecht haben.[130]

e) Das Handelsgesetzbuch von 1897

Das HGB vom 10. Mai 1897, das zusammen mit dem BGB am 1. Januar 1900 in Kraft trat, brachte nur unwesentliche Änderungen.[131] Für die Entwicklung des Aktienrechts und den Strukturwandel der Wirtschaft war die Zeit der Weimarer Republik von Bedeutung, die durch umfangreiche Reformdiskussionen geprägt war, da sich eine zunehmende Diskrepanz zwischen Rechtsnorm und Rechtswirklichkeit abzeichnete.[132] Die Wirtschaftsperioden lassen sich grob in drei Phasen einteilen: die unmittelbare Nachkriegszeit, d.h. die Inflationszeit bis 1923, die kurzfristige Stabilisierung ab 1923 und die Wirtschaftskrise ab 1929.[133] Schon vor dem Krieg war eine Veränderung der Aktionärsstruktur zu beobachten, die zu einer Spaltung der Eigentümerseite in eine herrschende, mit der Unternehmensleitung verbundene Gruppe einerseits und einflusslose Minderheitsaktionäre andererseits führte.[134] Erstere wurden als sog. Unternehmensaktionäre bezeichnet, da ihr primäres Interesse dem langfristigen Fortbestand des Unternehmens galt,[135] letztere als sog. Spekulationsaktionäre.[136]

---

129 Art. 190 Abs. 5 lautete: „*Im Übrigen ist für die Bedingungen des Stimmrechts und die Form, in welcher dasselbe auszuüben ist, der Gesellschaftsvertrag massgebend.*“

130 Allgemeine Begründung zum Gesetz betreffend die Kommanditgesellschaften auf Aktien und die Aktiengesellschaften vom 07. März 1884, abgedruckt in *Schubert/Hommelhoff*, ZGR Sonderheft 4 (1985), 387, 424.

131 *Planitz*, Die Stimmrechtsaktie (1922), S. 3; *Zöllner*, in: KK (1984), Einl. Rn. 65; *Assmann*, in: GroßKomm AktG, 4. Aufl. (2004), Einl. Rn. 119 f.

132 *Nörr*, ZHR 1986, 155, 156.

133 *Ders.*, ZHR 1986, 155, 160.

134 *Ders.*, ZHR 1986, 155, 159.

135 *Schmulewitz*, Die Verwaltungsaktie (1927), S. 4 f.

136 *Spindler*, Aktienrecht im Wandel I (2007), S. 440, 452 f.

aa) Gesetzliche Regelung

Der neu eingeführte § 252 Abs. 1 HGB 1897 lautete:

> *„Jede Aktie gewährt das Stimmrecht. Das Stimmrecht wird nach den Aktienbeträgen ausgeübt. Der Gesellschaftsvertrag kann für den Fall, dass ein Aktionär mehrere Aktien besitzt, die Ausübung des Stimmrechts durch Festsetzung eines Höchstbetrages oder von Abstufungen beschränken. Werden mehrere Gattungen von Aktien ausgegeben, so kann der Gesellschaftsvertrag den Aktien der einen Gattung ein höheres Stimmrecht beilegen als den Aktien einer anderen Gattung".*[137]

Eine Regelung zu den Aktiengattungen fand sich in § 185 HGB 1897, der vorsah, dass

> *„im Gesellschaftsvertrage [...] für einzelne Gattungen von Aktien verschiedene Rechte, insbesondere in Betreff der Verteilung des Gewinns oder des Gesellschaftsvermögens, festgesetzt werden"*[138]

können. Nach Art. 252 Abs. 1 S. 1 HGB 1897 hatte jeder Aktionär mindestens eine Stimme, was nicht bedeutete, dass jede weitere Aktie zwingend ein Stimmrecht vermittelte. Mit anderen Worten musste ein Aktionär nicht zwingend so viele Stimmrechte haben, wie er Aktien besaß. Das Verhältnis der einzelnen Aktiengattungen zueinander war nicht vorgeschrieben. Der Gesetzgeber hatte den Satzungsgebern insoweit bewusst Spielraum gelassen[139] und zum Ausdruck gebracht, dass der Grundsatz der Gleichberechtigung nur innerhalb der jeweiligen Aktiengattungen, nicht aber im Verhältnis zwischen vermögensrechtlich unterschiedlichen Aktiengattungen galt.[140] Weiterhin wurde in § 252 Abs. 1 S. 1 HGB 1897 der Grundsatz aufgestellt, dass sich das Stimmrecht nach der Kapitalbeteiligung richtet. Er sollte nicht uneingeschränkt gelten, da in den Sätzen 3 und 4 erstmals gesetzliche Ausnahmen zugelassen wurden. *Schmulewitz* sprach von dem Grundsatz der *„Adäquität von Kapitalbeteiligung und Mitbestimmungsrecht"*.[141] Diesem Grundsatz stand die damalige Literatur kritisch gegenüber. *Voß* vertrat die Auffassung, dass hieraus folge, dass die Herrschaft in der AG bei der stärksten Kapitalgruppe liege und die AG *„in der reinen Form eine plutokroatische*

137 Abgedruckt in *Hueck*, Vorzugsaktien (1922), S. 81.
138 Abgedruckt in *ders.*, Vorzugsaktien (1922), S. 80.
139 Reichsgericht, Urt. v. 13.12.1927, II 401/27, juris = RGZ 119, 248, 253.
140 *Frank-Fahle*, Die Stimmrechtsaktie (1923), S. 12.
141 *Schmulewitz*, Die Verwaltungsaktie (1927), S. 15.

Verfassung" habe.[142] *Passow* wies darauf hin, dass sich in der Realität der Nachkriegszeit in vielen Gesellschaften unter Ausnutzung gesetzlicher Regelungen ein System der „*Verwaltungsoligarchie*" gebildet habe, was den demokratischen Grundgedanken und den Grundsatz der Proportionalität faktisch außer Kraft gesetzt habe.[143] Auch *Planitz* sah eine Abkehr von dem im Code de Commerce und in der Novelle von 1884 verankerten Prinzip der Stimmengleichberechtigung und damit zugleich eine „*Überwindung des Gedankens der Kapitaldemokratie*", da sie sich in Wahrheit in einen verkappten Verwaltungsabsolutismus verwandelt habe.[144] *Frank-Fahle* schreibt, dass

> „*der ideale Grundsatz der Gleichberechtigung, der aus dem Staatsleben übernommene Gedanke der Demokratie, welcher für die Form der Aktiengesellschaft zwar nicht rechtsbestimmend, so doch von großem Einfluss war, von vornherein die Unmöglichkeit völliger Verwirklichung in sich birgt*".[145]

bb) Die unterschiedlichen Aktienarten

Je nach Zweck wurden die Aktienarten unterschiedlich bezeichnet. Soweit Aktien zum Schutz der Gesellschaft ausgegeben wurden, sprach man von Schutz-[146] oder Herrschaftsaktien.[147] Vorrats- oder Verwertungsaktien waren Aktien, die für spätere Verfügungen der Gesellschaft bereitgehalten wurden.[148] Sobald Aktien z.B. durch schuldrechtliche Verträge an

142 *Voß*, Das Stimmrecht der Generalversammlung (1930), S. 6.

143 *Passow*, Der Strukturwandel der Aktiengesellschaft im Lichte der Wirtschaftsenquete (1930), S. 2.

144 *Planitz*, Die Stimmrechtsaktie (1922), 35, 46.

145 *Frank-Fahle*, Die Stimmrechtsaktie (1923), S. 97.

146 *Horrwitz*, Schutz- und Vorratsaktien (1926), S. 1; *Voß*, Das Stimmrecht der Generalversammlung (1930), S. 12; *Spindler*, Aktienrecht im Wandel I (2007), S. 440, 455; *Müffling*, Höchst- und Mehrstimmrecht (1940), S. 31.

147 Wandlungen in den wirtschaftlichen Organisationsformen, Verhandlungen und Berichte des Unterausschusses für Allgemeine Wirtschaftsstruktur, (I. Unterausschuß), 3. Arbeitsgruppe. - Teil 3. Wandlungen in der aktienrechtlichen Gestaltung der Einzelunternehmen und Konzerne: Generalbericht (1930), S. 7; *Beckmann*, Das Mehrstimmrecht (2023), S. 42; *Schmulewitz*, Die Verwaltungsaktie (1927), S. 18 f.

148 *Horrwitz*, Schutz- und Vorratsaktien (1926), S. 1 f.; *Menke*, Die Kapitalbasis (1988), S. 98; *Nörr*, ZHR 1986, 155, 162 f.; *Spindler*, Aktienrecht im Wandel I (2007), S. 440, 459.

die Verwaltung gebunden waren, sprach man von Verwaltungsaktien.[149] Schutz- bzw. Herrschaftsaktien konnten gleichzeitig Verwaltungsaktien sein.[150] Komplizierter wurde es, wenn diese Aktienarten ihrerseits mit einem Mehrstimmrecht ausgestattet wurden, denn dann entstand eine neue Aktiengattung: die Mehrstimmrechtsaktie.

cc) Die Mehrstimmrechtsaktie

Die erste Ausnahme von dem Proportionalitätsprinzip fand sich in § 252 Abs. 1 S. 4 HGB 1897, der erstmals eine gesetzliche Grundlage für Mehrstimmrechte schuf, indem er die freie Bildung von Aktiengattungen mit unterschiedlichen Stimmrechten zuließ. In der Praxis spielten sie in der Vorkriegszeit keine Rolle.[151] Das mag auch daran gelegen haben, dass die Zulassungsstelle der Berliner Börse 1912 in einem Fall gegen die Ausgabe von Mehrstimmrechten intervenierte.[152] Soweit sie vereinzelt vorkamen, hatten die Inhaber entsprechende Zuzahlungen geleistet, sodass das Proportionalitätsprinzip bei wertender Betrachtung nicht eingeschränkt, sondern bestätigt wurde[153] und keine Mehrstimmrechtsaktie im eigentlichen Sinne vorlag. Mit dem Ende des Ersten Weltkrieges – insbesondere ab 1919[154] – nahm die Ausgabe rapide zu und entwickelte sich zu einem sehr gebräuchlichen und weit verbreiteten Instrument.[155] *Hueck* bezeichnete die Mehrstimmrechtsaktie zutreffend als die wohl

---

149 *Horrwitz*, Schutz- und Vorratsaktien (1926); *Nörr*, ZHR 1986, 155, 163.

150 *Horrwitz*, Schutz- und Vorratsaktien (1926), S. 2; *Müffling*, Höchst- und Mehrstimmrecht (1940), S. 31.

151 *Hueck*, Vorzugsaktien (1922), S. 8 f.

152 Die betroffene AG plante die Ausgabe von Vorzugsaktien mit beschränktem Dividendenrecht, aber mit doppeltem Stimmrecht, um die Herrschaft der Familie über das Unternehmen zu sichern. Dem widersprach die Zulassungsstelle der Berliner Börse und machte die Ausgabe der Vorzugsaktien davon abhängig, dass diesen Aktien nur ein einfaches Stimmrecht eingeräumt werden konnte. Siehe hierzu *Passow*, Die AG, 2. Aufl. (1922), S. 244 Fn. 2.

153 *Hueck*, Vorzugsaktien (1922), S. 9.

154 Wandlungen in den wirtschaftlichen Organisationsformen, Verhandlungen und Berichte des Unterausschusses für Allgemeine Wirtschaftsstruktur, (I. Unterausschuß), 3. Arbeitsgruppe. - Teil 3. Wandlungen in der aktienrechtlichen Gestaltung der Einzelunternehmen und Konzerne: Generalbericht (1930), S. 7.

155 *Schmulewitz*, Die Verwaltungsaktie (1927), S. 26; *Peltzer*, AG Sonderheft („Die Aktienrechtsreform 1997") 1997, 90, 91.

„auffallendste Erscheinung, welche die Nachkriegszeit auf dem Gebiet des Aktienwesens mit sich gebracht hat“.[156]

Von den 906 Unternehmen, die 1923 an der Berliner Börse notiert waren, konnte *Frank-Fahle* 368 Gesellschaften ausmachen, die Mehrstimmrechtsaktien ausgegeben hatten.[157] Nach einer Mitteilung des Statistischen Reichsamtes über die Entwicklung des Mehrstimmrechts verfügten im Jahr 1925 mehr als die Hälfte aller börsennotierten Aktiengesellschaften in Deutschland über Mehrstimmrechtsaktien. Ende 1938 war es nur noch ein Viertel.[158]

Der Gesetzgeber erwähnte die Mehrstimmrechtsaktie im Kapitalverkehrsteuergesetz vom 8. April 1922,[159] in dem sie einer besonderen Besteuerung unterworfen und als zulässige Aktienkategorie anerkannt wurde,[160] sowie in der II. DVO zur Goldbilanzverordnung vom 28. März 1924.[161]

(1) Zweck: Schutz vor äußerer bzw. innerer Überfremdung

Die Folgen des Ersten Weltkrieges erschütterten das Wirtschaftsleben und stellten die Unternehmen vor eine Vielzahl neuer Probleme, auf die sie strukturell reagieren mussten. Die Inflation führte zu einem Wirtschaftsverfall und einer zunehmenden Entwertung der deutschen Währung, was wiederum zu einer zunehmenden Verarmung und einem Kapitalmangel in der deutschen Wirtschaft führte. Diese Situation zog ausländische Investoren an.[162] Hinzu kam, dass durch die territorialen Veränderungen Geschäftsbeziehungen zu Lieferanten unterbrochen und die Rohstoffbasis stark eingeschränkt wurde.[163] Die deutsche Wirtschaft war nicht nur auf

156 *Hueck*, Vorzugsaktien (1922), S. 7.

157 *Frank-Fahle*, Die Stimmrechtsaktie (1923), S. 20.

158 Siehe *Selgert*, Jahrbuch für Wirtschaftsgeschichte 59 (2018), 77, 79.

159 RGBl. S. 354 abgedruckt in *Kloß*, Die Rechtsprechung und Schrifttum in Reichssteuersachen (2021), S. 136.

160 *Schmulewitz*, Die Verwaltungsaktie (1927), S. 30.

161 Kapitalverkehrssteuergesetz, RGBl. S. 385; In § 29 der II DV GBV wurde darauf hingewiesen, dass eine Ausgabe von Mehrstimmrechtsaktien vor dem 31.12.1918 nicht festgestellt werden konnte, hierzu *ders.*, Die Verwaltungsaktie (1927), S. 26 Fn. 3.

162 *Hueck*, Vorzugsaktien (1922), S. 7; *Schmulewitz*, Die Verwaltungsaktie (1927), S. 27; *Schmalenbach*, Finanzierungen 4. Aufl. (1928), S. 254; *Menke*, Die Kapitalbasis (1988), S. 26.

163 *Menke*, Die Kapitalbasis (1988), S. 25 ff.

Importe angewiesen, sondern auch auf Kapital, das im Inland nicht zur Verfügung stand.[164] Die Beteiligung ausländischen Kapitals war nicht nur notwendig, sondern auch erwünscht.[165] Der Einstieg ausländischer Investoren hätte zwangsläufig zu einer Verlagerung der Unternehmensführung in ausländische Hände geführt, was den Interessen der nationalen Wirtschaft zuwiderlief und nicht erwünscht war,[166] da eine „Überfremdung" der deutschen Wirtschaft befürchtet wurde. *Kurz* definierte den Begriff der äußeren Überfremdung als

> *„Eindringen fremden ausländischen Kapitals in deutsche Unternehmungen in dem Umfang, dass das ausländische Kapital dabei zum beherrschenden Faktor wird".*[167]

Eine konkrete Gefahr bestand aus damaliger Sicht v.a. darin, dass Produktionsmittel – insbesondere Bodenschätze und Rohstoffquellen wie Kohle und Erze, aber auch Patente der chemischen Industrie – gegen die Interessen der deutschen Wirtschaft eingesetzt werden könnten.[168] Befürchtet wurde ferner die vollständige Ausschaltung der deutschen Konkurrenz durch Stilllegung oder Sitzverlagerung ins Ausland oder das Eindringen gesellschaftsfremder Interessen in die AG durch ausländische Investoren.[169] Auf der anderen Seite konnte und wollte man auf ausländisches Kapital nicht verzichten, was eine Trennung von Kapitalbeteiligung und Herrschaftsrechten zwingend erforderlich machte.[170] Eine gesetzliche Diskriminierung von Staatsangehörigen der alliierten und assoziierten Mächte in Wirtschaftsangelegenheiten war nach Art. 276 des Friedensvertrags von Versailles vom

---

164 *Ders.*, Die Kapitalbasis (1988), S. 25 ff.

165 *Kurz*, Betriebs- und Finanzwirtschaftliche Forschungen (1921), S. 30.

166 *Schmulewitz*, Die Verwaltungsaktie (1927), S. 27; *Frank-Fahle*, Die Stimmrechtsaktie (1923), S. 18 f.

167 *Kurz*, Betriebs- und Finanzwirtschaftliche Forschungen (1921), 1; ähnlich *Zöllner*, in: *KK*, 2. Aufl. 1988, Rn. 8; *Saenger*, ZIP 1997, 1813.

168 *Kurz*, Betriebs- und Finanzwirtschaftliche Forschungen (1921), S. 5, 20 f.; Wandlungen in den wirtschaftlichen Organisationsformen, Verhandlungen und Berichte des Unterausschusses für Allgemeine Wirtschaftsstruktur, (I. Unterausschuß), 3. Arbeitsgruppe. - Teil 3. Wandlungen in der aktienrechtlichen Gestaltung der Einzelunternehmen und Konzerne: Generalbericht (1930), S. 9.

169 Vgl. insgesamt zu den drohenden volkswirtschaftlichen und privatwirtschaftlichen Gefahren *Kurz*, Betriebs- und Finanzwirtschaftliche Forschungen (1921), S. 20 ff.

170 *Hueck*, Vorzugsaktien (1922), S. 10; *Schmalenbach*, Finanzierungen 4. Aufl. (1928), S. 254.

28. Juni 1919 allerdings verboten.[171] Als Abwehrmaßnahme musste daher eine gesellschaftsrechtliche Gestaltungsmöglichkeit geschaffen werden. Die bis dahin übliche Schaffung stimmrechtsloser Aktien war jedoch nach § 252 Abs. 1 S. 1 HGB 1897 nicht mehr möglich. Um eine Überfremdung zu vermeiden, hatten die Aktionäre ein Interesse daran, nur so viele Aktien zu erwerben und entsprechend zu investieren, wie es für ihren Einfluss auf die AG erforderlich war.[172] Die Aufrechterhaltung der Machtposition sollte mit möglichst geringen Mitteln möglich sein, sodass sich ihr Bestreben auf die Schaffung von Aktien richtete, die den Grundsatz der Proportionalität durchbrachen.[173] Die Mehrstimmrechtsaktie ermöglichte die erwünschte Überfremdung des Kapitals unter Verhinderung der unerwünschten Überfremdung des Stimmrechts. Die Zulassungsstelle bezeichnete sie daher als „unentbehrliches Kampfmittel gegen die Überfremdungsgefahr".[174]

Die Entwicklung zeigte bald, dass Mehrstimmrechte häufiger zum Schutz vor der sog. inneren Überfremdung geschaffen wurden, [175] um das Eindringen inländischer konkurrierender Unternehmen oder anderer Gruppen in die Unternehmensführung abzuwehren.[176] Inhaber der Mehrstimmrechte waren v.a. die Gründerfamilien,[177] aber auch Konsortien aus Vorstands- und Aufsichtsratsmitgliedern oder dem Unternehmen nahestehende Aktionäre.[178] Insgesamt war die Gewährung von Mehrstimmrechtsaktien an Vorstands- und Aufsichtsratsmitglieder zulässig und üblich.[179] Teilweise fand ein Austausch von Mehrstimmrechten zwischen Unternehmen desselben Industriezweigs statt.[180] Eine weitere Folge des ungedeckten Kapitalbedarfs war die verstärkte Konzernbildung, die eine Rationalisie-

171 Hierzu eingehend *Frank-Fahle*, Die Stimmrechtsaktie (1923), S. 112–115; *Nußbaum*, Aktionär und Verwaltung (1928), S. 11.

172 So schon *Schmulewitz*, Die Verwaltungsaktie (1927), S. 4 f.

173 *Ders.*, Die Verwaltungsaktie (1927), S. 15.

174 Wörtlich zitiert in *Planitz*, Die Stimmrechtsaktie (1922), S. 28 Fn. 3.

175 *Planitz*, Die Stimmrechtsaktie (1922), S. 33 f.; *Schmalenbach*, Finanzierungen 4. Aufl. (1928), S. 254; *Frank-Fahle*, Die Stimmrechtsaktie (1923), S. 21.

176 Wandlungen in den wirtschaftlichen Organisationsformen, Verhandlungen und Berichte des Unterausschusses für Allgemeine Wirtschaftsstruktur, (I. Unterausschuß), 3. Arbeitsgruppe. - Teil 3. Wandlungen in der aktienrechtlichen Gestaltung der Einzelunternehmen und Konzerne: Generalbericht (1930), S. 10.

177 Vgl. *Vogl-Mühlhaus*, Mehrfachstimmrechtsaktien (1998), S. 151 ff.; *Voß*, Das Stimmrecht der Generalversammlung (1930), S. 95.

178 *Frank-Fahle*, Die Stimmrechtsaktie (1923), S. 28 ff.; *Passow*, Die AG, 2. Aufl. (1922), S. 342; *Voß*, Das Stimmrecht der Generalversammlung (1930), S. 95.

179 *Hueck*, Vorzugsaktien (1922), S. 24 f.; *Passow*, Die AG, 2. Aufl. (1922), S. 342.

180 *Frank-Fahle*, Die Stimmrechtsaktie (1923), S. 30.

rung ohne Kapitaleinsatz ermöglichte, was wiederum zu einer monopolistischen Marktbeherrschung durch große Unternehmen führte.[181] Auch hier war die Mehrstimmrechtsaktie ein geeignetes Instrument, um Konzerntöchtern Eigenkapital zuzuführen und gleichzeitig den bestimmenden Einfluss der Muttergesellschaft zu erhalten.[182] Die Mehrstimmrechtsaktie diente damit nicht nur der Finanzierung, sondern überwiegend der Herrschaftssicherung in der AG.

(2) Voraussetzungen und Modalitäten

Mehrstimmrechtsaktien mussten eine eigene Gattung bilden. Dabei war umstritten, wie § 252 Abs. 1 S. 4 HGB 1897 auszulegen war und ob allein das Mehrstimmrecht als solches als qualifizierendes Gattungsmerkmal ausreichte.[183] Die herrschende Lehre sah allein die Unterscheidung nach der Höhe des Stimmrechts als nicht ausreichend an, da die gesetzliche Regelung das Vorliegen einer Gattung voraussetze.[184] Ebenso wenig sollte es genügen, dass die Aktien auf unterschiedliche Nennbeträge lauteten.[185] Sie mussten mit unterschiedlichen Rechten ausgestattet sein, z.B. hinsichtlich der Gewinnverteilung oder des Liquidationsvorzugs, und sich in mindestens einem Punkt von den übrigen Aktien zu unterscheiden.[186] In den meisten Fällen wurden Mehrstimmrechtsaktien daher als Vorzugsaktien

181 *Menke*, Die Kapitalbasis (1988), S. 27.

182 *Spindler*, Recht und Konzern (1993), S. 59; *Planitz*, Die Stimmrechtsaktie (1922), S. 11.

183 Hierzu *Biber*, Die Stimmrechtsaktie (1940), S. 14 ff.; *Zöllner*, in: KK, 2. Aufl. (1988), § 12 Rn. 8; offengelassen vom Reichsgericht, Urt. v. 19.6.1923, II 53/23, juris = RGZ 107, 67, 70 f., da in dem zugrunde liegenden Fall zusätzlich noch andere rechtliche Unterschiede bzgl. der Übertragung, der Verteilung des Gewinnes und der Beständigkeit des Mitgliedschaftsrechts vorhanden waren.

184 *Hueck*, Vorzugsaktien (1922), S. 32 ff. m.w.N.; *Planitz*, Die Stimmrechtsaktie (1922), S. 35; *Schmulewitz*, Die Verwaltungsaktie (1927), S. 133; *Kurz*, Betriebs- und Finanzwirtschaftliche Forschungen (1921), 32; *Frank-Fahle*, Die Stimmrechtsaktie (1923), S. 38 ff.; *Kägi*, Prioritätsaktien (1918), S. 144; a.A.: *Staub*, Kommentar zum Handelsgesetzbuch 6 u. 7 (1900), S. 760, Anm. 4; *Horrwitz*, Das Recht der Generalversammlungen (1913), S. 118 f.

185 *Hueck*, Vorzugsaktien (1922), S. 37.

186 *Schmulewitz*, Die Verwaltungsaktie (1927), S. 133; *Hueck*, Vorzugsaktien (1922), S. 34 f.; *Kurz*, Betriebs- und Finanzwirtschaftliche Forschungen (1921), S. 32; *Bezzenberger*, Vorzugsaktien (1991), S. 7 f.

ausgegeben,[187] sodass man auch von der Mehrstimmvorzugsaktie oder der Vorzugsaktie mit mehrfachem Stimmrecht sprach.[188]

Die Schaffung von Mehrstimmrechtsaktien in der Gründungssatzung war unproblematisch. Bei der nachträglichen Schaffung wurde wie folgt unterschieden: Soweit bestehende Aktien durch Satzungsänderung mit Mehrstimmrechten ausgestattet werden sollten, war dem Gleichbehandlungsgrundsatz in der Weise Rechnung zu tragen, dass entweder jeder Aktionär die Möglichkeit haben musste, das Mehrstimmrecht zu erhalten, oder aber für den Fall, dass nur eine bestimmte Aktionärsgruppe das Mehrstimmrecht erhalten sollte, zusätzlich zum Beschluss der Generalversammlung die Zustimmung der benachteiligten Aktionäre im Wege eines Sonderbeschlusses gemäß § 275 Abs. 3 HGB 1897 einzuholen war.[189] Insofern bedurften beide Beschlüsse der satzungsändernden Mehrheit, also einer Dreiviertelmehrheit. Wurden Mehrstimmrechtsaktien durch eine Kapitalerhöhung geschaffen, galten nur die Vorschriften über die Kapitalerhöhung. Eines Sonderbeschlusses bedurfte es nicht,[190] es sei denn, den Inhabern schon bestehender Mehrstimmrechtsaktien wurde ein Bezugsrecht auf neue Mehrstimmrechtsaktien eingeräumt.[191]

Die Ausgabemodalitäten, insbesondere die Stimmkraft pro Aktie, waren gesetzlich nicht geregelt, sondern unterlagen der völligen Gestaltungsfreiheit. In der Regel gewährten sie ein zwei- bis vierzigfaches Stimmrecht.[192] Vereinzelt gewährten Mehrstimmrechtsaktien ein bis zu tausendfaches Stimmrecht. Ein Extrembeispiel war die Hamburger Hochbahn AG, bei der eine Aktie der Stadt Hamburg 48.900 Stimmen gewährte.[193] Die Mehrstimmrechtsaktie konnte sowohl als Namens- als auch als Inhaberaktie ausgegeben werden. Üblich war die Ausgabe als vinkulierte Namensaktie.[194]

---

187 *Voß*, Das Stimmrecht der Generalversammlung (1930), S. 89 f.; zu der vermögensrechtlichen Ausgestaltung siehe *Bezzenberger*, Vorzugsaktien (1991), S. 9 ff.

188 *Hueck*, Vorzugsaktien (1922), S. 1.

189 *Hueck*, Vorzugsaktien (1922), S. 42 f.; *Frank-Fahle*, Die Stimmrechtsaktie (1923), S. 68.

190 *Frank-Fahle*, Die Stimmrechtsaktie (1923), S. 69.

191 *Ders.*, Die Stimmrechtsaktie (1923), S. 69.

192 *Ders.*, Die Stimmrechtsaktie (1923), S. 24 f.

193 *Flechtheim/Wolff/Schmulewitz*, Die Satzungen der deutschen Aktiengesellschaften (1929), S. 5; *Menke*, Die Kapitalbasis (1988), S. 31.

194 *Hueck*, Vorzugsaktien (1922), S. 12; *Frank-Fahle*, Die Stimmrechtsaktie (1923), S. 20.

Aufgrund der Gestaltungsfreiheit konnte das Mehrfachstimmrecht auf bestimmte Abstimmungsfälle beschränkt werden,[195] die Satzung konnte Bedingungen für die Stimmabgabe aufstellen oder vorsehen, dass das Stimmrecht nur einheitlich ausgeübt werden durfte[196] oder den Stimmrechtsvorzug zeitlich begrenzen.[197]

(3) Beseitigung der Mehrstimmrechte

Die Mehrstimmrechte konnten durch einen satzungsändernden Beschluss aufgehoben werden. Das Mehrstimmrecht galt nicht als Sonderrecht des einzelnen Aktionärs, sondern als Sonderrecht der Aktiengattung, sodass die Zustimmung der Mehrstimmrechtsaktionäre nicht erforderlich war.[198] Daneben war ein automatischer Wegfall durch Zeitablauf denkbar.[199] In beiden Fällen wurden die Mehrstimmrechtsaktien in Stammaktien umgewandelt.[200]

(4) Überprüfung der Mehrstimmrechte durch das Reichsgericht

Das Reichsgericht prüfte den Beschluss über die Schaffung von Mehrstimmrechtsaktien am Maßstab des Gesellschaftsinteresses und der guten Sitten nach § 138 BGB.[201] Ein Beschluss war nach Auffassung des Reichsgerichts nur dann sittenwidrig, wenn sich die Mehrheit durch ihn ohne Rücksicht auf das Wohl und zum Schaden der Gesellschaft Vorteile verschaffen wolle.[202] Es sollte darauf ankommen, ob Mehrstimmrechte notwendig wa-

---

195 So *Hueck*, Vorzugsaktien (1922), S. 69; *Schmulewitz*, Die Verwaltungsaktie (1927), S. 134; a.A.: *Horrwitz*, Das Recht der Generalversammlungen (1913), S. 218; *Vogl-Mühlhaus*, Mehrfachstimmrechtsaktien (1998), S. 144 ff.

196 *Passow*, Die AG, 2. Aufl. (1922), S. 341 f.

197 *Kurz*, Betriebs- und Finanzwirtschaftliche Forschungen (1921), S. 37.

198 *Hueck*, Vorzugsaktien (1922), S. 72 f.

199 *Hueck*, Vorzugsaktien (1922), S. 73; *Vogl-Mühlhaus*, Mehrfachstimmrechtsaktien (1998), S. 187.

200 *Vogl-Mühlhaus*, Mehrfachstimmrechtsaktien (1998), S. 187.

201 Reichsgericht, Urt. v. 19.6.1923, II 53/23, juris = RGZ 107, 67, 71; *Spindler*, Aktienrecht im Wandel I (2007), S. 440, 460 ff.

202 Reichsgericht, Urt. v. 23.10.1925, II 575/24, juris = RGZ 112, 14, 16; Reichsgericht, Urt. v. 30.3.1926, II 226/25, juris = RGZ 113, 188, 193.

ren und einem legitimen Zweck dienten,[203] was regelmäßig bejaht wurde, soweit die Gefahr eines unerwünschten Einflusses ausländischer Käufer oder inländischen Wettbewerbers angenommen wurde.[204] Klare Kriterien wurden dabei ebenso wenig entwickelt wie ein effektiver Minderheitenschutz. Die wohl wichtigste Entscheidung lag in der Beendigung des Streits darüber, ob Mehrstimmrechte im Rahmen des § 275 Abs. 1 HGB 1897, der von *„drei Vierteln des bei Beschlussfassung vertretenen Grundkapitals"* sprach[205], berücksichtigt werden mussten. Das Reichsgericht verneinte diese Frage.[206]

(5) „Verdeckte" Mehrstimmrechte

Ein sog. „verdecktes Mehrstimmrecht" konnte dadurch entstehen, dass auf eine mit einem einfachen Stimmrecht ausgestatteten Aktie, die zum Kurswert ausgegeben wurde, nur 25 % der Einlage eingezahlt wurde.[207] Im rechtlichen Sinne handelte es sich um eine „normale" Aktie, die wirtschaftlich betrachtet gegen das Proportionalitätsprinzip verstieß. Ein Vorteil bestand darin, dass sie keine eigene Gattung bildete und eine getrennte Abstimmung nach § 278 Abs. 2 HGB 1897 leicht umgangen werden konnte.[208]

---

203 Vgl. Reichsgericht, Urt. v. 30.3.1926, II 226/25, juris = RGZ 113, 188, 193; kritisch *Schmulewitz*, Die Verwaltungsaktie (1927), S. 142 f., der eine solche Überprüfung von Seiten des Gerichts als Eingriff in die Ermessensfreiheit der Generalversammlung ansah.

204 Reichsgericht, Urt. v. 24.6.1924, II 915/23, juris = RGZ 108, 322, 327.

205 Für eine Auslegung dahingehend, dass damit drei Viertel der Stimmenmehrheit und somit eine Berücksichtigung der Mehrstimmrechte erfolgen sollte: *Frank-Fahle*, Die Stimmrechtsaktie (1923), S. 50 f.; neben der drei Viertel Mehrheit des vertretenen Grundkapitals zusätzlich die einfache Stimmenmehrheit fordernd *Hueck*, Vorzugsaktien (1922), S. 57 ff.; *Horrwitz*, Das Recht der Generalversammlungen (1913), S. 405 f.

206 Reichsgericht, Urt. v. 24.9.1929, II 26/29, juris = RGZ 125, 356, 359 f.

207 *Voß*, Das Stimmrecht der Generalversammlung (1930), S. 9 ff.; Wandlungen in den wirtschaftlichen Organisationsformen, Verhandlungen und Berichte des Unterausschusses für Allgemeine Wirtschaftsstruktur, (I. Unterausschuß), 3. Arbeitsgruppe. - Teil 3. Wandlungen in der aktienrechtlichen Gestaltung der Einzelunternehmen und Konzerne: Generalbericht (1930), S. 8; *Nörr*, ZHR 1986, 155, 163.

208 *Voß*, Das Stimmrecht der Generalversammlung (1930), S. 20.

(6) Zunehmende Kritik

Die exzessive Nutzung von Mehrstimmrechten führte zu zahlreichen Reformforderungen.[209] Im Mittelpunkt der Diskussion stand das Verhältnis zwischen dem Einfluss der Aktionäre und dem der Verwaltung.[210] Kritiker stützen sich darauf, dass die Gefahr der äußeren Überfremdung nur vorgeschoben wurde, sei es, um der Verwaltung durch Mehrstimmrechte die Herrschaft über die Gesellschaft zu sichern,[211] sei es als Instrument der Großaktionäre, Kleinaktionäre zurückzudrängen und ihren Einfluss auf die Verwaltung zu erhalten.[212] *Planitz* sprach insoweit von dem sog. „*Verwaltungsabsolutismus*".[213] Ein Auskunftsrecht einzelner Aktionäre bestand nicht, da allein die Generalversammlung, die von den Mehrstimmrechtsaktionären beherrscht wurde, anspruchsberechtigt war.[214] Mehrstimmrechtsaktionäre konnten den Vorstand problemlos dazu bewegen, für die AG ungünstige Geschäfte abzuschließen. Das Unternehmensrisiko wurde nicht von ihnen, sondern denjenigen Aktionären getragen, die keinen Einfluss hatten, wodurch eine Gruppe Macht erhielt, die in keinem Verhältnis zu ihrer vermögensrechtlichen Beteiligung stand.[215] *Schmalenbach* sprach davon, dass sich die AG zu einer oligarchischen bzw. monarchischen Institution entwickelt habe.[216] Vor dem Hintergrund dieser zunehmenden

209 *Heilbrunn*, Zur Reform des Aktienrechts (1930), S. 20 f.; *Zöllner*, in: KK (1984), Einl. Rn. 66.

210 *Sethe*, Die personalistische Kapitalgesellschaft mit Börsenzugang (1996), S. 74; *Bruch*, Die Reform des Aktienrechts (1932), S. 21.

211 In einer Mitteilung der Handelskammer aus dem Jahr 1920 hieß es, dass „*nicht bezweifelt werden [kann], daß die Überfremdungsgefahr häufig nur als Vorwand dient, um durch die Schaffung von Vorzugsaktien mit mehrfachem Stimmrecht der gegenwärtigen Verwaltung oder einer ihr nahestehenden Gruppe die Herrschaft über die Gesellschaft dauernd zu sichern. Gleichwohl sind wir nicht in der Lage, bestimmte Fälle dieser Art zu bezeichnen, weil der Beweis, daß eine Überfremdungsgefahr nicht zu befürchten ist, nicht zu führen, den Gesellschaften auch schwerlich die Pflicht des Nachweises des Bestehens einer solchen aufzunehmen sind*", wörtlich zitiert in *Vogl-Mühlhaus*, Mehrfachstimmrechtsaktien (1998), S. 141; *Hueck*, Vorzugsaktien (1922), S. 9; *Planitz*, Die Stimmrechtsaktie (1922), S. 33 f.; *Frank-Fahle*, Die Stimmrechtsaktie (1923), S. 21; *Schmulewitz*, Die Verwaltungsaktie (1927), S. 28; *Schmalenbach*, Finanzierungen 4. Aufl. (1928), S. 254; *Menke*, Die Kapitalbasis (1988), S. 30.

212 *Menke*, Die Kapitalbasis (1988), S. 30.

213 *Planitz*, Die Stimmrechtsaktie (1922), S. 33.

214 *Nußbaum*, Aktionär und Verwaltung (1928), S. 2 f.

215 *Kägi*, Prioritätsaktien (1918), S. 143; *Planitz*, Die Stimmrechtsaktie (1922), S. 36 f.

216 *Schmalenbach*, Finanzierungen 4. Aufl. (1928), S. 255 f.; ähnlich *Planitz*, Die Stimmrechtsaktie (1922), 9, 33 ff.

Entwertung der Minderheitenrechte wurde teilweise die Abschaffung der Mehrstimmrechte gefordert,[217] da ihr möglicher Nutzen in keinem Verhältnis zu dem Schaden stand, den sie anrichten konnte.[218]

(7) Reformbestrebungen

Die von dem 34. Deutschen Juristentag 1926 eingesetzte Kommission, die sich mit dem Vorwurf des Missbrauchs von Mehrstimmrechts- und Vorratsaktien zu befassen hatte,[219] sprach sich in ihrem Bericht aus dem Jahr 1928 dennoch für die Zulässigkeit der Mehrstimmrechtsaktie aus.[220] Die Kommission argumentierte, dass die Mehrstimmrechtsaktie die Stabilität der Verwaltung gegen Zufallsmehrheiten sichern könne.[221] Um der Gefahr einer Verfestigung der Verwaltungsherrschaft zu Lasten der Aktio-

217 *Horrwitz*, Schutz- und Vorratsaktien (1926), S. 22 ff.; so auch der Bankier *Hagen-Köln* in der Verhandlung des Unterausschusses für allgemeine Wirtschaftsstruktur (I. Unterausschuss), 3. Arbeitsgruppe, Wandlungen in den wirtschaftlichen Organisationsformen, wörtlich zitiert in *Passow*, Der Strukturwandel der Aktiengesellschaft im Lichte der Wirtschaftsenquete (1930), S. 16 f.; *Heilbrunn*, Zur Reform des Aktienrechts (1930), S. 22 der jedoch Ausnahmen zulassen wollte.

218 *Horrwitz*, Schutz- und Vorratsaktien (1926), S. 24; *Nußbaum*, Aktionär und Verwaltung (1928), S. 10 ff. sah keine sachliche Rechtfertigung für die Zulassung von Mehrstimmrechten, er hielt jedoch eine vollständige Abschaffung für nicht möglich und schlug daher mehrere gesetzliche Schutzmechanismen vor. U.a. sollten Mehrstimmrechte, die nur noch mit einer qualifizierten Mehrheit von mindestens drei Viertel des in der Generalversammlung vertreten Kapitals geschaffen werden sollten, quantitativ auf 25 % des Gesamtstimmrechts und gegenständlich auf die sog. „Steuerfälle" begrenzt werden und erst bei Vollzahlung des Nennbetrages ausgeübt werden dürfen.

219 Bericht der durch den 34. Juristentag zur Prüfung einer Reform des Aktienrechts eingesetzten Kommission (1928), S. 2, 4 f.

220 Vgl. Bericht der durch den 34. Juristentag zur Prüfung einer Reform des Aktienrechts eingesetzten Kommission (1928), S. 24; nur ein Kommissionsmitglied plädierte für eine gänzliche Abschaffung, da das Mehrstimmrecht das Interesse am Aktienerwerb schmälere, die Verwaltung eine ungreifbare Stellung erhalte, die ihr Verantwortungsgefühl mindern könne, und dass der einzig legitime Zweck – die Abwehr ausländischer Einflussnahm – faktisch nicht mehr gegeben sei, da keine Gefahr der Überfremdung mehr bestehe.

221 Bericht der durch den 34. Juristentag zur Prüfung einer Reform des Aktienrechts eingesetzten Kommission (1928), S. 24; so auch Wandlungen in den wirtschaftlichen Organisationsformen, Verhandlungen und Berichte des Unterausschusses für Allgemeine Wirtschaftsstruktur, (I. Unterausschuß), 3. Arbeitsgruppe. - Teil 3. Wandlungen in der aktienrechtlichen Gestaltung der Einzelunternehmen und Konzerne: Generalbericht (1930), S. 10.

närsmehrheit entgegenzutreten, empfahl sie, dass es möglich sein sollte, Mehrstimmrechtsaktien nach Ablauf von 5 Jahren durch einen Beschluss der Generalversammlung, der einer Dreiviertelmehrheit bedurfte, einzuziehen. Eine Beschränkung auf 25 % des Gesamtstimmrechts sowie eine Beschränkung auf bestimmte Beschlussgegenstände lehnte sie ab.[222] Die 3. Arbeitsgruppe des Unterausschusses für allgemeine Wirtschaftsstruktur, die 1926 mit der Untersuchung der Entwicklung der wirtschaftlichen Organisationsformen beauftragt worden war, verabschiedete am 8. Juni 1930 einen Generalbericht. Sie kam zu dem Ergebnis, dass von dem Grundsatz der Proportionalität von Kapitalbeteiligung und Verwaltungsmacht wegen der unterschiedlichen Interessen abgewichen werden könne.[223] Während die einen Einfluss auf die Gesellschaft ausüben wollten, betrachteten die anderen ihre Beteiligung als reine Kapitalanlage. Zum Schutz vor Missbrauch schlug die Arbeitsgruppe vor, die Publizitätsvorschriften zur Transparenz zu erweitern und neue Mehrstimmrechtsaktien nur durch einen Beschluss mit einer Mehrheit von drei Vierteln des Grundkapitals zu schaffen.[224]

Auf Anordnung des Reichsjustizministeriums wurde 1930 der Erste Entwurf eines Gesetzes über Aktiengesellschaften und Kommanditgesellschaften auf Aktien sowie der Entwurf eines Einführungsgesetzes nebst erläuternden Bemerkungen veröffentlicht (AktG-E 1930). Anlass für diese Reform war zwar,

> *„dass einzelne ohne nennenswerten Kapitalaufwand und ohne Kapitalrisiko die Gesellschaft beherrschen können".*[225]

Gleichzeitig wurde aber betont,

> *„dass ein Schutz gegen die Gefahr der Überfremdung der deutschen Wirtschaft bereitgehalten werden muss und dass die Stimmrechtsaktien auch im Falle von Sanierungen nicht ganz entbehrt werden"*[226]

---

222 Bericht der durch den 34. Juristentag zur Prüfung einer Reform des Aktienrechts eingesetzten Kommission (1928), S. 25.

223 Wandlungen in den wirtschaftlichen Organisationsformen, Verhandlungen und Berichte des Unterausschusses für Allgemeine Wirtschaftsstruktur, (I. Unterausschuß), 3. Arbeitsgruppe. - Teil 3. Wandlungen in der aktienrechtlichen Gestaltung der Einzelunternehmen und Konzerne: Generalbericht (1930), S. 13.

224 *Dies.*, Verhandlungen und Berichte des Unterausschusses für Allgemeine Wirtschaftsstruktur, (I. Unterausschuß), 3. Arbeitsgruppe. - Teil 3. Wandlungen in der aktienrechtlichen Gestaltung der Einzelunternehmen und Konzerne: Generalbericht (1930), S. 14.

225 Erläuternde Bemerkungen zum AktG-E vom 1930, S. 94.

226 Erläuternde Bemerkungen zum AktG-E vom 1930, S. 102.

könne. Mehrfachstimmrechte sollten unter gewissen Einschränkungen zulässig bleiben. Die Einräumung eines Stimmrechtsvorzugs sollte nur mit einer Dreiviertelmehrheit des bei der Beschlussfassung vertretenen Grundkapitals möglich sein, § 94 Abs. 2 AktG-E 1930. Mehrstimmrechtsaktien, die gemäß § 95 AktG-E 1930 nur noch als vinkulierte Namensaktie ausgegeben werden sollten, sollten nach 5 Jahren eingezogen werden können, § 96 Abs. 1 AktG-E 1930. Das Stimmrecht sollte nach § 93 Abs. 2 AktG-E 1930 erst mit vollständiger Leistung der Einlage beginnen, soweit die Satzung nichts anderes bestimmte. Zur Erhöhung der Publizität und zur Wiederherstellung und Festigung des Vertrauens,[227] sollten Stimmrechtsaktien in der Jahresbilanz ausgewiesen werden, § 113 Abs. 1, Passivseite I AktG-E 1930.

Aufgrund der Weltwirtschaftskrise wurden 1931 nur die dringendsten Vorhaben im Wege einer Notverordnung umgesetzt.[228] Diese Teilreform äußerte sich nicht zu den Mehrstimmrechten. Im Jahr 1931 wurde ein zweiter Entwurf vorgelegt,[229] der im Wesentlichen mit dem Ersten Entwurf übereinstimmte und nur wenige Ergänzungen vorsah.

dd) Das Höchststimmrecht

§ 252 Abs. 1 S. 3 HGB 1897 gestattete weiterhin die Beschränkung der Stimmenzahl. Höchststimmrechte waren allerdings nicht mehr so verbreitet wie zuvor, was mit ihrer leichten Umgehungsmöglichkeit begründet wurde.[230] Sie fanden sich vereinzelt in solchen Gesellschaften, die einen genossenschaftlichen Charakter aufwiesen oder bei kleineren Lokalbanken, Versicherungsgesellschaften und bei Notenbanken.[231]

---

227 Vgl. Erläuternde Bemerkungen zum AktG-E vom 1930, S. 108; *Nörr*, ZHR 1986, 155, 166.

228 Vgl. *Sethe*, Die personalistische Kapitalgesellschaft mit Börsenzugang (1996), S. 75.

229 AktG-E 1931, abgedruckt in *Schubert/Hommelhoff* (Hrsg.), Die Aktienrechtsreform am Ende der Weimarer Republik, S. 849 ff.

230 *Voß*, Das Stimmrecht der Generalversammlung (1930), S. 68 f.; *Peltzer*, AG Sonderheft („Die Aktienrechtsreform 1997") 1997, 90, 91; zum Höchststimmrecht allgemein *Hueck*, Vorzugsaktien (1922), S. 18, 22 f.

231 *Voß*, Das Stimmrecht der Generalversammlung (1930), S. 66 f.

ee) Die Vorratsaktie

In der Inflationszeit wurden vermehrt sog. Vorratsaktien geschaffen,[232] bei denen es sich um Stammaktien handelte, die im Rahmen einer Kapitalerhöhung unter Ausschluss des Bezugsrechts der Altaktionäre geschaffen wurden, um der AG für künftige Bedarfsfälle zur Verfügung zu stehen.[233] Sie wurden meist von Treuhändern für Rechnung der AG gezeichnet.[234] Sie standen nicht im Eigentum der Gesellschaft, wurden aber von Vertretern der damaligen Literatur wie eigene Aktien der Gesellschaft behandelt.[235] Eine Kapitalzufuhr fand nicht statt.[236] Eine Verbindung zur Verwaltung wurde durch schuldrechtliche Stimmbindungsverträge hergestellt.[237] Sie ermöglichten zunächst eine flexible Eigenkapitalfinanzierung,[238] später aber v.a. die Stärkung der Herrschaftsmacht der Verwaltung.[239] Sie stellten keine eigene Aktiengattung dar[240] und konnten daher gegenüber der Mehrstimmrechtsaktie vorteilhaft sein.

Das Reichsgericht hielt Vorratsaktien für zulässig.[241] Auch die Kommission des 34. Deutschen Juristentages wollte sie unberührt lassen, schlug jedoch eine Kenntlichmachung im Geschäftsbericht oder in der Bilanz vor.[242] Kritisiert wurde die Ausstattung der Vorratsaktie mit einem Mehrstimmrecht, um der AG oder einem ihr nachstehenden Aktionär ohne entsprechenden Kapitaleinsatz jederzeit die Mehrheit oder eine Sperrminorität in der Generalversammlung zu sichern.[243] Aufgrund zunehmender

---

232 *Nörr*, ZHR 1986, 155, 162 f.; *Menke*, Die Kapitalbasis (1988), S. 98.

233 *Horrwitz*, Schutz- und Vorratsaktien (1926), S. 1 f.; *Voß*, Das Stimmrecht der Generalversammlung (1930), S. 12; *Müffling*, Höchst- und Mehrstimmrecht (1940), S. 31 f.; *Menke*, Die Kapitalbasis (1988), S. 98.

234 *Voß*, Das Stimmrecht der Generalversammlung (1930), S. 12; *Spindler*, Aktienrecht im Wandel I (2007), S. 440, 459.

235 So *Nußbaum*, Aktionär und Verwaltung (1928), S. 19; *Nörr*, ZHR 1986, 155, 162 f.

236 *Nußbaum*, Aktionär und Verwaltung (1928), S. 24; *Beckmann*, Das Mehrstimmrecht (2023), S. 45; *Götze*, in: MüKo AktG, 6. Aufl. (2024), § 56 Rn. 3.

237 *Nörr*, ZHR 1986, 155, 163.

238 Bericht der durch den 34. Juristentag zur Prüfung einer Reform des Aktienrechts eingesetzten Kommission (1928), S. 16.

239 *Voß*, Das Stimmrecht der Generalversammlung (1930), S. 12 f.; *Menke*, Die Kapitalbasis (1988), S. 98 ff.; *Beckmann*, Das Mehrstimmrecht (2023), S. 46.

240 *Biber*, Die Stimmrechtsaktie (1940), S. 17; *Spindler*, Aktienrecht im Wandel I (2007), S. 440, 459.

241 Reichsgericht, Urt. v. 13.12.1927, II 401/27, juris = RGZ 119, 248, 252 f.

242 Bericht der durch den 34. Juristentag zur Prüfung einer Reform des Aktienrechts eingesetzten Kommission (1928), S. 16.

243 *Menke*, Die Kapitalbasis (1988), S. 98.

Kritik[244] wollte der Gesetzgeber die Schaffung von Vorratsaktien dadurch untersagen,[245] dass sich der Übernehmer nicht mehr darauf berufen können sollte, er habe die Aktie nicht für eigene Rechnung übernommen; Stimm-, Gewinnanteils- und Bezugsrechte sollten von der vollständigen Einlageleistung abhängen, für die er uneingeschränkt hafte, § 41 AktG-E 1930 bzw. 1931.

ff) Vorzugsaktien ohne Stimmrecht

Aktien ohne Stimmrecht waren gemäß § 252 Abs. 1 S. 1 HGB 1897 unzulässig. Dem englischen und amerikanischen Vorbild folgend, schlug die Aktienrechtskommission des 34. Deutschen Juristentages aufgrund der veränderten wirtschaftlichen Verhältnisse und des Bedürfnisses nach neuen Formen der Kapitalbeschaffung, die Einführung einer stimmrechtslosen Vorzugsaktie vor.[246] Auch der Deutsche Anwaltverein, der Deutsche Industrie- und Handelstag und der Reichsverband der Deutschen Industrie sprachen sich für die wirtschaftliche Notwendigkeit der stimmrechtslosen Vorzugsaktie aus.[247] Der Reformgesetzgeber schloss sich dem an und wollte die stimmrechtslose Vorzugsaktien als Finanzierungsaktie[248] in §§ 97-101 AktG-

---

244 *Horrwitz*, Schutz- und Vorratsaktien (1926), S. 12 zufolge verstießen die Vorratsaktien gegen die Regelungen in §§ 213, 226 HGB; *Nußbaum*, Aktionär und Verwaltung (1928), S. 19 ff., sah kein praktisches Bedürfnis für Vorratsaktien, schlug dennoch gesetzliche Schutzvorkehrungen vor, da sich diese Form der Aktie dennoch in vielen Fällen durchgesetzt hatte.

245 Vgl. Erläuternde Bemerkungen zum AktG-E vom 1930, S. 119; Ein neuer § 252a Abs. 1 sollte wie folgt lauten: „*Der Gesellschaftsvertrag kann das Stimmrecht für solche Aktien ausschließen oder beschränken, die mit dem Recht auf eine mindestens 6%ige nachzahlbare Vorzugsdividende und mit einem bevorrechtigten Anspruch am Liquidationsvermögen mindestens in Höhe des Nennbetrages zuzüglich rückständiger Vorzugsdividende ausgestattet sind*".

246 Bericht der durch den 34. Juristentag zur Prüfung einer Reform des Aktienrechts eingesetzten Kommission (1928), S. 6, 14 ff.; s. dazu auch *Wang*, Vorzugsaktie (2016), S. 43 ff.; gegen die Einführung stimmrechtsloser Aktien etwa *Homburger*, Neugestaltung des Aktienrechts (1931), S. 44 ff.

247 Hierzu *Menke*, Die Kapitalbasis (1988), S. 145 ff.; zum wirtschaftlichen Hintergrund und dem Gang der Gesetzesplanung *Bezzenberger*, Vorzugsaktien (1991), S. 15 ff.

248 Vgl. Protokoll über die 5. Sitzung des Arbeitsausschusses des Vorläufigen Reichswirtschaftsrats zur Beratung des Entwurfs eines Gesetzes über Aktiengesellschaften und Kommanditgesellschaften auf Aktien, 5. Sitzung vom 20.10.1932, abgedr. in *Schubert/Hommelhoff* (Hrsg.), Die Aktienrechtsreform am Ende der Weimarer Republik, S. 322.

E 1930 aufnehmen. Ihr Gesamtbetrag sollte ein Viertel des Grundkapitals nicht überschreiten.[249] Soweit die Vorzugsdividende nicht oder nicht vollständig gezahlt wurde, sollte das Stimmrecht bis zur Tilgung der Rückstände aufleben, § 100 AktG-E 1930. In der Begründung hieß es, dass

> *„die Inhaber solcher Aktien erfahrungsgemäß auf das Stimmrecht weniger Wert [legen]. Sie sind im wesentlichen an dem Ertrag der Gesellschaft interessiert. Ihr Verhältnis als Gesellschafter und damit ihr Interesse an der Gesellschaft und die damit verbundenen Rechte sind von geringerer Bedeutung.*"[250]

In dem Regierungsentwurf aus dem Jahre 1931 wurden aufgrund einiger Anregungen aus dem Schrifttum nur wenige Änderungen vorgenommen.

gg) Weitere Abweichungsmöglichkeiten

Eine Abweichung von dem Grundsatz der Proportionalität sah *Voß* nicht nur darin, dass nicht die tatsächliche Kapitalbeteiligung des Aktionärs, sondern seine nominelle Kapitalbeteiligung für die Höhe des Stimmrechts maßgeblich war, sondern auch darin, dass nur in der Generalversammlung anwesende Aktionäre ihr Stimmrecht ausüben konnten.[251] Soweit Aktionäre der Generalversammlung fernblieben, erhielten die anwesenden Aktionäre einen relativen Stimmenzuwachs, da ihr Anteil an der verminderten Gesamtstimmenzahl nunmehr ihren Anteil am Gesamtkapital überstieg.[252]

Keine Abweichung begründeten nach der Rechtsprechung des Reichsgerichts Stimmbindungsverträge zugunsten der Gesellschaft, da das der Aktie innewohnende Stimmrecht durch den Sondervertrag nicht berührt werde.[253] Gleichwohl wollte der Gesetzgeber regulativ eingreifen und in einem § 93 Abs. 6 S. 1 AktG-E 1930 das Ruhen des Stimmrechts für den Fall vorsehen, dass ein Aktionär durch eine ausdrückliche oder stillschweigende Vereinbarung mit der AG zu ihren Gunsten in der Ausübung der

249 § 97 Abs. 2 AktG-E 1930.

250 Begr. RegE 1930, S. 123.

251 *Voß*, Das Stimmrecht der Generalversammlung (1930), S. 7.

252 *Ders.*, Das Stimmrecht der Generalversammlung (1930), S. 53.

253 Reichsgericht, Urt. v. 19.6.1923, II 53/23, juris = RGZ 107, 67, 70 unter Verweis auf die ständige Rechtsprechung.

Aktienrechte oder in der Verfügung über die Aktien gebunden war.[254] Entsprechendes sollte für Vereinbarungen mit Konzern- oder abhängigen Gesellschaften gelten, § 95 Abs. 5 S. 1 AktG-E 1931.

Ein weiteres Instrument, das der Kritik ausgesetzt war, einer disproportionalen Verteilung der Macht Vorschub zu leisten, war die sog. Legitimationsübertragung, bei der eine andere Person als der Eigentümer der Aktie nach außen als Rechtsinhaber legitimiert wurde.[255] Der häufigste Anwendungsfall war das Depot- bzw. Bankenstimmrecht, das es Banken ermöglichte, ohne besonderen Legitimationsnachweis Stimmrechte aus Aktien im Streubesitz, teilweise in Absprache mit der Verwaltung und der Aktionärsmehrheit, im eigenem Namen auszuüben.[256] Kritiker bezeichneten dies als juristisch verfehltes und unklares Gebilde[257] und sahen es als problematisch an, dass den Banken eine Herrschaftsmacht eingeräumt wurde, der keine entsprechende Kapitalbeteiligung gegenüberstand.[258] Dem wurde entgegnet, dass es einen wesentlichen Vorteil darstelle, dass durch die Ausübung des Stimmrechts durch die Banken eine stärkere Stabilisierung der Verhältnisse in der AG und damit eine ruhigere Entwicklung der Gesellschaft gewährleistet sei, da andernfalls ein großer Teil des Aktienkapitals in der Generalversammlung nicht vertreten wäre.[259] In den Gesetzesentwürfen aus den Jahren 1930 und 1931 verzichtete der Gesetzgeber bewusst auf die Implementierung regulativer Maßnahmen, da er bei einer Abschaffung oder Einschränkung dieses Rechtsinstituts die Gefahr einer gänzlichen Nichtausübung der Stimmrechte durch Kleinaktionäre befürchtete.[260]

254 Erläuternde Bemerkungen des Reichsjustizministeriums zum Entwurf von 1931, abgedruckt in *Schubert/Hommelhoff* (Hrsg.), Die Aktienrechtsreform am Ende der Weimarer Republik, S. 907, 925.

255 *Voß*, Das Stimmrecht der Generalversammlung (1930), S. 24 ff.

256 *Nußbaum*, Aktionär und Verwaltung (1928), S. 26; *Voß*, Das Stimmrecht der Generalversammlung (1930), S. 28.

257 *Nußbaum*, Aktionär und Verwaltung (1928), S. 26.

258 *Planitz*, Die Stimmrechtsaktie (1922), S. 10 ff.

259 *Voß*, Das Stimmrecht der Generalversammlung (1930), S. 36 f.

260 Erläuternde Bemerkung des Reichsjustizministeriums zum Entwurf von 1931, abgedruckt in *Schubert/Hommelhoff* (Hrsg.), Die Aktienrechtsreform am Ende der Weimarer Republik, S. 918.

f) Das Aktiengesetz von 1937

Die Entwürfe aus den Jahren 1930 und 1931 wurden nie umgesetzt, bildeten jedoch die Grundlage für das AktG von 1937.[261] Nach umfangreichen Reformdiskussionen wurden die aktienrechtlichen Regelungen, die wegen ihres Umfangs nicht mehr im HGB untergebracht werden konnten, ausgegliedert und als eigenständiges Gesetz[262] verkündet. Kennzeichnend war die Stärkung der Stellung des Vorstands zu Lasten der Kompetenzen der Generalversammlung, die nun Hauptversammlung hieß.[263] § 12 Abs. 1 S. 1 AktG 1937 sah weiterhin vor, dass jede Aktie ein Stimmrecht gewährt, was in § 114 Abs. 1 AktG 1937 wiederholt wurde.

aa) Die Mehrstimmrechtsaktie

Die entscheidende Regelung für die Mehrstimmrechtsaktie fand sich nun in § 12 Abs. 2 AktG 1937, dessen S. 1 erstmals ein Verbot statuierte. Dieses Verbot sollte jedoch nicht ausnahmslos gelten. Nach S. 2 konnte

> *„der Reichswirtschaftsminister [...] im Einvernehmen mit dem Reichsminister der Justiz und den sonst beteiligten Reichsministern Ausnahmen zulassen, wenn das Wohl der Gesellschaft oder gesamtwirtschaftliche Belange es erfordern."*

Damit hatte sich die Wertung durchgesetzt, dass das Mitverwaltungsrecht jedes Aktionärs grds. gleich zu bemessen ist und keine Abstufung nach den mit dem Aktienerwerb verfolgten Absichten, nach der Dauer der Mitgliedschaft oder nach sonstigen Gesichtspunkten erfolgen darf, sofern die Aktionäre ihr Kapital der Gesellschaft in gleicher Weise zur Verfügung gestellt haben.[264] Damit sollte dem Grundsatz der Proportionalität Geltung

---

261 *Sethe*, Die personalistische Kapitalgesellschaft mit Börsenzugang (1996), S. 74 f.

262 Abgedr. in *Schlegelberger/Quassowski/Herbig u.a.*, AktG 1937 (1937).

263 *Assmann*, in: GroßKomm AktG, 4. Aufl. (2004), Einl. Rn. 164. Der Hauptversammlung wurde das Recht zur Bestellung des Vorstands entzogen und dem Aufsichtsrat zugewiesen (§ 75 Abs. 1 S. 1 AktG 1937). In Fragen der Geschäftsführung konnte sie keine verbindlichen Weisungen mehr erteilen, sondern nur noch auf Verlangen tätig werden (§ 103 Abs. 2 AktG 1937). Die Publizitäts- und Rechnungslegungsvorschriften wurden erweitert (§§ 125 ff. AktG 1937) und die Rechte der Aktionäre gestärkt. Sie erhielten ein Auskunftsrecht (§ 112 AktG 1937). Das Mindestkapital wurde von 100.000 auf 500.000 Reichsmark erhöht (§ 7 Abs. 1 AktG 1937).

264 *Schlegelberger/Quassowski/Herbig u.a.*, AktG 1937 (1937), S. 140.

verschafft werden. Für das Vorliegen einer Mehrstimmrechtsaktie i.S.d. § 12 AktG 1937 kam es nicht darauf an, wie viele Stimmrechte eine Aktie im Einzelnen gewährte, sondern allein darauf, ob die Kapitalbeteiligung der Stimmkraft entsprach und ob sie im Verhältnis zum Nennbetrag gegenüber anderen Aktien stimmrechtsprivilegiert war.[265] Da vereinzelt nach wie vor ein Bedürfnis für die Schaffung von Mehrstimmrechtsaktien gesehen wurde, wollte man sich dafür einen Weg offenhalten. V.a. die öffentliche Hand sollte bei gemischtwirtschaftlichen Unternehmen in den Genuss von Mehrstimmrechten kommen.[266] Zum Schutz vor Überfremdung sollten Ausnahmen möglich bleiben.[267] In der Erteilung der Ausnahmegenehmigung sah man eine Garantie gegen Missbräuche, wie sie in der Inflationszeit zu beobachten waren, sowie die Möglichkeit einer auf die jeweilige AG zugeschnittenen Einzelfallregelung, da die Erteilung der Genehmigung individuell von Auflagen oder Bedingungen abhängig gemacht werden konnte.[268] Für die Schaffung neuer Mehrstimmrechtsaktien war es nicht mehr erforderlich, dass diese eine eigene Aktiengattung bildeten.

In der Praxis erlangte das Verbot jedoch kaum Bedeutung, [269] zumal die vor Inkrafttreten des AktG 1937 bestehenden Mehrstimmrechtsaktien weder aufgehoben wurden noch einer Verfallsfrist unterlagen. Sie sollten nach § 9 EG-AktG 1937[270] bis zu einem von dem Reichswirtschaftsminister zu bestimmenden Zeitpunkt bestehen bleiben. Ein solcher Zeitpunkt wurde jedoch nie bestimmt, auch nicht in der Dritten Durchführungsverordnung zum AktG vom 21. Dezember 1938 (i.F: „3. DVO AktG 1938").[271] Um den Abbau der Mehrstimmrechte zu beschleunigen, wurde die Hauptversammlung in der 3. DVO AktG 1938 ermächtigt, die nicht genehmig-

265 Soweit also bspw. Aktien mit einem Nennbetrag von 1.000 Reichsmark mit einem einfachen Stimmrecht, Aktien mit einem Nennbetrag von 10.000 Reichsmark aber mit einem zehnfachen Stimmrecht ausgestattet waren, lag keine Mehrstimmrechtsaktie i.S.d. § 12 AktG 1937 vor, da keine Bevorzugung vorlag, sondern die Proportionalität gewahrt war, *dies.*, AktG 1937 (1937), S. 140.

266 *Schlegelberger/Quassowski/Herbig u.a.*, AktG 1937 (1937), S. 141; *Dempewolf*, DB 1959, 131.

267 *Dempewolf*, DB 1959, 131, 131 f.

268 *Schlegelberger/Quassowski/Herbig u.a.*, AktG 1937 (1937), S. 141.

269 *Herzog/Gebhard*, ZIP 2022, 1893, 1894.

270 § 5 EGAktG 1937: *„Mehrstimmrechtsaktien, deren Ausgabe vor dem Inkrafttreten des Aktiengesetzes beschlossen worden ist, verlieren ihren Vorzug im Stimmrecht zu einem von der Reichsregierung zu bestimmenden Zeitpunkt, wenn nicht der Reichswirtschaftsminister im Einvernehmen mit dem Reichsminister der Justiz und den sonst beteiligten Reichsministern nach § 12 des Aktiengesetzes Ausnahmen zuläßt."*

271 *Klug*, BB 1955, 234; *Zeißig*, Mitgliedschaft und Stimmrechtsmacht (1996), S. 71.

ten Mehrstimmrechte nach den Vorschriften über die Kapitalherabsetzung zwangsweise einzuziehen.[272]

bb) Die stimmrechtslose Vorzugsaktie

Die stimmrechtslose Vorzugsaktie wurde erstmals in den §§ 12 Abs. 1 S. 2, 115 bis 117 AktG 1937 gesetzlich geregelt. Sie sollte der Erleichterung der Kapitalbeschaffung und der Verbesserung der Finanzierungsmöglichkeiten der AG dienen.[273] Sie durften gemäß § 115 Abs. 2 AktG 1937 nur bis zu einem Nennbetrag von einem Drittel des Gesamtnennbetrags der Stammaktien ausgegeben werden. Mit Ausnahme des Stimmrechts gewährten die Vorzugsaktien die jedem Aktionär zustehenden Rechte, § 116 Abs. 1 AktG 1937. War die AG mit der Zahlung des Vorzugs länger als ein Jahr im Rückstand, lebte das Stimmrecht gemäß § 116 Abs. 2 AktG 1937 wieder auf. Mit dem Stimmrechtsausschluss wollte der Gesetzgeber die Bildung neuer Schutzaktien vermeiden und denjenigen, die ohnehin weniger Wert auf das Stimmrecht legten, ein Instrument zur Teilhabe am Gewinn der Gesellschaft an die Hand geben. Der Vorzug sollte letztlich als Ersatz für das fehlende Stimmrecht dienen.[274]

cc) Das Höchststimmrecht

Höchststimmrechte blieben gemäß § 114 Abs. 1 S. 3 AktG 1937 nach wie vor zulässig. Da immer mehr Gesellschaften neben Mehrstimmrechten auch Höchststimmrechte ausgaben, stellte der Gesetzgeber sie durch die 3. DVO AktG 1938 unter den Erlaubnisvorbehalt für Mehrstimmrechte.[275] Aufgrund dieser Einschränkung blieb ihre Bedeutung gering.[276] Eine Besonderheit stellte das Höchststimmrecht der Volkswagen AG dar. Dieses fand seine Grundlage nicht in der Satzung, sondern in § 2 Abs. 1 des Gesetzes über die

---

272 *Peltzer*, AG Sonderheft („Die Aktienrechtsreform 1997") 1997, 90, 92.

273 *Schlegelberger/Quassowski/Herbig u.a.*, AktG 1937 (1937), S. 139, 509; *Wang*, Vorzugsaktie (2016), S. 46 ff.; Amtliche Begründung zu §§ 115-117, abgedr. in *Klausing*, AktG (1937), S. 103.

274 Amtliche Begründung zu §§ 115-117, abgedr. in *Klausing*, AktG (1937), S. 103.

275 §§ 13, 293 DVO AktG 1938; *Zeißig*, Mitgliedschaft und Stimmrechtsmacht (1996), S. 73; *Peltzer*, AG Sonderheft („Die Aktienrechtsreform 1997") 1997, 90, 92.

276 *Peltzer*, AG Sonderheft („Die Aktienrechtsreform 1997") 1997, 90, 93.

Überführung der Anteilsrechte an der Volkswagen GmbH in private Hand vom 21. Juli 1960, dem sog. VW-Gesetz.[277]

dd) Sonstige Regelungen

Ein wesentlicher Kritikpunkt in der Reformdiskussion nach dem Ersten Weltkrieg war die Möglichkeit des Entstehens verdeckter Mehrstimmrechte. Diese entstanden, wenn die Einlageleistung nicht vollständig, sondern nur in Höhe von 25 % erbracht wurde. Dieser Gefahr des Entstehens verschleierter Mehrstimmrechte sollte § 114 Abs. 2 S. 1 AktG 1937 dadurch begegnen,[278] dass das Stimmrecht erst mit vollständiger Leistung der Einlage entstehen sollte.[279] Allerdings konnte die Satzung hiervon abweichende Regelungen treffen. Um Vorratsaktien zu beseitigen, unterlagen Aktien, die einem abhängigen Unternehmen oder einem Dritten für Rechnung eines abhängigen Unternehmens gehörten, einem Stimmrechtsausschluss, § 114 Abs. 6 AktG 1937. Die in § 41 AktG-E 1931 vorgesehene Beschränkung für Vorratsaktien wurde in § 51 Abs. 1 AktG 1937 übernommen. Der Gesetzgeber sah in dieser Aktienform einen Verstoß gegen den Grundsatz der Kapitalaufbringung.[280]

277 Hiernach waren die Stimmrechte eines Aktionärs, dem Aktien im Gesamtnennbetrag von mehr als dem zehntausendsten Teil des Grundkapitals gehörten, auf die Anzahl von Stimmen beschränkt, die Aktien im Gesamtnennbetrag des zehntausendsten Teils des Grundkapitals gewährten.

278 Amtliche Begründung zu §§ 113, 114, abgedr. in *Klausing*, AktG (1937), S. 100; *Schlegelberger/Quassowski/Herbig u.a.*, AktG 1937 (1937), S. 500.

279 In § 114 Abs. 2 S. 2 bis 6 hieß es weiter: „*Die Satzung kann bestimmen, dass das Stimmrecht beginnt, wenn auf die Aktie die gesetzliche oder höhere satzungsmäßige Mindesteinlage geleistet ist. In diesem Fall gewährt die Leistung der Mindesteinlage eine Stimme; bei höheren Einlagen richtet sich das Stimmenverhältnis nach der Höhe der geleisteten Einlagen. Bestimmt die Satzung nicht, dass das Stimmrecht vor der vollständigen Leistung der Einlage beginnt und ist noch auf keine Aktie die volle Einlage geleistet, so richtet sich das Stimmenverhältnis nach der Höhe der geleisteten Einlagen; dabei gewährt, wenn die Satzung nichts anderes bestimmt, die Leistung der gesetzlichen Mindesteinlage eine Stimme. Bruchteile von Stimmen werden in diesen Fällen nur berücksichtigt, soweit ihre Zusammenzählung für den stimmberechtigten Aktionär auf volle Stimmen ergibt. Die Satzung kann Bestimmungen nach diesem Absatz nicht für einzelne Aktiengattungen treffen.*“

280 Amtliche Begründung zu § 51, abgedr. in *Klausing*, AktG (1937), S. 43.

g) Das Aktiengesetz von 1965

Schon 1948 setzten Reformbestrebungen ein, die darauf zielten, nationalsozialistisches Gedankengut aus dem Aktienrecht zu entfernen und die Attraktivität der Aktie als Anlageobjekt zu erhöhen, um den Kapitalmarkt zu stärken.[281] Im Mittelpunkt der Diskussion standen das Konzernrecht, die Finanzierungsverhältnisse, die Publizität, aber auch die Mitwirkungs- und Kontrollrechte der Aktionäre bei der Willensbildung.[282] Das wirtschaftliche Eigentum der Aktionäre und ihr Einfluss sollten gestärkt und damit als Mittel der Demokratisierung des Eigentums eingesetzt werden.[283] Diese Bestrebungen mündeten im AktG vom 6. September 1965, das am 1. Januar 1966 in Kraft trat.[284]

aa) Die Mehrstimmrechtsaktie

Die 1937 vorgenommenen Einschränkungen gingen einem Teil der Literatur nicht weit genug. Vereinzelt wurde ein Verbot neuer und die Aufhebung bestehender Mehrstimmrechte gefordert.[285] *Fischer* argumentierte, das Mehrheitsprinzip müsse von *„Mißgeburten wie Mehrstimmrechtsaktien und dergleichen"* befreit werden.[286] Der Referentenentwurf des Bundesministeriums der Justiz aus dem Jahre 1958 und der Entwurf eines AktG vom 3. Februar 1962 sahen daher vor, die bisherige Ermächtigung in § 12 Abs. 2 S. 2 AktG zu streichen,[287] da im Zeitalter der internationalen Verflechtung der Kapitalmärkte kein Bedürfnis mehr bestehe, einer Überfremdungsgefahr vorzubeugen, und Mehrstimmrechte auch bei Familiengesellschaften nicht erforderlich seien.[288] Die Ausgabe vinkulierter Namensaktien oder stimmrechtsloser Vorzugsaktien sei insoweit ausreichend.[289] Der Bundesrat teilte die Auffassung der Bundesregierung nur insoweit, als Mehrstimm-

281 *Kropff*, Aktienrecht im Wandel I (2007), S. 670, 698 ff.

282 *Assmann*, in: GroßKomm AktG, 4. Aufl. (2004), Einl. Rn. 184 ff.

283 *Sethe*, Die personalistische Kapitalgesellschaft mit Börsenzugang (1996), S. 81.

284 BGBl. I, S. 1089.

285 *Fischer*, AcP 154 (1955), 181, 222; *Klug*, BB 1955, 234, 235 ff.; zum Streitstand insgesamt *Kropff*, Aktienrecht im Wandel I (2007), S. 670, 779 ff.

286 *Fischer*, AcP 154 (1955), 181, 205.

287 Entwurf eines AktG vom 03.02.1962, BT-Drs. IV/171, S. 5.

288 Zum Begriff der Überfremdungsgefahr nach 1937 *Dempewolf*, DB 1959, 131 f.; die Überfremdungsgefahr gänzlich ablehnend *Fischer*, AcP 154 (1955), 181, 222 f., Fn. 131.

289 Begr. zum Entwurf eines AktG vom 03.02.1962, BT-Drs. IV/171, S. 98.

rechtsaktien nicht neu geschaffen werden sollten. Erhebliche Bedenken hatte er gegen die Abschaffung bestehender Mehrstimmrechtsaktien, die er zur Wahrung des kommunalen Einflusses insbesondere bei gemischtwirtschaftlichen Energieversorgungsunternehmen weiterhin für erforderlich hielt.[290] Sowohl der Rechts- als auch der Wirtschaftsausschuss vertraten die Auffassung, dass soweit ein von der Behörde bestätigtes öffentliches Interesse vorlag, bestehende Herrschaftsverhältnisse auch weiterhin durch Mehrstimmrechte abgesichert werden sollten.[291] Damit würde dem Interesse der öffentlichen Hand an der Sicherung ihres Einflusses in Versorgungsunternehmen Rechnung getragen, gleichzeitig könnten Mehrstimmrechte aber auch zur Abwehr einer drohenden Überfremdung eingesetzt werden, allerdings nur, soweit überwiegende Belange der Gesamtwirtschaft dies erforderten.[292]

Der Gesetzgeber hat sich für die Kompromisslösung in Form der Beibehaltung des repressiven Verbots mit Erlaubnisvorbehalt bei gleichzeitiger Verschärfung der Anforderungen an die Erteilung der Ausnahmegenehmigung entschieden. Die noch in § 5 Abs. 1 EGAktG-E des Regierungsentwurfs vorgesehene Regelung, wonach bestehende Mehrstimmrechte drei Jahre nach Inkrafttreten automatisch erlöschen sollten, wurde nicht übernommen. Die vor Inkrafttreten der Reform rechtmäßig geschaffenen Mehrstimmrechte sollten erhalten bleiben und Bestandsschutz genießen.

(1) Voraussetzungen

Voraussetzung für die Schaffung neuer Mehrstimmrechte war neben einer Satzungsgrundlage gemäß § 12 Abs. 2 S. 2 AktG 1965 ein begünstigender Verwaltungsakt in Form einer ministeriellen Ausnahmegenehmigung der für Wirtschaft zuständigen obersten Landesbehörde, die erteilt werden konnte,

> *„soweit es zur Wahrung überwiegender gesamtwirtschaftlicher Belange erforderlich“*

290 Begr. zum Entwurf eines AktG vom 03.02.1962, BT-Drs. IV/171, S. 330.

291 Schriftlicher Bericht des Rechtsausschusses (12. Ausschuss) vom 28.04.1965, BT-Drs. IV/3296, S. 2.

292 Schriftlicher Bericht des Rechtsausschusses (12. Ausschuss) vom 28.04.1965, BT-Drs. IV/3296, S. 2.

war. Allein der Schutz vor Überfremdung oder allgemein das Interesse an der Erhaltung des Familieneinflusses in einem Familienunternehmen sollten nicht ausreichen.[293] Während teilweise auf eine räumliche Betrachtung abgestellt und die Betroffenheit bundesweiter Interessen und nicht nur eines kleinen Wirtschaftsgebiets gefordert wurde,[294] stellten andere – dem Wortsinn und Regelungszweck folgend – zusätzlich auf die Qualität der betroffenen Interessen ab und verstanden „gesamtwirtschaftlich" als Gegensatz zu „einzelwirtschaftlich".[295] Waren diese Voraussetzungen aus Sicht der zuständigen Behörde erfüllt, konnte sie eine Ausnahme erteilen, die rechtstechnisch eine Bedingung für das Wirksamwerden des bis zu ihrer Erteilung schwebend unwirksamen Gesellschaftsbeschlusses darstellte.[296] Die Ausnahmeerteilung blieb selten und von geringer praktischer Relevanz. Bis 1991 wurden nur 19 Genehmigungen erteilt.[297] Für den Fall der nachträglichen Einführung von Mehrstimmrechten lehnte die herrschende Lehre das Erfordernis eines Sonderbeschlusses neben dem notwendigen satzungsändernden Beschluss ab.[298] Etwas anderes galt nur, soweit das Verhältnis bereits bestehender Gattungen zueinander zu Lasten einer Gattung verändert wurde.[299] Andere verlangten die Zustimmung der benachteiligten Aktionäre, da die nachträgliche Einführung von Mehrstimmrechten das jeweilige Stimmgewicht schwäche.[300] Es blieb dabei, dass v.a. Energiever-

293 *Eckardt*, in: Geßler/Hefermehl/Eckardt/Kropff AktG (1984), § 12 Rn. 47; *Zöllner*, in: KK, 2. Aufl. (1988), § 12 Rn. 18; *Brändel*, FS Quack (1991), S. 175, 182; *Saenger*, ZIP 1997, 1813, 1814.

294 *Meyer-Landrut*, in: GroßKomm AktG, 3. Aufl. (1973), § 12 Anm. 5; *Eckardt*, in: Geßler/Hefermehl/Eckardt/Kropff AktG (1984), § 12 Rn. 46.

295 *Zöllner*, in: KK, 2. Aufl. (1988), § 12 Rn. 19; *Saenger*, ZIP 1997, 1813, 1814; *Brändel*, in: GroßKomm AktG, 4. Aufl. (2004), § 12 Rn. 46; *Brändel*, FS Quack (1991), S. 175, 182 f.

296 BVerwG, Urt. v. 28.2.1997, 1 C 29.95, ZIP 1997, 982, 984; *Saenger*, ZIP 1997, 1813, 1814 f.

297 *Brändel*, FS Quack (1991), S. 175 ff.; *Brändel*, in: GroßKomm AktG, 4. Aufl. (2004), § 12 Rn. 31 Fn. 38.

298 *Zöllner*, in: KK, 2. Aufl. (1988), § 12 Rn. 29; *Eckardt*, in: Geßler/Hefermehl/Eckardt/Kropff AktG (1984), § 12 Rn. 40.

299 *Zöllner*, in: KK, 2. Aufl. (1988), § 12 Rn. 29.

300 *Brändel*, FS Quack (1991), S. 175, 179; *Kraft*, in: KK, 2. Aufl. (1988), § 11 Rn. 37.

sorgungsunternehmen Mehrstimmrechte zugunsten der öffentlichen Hand schufen,[301] aber auch für Verkehrsunternehmen waren sie relevant.[302]

(2) Aufhebung des Mehrstimmrechts

Für die Aufhebung bestehender Mehrstimmrechte galten die erleichterten Voraussetzungen des § 5 Abs. 2 EGAktG 1965, wonach ein Beschluss mit einer Mehrheit von drei Vierteln des bei der Beschlussfassung vertretenen Grundkapitals, nicht der abgegebenen Stimmen, erforderlich war. Eines Sonderbeschlusses der betroffenen Mehrstimmrechtsaktionäre bedurfte es nicht, § 5 Abs. 2 S. 3 EGAktG 1965. Ein angemessenes Entgelt für den Entzug des Mehrstimmrechts war gemäß § 5 Abs. 2 S. 4 EGAktG 1965 nur zu gewähren, soweit dem Aktionär das Mehrstimmrecht aufgrund einer besonderen Leistung eingeräumt worden war. Für ab dem 1. Januar 1966 begründete Mehrstimmrechte galt § 179 Abs. 1 AktG 1965, wonach ein satzungsändernder Beschluss der einfachen Stimmenmehrheit und einer Mehrheit von drei Vierteln des bei der Beschlussfassung vertretenen Grundkapitals bedurfte.[303] Darüber hinaus war gemäß §§ 179 Abs. 3, 138 AktG ein Sonderbeschluss der Vorzugsaktionäre erforderlich. Das Mehrstimmrecht konnte nicht i.S.e. *actus contrarius* durch behördlichen Widerruf beseitigt werden.[304]

bb) Die stimmrechtslose Vorzugsaktie

Das AktG 1965 hat die Regelungen über die stimmrechtslosen Vorzugsaktien nahezu unverändert übernommen. Die stimmrechtslosen Vorzugsaktien sollten der Begründung des Regierungsentwurfs zufolge *„ein außergewöhnliches Finanzierungsmittel"* bleiben. Der Gesetzgeber hielt die Gewährung

301 *Brändel*, FS Quack (1991), S. 175, 187; *Brändel*, in: GroßKomm AktG, 4. Aufl. (2004), § 12 Rn. 31; *Saenger*, ZIP 1997, 1813, 1814 f., der als Beispiel den Fall der RWE AG nennt, der 1983 die Genehmigung für ein zwanzigfaches Stimmrecht ihrer kommunalen Aktionäre erteilt wurde; *Herzog/Gebhard*, ZIP 2022, 1893, 1894; *Casper*, ZHR 187 (2023), 5, 21.

302 *Brändel*, FS Quack (1991), S. 175, 182.

303 *Saenger*, ZIP 1997, 1813, 1815; *Vogl-Mühlhaus*, Mehrfachstimmrechtsaktien (1998), S. 314.

304 BVerwG, Urt. v. 28.2.1997, 1 C 29.95, ZIP 1997, 982, 984; a.A. noch *Brändel*, FS Quack (1991), S. 175, 188; *Vogl-Mühlhaus*, Mehrfachstimmrechtsaktien (1998), S. 311 f.

eines teilweisen Stimmrechts in den Fällen, in denen eine Kapitalmehrheit erforderlich war, für nicht sachgerecht und begründete dies wie folgt:

> *„Der Gesetzgeber wollte ein außergewöhnliches Finanzierungsmittel für den Fall zur Verfügung stellen, in dem die Mehrheitsverhältnisse in der Gesellschaft durch die Hereinnahme neuen Kapitals nicht verschoben werden sollen, es andererseits den Geldgebern nicht auf die Ausübung von Einfluß, sondern nur auf die Anlage von Geld gegen eine sichere Rendite und eine Beteiligung an der Substanz ankommt. Dieser Interessenlage entspricht der Ausschluß des Stimmrechts bei allen Beschlüssen.*“[305]

Das zulässige Höchstmaß stimmrechtsloser Vorzugsaktien wurde in § 139 Abs. 2 AktG 1965 auf die Hälfte heraufgesetzt.

cc) Das Höchststimmrecht

Nach den in der 3. DVO 1938 vorgenommenen Einschränkungen kehrte der Gesetzgeber im Jahr 1965 zu einer stimmrechtsbegrenzungsfreundlichen Haltung zurück.[306] Das Genehmigungserfordernis wurde aufgehoben.[307] Die bisherige Regelung des § 114 Abs. 1 S. 3 AktG 1937 wurde unverändert in § 128 Abs. 1 S. 2 AktG 1968 übernommen. Neu waren die Regelungen in den Sätzen 3 bis 6, welche darauf abzielten, die Möglichkeiten zur Umgehung der Stimmrechtsbeschränkungen zu verhindern.[308] Bei der Berechnung der Kapitalmehrheit sollten Stimmrechtsbeschränkungen außer Betracht bleiben, § 128 Abs. 1 S. 6 AktG 1965. Während in den siebziger Jahren der Schutz vor äußerer Überfremdung aufgrund der Ölkrise im Vordergrund stand, wurden Stimmrechtsbegrenzungen ab Ende der achtziger Jahre zum Schutz vor feindlichen Übernahmen und zur Verhinderung der Konzernbildung eingesetzt.[309] Im Jahr 1989 verfügten 23 der etwa 800 börsennotierten Gesellschaften über statuarische Höchststimmrechte.[310]

305 Begr. zum Entwurf eines AktG vom 03.02.1962, BT-Drs. IV/171, S. 161.

306 *May*, Sicherung des Familieneinflusses (1992), S. 210.

307 vgl. § 29 Abs. 1 EG-AktG 1965.

308 Vgl. Begr. zum Entwurf eines AktG vom 03.02.1962, BT-Drs. IV/171, S. 157.

309 Hierauf eingehend *Zeißig*, Mitgliedschaft und Stimmrechtsmacht (1996), S. 171 ff.; *Baums*, AG 1990, 221, 222; *Schneider*, AG 1990, 56 ff.

310 *Baums*, AG 1990, 221.

h) Das Gesetz zur Kontrolle und Transparenz im Unternehmensbereich

Das am 1. Mai 1998 in Kraft getretene KonTraG[311] leitete den Trend zur allgemeinen Geltung des *one share, one vote*-Prinzips ein[312] und gilt als dessen Höhepunkt.[313] Europäische Bestrebungen zur Harmonisierung eines solchen Grundsatzes waren gescheitert, sodass der deutsche Gesetzgeber – auch vor dem Hintergrund der noch laufenden Diskussionen über die fünfte Strukturrichtlinie[314] – wohl ein vorauseilendes Zeichen setzen wollte. Im Fokus der Diskussion stand der Abbau von Stimmrechtsdifferenzierungen.[315] Wirtschaftlich war die Zeit um die Jahrtausendwende von den Belastungen durch die Kosten der Wiedervereinigung und einer hohen Arbeitslosigkeit geprägt.[316] Das KonTraG stand im Zeichen der Verbesserung der internen und externen Corporate Governance, da die Attraktivität deutscher Aktien für ausländische Investoren gesteigert werden sollte, was zu einer Öffnung des Übernahmemarktes und einer Stärkung des deutschen Kapitalmarktes führen sollte.[317] Im Bereich der internen Corporate Governance sollten neben einer effektiveren Ausgestaltung der Aufsichtsratstätigkeit auch die Transparenzanforderungen im Bereich der Abschlussprüfung verbessert werden.[318]

aa) Abschaffung der Mehrstimmrechtsaktie

Die in den Jahren 1937 und 1965 geäußerten Bedenken gegen Mehrstimmrechtsaktien wurden im KonTraG aufgegriffen und führten zu einem vollständigen Verbot. Der Gesetzgeber begründete das Verbot damit, dass die Trennung von Einfluss und Anteilseigentum nicht den Erwartungen des

311 BGBl. Teil I Nr. 24 v. 30.4.1998, S. 786.
312 So *Pellens/Hillebrandt*, AG 2001, 57.
313 *Gebhard/Herzog*, ZIP 2023, 1161.
314 Die Regierungsbegründung nimmt ausdrücklich Bezug auf den damaligen Vorschlag für die Zweite Änderung eines Vorschlags für eine Fünfte Richtlinie des Rates über die Struktur der AG (Strukturrichtlinie, ABl. EG Nr. C7 vom 11. Januar 1991 S. 4 ff.), die noch eine ausnahmslose Unzulässigkeit von Mehrstimmrechten vorsah, KonTraG, BT-Drs. 13/9712 vom 20.1.1998, S. 12 f.
315 KonTraG, BT-Drs. 13/9712 vom 20.1.1998, S. 1.
316 *Kalss*, ZHR 2023, 438, 476.
317 KonTraG, BT-Drs. 13/9712 vom 20.1.1998, S. 11; *Kalss*, ZHR 2023, 438, 476 f.
318 *Saenger*, ZIP 1997, 1813, 1816.

Kapitalmarktes entspreche und die Eigentümerkontrolle schwäche. Zudem diene es der Standardisierung der Aktie als Anlagepapier.[319]

(1) Erlöschen bestehender Mehrstimmrechte

Bestehende Mehrstimmrechte erloschen am 1. Juni 2003, soweit nicht drei Viertel des bei der Beschlussfassung vertretenen Grundkapitals ihre Fortgeltung beschlossen, § 5 Abs. 2 S. 2 EGAktG 1998. Vor diesem Zeitpunkt konnten Mehrstimmrechte gemäß § 5 Abs. 2 EGAktG 1998 unter erleichterten Bedingungen beseitigt werden. So bedurfte der Hauptversammlungsbeschluss gemäß § 5 Abs. 2 S. 2 EGAktG 1998 der einfachen Kapitalmehrheit, nicht aber der einfachen Stimmenmehrheit. Ein Sonderbeschluss war nach § 5 Abs. 2 S. 3 EGAktG 1998 nicht erforderlich. Jeder Aktionär konnte gemäß § 5 Abs. 2 S. 4 EGAktG 1998 verlangen, dass die Beseitigung der Mehrstimmrechte auf die Tagesordnung gesetzt wird. Zu Beginn des Reformprozesses war noch vorgesehen, dass der Wegfall bestehender Mehrstimmrechte nur dann entschädigt werden sollte, wenn der Aktionär dafür eine besondere Leistung erbracht hatte.[320] Gegen einen solchen entschädigungslosen Untergang wurden verfassungsrechtliche Bedenken erhoben, da das Mehrstimmrecht als Vermögensposition in vollem Umfang in den Schutzbereich des Art. 14 Abs. 1 GG falle.[321] Vor diesem Hintergrund wurde § 5 Abs. 3 S. 1 EGAktG 1998 dahingehend angepasst, dass die AG den betroffenen Aktionären für das Erlöschen des Mehrstimmrechts einen Ausgleich zu gewähren hatte, der den besonderen Wert des untergegangenen Mehrstimmrechts angemessen berücksichtigt. In dem prominenten

319 KonTraG, BT-Drs. 13/9712 vom 20.1.1998, S. 12.

320 KonTraG, BT-Drs. 13/9712 vom 20.1.1998, S. 31.

321 KonTraG, BT-Drs. 13/9712 vom 20.1.1998, S. 33 (Stellungnahme des Bundesrates in Anlage 2); zu den verfassungsrechtlichen Grenzen der Beseitigung von Mehrstimmrechten: *Zöllner/Hanau*, AG 1997, 206 ff.; *Saenger*, ZIP 1997, 1813, 1817; differenzierend *Kluth*, ZIP 1997, 1217 ff.

Siemens-Fall[322] vertrat das Bayrische Oberste Landesgericht die Auffassung, dass eine Ausgleichspflicht nach § 5 Abs. 3 S. 1 EGAktG 1998 nur dann bestehe, wenn ein besonderer Wert der beseitigten Mehrstimmrechte i.S.e. konkreten Vermögensmehrung bei dem betroffenen Aktionär feststellbar sei, was der betroffene Aktionär darzulegen habe.[323] Eine solche Feststellung konnte im Fall Siemens nicht getroffen werden.

Der Beseitigungsbeschlusses konnte nicht mit der Begründung angefochten werden, dass die Beseitigung als solche oder der festgesetzte Ausgleich unangemessen sei.[324] Es konnte nur ein Antrag auf gerichtliche Bestimmung eines angemessenen Ausgleichs im Spruchverfahren gestellt werden.[325]

(2) Fortbestehende (Alt-) Mehrstimmrechte

Nach einer Erhebung von *Daske* haben zehn Gesellschaften einen Fortgeltungsbeschluss nach § 5 Abs. 1 S. 1 EGAktG 1998 gefasst.[326] Von diesen

---

322 Der Fall Siemens, damals firmierend unter Siemens & Halske AG, ist ein Paradebeispiel für die historische Entwicklung der Mehrstimmrechtsaktie. Nachdem das Unternehmen durch den Ersten Weltkrieg sein gesamtes Auslandsvermögen verloren und mit der Inflation zu kämpfen hatte, wurde auf einer außerordentlichen Generalversammlung 1920 eine Kapitalerhöhung beschlossen, bei der die im Familienbesitz befindlichen Aktien in Namensaktien mit 30-fachem Stimmrecht umgewandelt werden konnten. Dementsprechend wandelte die Familie Siemens im Jahre 1942 durch Beschluss und entsprechend der nunmehr erforderlichen und vom Reichswirtschaftsminister nach § 12 Abs. 2 S. 2 AktG 1937 erteilten Ausnahmegenehmigung ihre Stammaktien in Namensaktien mit sechsfachem Stimmrecht um und übertrug sie gleichzeitig auf der Grundlage eines Treuhandvertrages auf einen Treuhänder. Infolge der Gesetzesänderung durch das KonTraG wurden die vinkulierten Namensaktien mit sechsfachem Stimmrecht im Februar 1999 durch Beschluss in nicht vinkulierte Inhaberstammaktien umgewandelt; *Fleischer*, AG 2019, 481, 489 f.; zur Vorgeschichte: Landgericht München I, Urt. v. 14.9.2001, 5HK O 16369/99, ZIP 2001, 1959; *Kleinschmidt*, Die Siemens-Rheinelbe-Schuckert-Union G.m.b.H (1927), S. 27 ff.

323 BayOblGZ, Beschl. v. 31.07.2002, 3Z BR 362/01, ZIP 2002, 1765 ff. Die Vorinstanz hatte noch einen geringen Ausgleich von 0,70 Euro je beseitigtes Mehrstimmrecht festgestellt, LG München I, Beschl. v. 14.09.2001, 5HK O 16369/99, ZIP 2001, 1959 ff.;

324 § 5 Abs. 4 S. 1 EGAktG 1998.

325 Zu dem Verfahren und der Angemessenheit des Ausgleichs siehe *Wasmann*, BB 2003, 57 ff.

326 *Daske*, Vorzugsaktien (2018), S. 198 f., Fn 864. Hierbei handelte es sich um die Badische Gas- und Elektrizitätsversorgungs-AG, Custodia Holding AG, Gruschwitz Textilwerke AG, Hansa Metallwerke AG, INKA AG für Beteiligungen, PARA Ein-

Gesellschaften verfügten im Jahr 2017 nur noch vier über Mehrstimmrechte.[327] Eigene Recherchen der im Handelsregister einsehbaren Satzungen haben ergeben, dass davon zwei Gesellschaften noch über ein solches Mehrstimmrecht verfügen. Die Mehrstimmrechte der PARA Einkaufs- und Vertriebs-AG, die *Daske* als eine der vier Gesellschaften aufführt, entfielen mangels Fortgeltungsbeschlusses entsprechend der gesetzlichen Regelung schon zum 1. Juni 2003. Eine entsprechende Anpassung der Satzung erfolgte erst im Jahr 2019.[328] Die VSM AG, deren Grundkapital in 946.000 Stammaktien und 16.500 „Vorzugsaktien" eingeteilt ist,[329] regelt in § 22 Abs. 1, dass *„je zehn Vorzugsaktien 16 Stimmen"* gewähren, und in Abs. 2 dass

> *„bei Abstimmungen über die Wahl zum Aufsichtsrat, Änderungen der Satzung und Auflösung der Gesellschaft haben je zehn Vorzugsaktien 32 Stimmen"*.[330]

Bei der ehemaligen Carl Schlenk AG, die Ende 2022 in eine SE umgewandelt wurde, sieht § 10 Abs. 1 der Satzung noch ein sechzigfaches Mehrstimmrecht vor, das gemäß § 5 Abs. 1 EGAktG fortbesteht.[331] Bei der Custodia Holding AG, die im August 2018 auf die Custodia Holding SE verschmolzen wurde, gewährte eine „Vorzugs-Stückaktie" im Jahr 2017 noch 130 Stimmen.[332] Im Rahmen des verschmelzungsrechtlichen Squeeze-out wurde für beide Aktiengattungen eine Barabfindung in Höhe von 410 Euro je Aktie vorgesehen, woran auch in den anschließenden Spruchverfahren

---

kaufs- und Vertriebs-AG, Neufang Brauerei AG, Carl Schlenk AG, Otto Stumpf AG sowie die VSM Vereinigte Schmirgel- und Maschinen-Fabriken AG.

327 *Ders.*, Vorzugsaktien (2018), S. 199 Fn. 866. Es handelte sich um die Custodia Holding AG, PARA AG, Carl Schlenk AG und VSM Vereinigte Schmirgel- und Maschinen-Fabriken AG.

328 Siehe TOP 5 „[...] *Anpassung der Satzung nach Erlöschen der früheren Mehrstimmrechte für Vorzugsaktien gemäß § 5 Abs. 1 EGAktG*, [...]" der ordentlichen Hauptversammlung vom 24. Juli 2019, abrufbar im Handelsregister, zuletzt geprüft am 29.12.2025.

329 vgl. § 4 der Satzung der VSM Vereinigte Schmirgel- und Maschinen-Fabriken AG vom 25.08.2023.

330 Satzung der VSM Vereinigte Schmirgel- und Maschinen-Fabriken AG vom 25.08.2023.

331 Siehe § 10 Abs. 1 der Satzung der Schlenk SE in Anlage 1 sowie der ausdrückliche Hinweis auf § 5 EGAktG in § 6 Abs. 2 lit. a) des Umwandlungsplans in Anlage 2 der Niederschrift über die außerordentliche Hauptversammlung der Firma Carl Schlenk AG v. 3.3.2022, abrufbar im Handelsregister (zuletzt geprüft am 29.12.2025).

332 § 14 Abs. 4 der Satzung v. 27.12.2017, abrufbar im Handelsregister (zuletzt geprüft am 29.12.2025); vgl. auch *Bayer/Hoffmann*, AG 2008, R464, R466.

festgehalten wurde, ohne in der Höhe zwischen den Gattungen zu differenzieren.[333]

Für diese (Alt-)Mehrstimmrechtsaktien gelten gemäß § 5 Abs. 2 EGAktG die neuen Regelungen des § 135a Abs. 1 S. 2 und Abs. 2 AktG erst ab dem Zeitpunkt, in dem nach dem 15. Dezember 2023 die AG börsennotiert wird oder die Aktien in den Handel im Freiverkehr einbezogen werden. Die in § 135a Abs. 1 S. 1 AktG vorgesehene Beschränkung auf Namensaktien findet keine Anwendung. Das bedeutet, dass das sechzig- bzw. einhundertzwanzigfache Mehrstimmrecht bestehen bleiben kann.

bb) Beschränkung der Höchststimmrechte

Dem weiteren Abbau der Stimmrechtsdifferenzierung sollte die Abschaffung der Höchststimmrechte bei der börsennotierten AG dienen. Der Gesetzgeber argumentierte ähnlich wie bei den Mehrstimmrechten. Sie widersprächen dem Proportionalitätsprinzip und beeinträchtigten den Kapitalmarkt, da sie Übernahmen behinderten und damit die „Übernahmefantasie“ fehle, was die Kontrolle der Verwaltung verschlechtere.[334] Für geschlossene Gesellschaften sollte das nicht gelten, da hier kein kapitalmarktpolitischer Grund bestehe. Für diese sog. „kleine AG“ sollte mehr Satzungsautonomie eingeräumt und generell ein größerer Spielraum bei der Anwendung des § 23 Abs. 5 AktG angenommen werden. Warum dieser Ansatz nicht auch auf Mehrstimmrechte übertragen wurde, bleibt unklar.

cc) Kritik an der Abschaffung

Nach einem Teil der Literatur sollten sowohl Höchst- als auch Mehrfachstimmrechte in vollem Umfang zulässig sein.[335] *Zöllner/Noack* hielten es für einen Fehlanreiz, den Gestaltungsspielraum beim Stimmrecht einzuschrän-

---

333 Landgericht München I, Urt. v. 29.4.2020, 5 HK O 12922/18; Bayerische Oberste Landesgericht, Urt. v. 18.5.2022, 101 ZBR 97/20.

334 KonTraG, BT-Drs. 13/9712 vom 20.1.1998, S. 20.

335 *Zöllner/Noack*, AG 1991, 117 ff.; *Peltzer*, JZ 1996, 842, 847; *Schneider*, AG 1990, 56 ff.; *Peltzer*, AG Sonderheft („Die Aktienrechtsreform 1997") 1997, 90 ff.; *Zöllner/Hanau*, AG 1997, 206, 219; Insgesamt für mehr Gestaltungsfreiheit *May*, Sicherung des Familieneinflusses (1992), S. 199 ff.

ken.[336] Eine uneingeschränkte Geltung des Kapitalprinzips lasse sich nicht begründen. Insbesondere entspreche

> *„die Bemessung des Stimmrechts nach der Höhe der Kapitalbeteiligung – oft plakativ in dem Slogan „one share – one vote" – zum Ausdruck gebracht, [...] auch nicht etwa aktienrechtlichem „Naturrecht" im Sinn einer aus Prinzipien der Gerechtigkeit ableitbaren und zur Verwirklichung der iustitia distributiva (hier im Sinn der „Macht" verteilenden Gerechtigkeit) ausnahmslos zur Geltung zu bringenden Regel."*[337]

Zudem verlange keine andere Gesellschaftsform einen zwingenden Gleichlauf von Stimmrechtseinfluss und Kapitalbeteiligung. Ein sinnvoller Anwendungsbereich wurde darin gesehen, Gesellschafter, die in der Gründungsphase ein erhöhtes Risiko getragen haben, durch die Gewährung von Mehrstimmrechten zu belohnen.[338] Für Familiengesellschaften würden sie ein attraktives Instrument für einen Börsengang darstellen.[339]

Andere wollten nicht so weit gehen und forderten jedenfalls einen Gleichlauf von Höchst- und Mehrstimmrechten. Der kapitalmarktrechtliche Begründungsansatz des Gesetzgebers greife nur bei der börsennotierten AG, sodass eine Abschaffung der Mehrstimmrechtsaktie bei der nicht börsennotierten AG nicht überzeugend sei.[340] Trotz dieser Kritik wurde die Entscheidung des Gesetzgebers überwiegend begrüßt.[341]

dd) Beibehaltung der stimmrechtslosen Vorzugsaktie

Die stimmrechtslose Vorzugsaktie wurde unverändert beibehalten. Ungeachtet der Argumentation zum Höchst- und Mehrfachstimmrecht, die sich

336 *Zöllner/Noack*, AG 1991, 117, 119.

337 *Dies.*, AG 1991, 117, 118.

338 *Dies.*, AG 1991, 117, 129 f.

339 *May*, Sicherung des Familieneinflusses (1992), S. 207.

340 *Baums*, AG Sonderheft („Die Aktienrechtsreform 1997"), 26, 36, der eine Abschaffung der Höchststimmrechte für die börsennotierte AG jedoch begrüßt; ebenso *Deutscher Anwaltverein* (DAV), ZIP 1997, 163, 169.

341 Etwa *Hopt*, AG Sonderheft („Die Aktienrechtsreform 1997") 1997, 42, 48; *Kübler*, AG Sonderheft ("Die Aktienrechtsreform 1997") 1997, 48, 52; *Lutter*, AG Sonderheft („Die Aktienrechtsreform 1997") 1997, 52, 55, der hingegen die Abschaffung bestehender Mehrstimmrechte für verfassungswidrig hielt; schon zuvor für eine Abschaffung disproportionaler Verteilungen: *Adams*, AG 1990, 63, 71 ff.; *Baums*, AG 1990, 221 ff.; *Claussen*, AG 1996, 481, 492 forderte die vollständige Aufhebung von Höchst- und Mehrstimmrechten.

auch auf die stimmrechtslose Vorzugsaktie übertragen ließe, sah der Gesetzgeber den Unterschied darin, dass diese eigene Gattung gesetzlich klar umrissen sei und der Markt sie entsprechend niedriger bewerten könne.[342] Der Gesetzgeber missbilligte also eine Kontrolle ohne entsprechende Beteiligung, nicht aber eine kapitalmäßige Beteiligung ohne entsprechende Kontrolle.

4. Entwicklung in der Schweiz

a) Das Obligationenrecht von 1881

Das schweizerische Aktienrecht wurde als *Code unique* geschaffen, da die verschiedenen aktienrechtlichen Gesetzgebungen auf kantonaler Ebene ungenügend erschienen.[343] Am 1. Januar 1883 trat das Bundesgesetz über das Obligationenrecht vom 14. Juni 1881[344] in Kraft. Es war stark durch das deutsche ADHGB von 1861 und dessen Novelle von 1870 geprägt.[345] Der für das Stimmrecht relevante Art. 640 OR 1881 lautete:

> *„Die Aktionäre üben ihr Stimmrecht in der Generalversammlung nach Verhältniß der Zahl der in ihrem Besize befindlichen Aktien aus. Jeder Aktionär, auch wenn er nur eine Aktie besizt, hat eine Stimme.*
> *Vorbehalten bleibt der Gesellschaft, durch ihre Statuten die Stimmenzahl der Besizer von mehreren Aktien zu beschränken. Keinenfalls darf ein einzelner Aktionär mehr als den fünften Theil der sämmtlichen vertretenen Stimmrechte in sich vereinigen. [sic.]*“[346]

Während S. 1 den Grundsatz der Proportionalität bzw. den „Grundsatz der verhältnismäßigen Berechtigung“ statuierte,[347] schloss S. 2 die Möglichkeit stimmrechtsloser Aktien aus. Eine Sonderregelung war in Art. 2 Abs. 1 des Bundesgesetzes betreffend das Stimmrecht der Aktionäre von Eisenbahn-

342 KonTraG, BT-Drs. 13/9712 vom 20.1.1998, S. 12.

343 *Kunz*, SJZ 102 (2006), 145, 146; zur Entstehung des schweizerischen Aktienrechts s. *Weiss*, Zum schweizerischen Aktienrecht (1968), S. 9 ff.

344 BBl 1881 III 109.

345 Botschaft des Bundesrates an die hohe Bundesversammlung zu einem Gesetzentwurfe, enthaltend Schweizerisches Obligationen- und Handelsrecht, BBl 1880 I 149 vom 27. November 1879, S. 222; *Böckli*, AktR, 5. Aufl. (2022), Einl. Bemerkung Rn. 5, Fn. 17.

346 Bundesgesetz über das Obligationenrecht vom 14.6.1881, BBl 1881 III 109, S. 246 f.

347 So *Hinderling*, ZSR 48 (1929), 88, 102; *Meier-Hayoz*, FS Hug (1968), S. 377, 382.

gesellschaften und die Beteiligung des Staates bei deren Verwaltung vom 28. Juni 1895[348] vorgesehen, wonach das Stimmrecht nur den Aktionären zustehen sollte, die seit mindestens sechs Monaten oder seit dem Entstehen der Gesellschaft auf den betreffenden Namen im Aktienbuch eingetragen waren. Ziel dieser Regelung war der Schutz vor ausländischen Investoren und somit der Schutz vor „Überfremdung".[349]

aa) Die Stimmrechtsaktie

Stimmrechtsbevorzugungen spielten zunächst keine große Rolle.[350] Erst nachdem sich in Deutschland nach dem Krieg Mehrstimmrechtsaktien etabliert hatten, stellte sich auch in der Schweiz die Frage, ob eine solche Stimmrechtsprivilegierung mit der gesetzlichen Regelung vereinbar war.[351] Die deutsche Ausgestaltung, bei der sämtliche Aktien auf den gleichen Nennbetrag lauteten, aber mit verschiedenem Stimmrecht ausgestattet wurden, bezeichnete man als „offene Form des Pluralstimmrechts".[352] Die herrschende Lehre hielt diese *echte* bzw. *direkte* Stimmrechtsaktie mit dem Wortlaut des Art. 640 Abs. 1 OR 1881 für unvereinbar.[353] *Kägi* hingegen vertrat die Auffassung, dass der Wortlaut nur vorgebe, dass jede Aktie mindestens eine Stimme, nicht aber, dass eine Aktie nur eine Stimme verleihen könne.[354] Die Praxis wählte einen anderen Weg der disproportionalen Stimmverteilung.[355] Da das Gesetz keine Aussage über die Höhe des Nennwertes traf und insbesondere nicht vorsah, dass Aktien verschiedener Gattungen den gleichen Nennwert haben mussten, hielt man es für möglich und mit dem Wortlaut des Art. 640 Abs. 1 OR 1881 vereinbar, indirekte Stimmrechtsvorteile dergestalt zu schaffen, indem sämtliche Aktien

348 BBl 1895 III 597.

349 Vgl. Bundesblatt der schweizerischen Eidgenossenschaft 1894, Bd. IV, S. 251 f., wörtlich zitiert in *Passow*, Die AG, 2. Aufl. (1922), S. 245 Fn. 2.

350 *Hinderling*, ZSR 48 (1929), 88, 93; *Biber*, Die Stimmrechtsaktie (1940), S. 77.

351 Hierzu *Hinderling*, ZSR 48 (1929), 88 ff.; *Biber*, Die Stimmrechtsaktie (1940), S. 2; bejahend *Frank-Fahle*, Die Stimmrechtsaktie (1923), S. 132.

352 *Hinderling*, ZSR 48 (1929), 88, 89; *Biber*, Die Stimmrechtsaktie (1940), S. 1.

353 *Bachmann*, OR (1915), Art. 640 Anm. 2; *Hinderling*, ZSR 48 (1929), 88, 100; *Biber*, Die Stimmrechtsaktie (1940), S. 71 m.w.N.; *Lüpold*, Der Ausbau der „Festung Schweiz" (2008), S. 373; *Egger*, SJZ 21 (1924/25), 345, 350; s. auch Zweiter Bericht über die Revision des OR (Dez. 1923), S. 67.

354 *Kägi*, Prioritätsaktien (1918), 144 Fn. 40; *Frank-Fahle*, Die Stimmrechtsaktie (1923), S. 144 Fn. 40.

355 Hierzu *Biber*, Die Stimmrechtsaktie (1940), S. 73 f.

mit einem Stimmrecht ausgestattet wurden, aber auf verschiedene Nennwerte lauteten.[356] Man sprach von der „verdeckten Form des Pluralstimmrechts“[357] oder von der sog. Stimmrechtsaktie.[358] Die Aluminium-Industrie AG gab im Jahr 1928 als eine der ersten großen Schweizer Gesellschaften Stimmrechtsaktien aus.[359] Diese Aktien waren mit einem zehnfachen Stimmrecht versehen und wurden zur Abwehr gegen eine Überfremdung als vinkulierte Namensaktien ausgegeben.[360] Später wurden abweichende Stimmrechtsgestaltungen insbesondere im Falle der Sanierung eingesetzt, um dem „frischen“ Kapital eine höhere Stimmkraft zu gewähren.[361] Teilweise wurden sämtliche Stimmrechtsprivilegien für unzulässig gehalten.[362] Begründet wurde dies mit Art. 640 Abs. 2 OR 1881, der nur eine einzige Abweichung von S. 1 vorsehe. Aus dem Schweigen des Gesetzes wurde ein Indiz für die Unzulässigkeit jeder weiteren Abweichung abgeleitet.[363] In einem Entscheid aus dem Jahr 1933 erklärte das Bundesgericht neben der indirekten auch die direkte Stimmrechtsaktie für zulässig.[364] Im Hinblick auf die rechtliche Zulässigkeit von Stimmrechtsprivilegierungen herrschte Uneinigkeit, die schnell Gegenstand der nächsten Revision wurde.[365]

bb) „Verschleiertes“ Pluralstimmrecht

Eine Stimmrechtsbevorzugung konnte auch durch eine unvollständige Einzahlung auf die Aktie erreicht werden. Gemäß Art. 618 Abs. 1 OR 1881 mussten mindestens 20 % auf jede Namensaktie eingezahlt werden. Inhaberaktien durften nur nach Einzahlung von 50 % des Nominalbetrags ausgegeben werden.[366] Es war allgemein anerkannt, dass das volle Stimmrecht selbst

---

356 *Funk*, SJZ 24 (1927/28), 375; zum Streitstand ausführlich *Biber*, Die Stimmrechtsaktie (1940), S. 72 ff.; *Gerster*, Stimmrechtsaktie (1997), S. 63; *Egger*, SJZ 21 (1924/25), 345, 350; s. auch Zweiter Bericht über die Revision des OR (Dez. 1923), S. 67.

357 *Hinderling*, ZSR 48 (1929), 88, 89.

358 Vgl. hierzu etwa *Wetter*, in: Amtliches Bulletin der Bundesversammlung, Obligationenrecht. Revision der Titel XXIV bis XXXIII (10.6.1934), 295, S. 319, der die Bezeichnung „Pluralstimmrecht" für falsch hielt.

359 *Biber*, Die Stimmrechtsaktie (1940), S. 64.

360 Zu den Hintergründen der Ausgabe siehe *Hinderling*, ZSR 48 (1929), 88, 93 f.

361 Vgl. *Lüpold*, Der Ausbau der „Festung Schweiz“ (2008), S. 488.

362 *Hinderling*, ZSR 48 (1929), 88, 102–104; *Nahrath*, Stimmrecht (1933), S. 72 ff.

363 Vgl. *Hinderling*, ZSR 48 (1929), 88, 102 ff.

364 BGE 59 II 44, 51; ablehnend *Biber*, Die Stimmrechtsaktie (1940), S. 76.

365 Hierzu unter B.II.4.b)aa).

366 vgl. Art. 636 Abs. 1 OR 1881.

im Fall der nicht voll liberierten Aktie bestand.[367] Auf diese Weise konnte faktisch ein fünffaches Stimmrecht gewährt werden.

cc) Stimmrechtsbeschränkungen

Gemäß Art. 640 Abs. 2 OR 1881 konnte kein Aktionär mehr als ein Fünftel aller in der Generalversammlung präsenten Aktienstimmen auf sich vereinigen. Hierdurch sollte es den Gesellschaften ermöglicht werden, die Macht der Großaktionäre einzuschränken und *„das Element der Personenzahl zur Geltung zu bringen"*.[368] Der Einfluss jedes einzelnen Aktionärs sollte zur Geltung gebracht und verhindert werden, dass gewisse Aktionäre einen allzu dominierenden Einfluss erlangen.[369] Diese Regelung konnte durch die Einschaltung von Strohmännern ohne weiteres umgangen werden.

b) Das revidierte Obligationenrecht von 1936

Schon 1911 wurde eine Revision eingeleitet, die nach umfangreichen Reformarbeiten erst mit dem Inkrafttreten des revidierten OR vom 18. Dezember 1936[370] abgeschlossen wurde.[371]

aa) Stimmrechtsaktie

Einer der umstrittensten Punkte der Revision war die Frage der rechtlichen Anerkennung der Stimmrechtsaktie.[372] Der Vorentwurf von *Huber* aus dem Jahr 1919 enthielt hierzu zunächst keine Regelung. Der hierauf aufbauende Entwurf von *Hoffmann* aus dem Jahre 1923 befürwortete die indirekte Stimmrechtsaktie, sprach sich jedoch gegen eine direkte Mehrstimmrechtsaktie aus.[373] Der bundesrätliche Entwurf vom 21. Februar 1928 wollte das

367 Vgl. *Hinderling*, ZSR 48 (1929), 88, 115.
368 Gesetzesbegründung S. 231, zitiert nach *ders.*, ZSR 48 (1929), 88, 102.
369 *Ders.*, ZSR 48 (1929), 88, 104.
370 Bundesgesetz über die Revision der Titel XXIV bis XXXIII des Obligationenrechts vom 18.12.1936, BBl 1936 III 605,.
371 S. *Kunz*, SJZ 102 (2006), 145, 147.
372 So *Biber*, Die Stimmrechtsaktie (1940), S. 79; *Gerster*, Stimmrechtsaktie (1997), S. 62.
373 Zweiter Bericht über die Revision des OR (Dez. 1923), S. 67; zu den Einzelheiten der Entwürfe vgl. *Biber*, Die Stimmrechtsaktie (1940), S. 77 ff.

Pluralstimmrecht untersagen[374] und den Grundsatz der einfachen Stimmberechtigung nach Nominalbeträgen zwingend vorschreiben.[375] Sämtliche Stimmrechtsbeschränkungen sollten gestrichen werden, was darauf gestützt wurde, dass sie sich in der Praxis als wirkungslos und unzweckmäßig herausgestellt hätten.[376] Dies hätte die zwingende Einführung des *one share, one vote*-Grundsatzes mit sich gebracht. Im Rahmen der Diskussion in der Bundesversammlung schloss sich *Weber-Kempten* im Namen der Sozialdemokratischen Fraktion im Grundsatz dem Vorschlag des Bundesrates im Hinblick auf die Abschaffung des Pluralstimmrechts an, da für ihn *„der Grundsatz: So viel Kapital, so viel Verantwortung, so viel Stimmrecht, durchaus gerecht"* zu sein schien.[377] Man anerkannte zwar die Vorteile der Stimmrechtsaktien im Falle der Sanierung, empfahl dennoch die Streichung von Art. 692 OR, was jedoch abgelehnt wurde.[378]

Da v.a. große Unternehmen auf eine Beibehaltung drängten, um ein Instrument gegen die Abwehr vor Überfremdung zu haben, entschloss man sich für eine Kompromisslösung. Man ließ die Stimmrechtsaktie erstmals gesetzlich zu, jedoch nur unter gewissen Einschränkungen.[379] Der neue Art. 693 OR 1936 regelte die Stimmrechtsaktie wie folgt:

> *„Die Statuten können das Stimmrecht unabhängig vom Nennwert nach der Zahl der jedem Aktionär gehörenden Aktien festsetzen, so dass auf jede Aktie eine Stimme entfällt.*

374 Botschaft des Bundesrates an die Bundesversammlung zu einem Gesetzesentwurf über die Revision der Titel XXIV bis XXXIII des schweizerischen Obligationenrechts vom 21.2.1928, BBl 1928 I 205, S. 248.

375 *Bauer*, Partizipationsscheine (1976), S. 30; Art. 692 Abs. 1 des Entwurfs lautete: *„Die Aktionäre üben ihr Stimmrecht in der Generalversammlung nach Verhältnis der Zahl der ihnen gehörenden Aktien aus, und es ist allen Aktien nach Verhältnis ihres Nominalwertes das gleiche Stimmrecht eingeräumt"* s. Botschaft des Bundesrates an die Bundesversammlung zu einem Gesetzesentwurf über die Revision der Titel XXIV bis XXXIII des schweizerischen Obligationenrechts vom 21.2.1928, BBl 1928 I 205, S. 392.

376 Botschaft des Bundesrates an die Bundesversammlung zu einem Gesetzesentwurf über die Revision der Titel XXIV bis XXXIII des schweizerischen Obligationenrechts vom 21.2.1928, BBl 1928 I 205, S. 228, 248; *Hinderling*, ZSR 48 (1929), 88, 95.

377 Amtliches Bulletin der Bundesversammlung, Obligationenrecht. Revision der Titel XXIV bis XXXIII (10.6.1934), 295, S. 317.

378 *Dass.*, Obligationenrecht. Revision der Titel XXIV bis XXXIII (10.6.1934), 295, S. 318–321.

379 *Biber*, Die Stimmrechtsaktie (1940), S. 86 ff.; *Bauer*, Partizipationsscheine (1976), S. 30; *von der Crone/Reiser/Plaksen*, SZW 2010, 93, 103; *Böckli*, AktR, 5. Aufl. (2022), § 3 Rn. 143; *Hug*, Zur Revision des schweizerischen Aktienrechts (1934), S. 42 ff.

In diesem Falle können Aktien, die gegenüber andern Aktien der Gesellschaft einen kleinern [sic.] Nennwert haben, nur als Namenaktien ausgegeben werden und müssen voll einbezahlt sein.
Die Bemessung des Stimmrechts nach der Zahl der Aktien ist nicht anwendbar für die Wahl der Kontrollstelle und die Ernennung besonderer Kommissäre oder Sachverständiger sowie für die Beschlussfassung über die Anhebung einer Verantwortlichkeitsklage"

Die Stimmrechtsaktie durfte nur als vollliberierte Namensaktien ausgegeben werden, was die Übertragung erschweren sollte.[380] Eine weitere Erschwerung war für ihre Einführung vorgesehen,[381] die gemäß Art. 648 Abs. 1 OR 1936 eine Beschlussmehrheit von zwei Drittel des gesamten Grundkapitals erforderte. Als Schutzmechanismus gegen die missbräuchliche Verwendung von Stimmrechtsaktien diente die Einführung eines Mindestnennwerts von 100 Franken in Art. 622 Abs. 4 S. 1 OR 1936.[382] Um die Transparenz zu gewährleisten, mussten gemäß Art. 627 Nr. 10 OR 1936 u.a. die Beschränkung des Stimmrechts sowie die Ausgabe von Stimmrechtsaktien in die Statuten aufgenommen werden. Aufgrund dieser Neuregelung bezeichnete *Siegwart* die *„kapitaldemokratische Ordnung"* als subsidiär, da durch verdeckte Stimmrechtsaktien einzelne Mitglieder eine größere Macht erhielten.[383]

bb) Aufhebung der Stimmrechtsbeschränkung

Die in Art. 640 Abs. 2 S. 2 OR 1881 enthaltene Beschränkung wurde aufgehoben. Die Regelung wurde als *„ganz unbillige Fessel"* und ungerechtfertigte Bevorzugung der Minderheitsaktionäre empfunden.[384]

380 Vgl. etwa Amtliches Bulletin der Bundesversammlung, Obligationenrecht. Revision der Titel XXIV bis XXXIII (10.6.1934), 295, S. 320.

381 *Dass.*, Obligationenrecht. Revision der Titel XXIV bis XXXIII (10.6.1934), 295, S. 320.

382 Amtliches Bulletin der Bundesversammlung, Obligationenrecht. Revision der Titel XXIV bis XXXIII (10.6.1934), 295, S. 320; *Böckli*, AktR, 5. Aufl. (2022), § 3 Rn.14 zufolge entspricht das einer heutigen Kaufkraft von etwa 750 CHF.

383 *Siegwart*, in: Egger/Escher/Haab u.a. (Hrsg.), Kommentar zum Schweizerischen Zivilgesetzbuch (1945), Einleitung Rn. 21.

384 Botschaft des Bundesrates an die Bundesversammlung zu einem Gesetzesentwurf über die Revision der Titel XXIV bis XXXIII des schweizerischen Obligationenrechts vom 21.2.1928, BBl 1928 I 205, S. 287; *Hug*, Zur Revision des schweizerischen Aktienrechts (1934), S. 58.

cc) Ausgabe der ersten „Partizipationsscheine"

Der wachsende Kapitalbedarf ab Ende der Fünfzigerjahre führte zu Forderungen nach einer Liberalisierung des Kapitalverkehrs. Gleichzeitig fürchtete man sich, ähnlich wie in Deutschland, vor einer zunehmenden Überfremdung.[385] Vor diesem Hintergrund begannen Unternehmen, handelbare Finanzierungsinstrumente auszugeben, die der Eigenkapitalbeschaffung dienen sollten, aber keine Stimmrechte gewährten. Dabei orientierten sie sich an den Bestimmungen über Genussscheine.[386] Als Sonderform des Genussscheins sollte der später als Partizipationsschein bezeichnete Titel[387] dadurch gekennzeichnet sein, dass er gegen eine Kapitaleinlage ausgegeben wurde und ein Gewinnbezugsrecht gewährt. Die *Banque pour le commerce Suisse-Israélien* in Genf gab 1952 als erste Gesellschaft Genussscheine gegen Hingabe von Kapital aus.[388] Die *Swisspetrol Holding AG* gab im Jahr 1960 einen „Kapitalbeschaffung-Genussschein" aus, um neues Eigenkapital zu beschaffen, ohne den ausländischen Kapitalgebern entsprechende Stimmrechte zu gewähren.[389] Im Gegensatz zu Aktien waren diese neuen Beteiligungspapiere flexibler, da die Regelungen über den Mindestnennwert oder die der Kapitalerhöhung nicht galten.[390] Die Statuten sahen regelmäßig eine Ermächtigung zugunsten des Verwaltungsrates vor, Partizipationsscheine – i.S.d. heutigen genehmigten Kapitals – zu schaffen, was für Aktien nicht möglich war.[391]

---

385 S. dazu *Bauer*, Partizipationsscheine (1976), S. 35 ff., der vom *„Dilemma zwischen Kapitalbedarf und Überfremdungsfurcht"* spricht.

386 Botschaft über die Revision des Aktienrechts vom 23.2.1983, BBl 1983 II 745, S. 799; *Böckli*, AktR, 5. Aufl. (2022), § 3 Rn. 222.

387 Die Gebrüder Sulzer AG benannte die bislang als *„Kapitalbeschaffungs-Genussscheine"* bezeichneten Titel erstmals als Partizipationsschein, vgl. hierzu *Bauer*, Partizipationsscheine (1976), S. 47 ff., der dies als *„Wertpapier-Marketing"* sieht; *Greyerz*, in: Steiger (Hrsg.), Handelsrecht (1982), 264.

388 *Bauer*, Partizipationsscheine (1976), S. 42; *Wohlmann*, SZW 63 (1991), 169.

389 *Bauer*, Partizipationsscheine (1976), S. 42 f.; *Böckli*, AktR, 5. Aufl. (2022), § 3 Rn. 222.

390 *Böckli*, AktR, 5. Aufl. (2022), § 3 Rn. 225; *Wohlmann*, SZW 63 (1991), 169, 171; *Greyerz*, in: Steiger (Hrsg.), Handelsrecht (1982), 265 f.

391 Botschaft über die Revision des Aktienrechts vom 23.2.1983, BBl 1983 II 745, S. 790 f.; *Böckli*, AktR, 5. Aufl. (2022), § 3 Rn. 225.

c) Große Aktienrechtsrevision von 1991

1968 beauftragte das eidgenössische Justiz- und Polizeidepartement eine Arbeitsgruppe zur Überprüfung des Aktienrechts.[392] Ziel der Revision war neben der Erhöhung der Transparenz, die Verstärkung des Aktionärsschutzes, die Verbesserung von Struktur und Funktion der Organe, die Erleichterung der Kapitalbeschaffung sowie die Verhinderung von Missbräuchen.[393] Der Grundsatz, dass jede Aktie eine Stimme gewähren muss, wurde durch die Neuregelung in Art. 706b Nr. 1 OR 1991 verstärkt. Danach ist ein Beschluss, durch den das Mindeststimmrecht entzogen oder eingeschränkt wird, nichtig.

aa) Beibehaltung der Stimmrechtsaktie

In der Botschaft über die Revision des Aktienrechts vom 23. Februar 1983 wurde festgehalten, dass die Stimmrechtsaktie

> *„mit dem Postulat nach Gleichlauf von Risiko und Stimmkraft, von Einlage und Einfluss, nicht in Einklang zu bringen"*

sei, eine Abschaffung aber ausgeschlossen sei,

> *„weil sie einen außerordentlich starken Eingriff in bestehende Verhältnisse darstellen und die Stimmrechtsverhältnisse in zahlreichen gut funktionierenden Gesellschaften völlig umkrempeln würde".*[394]

Um eine zu große Diskrepanz zwischen Stimmkraft und Kapitalbeteiligung zu vermeiden, wurde mit der Neuregelung von Art. 693 Abs. 2 S. 2 OR 1991 ein Stimmrechtshebel eingeführt, wonach der Nennwert der Stammaktien das Zehnfache des Nennwerts der Stimmrechtsaktien nicht übersteigen darf.[395] Mit der Herabsetzung des Mindestnennwerts von 100 auf 10 Fran-

392 Hierzu *Hoffmann*, Der Partizipationsschein (1976), S. 111 ff.; *Bauer*, Partizipationsscheine (1976), S. 255 ff.; *Kunz*, SJZ 102 (2006), 145, 147.

393 Botschaft über die Revision des Aktienrechts vom 23.2.1983, BBl 1983 II 745, S. 767.

394 Botschaft über die Revision des Aktienrechts vom 23.2.1983, BBl 1983 II 745, S. 787.

395 Gesellschaften, die Stimmrechtsaktien unter dem OR 1936 ausgegeben hatten, konnten ihre Titel mit einem höheren Stimmrechtshebel beibehalten. Neue Aktien mit demselben Stimmrechtsprivileg konnten aber nicht ausgegeben werden, Art. 5 der Schlussbestimmungen des Bundesgesetzes über die Revision des Aktienrechts vom 4. Oktober 1991.

ken[396] wurde der Spielraum für Stimmrechtsprivilegien erheblich erweitert.[397] Insgesamt sollte die *„Aktionärsdemokratie und damit die Generalversammlung als Institution“* verbessert werden, was neben der Verlängerung der Einberufungsfrist u.a. auch den bei der Einberufung zu machenden Bekanntmachungen betraf.[398]

bb) Regelung des Partizipationsscheins

Die Regelung des Partizipationsscheins war ein Kernstück der Aktienrechtsreform.[399] Auf die Möglichkeit, stimmrechtslose Aktien auszugeben, wurde bewusst verzichtet. Dies hätte die Schaffung unterschiedlicher Aktiengattungen zur Folge gehabt, was kritisch gesehen wurde. In der Praxis hatte sich ein anderes stimmrechtsloses Wertpapier etabliert, nämlich der sog. Partizipationsschein.[400] Es wäre zu klären gewesen, ob diese neben den als „Aktien zweiter Güte“ bezeichneten stimmrechtslosen Aktien weiterhin zulässig sein sollten.[401] Der Gesetzgeber hat sich – der Praxis folgend – dafür entschieden, den Partizipationsschein in Art. 656a ff. OR zu regeln, um die Kapitalbeschaffung zu erleichtern.[402] Er ordnete ihn als Beteiligungsrecht ohne Mitverwaltungsrechte und nicht als selbstständiges und bedingtes Gläubigerrecht ein.[403] Mit Ausnahme des Stimmrechts und der damit zusammenhängenden Rechte gewährt er die gleichen Rechte wie die Aktie. Er wird daher gelegentlich als „stimmrechtslose Aktie“[404] oder als „eine Art stimmrechtslose Aktie“ bezeichnet.[405] Um ein Missverhältnis zwischen Risikokapital mit und ohne Stimmrecht zu vermeiden, durfte das Partizipationskapital das Aktienkapital nicht übersteigen.[406]

396 Art. 622 Abs. 4 S. 1 OR 1991.
397 *Gerster*, Stimmrechtsaktie (1997), S. 71.
398 Botschaft über die Revision des Aktienrechts vom 23.2.1983, BBl 1983 II 745, S. 838.
399 *Meier-Hayoz/Forstmoser*, GesR, 13. Aufl. (2023), S. 589.
400 Vgl. dazu schon unter B.II.4.b)cc).
401 Botschaft über die Revision des Aktienrechts vom 23.2.1983, BBl 1983 II 745, S. 800.
402 Botschaft über die Revision des Aktienrechts vom 23.2.1983, BBl 1983 II 745, S. 700; *Bahar/Peyer*, in: ZK, 2. Aufl. (2016), Art. 656a Rn. 2.
403 Botschaft über die Revision des Aktienrechts vom 23.2.1983, BBl 1983 II 745, S. 799.
404 Botschaft über die Revision des Aktienrechts vom 23.2.1983, BBl 1983 II 745, S. 775.
405 Botschaft über die Revision des Aktienrechts vom 23.2.1983, BBl 1983 II 745, S. 784.
406 Art. 656b Abs. 1 OR 1991.

Die Botschaft führt dazu aus:

„Es darf nicht zugelassen werden, dass Personen mit ihrem Stimmrecht die Gesellschaft beherrschen, ohne sich wesentlich an der Aufbringung des Wagniskapitals zu beteiligen."[407]

III. Europäische Entwicklung

Der europäische Gesetzgeber hat immer wieder versucht, den *one share, one vote*-Grundsatz sowie die Idee der Aktionärsdemokratie einheitlich durchzusetzen. Die Struktur der AG wurde unionsrechtlich nur punktuell reguliert, was bis heute der Fall ist.[408] Das Stimmrecht wurde zunächst nicht geregelt.[409] Einen ersten Versuch startete die Kommission 1970, in dem sie für die *Societas Europaea* (i.F.: SE) ein Verbot der Mehrstimmrechtsaktie vorschlug.[410] Es blieb jedoch bei einem bloßen Entwurf.[411]

1. Die fünfte Richtlinie über die Struktur der Aktiengesellschaft

Einen Versuch zur Vollharmonisierung unternahm die Kommission im September 1972 mit einem der umstrittensten[412] Vorschläge, dem Vorschlag für eine 5. Richtlinie über die Struktur der AG, der in Art. 33 Abs. 1 vorsah, dass das

407 Botschaft über die Revision des Aktienrechts vom 23.2.1983, BBl 1983 II 745, S. 802.

408 *Hammen*, Der Konzern 2023, 289, 291 unter Verweis auf die Aktionärsrechterichtlinie 2007 /36/EG, die für die börsennotierte AG etwa die Stimmrechtsvertretung und die elektronische Abstimmung in der Hauptversammlung regelt.

409 *Lutter/Bayer/Schmidt*, EuropUR, 6. Aufl. (2017), Rn. 9.34.

410 Vgl. Art. 49 Abs. 3 Vorschlag der Kommission zu einer Verordnung (EWG) des Rates über das Statut für europäische Aktiengesellschaften, dem Rat vorgelegt vom 10.10.1970, KOM (1970) 600, S. 1, 12, abrufbar unter https://eur-lex.europa.eu/legal-content/DE/ALL/?uri=CELEX%3A51970PC0600_(zuletzt geprüft am 29.12.2025).

411 *Schröder*, in: Manz/Mayer (Hrsg.), Europäische Aktiengesellschaft, 3. Aufl. (2019), Teil A Vorbemerkung Rn. 3.

412 So *Lutter*, EuropUR, 4. Aufl. (1996), S. 171.

> *„Stimmrecht des Aktionärs [...] dem durch die Aktie verkörperten Anteil am gezeichneten Kapital“*[413]

entsprechen, also proportional ausgestaltet sein sollte. Der darin enthaltene *one share, one vote*-Grundsatz sollte nicht ausnahmslos gelten. Art. 33 Abs. 2 räumte den Mitgliedstaaten die Möglichkeit ein, Höchststimmrechte zuzulassen oder das Stimmrecht *„für Aktien, die besondere Vorteile gewähren“*, zu beschränken oder ganz auszuschließen.[414] Darüber hinaus sollte es keine weiteren Ausnahmen geben.[415] Der Vorschlag sah weiterhin die zwingende Einführung des dualistischen Systems[416] sowie die zwingende Mitbestimmung der Arbeitnehmer im Aufsichtsrat[417] vor. Die Entwürfe wurden 1983[418] und erneut 1990[419] und 1991[420] überarbeitet. Da das Gemeinschaftsrecht der Mehrstimmrechtsaktie ablehnend gegenüberstand, nahm der deutsche Gesetzgeber die Richtlinie zum Anlass, diese endgültig zu verbieten.[421] Wegen der Uneinigkeit über die Mitbestimmung wurde die Richtlinie schließlich verworfen.[422]

---

413 Ursprünglicher Vorschlag: KOM (72) 887, Vorschlag einer Fünften Richtlinie zur Koordinierung der Schutzbestimmungen, die in den Mitgliedstaaten den Gesellschaften i.S.d. Art. 58 Abs. 2 des Vertrages im Interesse der Gesellschafter sowie Dritter hinsichtlich der Struktur der Aktiengesellschaft sowie der Befugnisse und Verpflichtungen ihrer Organe vorgeschrieben sind (i. F.: Vorschlag einer 5. RL), BT-Drs. 7/363, S. 7.

414 Art. 33 Abs. 2 KOM (72) 887, Vorschlag einer 5. RL, BT-Drs. 7/363, S. 2.

415 Vorschlag einer 5. RL, BT-Drs. 7/363, S.23, wo die Loyalitätsaktie als unzulässiges Beispiel genannt wird.

416 Vgl. Art. 2 Abs. 1 KOM (72) 887, Vorschlag einer 5. RL, BT-Drs. 7/363, S. 2.

417 Vgl. Art. 4 Abs. 2 S. 2 KOM (72) 887, Vorschlag einer 5. RL, BT-Drs. 7/363, S. 3.

418 Erster geänderter Vorschlag: KOM (83) 185, Geänderter Vorschlag einer fünften Richtlinie des Rates nach Art. 54 Abs. 3 Buchstabe g des Vertrages über die Struktur der Aktiengesellschaft sowie die Befugnisse und Verpflichtungen ihrer Organe, BT-Drs. 10/467.

419 Zweiter geänderter Vorschlag: KOM (90) 629, Vorschlag einer 5. RL.

420 Dritter geänderter Vorschlag einer 5. RL, abgedruckt in *Lutter*, EuropUR, 4. Aufl. (1996), S. 176 ff.

421 B.II.3.h).

422 *Kalss*, ZHR 2023, 438, 468; *Lutter/Bayer/Schmidt*, EuropUR, 6. Aufl. (2017), Rn. 9.47.

2. Übernahmerichtlinie

Das Proportionalitätsprinzip hat auch auf kapitalmarktrechtlicher Ebene[423] im Zusammenhang mit der 13. Übernahmerichtlinie eine Rolle gespielt. Die Überlegungen zur Harmonisierung der Vorschriften für Übernahmeangebote reichen bis in die siebziger Jahre zurück und gehen auf ein von der Kommission 1974 in Auftrag gegebenes Rechtsgutachten des britischen Juristen *Pennington* zurück.[424] Der Richtlinienentwurf aus dem Jahr 2000 wollte dem Leitungsorgan der Zielgesellschaft die Abwehr eines feindlichen Übernahmeversuchs verbieten,[425] um in den Mitgliedstaaten gleiche Voraussetzungen, ein sog. Level Playing Field, in Übernahmesituationen zu schaffen. Strukturelle Übernahmehindernisse in der Satzung – also Höchst- und Mehrstimmrechte – sollten hingegen unberührt bleiben. Nachdem Deutschland – vorauseilend – 1998 Mehr- und Höchststimmrechte abgeschafft hatte und damit deutschen Unternehmen im Vergleich zu anderen Mitgliedstaaten weniger Abwehrmöglichkeiten vor Übernahmeangeboten zur Verfügung standen, gab es Widerstand gegen den Entwurf.[426] Nachdem er knapp angelehnt wurde,[427] beauftragte die Kommission eine hochrangingen Gruppe von Experten auf dem Gebiet des Gesellschaftsrechts zu prüfen, ob und inwieweit gleiche Ausgangsbedingungen für Übernahmeangebote im Hinblick auf die nach dem Gesellschaftsrecht in den Mitgliedstaaten zulässigen und bestehenden Mechanismen und Strukturen zur Vereitelung oder Verhinderung von Übernahmen geschaffen werden könnten und sollten.[428] Die Expertengruppe kam zu dem Ergebnis, dass das Verhinderungsverbot beibehalten und zusätzlich eine Durchbrechungsregel für Abweichungen von dem Proportionalitätsprinzip vorgesehen werden

---

423 *Lutter/Bayer/Schmidt*, EuropUR, 6. Aufl. (2017), Rn. 28.5 weisen auf eine gewisse Janusköpfigkeit der Richtlinie hin, die auf der Schnittstelle zwischen Kapitalmarkt- und Gesellschaftsrechts liege.

424 *Dies.*, EuropUR, 6. Aufl. (2017), Rn. 28.1.

425 Verhinderungsverbot, Art. 9 des Richtlinienentwurfs.

426 *Dauner-Lieb*, DStR 2003, 555 ff.; *Bayer*, BB 2004, 1 f.; *Hammen*, Der Konzern 2023, 289, 291; *Beckmann*, Das Mehrstimmrecht (2023), S. 86 f.; *Kalss/Nicolussi*, in: Fleischer/Koch/Schmolke (Hrsg.), Gesellschaftsrecht im Spiegel großer Debatten (2024), S. 431, 440.

427 Hierzu etwa *Zinser*, ZRP 2003, 78 f.; *Lutter/Bayer/Schmidt*, EuropUR, 6. Aufl. (2017), Rn. 28.3 f.

428 Report of the High Level Group of Company Lax Experts on issues related to takeover bids (10.1.2002), S. 1 ff., 16 ff. (aufrufbar unter: https://papers.ssrn.com/sol3/papers.cfm?abstract_id=315322, zuletzt geprüft am 29.12.2025).

sollte. National zulässige Stimmrechtsabweichungen sollten in Übernahmesituationen nur ein proportionales Stimmrecht gewähren.[429] Der daraufhin überarbeitete Vorschlag der Kommission griff diese Empfehlung aufgrund des Widerstandes der skandinavischen Staaten nicht auf. Treue- und Mehrstimmrechte wurden nicht als Übernahmehindernisse eingestuft,[430] was erneut auf heftige Kritik, insbesondere seitens der Bundesregierung stieß.[431] Zwar hatte man auf nationaler Ebene Höchst- und Mehrstimmrechte abgeschafft. Auf europäischer Ebene wollte man sich aber nicht durch eine zwingende Regelung in der Übernahmerichtlinie binden lassen.[432] Erst der Vorschlag Portugals für ein Optionsmodell führte im November 2003 zu einer politischen Einigung und schließlich zur Verabschiedung der Richtlinie am 21. April 2004.[433] Gemäß Art. 9 und 11 der Richtlinie[434] sollen satzungsmäßige und schuldrechtliche Stimmrechtsbeschränkungen während eines laufenden Übernahmeverfahrens gegenüber dem Bieter keine Anwendung finden. Entscheidend ist jedoch, dass die Regelungen nicht zwingend sind. Die Mitgliedstaaten können von der Umsetzung dieser Durchbrechungsregel absehen, wenn sie ihren jeweiligen Zielgesellschaften die Möglichkeit einräumen, die europäische Durchbrechungsregel freiwillig anzuwenden, Art. 12 Abs. 2. Bei einem Opt-out der Mitgliedstaaten muss ein Opt-in der Gesellschaft möglich sein. Der deutsche Gesetzgeber hat

429 Report of the High Level Group of Company Lax Experts on issues related to takeover bids (10.1.2002), S. 28 ff.

430 Vorschlag für eine Richtlinie des Europäischen Parlaments und des Rates betreffend Übernahmeangebote vom 2.10.2002, KOM (2002) 534, abgedr. in ZIP 2002, 1863 ff. In der Erläuterung zu Art. 11 heißt es: *„Diese Bestimmungen zielen auf Maßnahmen ab, die einen ungerechtfertigten Schutz der Unternehmensleitung („management entrenchment") darstellen können. Wertpapiere mit Doppel- oder Mehrstimmrechten sind hiervon ausgenommen. Mit Mehrstimmrechten ausgestattete Wertpapiere, so kann man argumentieren, sind Teil eines gesellschaftsrechtlichen Finanzierungssystems, von dem nicht bewiesen ist, dass es öffentliche Übernahmeangebote unmöglich macht. Gleiches gilt für Wertpapiere mit Doppelstimmrechten, die zu einer gewissen Stabilität der Eigentumsverhältnisse beitragen können. Die Aufhebung solcher Rechte – zumal ohne Entschädigung – würde in manchen Rechtsordnungen verfassungsrechtliche Fragen aufwerfen, die die Annahme der Richtlinie gefährden oder zumindest für lange Zeit hinausschieben könnten".*

431 Hierzu *Bayer*, BB 2004, 1, 10 f.; *Zinser*, ZRP 2003, 78 f.; *Beckmann*, Das Mehrstimmrecht (2023), S. 87 f.; *Wolf*, Mehrstimmrechtsaktien (2023), S. 214 f.; *Kalss*, ZHR 2023, 438, 470 ff.

432 *Kalss*, ZHR 2023, 438, 470.

433 *Lutter/Bayer/Schmidt*, EuropUR, 6. Aufl. (2017), Rn. 28.4.

434 RL 2004/25/EG des Europäischen Parlaments und des Rates v. 21.4.2004 betreffend Übernahmeangebote, ABl. EU v. 30.4.2004, L 142/12; zu der Regelung *Winkler*, Das Stimmrecht der Aktionäre in der Europäischen Union (2006), S. 84 ff.

hiervon Gebrauch gemacht und in § 33b Abs. 2 S. 1 Nr. 2 WpÜG ein Opt-in ermöglicht.

Mit Ausnahme von Estland, Lettland und Litauen haben die Mitgliedstaaten die Durchbrechungsregel für sich abgelehnt.[435] Eine einheitliche Regelung wurde daher nicht geschaffen. Auch ein allgemeines *one share, one vote*-Prinzip wurde nicht eingeführt, da der Anwendungsbereich der Richtlinie auf Übernahmesituationen beschränkt ist. Aus der Übernahmerichtlinie lässt sich jedoch schon an dieser Stelle ableiten, dass das europäische Kapitalmarktrecht von einer grds. Zulässigkeit von Mehrstimmrechtsaktien ausgeht.

3. Aktionsplan

Parallel zur Diskussion über die Übernahmerichtlinie lief die Vorbereitung für den Aktionsplan 2003. Finanzskandale lösten eine Diskussion über die Unternehmensleitung und -überwachung aus,[436] die zu verstärkten Forderungen nach einer Verbesserung der Corporate Governance führte.[437] Unter dem Stichwort „Aktionärsdemokratie" schlug die Kommission Maßnahmen zur Stärkung der Aktionärsrechte vor. Ziel war es,

> *„mittel- bis langfristig [...] in der EU auf eine echte Aktionärsdemokratie hinzuarbeiten".*[438]

Die Kommission stellte fest, dass zwar die meisten europäischen Länder den *one share, one vote*-Grundsatz verfolgten, das Thema aber insgesamt kontrovers beurteilt werde und eine europäische Regelung einer genauen

---

435 Bericht der Kommission an das Europäische Parlament, den Rat, den Europäischen Wirtschafts- und Sozialausschuss und den Ausschuss der Regionen - Anwendung der Richtlinie 2004/25/EG betreffend Übernahmeangebote, COM (2012) 347 final v. 28.6.2012, S. 4 Fn.8; *Kalss*, ZHR 2023, 438, 471.

436 Mitteilung der Kommission an den Rat und das Europäische Parlament - Modernisierung des Gesellschaftsrechts und Verbesserung der Corporate Governance in der Europäischen Union - Aktionsplan, KOM (2003), 284, S. 7 f.; auf Seite 8 fand die Kommission klare Worte: *„Die Aktionäre sind Eigentümer der Gesellschaften, nicht die Unternehmensleitung. Dessen ungeachtet wurden deren Rechte viel zu oft durch schäbiges, gieriges und zuweilen betrügerisches Verhalten der Gesellschaften mit Füßen getreten. Ein neuer Sinn für Verhältnismäßigkeit und Fairness tut Not".*

437 *Lutter/Bayer/Schmidt*, EuropUR, 6. Aufl. (2017), Rn. 13.4.

438 Mitteilung der Kommission an den Rat und das Europäische Parlament - Modernisierung des Gesellschaftsrechts und Verbesserung der Corporate Governance in der Europäischen Union - Aktionsplan, KOM (2003), 284, S. 17.

Untersuchung bedürfe. Vor diesem Hintergrund beauftragte die Kommission ein Konsortium bestehend aus *ISS Europe, Shearman & Stearling LLP* und *European Corporate Governance Institute* (i.F.: ECGI) mit einer Studie, die die bestehenden Abweichungen von dem Proportionalitätsprinzip identifizieren, ihre rechtlichen Rahmenbedingungen sowie ihre wirtschaftliche Bedeutung in den jeweiligen Mitgliedstaaten ermitteln und analysieren sollte.[439] Als Abweichungen wurden Kontrollverstärkungsmechanismen (sog. *Control Enhancing Mechanisms*, i. F.: „CEMs") verstanden, zu denen Mehrstimmrechtsaktien, stimmrechtslose Aktien mit und ohne Vorzugsrechte, Pyramidenstrukturen, Vorzugsaktien, Depotzertifikate, Stimmrechtsobergrenzen, Übertragungsbeschränkungen, Mehrheitsregelungen, sog. „goldene Aktien", Überkreuzbeteiligungen, Aktionärsvereinbarungen sowie die Rechtsform der KGaA zählten.[440] Die 2007 veröffentlichte Studie zeigte, dass sich keine der untersuchten Jurisdiktion für ein reines Proportionalitätsprinzip entschieden hatte, sondern die meisten zu einer Mittelposition tendierten. Alle untersuchten Länder stellten zwischen 5 und 11 CEMs zur Verfügung.[441] Pyramidenstrukturen und Gesellschaftervereinbarungen waren am häufigsten anzutreffen. Die Hälfte der untersuchten Mitgliedstaaten ließ Mehrstimmrechte zu.[442] Von den 464 untersuchten Unternehmen verfügten 44 % über Abweichungen.[443] Unter Bezugnahme auf die Begleitstudie von *Adams/Ferreira*[444] konnte kein Zusammenhang zwischen dem Proportionalitätsprinzip und der Unternehmensleistung festgestellt werden. Diese Begleitstudie gab einen Überblick über die ökonomische Literatur, die untersucht hat, ob sich proportionale Eigentumsverhältnisse negativ auf den Unternehmenswert auswirken. Sie kam zu keinem eindeutigen Ergebnis.[445] Daraufhin veröffentlichte die Europäische Kommission eine

---

439 ISS/Shearman & Sterling LLP/ECGI, Report on the Proportionality Principle in the European Union (18.5.2007), S. 7.

440 *Dies.*, Report on the Proportionality Principle in the European Union (18.5.2007), S. 10 ff.

441 *Dies.*, Report on the Proportionality Principle in the European Union (18.5.2007), S. 19.

442 *Dies.*, Report on the Proportionality Principle in the European Union (18.5.2007), S. 22.

443 *Dies.*, Report on the Proportionality Principle in the European Union (18.5.2007), S. 33, 35.

444 *Adams/Ferreira*, One Share, One Vote: The Empirical Evidence, ECGI Finance Working Paper N. 177/2007 (2007).

445 *Dies.*, One Share, One Vote: The Empirical Evidence, ECGI Finance Working Paper N. 177/2007 (2007), S. 2 f.

Folgenabschätzung zur Frage der Proportionalität von Kapital und Kontrolle in börsennotierten Unternehmen, in welchem sie zu dem Schluss kam, dass kein Handlungsbedarf auf EU-Ebene bestehe.[446] Es sei empirisch nicht belegt, ob und inwieweit Minderheitsaktionäre durch abweichende Stimmrechtsstrukturen enteignet würden und zusätzliche Einschränkungen deshalb mehr kosten als nutzen könnten. Weitere Arbeiten zu diesem Thema wurden eingestellt und damit die Idee eines verbindlichen *one share, one vote*-Grundsatzes endgültig aufgegeben.

4. Aktionärsrechterichtlinie

Eine Kehrtwende wurde im Rahmen der Aktionärsrechterichtlinie vollzogen. Zur Verbesserung der Corporate Governance sollten

> *„Optionen geprüft werden, die darin bestehen, langfristigen Anlegern größere Stimmrechte einzuräumen oder höhere Dividenden zu zahlen".*[447]

Beckmann stellt zu Recht fest, dass eine Abweichung von dem Proportionalitätsgrundsatz erstmals als mögliche Lösung für ein Corporate Governance Problem herangezogen und nicht mehr als dessen Problem angesehen wurde.[448] Die Einführung einer Loyalitätsaktie in Art. 3ea des Richtlinienentwurfs wurde zwar verworfen.[449] Gleichwohl ist hierin ein wichtiger Schritt in Richtung eines neuen europäischen *one share, one vote* Verständnisses zu erblicken.

5. Der European Model Companies Act

Ein neuer Ansatz wurde 2017 mit der Verabschiedung eines European Model Companies Act (i. F. „EMCA")[450] verfolgt, bei dem es sich um ein Modellkapitalgesellschaftsgesetz handelt, das als Vorbild für die nationale

---

446 Commission of the European Communities, Impact Assessment on the Proportionality between Capital and Control in Listed Companies, SEC (2007) 1705 (12.12.2007), S. 7; *Lutter/Bayer/Schmidt*, EuropUR, 6. Aufl. (2017), Rn. 13.97.

447 Grünbuch der Kommission, Langfristige Finanzierung der Europäischen Wirtschaft, COM (2013) 150 final, Drucks. 241/13, S. 18.

448 *Beckmann*, Das Mehrstimmrecht (2023), S. 96.

449 *Mock*, in: GroßKomm AktG, 5. Aufl. (2017), § 12 Rn. 22.

450 Abrufbar unter https://papers.ssrn.com/sol3/papers.cfm?abstract_id=2929348 (zuletzt geprüft am 29.12.2025).

Gesetzgebung der Mitgliedstaaten dienen soll.[451] Es wurde von einer privaten Expertengruppe bestehend aus dreißig Gesellschaftsrechtlern aus ganz Europa erarbeitet und soll wichtige Impulse „von unten" geben.[452] In der Begründung zur Regelung der „*Equality of Shares*" in Section 1.08 verweist die Expertengruppe zunächst auf die bisherige Diskussion über die Proportionalität von Risiko und Kontrolle und die erheblichen Unterschiede in den jeweiligen Mitgliedstaaten. Rechtsordnungen, die unterschiedliche Aktiengattungen und Stimmrechtsbeschränkungen zulassen, seien nicht weniger effizient als solche, die dies nicht zulassen, sodass die Entscheidung über unterschiedliche Stimmrechtsgestaltung von den Aktionären in der Satzung zu treffen sei.[453] Zwar geht der EMCA in Section 5.06 von dem Grundsatz aus, dass jede Aktie eine Stimme gewährt, doch sollen Ausnahmen möglich sein. Hinsichtlich der Mehrstimmrechtsaktien weist die Expertengruppe darauf hin, dass diese in Europa kontrovers beurteilt werden.[454] Für börsennotierte Unternehmen konnte keine Begründung für einen zwingenden *one share, one vote*-Grundsatz gefunden werden.[455] Die erstmalige Einführung nach der Börsennotierung sollte jedoch verboten werden, jedenfalls sollte eine Beschränkung auf ein beispielsweise fünffaches Stimmrecht vorgesehen werden.[456] Da es sich um ein reines Modellgesetz handelt, das keine Gesetzeskraft beansprucht, bleibt abzuwarten, welche Bedeutung ihm tatsächlich zukommt.

IV. Fazit

Die historische Entwicklung zeigt, dass der *one share, one vote*-Grundsatz kein schon immer da gewesenes Grundverständnis der AG ist. Aus ihr lässt sich entnehmen, dass im Laufe der Zeit immer wieder aufgrund wirtschaftlicher und politischer Gegebenheiten das Bedürfnis nach unterschiedlichen Formen der Stimmrechtsabweichung aufkam. Beiden Rechtsordnungen lag zunächst ein liberales Grundverständnis zugrunde. Die Anfänge der AG waren von einer großen Gestaltungsfreiheit geprägt, bei der nur Einzel-

451 Hierzu etwa *Schmidt*, ZHR 181 (2017), 43 ff.; *Baums/Teichmann*, AG 2017, 562 ff.; *Beckmann*, Das Mehrstimmrecht (2023), S. 118 ff.; *Wolf*, Mehrstimmrechtsaktien (2023), S. 216.

452 *Baums/Teichmann*, AG 2017, 562, 564.

453 EMCA v. 20.9.2017, S. 31.

454 EMCA v. 20.9.2017, S. 95 ff.

455 EMCA v. 20.9.2017, S. 81.

456 EMCA v. 20.9.2017, S. 96.

nen das Stimmrecht zustand. Im deutschen Aktienrecht fand ein erster Einschnitt durch die 2. Aktienrechtsnovelle 1884 statt, die den Stimmrechtsausschluss, das Mindest- und das bis dahin praktisch nicht relevante Mehrstimmrecht untersagte. Auf die als zu groß empfundene Gestaltungsfreiheit reagierte der deutsche Gesetzgeber mit gesetzlichen Verboten. Eine Kehrtwendung vollzog sich dann allerdings unter Geltung des HGB 1897. Die wirtschaftlich-ökonomische Entwicklung und der Krieg riefen erneut das Bedürfnis nach flexiblen Gestaltungsmöglichkeiten auf. Stimmrechtslose Aktien waren in beiden Rechtsordnungen unzulässig. Aufgrund des Friedensvertrages konnte in Deutschland weder der Aktienerwerb noch die Zugehörigkeit zum Vorstand oder Aufsichtsrat von der deutschen Staatsangehörigkeit abhängig gemacht werden, was in der Schweiz anders war und letztlich die unterschiedliche Entwicklung in den beiden Rechtsordnungen unterstreicht. Zudem war man in der Schweiz mehrheitlich der Auffassung, dass eine direkte Stimmrechtsprivilegierung nicht gesetzeskonform sei, sodass man einen anderen Weg wählen musste. Anstatt Aktien mit einem Mehrfachstimmrecht auszustatten, wurden die Nennwerte bei gleichlautendem Stimmrecht unterschiedlich hoch gestaltet. Hierdurch ließ sich in gleicher Weise eine Stimmrechtsprivilegierung erreichen, sodass kein Bedarf für Mehrstimmrechtsaktien, wie sie in Deutschland üblich waren, bestand. Dieser bis heute bestehende Unterschied ist damit historisch gewachsen.

Die mit der Zeit zunehmende missbräuchliche Verwendung von Mehrstimmrechten in Deutschland diskreditierte diese Aktiengattung zunehmend und führte zum Ruf nach gesetzgeberischer Intervention und Regulierung, was dazu führte, dass Mehrstimmrechtsaktien 1937 erhebliche Einschränkungen erfuhren und ein Prozess der Verdrängung von Aktien mit überproportionalem Stimmrecht begann. Eine gegenteilige Entwicklung zeichnete sich in der Schweiz ab, wo nur kurz zuvor die Stimmrechtsaktie erstmals gesetzlich zugelassen wurde, allerdings nur unter gewissen Einschränkungen. Der schweizerische Gesetzgeber schuf eine gesetzliche Grundlage, die für Aktionäre eine Gestaltungsvariante zugunsten der Gestaltungsfreiheit eröffnete. In diese Grundkonzeption fügt sich ein, dass das seit 1881 geltende gesetzliche Höchststimmrecht aufgehoben wurde, da es den Aktionären überlassen bleiben sollte, ein solches in den Statuten zu regeln. Eine Öffnung hin zu mehr Gestaltungsfreiheit fand sich in Deutschland nur in Bezug auf stimmrechtslose Vorzugsaktien. In Bezug auf Mehrstimmrechte entschied man sich für ein repressives Verbot mit Erlaubnisvorbehalt, vertiefte dieses später und beschloss sodann ein endgültiges Verbot. Höchststimmrechte sollten nur für die nicht börsennotierte AG zulässig sein. Begründet wurde dies damit, dass für die geschlossene AG die kapitalmarktpolitischen Gründe nicht gelten und dass für eine solche „kleine AG" mehr Satzungsautonomie eingeräumt und generell ein größerer Spielraum bei der Anwendung des § 23 Abs. 5 AktG angenommen werden sollte. Warum dieser Ansatz nicht auch auf Mehrstimmrechte übertragen wurde, ist inkonsequent und bleibt unklar.

Trotz mehrerer Anläufe ist es dem europäischen Gesetzgeber nicht gelungen, dem *one share, one vote*-Grundsatz europaweite Geltung zu verschaffen.

C. One share, one vote im Aktienrecht - Bestandsaufnahme

I. Begriffsbestimmung

1. Wortlaut

Wörtlich ausgelegt bedeutet der Grundsatz *one share, one vote*, dass jede Aktie über eine Stimme verfügt. Dies verdeutlicht, dass der Anknüpfungspunkt des Stimmrechts die Aktie und nicht die Person des Aktionärs ist. In der deutschen Rechtsordnung kommt dies in § 12 S. 1 AktG zum Ausdruck, wonach jede Aktie das Stimmrecht gewährt. Der Wortlaut des Art. 692 Abs. 2 S. 1 OR legt nahe, dass dies in der schweizerischen Rechtsordnung anders ist. Dort heißt es nämlich, dass

> *„jeder Aktionär [...], auch wenn er nur eine Aktie besitzt, zum mindesten eine Stimme"*

hat. Die Regelung zielt nur darauf ab, das Mindeststimmrecht (sog. Virilstimmrecht) zu gewährleisten,[457] ändert jedoch nichts daran, dass der Anknüpfungspunkt für das Stimmrecht auch hier die Aktie ist. Die Mitgliedschaft ist kapitalbezogen,[458] was das Bundesgericht aus der Struktur der AG ableitet, bei der

> *„das Stimmrecht in der Generalversammlung nicht an die Person, sondern an den Aktientitel geknüpft [ist], so dass grundsätzlich ein Aktionär soviele Stimmen hat, als er Aktien besitzt".*[459]

Aus der Verknüpfung von „share" und „vote" folgt zugleich, dass nur einem Aktionär das Stimmrecht zukommen kann. Aus der Verknüpfung folgt aber auch, dass der Bedeutungsgehalt des Grundsatzes nur auf das Verhältnis zwischen dem Anteil und dem aus ihm folgenden mitgliedschaftlichen Stimmrecht bezogen werden kann und auf dieses Verhältnis beschränkt werden sollte. Dies wird oft verkannt, wie noch zu zeigen sein wird.

---

457 *Boss*, in: OFK OR, 4. Aufl. (2023), Art. 692 Rn. 5; *Raemy/Gabriel*, in: CHK, 2024, Art. 692 Rn. 5.

458 *Meier-Hayoz/Forstmoser*, GesR, 13. Aufl. (2023), S. 104.

459 BGE 71 I 187, 188.

2. Das Proportionalitätsprinzip

Aus dem Wortlaut lässt sich im Umkehrschluss ableiten, dass eine Aktie nicht mehr als eine Stimme gewähren soll, jede Aktie also denselben Stimmwert haben soll.[460] In diesem Sinne wird der *one share, one vote*-Grundsatz mit dem Proportionalitätsprinzip gleichgesetzt.[461] In der AG, die klassischerweise als Kapitalsammelbecken fungiert, beteiligt sich jeder Aktionär durch seine Einlageleistung und erhält im Gegenzug Mitwirkungsrechte. Das einzige Unterscheidungsmerkmal zwischen den Aktionären ist die Höhe ihrer jeweiligen Beteiligung bzw. die Anzahl der gezeichneten Aktien. Jedem Aktionär steht es zumindest in der Theorie frei, die Höhe seines Mitspracherechts selbst zu bestimmen. Im Gegenzug ist er verpflichtet, eine entsprechende Einlage zu leisten und damit ein entsprechendes Risiko einzugehen. Dieser Gleichlauf zwischen Kapitalbeteiligung und Stimmengewicht ist das zentrale Element des *one share, one vote*-Grundsatzes. Er basiert auf dem Gedanken der Verteilungsgerechtigkeit, der sog. *iustitia distributiva*.[462] Dem allgemeinen Gerechtigkeitsgedanken entsprechend sollte derjenige, der das größte Kapitalrisiko trägt, auch derjenige sein, dem der größte Einfluss auf die Gesellschaft zusteht. Wirtschaftlich betrachtet gründet die Einflussmöglichkeit des einzelnen Aktionärs auf seiner Bereitstellung von Risikokapital, was verdeutlicht, dass das aufgebrachte Kapital und nicht etwa der Aktionär im Vordergrund steht. Der *one share, one vote*-Grundsatz und damit das proportionale Stimmrecht wird zudem mit der Bedeutung gleichgesetzt, dass der wirtschaftliche Einsatz im Verhältnis zu den mit der Gesellschaft verbundenen Risiken stehen muss.[463]

---

460 *Fischer zu Cramburg*, NZG 2007, 539.

461 *Röthlisberger*, Die Abschaffung von Stimmrechtsaktien (2000), S. 32 f.; *Burkhalter*, Einheitsaktie (2001), S. 25 f.; *Daeniker*, in: Tschäni (Hrsg.), Mergers & Acquisitions XV (2013), S. 145, 147; *Nobel*, SZW 2017, 576, 583; *Gehrer*, Statutarische Abwehrmassnahmen (2003), S. 149; *Bohrer/Kummer*, in: ZK, 2. Aufl. (2021), Art. 692 OR Rn. 1; *Böckli*, AktR, 5. Aufl. (2022), § 3 Rn.155, Fn. 488; *Tröger*, in: KK AktG, 2. Aufl. (2021), § 134 Rn. 19; *Raemy/Gabriel*, in: CHK, 2024, Art. 692 Rn. 1; *Wittig/Hummelmeier*, WM 2024, 332, 333; *Koch*, in: Koch AktG, 2025, § 12 Rn. 1; *Kalss*, ZHR 2023, 438, 441.

462 *Seibt*, ZGR 2010, 795, 816 f.

463 *Kalss/Nicolussi*, in: Fleischer/Koch/Schmolke (Hrsg.), Gesellschaftsrecht im Spiegel großer Debatten (2024), 431.

a) In der deutschen Rechtsordnung

Das Proportionalitätsprinzip findet im deutschen Aktienrecht seine Grundlage in §§ 12, 134 AktG. Gemäß § 12 S. 1 AktG gilt:

> *„Jede Aktie gewährt das Stimmrecht.“*

In § 134 AktG wird an diese Regelung angeknüpft. § 134 Abs. 1 S. 1 AktG bestimmt, dass das Stimmrecht nach Aktiennennbeträgen, bei Stückaktien nach deren Zahl, ausgeübt wird, sofern die Einlage vollständig erbracht wurde. Der Umfang des Stimmrechts richtet sich folglich nach dem Umfang der Beteiligung am Grundkapital. Der Anteil am Grundkapital wiederum bestimmt sich gemäß § 8 Abs. 4 AktG bei Nennbetragsaktien nach dem Verhältnis ihres Nennbetrags zum Grundkapital, bei Stückaktien nach der Zahl der Aktien. Nennbetragsaktien müssen gemäß § 8 Abs. 2 S. 1 AktG auf mindestens einen Euro und bei höheren Aktiennennbeträgen gemäß § 8 Abs. 2 S. 4 AktG stets auf volle Euro lauten. Der Umfang der Mitgliedschaftsrechte, die in der Aktie verkörpert sind, bemisst sich nach dem Verhältnis des Nennbetrags der einzelnen Aktie zum Betrag des Grundkapitals. Ist das Grundkapital ausschließlich in Aktien mit gleichen Nennbeträgen eingeteilt, so gewährt jede Nennbetragsaktie eine Stimme.[464] Hat die AG hingegen Aktien mit unterschiedlichen Nennbeträgen ausgegeben, ist der größte gemeinsame Divisor zu bilden,[465] auf den dann jeweils eine Stimme entfällt.[466] Es lässt sich abstrakt sagen: Gleiches Stimmrecht bei gleichem Nennbetrag.[467] Stückaktien lauten auf keinen Nennbetrag[468] und sind zwingend in gleichem Umfang am Grundkapital beteiligt,[469] sodass jede Stückaktie jeweils ein Stimmrecht verleiht. Der auf die einzelne Stückaktie entfallende anteilige Betrag des Grundkapitals darf einen Euro nicht unterschreiten (§ 8 Abs. 3 S. 3 AktG). Der Grundsatz war bis zum Jahr 2017 im Deutschen Corporate Governance Kodex verankert. Ziff. 2.1.2 regelte, dass

464 *Arnold*, in: MüKo AktG, 6. Aufl. (2024), § 134 Rn. 5; *Koch*, in: Koch AktG, 2025, § 134 Rn. 2.

465 S. *Grundmann*, in: GroßKomm AktG, 5. Aufl. (2019), § 134 Rn. 49.

466 Hat die AG Aktien mit einem Nennbetrag von 10 EUR, 12 EUR und 20 EUR ausgegeben, so ist 2 der größte gemeinsame Divisor; Aktien mit einem Nennbetrag von 10 EUR gewähren somit 5 Stimmrechte, mit einem Nennbetrag von 12 EUR 6 Stimmrechte und diejenigen mit einem Nennbetrag 20 EUR 10 Stimmrechte.

467 *Zöllner/Noack*, AG 1991, 117; ähnlich: *Anderson*, Stimmrechtsproportionalität (2016), S. 53.

468 § 8 Abs. 3 S. 1 AktG.

469 § 8 Abs. 3 S. 2 AktG.

jede Aktie grds. eine Stimme gewährt und Aktien mit Mehrstimmrechten oder Vorzugsstimmrechten (sog. Golden Shares) sowie Höchststimmrechte nicht bestehen.[470] Dem deutschen Aktienrecht liegt damit der Proportionalitätsgrundsatz zugrunde, der als „für das Stimmgewicht überragend wichtig" bezeichnet wird.[471]

Teile der Literatur sehen den *one share, one vote*-Grundsatz in § 12 AktG[472] bzw. konkret in Abs. 1 S. 1 AktG a.F. (§ 12 S. 1 AktG n.F.) angeordnet,[473] andere gehen davon aus, er fuße auf keiner gesetzlichen Grundlage.[474] *Bayer/Hoffmann* definieren *one share, one vote* als „Prinzip der Proportionalität von Kapitalbeteiligung und Kontrolle".[475] Ein ähnliches Verständnis dürfte *Mock/Mohamed* zugrunde liegen, die *one share, one vote* als Gegensatz zu Dual Class Strukturen sehen.[476] *Grundmann* resümiert die historische Entwicklung der wichtigsten gesetzgeberischen Entscheidungen in § 134 AktG seit dem ADHGB u.a. in der grds. Entscheidung für den Grundsatz *one share, one vote.*[477]

b) In der schweizerischen Rechtsordnung

Dem schweizerischen Aktienrecht liegt das System der Nennwertaktie zugrunde, bei dem die Statuten der Aktie einen bezifferten Anteil am Aktienkapital zuweisen. Gemäß Art. 622 Abs. 4 OR muss der Mindestnennwert größer als null sein. Der für das Stimmrecht maßgebliche Art. 692 OR lautet:

> *„Die Aktionäre üben ihr Stimmrecht in der Generalversammlung nach Verhältnis des gesamten Nennwerts der ihnen gehörenden Aktien aus.*
> *Jeder Aktionär hat, auch wenn er nur eine Aktie besitzt, zum mindesten eine Stimme. Doch können die Statuten die Stimmenzahl der Besitzer mehrerer Aktien beschränken."*

470 Vgl. die Fassungen des DCGK von 2002 bis 2017, abrufbar unter: https://www.dcgk.de/de/kodex/archiv.html (zuletzt geprüft am 29.12.2025).

471 So *Grundmann*, in: GroßKomm AktG, 5. Aufl. (2019), § 134 Rn. 17.

472 *Ziemons*, in: Schmidt/Lutter AktG, 5. Aufl. (2024), § 12 Rn. 1.

473 *Dauner-Lieb*, in: KK AktG, 3. Aufl. (2011), § 12 Rn. 14; *Mock*, in: GroßKomm AktG, 5. Aufl. (2017), § 12 Rn. 2.

474 So *Anderson*, Stimmrechtsproportionalität (2016), S. 114 f.

475 *Bayer/Hoffmann*, AG 2008, R464.

476 *Mock/Mohamed*, NZG 2022, 1275.

477 *Grundmann*, in: GroßKomm AktG, 5. Aufl. (2019), § 134 Rn. 13.

Das in Abs. 1 verankerte Real- bzw. Kapitalprinzip[478] verdeutlicht, dass sich das Stimmrecht proportional zum Umfang der Kapitalbeteiligung richtet. Dabei ist gemäß dispositivem Recht die Liberierungspflicht und nicht der tatsächlich liberierte Betrag maßgeblich.[479] Art. 692 Abs. 2 S. 1 OR besagt, dass jeder Aktionär, auch wenn er nur eine Aktie besitzt, zumindest eine Stimme hat. Dieses gesetzliche Mindeststimmrecht entsteht gemäß Art. 694 OR, sobald auf die Aktie der gesetzliche oder statuarisch festgesetzte Betrag voll eingezahlt ist. Es ist unentziehbar und der statuarischen Gestaltungsfreiheit entzogen.[480] Der Gedanke des Gleichlaufs von Entscheidungsmacht und wirtschaftlicher Beteiligung lässt sich zudem aus Ziff. 1 Abs. 3 des *Swiss Code of Best Practice for Corporate Governance* entnehmen, wonach institutionelle Anleger, Nominees und andere Intermediäre, die im eigenen Namen Aktionärsrechte ausüben, soweit möglich dafür sorgen sollen, dass die wirtschaftlich Berechtigten Einfluss auf die Ausübung der Aktionärsrechte nehmen können.

Der Bedeutungsgehalt von *one share, one vote* erschöpft sich auch im schweizerischen Aktienrecht in dem Proportionalitätsprinzip.[481] Im Gegensatz zum deutschen Aktienrecht gilt der Umkehrschluss, dass immer dann, wenn eine Aktie eine Stimme gewährt, auch eine proportionale Verteilung des Stimmrechts vorliegt, im schweizerischen Aktienrecht gerade nicht. Gemäß Art. 693 Abs. 1 OR können die Statuten

> *„das Stimmrecht unabhängig vom Nennwert nach der Zahl der jedem Aktionär gehörenden Aktien festsetzen, so dass auf jede Aktie eine Stimme entfällt.“*

Sofern die Gesellschaft Namensaktien mit unterschiedlichen Nennwerten ausgibt und die Statuten bestimmen, dass jede Aktie eine Stimme hat,

---

478 Vgl. BGE 95 II 555, 561; *Bohrer/Kummer*, in: ZK, 2. Aufl. (2021), Art. 692 OR Rn. 6, 42.

479 *Meier-Hayoz/Forstmoser*, GesR, 13. Aufl. (2023), S. 538; *Böckli*, AktR, 5. Aufl. (2022); *Bohrer/Kummer*, in: ZK, 2. Aufl. (2021), Art. 692 OR Rn. 41.

480 BGE 114 II 57, 61; 121 III 420, 428; *Bohrer/Kummer*, in: ZK, 2. Aufl. (2021), Art. 692 OR Rn. 47.; nach der Rechtsprechung des Bundesgerichts behält der Aktionär trotz der Herabsetzung des Nennwerts seiner Aktien auf Null auf jeden Fall eine Stimme, vgl. etwa BGE 86 II 78, 83.

481 *Burkhalter*, Einheitsaktie (2001), S. 25 f.; *Daeniker*, in: Tschäni (Hrsg.), Mergers & Acquisitions XV (2013), S. 145, 147; *Nobel*, SZW 2017, 576, 583; *Bohrer/Kummer*, in: ZK, 2. Aufl. (2021), Art. 692 OR Rn. 1; *Böckli*, AktR, 5. Aufl. (2022), § 3 Rn. 155 Fn. 488; *Gehrer*, Statutarische Abwehrmassnahmen (2003), S. 149; *Raemy/Gabriel*, in: CHK, 2024, Art. 692 Rn. 1; *Röthlisberger*, Die Abschaffung von Stimmrechtsaktien (2000), S. 32 f.

kommt den Inhabern der Aktien mit dem tieferen Nennwert, den sog. Stimmrechtsaktien, ein Stimmrechtsprivileg zu, da für die Berechnung der Stimmkraft nicht an die Höhe ihrer finanziellen Beteiligung, sondern an die Zahl der Aktien geknüpft wird.[482] Das veranschaulicht, dass die Gleichsetzung von *one share, one vote* mit dem Proportionalitätsprinzip nicht impliziert, dass eine proportionale Verteilung des Stimmrechts vorliegt, sobald eine Aktie eine Stimme gewährt. In diesem Sinne ist die Feststellung der Botschaft zur Änderung des Obligationenrechts vom 23. November 2016 zu verstehen, in der es heißt, dass

> *„das schweizerische Aktienrecht [...] grundsätzlich von einem Gleichlauf von Kapitaleinsatz und Stimmkraft aus[geht] (Art. 692 Abs. 1 OR); inhaltlich unpräzise wird dabei oft von „one share, one vote" gesprochen."*[483]

c) Zwischenfazit

Die vorstehenden Ausführungen zeigen, dass der *one share, one vote*-Grundsatz zu Recht mit dem Proportionalitätsprinzip gleichgesetzt wird. Ein erster rechtsvergleichender Blick in die Schweiz zeigt jedoch, dass eine vollständige Gleichsetzung gewisse Unschärfen birgt. Der *one share, one vote*-Grundsatz bedeutet eine proportionale Verteilung von Stimmkraft im Verhältnis zum Kapitaleinsatz. Aus ihm lässt sich jedoch nicht umgekehrt entnehmen, dass immer dann eine proportionale Verteilung des Stimmrechts vorliegt, wenn eine Aktie eine Stimme gewährt.

3. Definition in den ökonomischen Schriften

Die Hochrangige Gruppe von Gesellschaftsrechtsexperten hat in ihrem Bericht aus dem Jahr 2002 das Proportionalitätsprinzip wie folgt definiert:

> *"Proportionality between ultimate economic risk and control means that share capital which has an unlimited right to participate in the profits of*

482 Zu den Stimmrechtsaktien unter C.II.4.a).

483 Botschaft zur Änderung des Obligationenrechts (Aktienrecht) vom 23.11.2016, BBl 2017 399, S. 460.

the company or in the residue on liquidation, and only such share capital, should normally carry control rights, in proportion to the risk carried."[484]

Shearman & Sterling greifen diese Definition in ihrer Studie, die Teil des gleichnamigen Berichts der Europäischen Kommission ist, auf und setzen das so verstandene Proportionalitätsprinzip mit dem *one share, one vote*-Grundsatz gleich.[485] Dabei fällt auf, dass es nach ihrem Verständnis nicht um eine Proportionalität zwischen der durch die Mitgliedschaft vermittelten Stimmkraft und dem Kapitaleinsatz geht, sondern in einem weiteren Sinne um eine verhältnismäßige Aufteilung von Eigentum und Kontrolle. Dies zeigt sich daran, dass die Rechtsform der KGaA, Pyramidenstrukturen oder schuldrechtliche Gestaltungen als Abweichungen angesehen werden.[486] Soweit von der Trennung von Eigentum und Kontrolle die Rede ist, ist nicht notwendigerweise die Kontrolle durch den Aktionär aufgrund einer Blockposition gemeint. Darüber hinaus ist in anderen wirtschaftswissenschaftlichen Schriften von einer Trennung von Eigentum und Kontrolle die Rede, wenn es um das für die AG typische Auseinanderfallen von Eigentum und Geschäftsführung geht.[487] Kontrolle kann damit auch als Kontrolle in Form der Ausübung der Geschäftsführung verstanden werden.[488] Dies zeigt, dass dem ökonomischen Schrifttum ein weites Verständnis von *one share, one vote* zugrunde liegt, das über den Wortsinn und das proportionale Verhältnis von Stimmkraft und Kapitaleinsatz hinausgeht.

4. Als Ausdruck eines Gleichheitsgedankens?

Der *one share, one vote*-Grundsatz wird vereinzelt i.S.e. allgemeinen Gleichbehandlung verstanden.[489] Der Abbau von Stimmrechtsdifferenzierungen führe zu einer möglichst weitgehenden Gleichbehandlung der Aktionäre.[490]

484 Report of the High Level Group of Company Lax Experts on issues related to takeover bids (10.1.2002), S. 3.

485 Shearman & Sterling LLP, Proportionality between Ownership and Control in EU-Listed Companies (18.5.2007), S. 4.

486 ISS/Shearman & Sterling LLP/ECGI, Report on the Proportionality Principle in the European Union (18.5.2007), S. 7, 12.

487 So etwa *Berle/Means*, The Modern Corporation and Private Property (1932), 1 ff., 69 ff.; *Fama/Jensen*, Separation of Ownership and Control, The Journal of Law & Economics (1983), 301.

488 *Berle/Means*, The Modern Corporation and Private Property (1932), S. 84 ff.

489 *Vogt*, Aktionärsdemokratie (2012), S. 123.

490 *Feddersen*, FS Ulmer (2003), S. 106.

Der Gleichheitsgedanke spielt in gewisser Weise bei allen Abweichungen von dem Proportionalitätsprinzip eine Rolle, da den Aktionären bei gleicher Kapitalbeteiligung auch die gleiche Stimmkraft zukommen soll. Der Proportionalitätsgrundsatz beruht, wie soeben ausgeführt, auf dem Gedanken der Verteilungsgerechtigkeit. Es ist wichtig, den Aspekt der Stimmkraft zu betonen und den Gleichheitsgedanken darauf zu beschränken. Wie schon an anderer Stelle ausgeführt, ist die Ausübung des Stimmrechts nicht die einzige Möglichkeit der Aktionäre, Kontrolle in der AG auszuüben. Nicht jedes Kontrollinstrument, das nicht der Kapitalbeteiligung entspricht und damit den Gleichheitssatz berührt, durchbricht zugleich den *one share, one vote*-Grundsatz, was am Beispiel der Entsendungsrechte zu zeigen sein wird.[491] Der *one share, one vote*-Grundsatz kann in Bezug auf die Stimmkraft durchaus als Ausdruck eines Gleichheitsgedankens verstanden werden. Da der Anknüpfungspunkt für das Stimmrecht der Nennwert ist, muss jedem Aktionär bei gleichem Nennwert die gleiche Stimmkraft zukommen. Dieser Gleichheitsgedanke wird relativiert, wenn man bedenkt, dass der Nennwert der Aktie, an den das Stimmrecht anknüpft, nichts mit der Höhe des tatsächlichen Kapitaleinsatzes zu tun hat, den der Aktionär für den Erwerb seiner Aktie erbracht hat.[492] Das bedeutet, dass der *one share, one vote*-Grundsatz i.S.d. Proportionalität nicht bedeuten kann, dass jeder Aktionär die gleiche Stimmkraft erhält, wenn er tatsächlich den gleichen Geldbetrag investiert. Damit soll zum Ausdruck gebracht werden, dass die Aktionäre zwar Aktien mit gleichem Nennbetrag zeichnen können, dies aber nicht bedeutet, dass sie hierfür tatsächlich das gleiche Kapital aufbringen.

5. Als Ausdruck einer sog. „Aktionärsdemokratie"?

One share, one vote wird darüber hinaus als Ausfluss der sog. *Aktionärsdemokratie* angesehen und unter diesen Begriff gefasst.[493]

491 Dazu unter C.II.4.b).

492 *Zöllner/Noack*, AG 1991, 117, 129.

493 *Casper*, ZHR 187 (2023), 5, 17, 25; *Wolf*, Mehrstimmrechtsaktien (2023), S. 121.

a) Der Begriff der „Aktionärsdemokratie“

Reformbestrebungen, die das Stimmrecht oder die Aktionärsrechte betreffen, werden häufig mit dem Ziel verbunden, die *Aktionärsdemokratie* zu stärken.[494] Der Demokratiegedanke gelte als Gestaltungsprinzip der Unternehmensverfassung.[495] So führt *Klug* aus, dass die AG eine demokratische Struktur aufweise.[496] Der Begriff beschreibe das Idealbild einer Shareholder-orientierten AG[497] sowie einen Idealtypus der Machtverteilung.[498] Aufgrund der bestehenden strukturellen Parallelen zwischen politischem System und Unternehmensorganisation sei ein Seitenblick erkenntnisfördernd.[499] Als normatives Leitbild könne die Aktionärsdemokratie als theoretisches Grundmodell für die Ausgestaltung der AG herangezogen werden.[500] *Blumer* geht einen Schritt weiter und bezeichnet die AG als „kleinen Staat“.[501] Der Begriff der Aktionärsdemokratie wird in zwei Bestrebungen bemüht:[502] Einerseits geht es um die Kompetenzen, die der Haupt- bzw. Generalversammlung zukommen,[503] andererseits um die Ausübung und Abgabe von Stimmrechten,[504] also um die Mitwirkung der Aktionäre.[505] Hinsichtlich der Versammlungskompetenzen wird

494 Botschaft über die Revision des Aktienrechts vom 23.2.1983, BBl 1983 II 745, S. 838; *Forstmoser*, Stärkung der Aktionärsdemokratie – aber wie?, NZZ (29.7.2010), 26 f. ; *Drinhausen*, ZHR 186 (2022), 201 ff. - „Weiterer Reformbedarf im Aktienrecht – Mehr Aktionärsdemokratie wagen"; auf europäischer Ebene: Mitteilung der Kommission an den Rat und das Europäische Parlament - Modernisierung des Gesellschaftsrechts und Verbesserung der Corporate Governance in der Europäischen Union - Aktionsplan, KOM (2003), 284, S. 17.

495 *Bachmann*, AG 2001, 635, 639.

496 *Klug*, BB 1955, 234, 235.

497 *Renner*, AG 2015, 513, 520.

498 *Vogt*, Aktionärsdemokratie (2012), S. 4; *Ruffner*, Die ökonomischen Grundlagen eines Rechts der Publikumsgesellschaft (2000), S. 537 spricht vom „theoretischen Ideal".

499 So *Renner*, AG 2015, 513.

500 *Vogt*, Aktionärsdemokratie (2012), S. 5.

501 *Blumer*, Aktionärsdemokratie (2003), S. 19.

502 So differenzierend *Watter/Maizar*, FS Riemer (2007), S. 411.

503 *Vogt*, Aktionärsdemokratie (2012), S. 45 ff.

504 So etwa *Schmidt*, Gesellschaftsrecht 4. Aufl. (2002), S. 837.

505 *Böckli*, GesKR 2013, 179, 180; in diesem Sinne auch *Easterbrook/Fischel*, Voting in Corporate Law, The Journal of Law & Economics (1983), 395, S. 396.

„unter dem „Banner der Aktionärsdemokratie [...] vielerorts für größere Mitwirkungsbefugnisse der Anteilseigner geworben".[506]

Dies zeigt sich in jüngster Zeit der gesellschaftspolitischen Diskussion um eine Ausweitung der Hauptversammlungskompetenzen im Falle von ESG-Themen oder bei der Festsetzung der Vorstandsvergütung (sog. *„Say on Pay*").[507] Entsprechend hatte die große Aktienrechtsrevision in der Schweiz zum Ziel, die Aktionärsdemokratie durch erweiterte Zuständigkeiten zu verbessern und auszubauen.[508] Die Hauptversammlung wird in diesem Kontext als *„Sitz der Aktionärsdemokratie*"[509] oder als *„Parlament der Gesellschaft*"[510] bezeichnet. Daran anknüpfend wird die Stimmrechtsausübung als Verwirklichung demokratischer Vorstellungen und damit als Ausdruck von Aktionärsdemokratie verstanden.[511] Um der Forderung nach mehr Aktionärsdemokratie nachzukommen,[512] wurden im Rahmen der Aktienrechtsrevision u.a. die gesetzlichen Schwellenwerte gesenkt, um die Aktionärsrechte zu stärken.[513]

---

506 *Fleischer*, Konvergenzen und Divergenzen im deutschen, österreichischen und schweizerischen Gesellschafts- und Kapitalmarktrecht (2011), S. 81, 115.

507 Hierzu *Drinhausen*, ZHR 186 (2022), 201, 212, der explizit fordert, dass das deutsche Aktienrecht *„mehr Aktionärsdemokratie wagen*" solle.

508 *Vogt*, Aktionärsdemokratie (2012), S. 45.

509 *K. Schmidt*, Gesellschaftsrecht 4. Aufl. (2002), S. 837, der vom BVerfG in einem Beschluss vom 20.09.1999 – 1 BvR 636/95, NJW 2000, 349 (351) insoweit zitiert wird; gegen diese Redeweise *Noack*, 50 Jahre Aktiengesetz (2016), S. 163, 165.

510 *Blumer*, Aktionärsdemokratie (2003), S. 20; *Henn*, Handbuch des Aktienrechts 7. Aufl. (2002), Rn. 685.

511 Vgl. *Gerster*, Stimmrechtsaktie (1997), S. 3 m.w.N. und unter Verweis auf BGE 71 I 187 ff. Hierin heißt es: *„In einem demokratischen Rechtsstaat muss auch für das korporative Leben der Grundsatz der Gleichberechtigung und des Mehrheitsentscheides gelten, sofern nicht etwas anderes ausdrücklich bestimmt wird oder sich aus der besonderen Art der Korporation oder des Verhandlungsgegenstandes ergibt*"; *Hammen*, Der Konzern 2023, 289.

512 So *Watter/Maizar*, FS Riemer (2007), 423; *Vogt*, Aktionärsdemokratie (2012), S. 71 f.; *Forstmoser*, Stärkung der Aktionärsdemokratie – aber wie?, NZZ (29.7.2010), 26.

513 Vgl. Botschaft zur Änderung des Obligationenrechts (Aktienrecht und Rechnungslegungsrecht sowie Anpassungen im Recht der Kollektiv- und der Kommanditgesellschaft, im GmbH-Recht, Genossenschafts-, Handelsregister- sowie Firmenrecht) vom 21.12.2007, BBl 2008 1589, S. 1609 ff.

b) Bewertung

Mit dem Begriff der Aktionärsdemokratie wird staatsrechtliches Denken auf die AG übertragen. Ausgehend von seinem Wortsinn zeigt der Begriff seine erste Unschärfe. Staatliche Demokratie bedeutet, dass die Staatsgewalt von dem Volk ausgeht. Übertragen auf die AG müsste die Macht von der Gesamtheit der Aktionäre ausgehen.[514] Eine Verbindung zwischen der Aktionärsdemokratie und dem Thema dieser Arbeit kann allenfalls darin gesehen werden, dass der Aktionär ebenso wie der Staatsbürger die Möglichkeit hat, seine Stimme bei Wahlen fruchtbar zu machen, um an der Willensbildung teilnehmen zu können. Es geht darum, jedem die gleiche Einflussmöglichkeit bei der Stimmabgabe einzuräumen. Die Beteiligung des Volkes findet durch freie Wahlen statt, bei denen das Stimmrecht nach Köpfen - also „one man, one vote" - bestimmt wird. Jeder hat die gleiche Stimmkraft. In der AG hingegen wird das Stimmrecht nach der Anzahl der Aktien oder nach Aktiennennbeträgen ausgeübt. In der Literatur wird der Begriff der „Aktionärsplutokratie"[515] oder auch der „Kapitaldemokratie"[516] bevorzugt. Treffend ist allenfalls der Begriff der Kapitaldemokratie, weil er zum Ausdruck bringt, dass der Anknüpfungspunkt für das Stimmrecht der Anteil und nicht die Person des Anteilseigners ist. Um Stimmrechte zu erhalten, muss Kapital investiert werden. Das Stimmrecht in der AG ist käuflich.[517] Dies stellt einen entscheidenden Unterschied zur staatlichen Demokratie dar. Die AG ist ein rein kapitalistisches Unternehmen, das gegründet wurde, um möglichst viel Kapital von möglichst vielen Kapitalgebern einzusammeln. Anteile sind – im Gegensatz zur Staatsangehörigkeit – handelbar und können veräußert werden. Die grundlegende Ausrichtung der AG entspricht nicht der eines Staates. Im Ergebnis überwiegen diese strukturellen Unterschiede.[518] *Wiethölter* weist zu Recht auf die Gefahr hin, die mit dem Gebrauch des Begriffs der Aktionärsdemokratie einhergeht:

---

514 *Flore*, Mehr Aktionärsdemokratie wagen? (2010), S. 168.

515 *Watter/Maizar*, FS Riemer (2007), S. 413; zu der Begrifflichkeit *Wiethölter*, Interessen und Organisation der AG (1961), S. 131.

516 *Forstmoser*, Generalversammlung (1997), S. 85, 128; *Vogt*, Aktionärsdemokratie (2012), S. 123; *Forstmoser*, SJZ 104 (2008), 133, 141.

517 *Böckli*, GesKR 2013, 179, 180 m.w.N.

518 *Fleischer*, Konvergenzen und Divergenzen im deutschen, österreichischen und schweizerischen Gesellschafts- und Kapitalmarktrecht (2011), S. 81, 115; *Böckli*, GesKR 2013, 179 ff. stellt neun Punkte dar, in denen die Aktionäre vom Leitbild des demokratischen Staatsbürgers und die AG von demjenigen eines demokratischen Staates abweichen; *Burkart/Lee*, The One Share - One Vote Debate: A Theoretical

> *„In diesem Begriff mischen sich Halbwahrheiten mit willkürlichen Interpretationen, Polemik mit Interessenkampf. Das führt dazu, dass sich Freund und Feind auf ihn berufen und sich mit derselben Berufung wechselseitig widerlegen zu können glauben."*[519]

In seiner abschließenden These postuliert er, das Aktienrecht von dem staatsrechtlichen Denken zu befreien.[520] Ähnlich war auch der deutsche Gesetzgeber schon 1965 der Auffassung, dass ein Unternehmen kein Staat im Kleinen sei, der Vorstand keine Regierung und die Hauptversammlung kein Parlament.[521] Dem ist zuzustimmen. Das Proportionalitätsprinzip lässt sich nicht aus dem Demokratieprinzip ableiten, sondern allein aus dem mit der Beteiligung verbundenen Vermögensrisiko.[522] Analogien zum Staatsrecht sind nicht geeignet, aktienrechtliche Probleme zu lösen.[523] Dahinter steht allein das Bedürfnis nach einer verbesserten und umfassenden Mitwirkung der Aktionäre und einer effizienten Willensbildung. Die wichtigsten Entscheidungen sollen von der Hauptversammlung getroffen werden, und die Aktionäre sollen über wirksame Mittel verfügen, um ihre Rechte wahrzunehmen und aktiv zu sein. Die Übertragung demokratischer Prinzipien auf die AG sowie die Verwendung eines Schlagwortes bringen in diesem Kontext keinen Mehrwert.

6. Zwischenergebnis

Der Bedeutungsgehalt des *one share, one vote*-Grundsatzes erschöpft sich unstreitig im Proportionalitätsprinzip, welches dem deutschen wie schweizerischen Aktienrecht zugrunde liegt. Dem Wortlaut folgend sollte ein enges Verständnis zugrunde gelegt werden, welches sich auf die Verknüpfung von der aus der Mitgliedschaft folgenden Stimmkraft und der kapitalmäßigen Beteiligung beschränkt. Ein Verständnis i.S.e. Gleichheitssatzes kann sich nur auf diese Beziehung im engeren Sinne beziehen. Rein tatsächlich kann ein solcher Gleichheitssatz nicht streng verstanden werden, da der Nennwert nicht dem tatsächlich für die Aktie aufzubringenden Wert entspricht.

Perspective, ECGI Finance Working Paper N°. 176/2007 (Mai 2007), S. 37 die betonen, dass die Stimmrechte der Bürger weder proportional.

519 *Wiethölter*, Interessen und Organisation der AG (1961), S. 48.

520 *Ders.*, Interessen und Organisation der AG (1961), S. 48.

521 Begr. RegE, abgedr. bei *Kropff*, AktG (1965), S. 96.

522 *Mestmaecker*, Verwaltung, Konzerngewalt und Rechte der Aktionäre (1958), S. 11.

523 *Ders.*, Verwaltung, Konzerngewalt und Rechte der Aktionäre (1958), S. 11.

II. Abweichungen von dem one share, one vote-Grundsatz

Beide Rechtsordnungen stellen den Grundsatz auf, dass das Stimmgewicht proportional den Anteil am gezeichneten Kapital widerspiegelt. Um das Bild und die tatsächliche Bedeutung des so verstandenen *one share, one vote*-Grundsatzes vollständig zu erfassen, müssen die Abweichungsmöglichkeiten betrachtet werden. Diese können einen Aufschluss über eine bessere Begriffsbestimmung geben. Im Folgenden sollen die jeweiligen Abweichungsmöglichkeiten dargestellt werden. Es soll herausgearbeitet werden, wann ein Bedürfnis für die jeweilige Abweichung besteht und welche Ziele dabei verfolgt werden. Das dient der Vorbereitung der in Kapitel E. zu beantwortenden Frage, ob ein tatsächliches und rechtliches Bedürfnis für eine weitere Abweichungsmöglichkeit in Form der Wiedereinführung der Mehrstimmrechtsaktie besteht.

1. Vorbemerkung

Abweichungen von dem *one share, one vote*-Grundsatz führen zu einer Trennung von Stimmkraft und Kapitaleinsatz. Aber nicht nur Stimmkraft und Kapitaleinsatz, sondern sämtliche Gesellschafterrechte können disquotal ausgestaltet werden. Die Motive hierfür sind vielfältig. Dies kann beispielsweise zur Abgeltung von Mehrleistungen oder der besonderen Erfahrung eines Gesellschafters, zur differenzierten Gewinnausschüttung, als Instrument zur Beteiligung von Investoren, zur Sicherung des Familieneinflusses oder zur Einbindung passiver Familienmitglieder, als Alternative zum Vorbehaltsnießbrauch oder als Instrument der Nachfolgeplanung erfolgen.[524] Im Rahmen der vorliegenden Untersuchung soll nur auf die möglichen Abweichungen hinsichtlich des Stimmrechts eingegangen werden. Nicht behandelt werden gesetzlich angeordnete Stimmrechtsschran-

524 *Grever*, RNotZ 2019, 1, 2; zur disproportionalen Gewinn- und Stimmrechtsverteilung als Instrument für die Nachfolgeplanung *Schulz/Brunner/Werz*, BB 2005, 2 ff.; Zur Sicherung des Familieneinflusses in der börsennotierten AG *May*, Sicherung des Familieneinflusses (1992), S. 1 ff., insb. S. 199 ff.

ken und Stimmrechtsausschlüsse[525] oder das Ruhen des Stimmrechts,[526] da diese Fälle nur punktuell wirken und keine Gestaltungsalternative darstellen, welche die Aktionäre zur dauerhaften Stimmkraftverstärkung oder -begrenzung in der Satzung vorsehen können.

Die Frage der Zulässigkeit von Abweichungsmöglichkeiten ist maßgeblich von dem konzeptionellen Ausgangspunkt des jeweiligen Aktienrechts abhängig. Das deutsche Aktienrecht normiert in § 23 Abs. 5 AktG das Prinzip der Satzungsstrenge.[527] Die aktienrechtlichen Vorschriften werden für zwingend erklärt, soweit das Gesetz nicht ausdrücklich eine Ausnahme zulässt oder es sich um eine nicht abschließende Regelung handelt. Den Beteiligten verbleibt nur ein geringer Gestaltungsspielraum, insbesondere im Hinblick auf Stimmrechtsgestaltungen. Die attestierten Vorteile einer solchen Satzungsstrenge werden darin gesehen, dass langwierige Diskussionen über die Organisationsverfassung vermieden werden.[528] Sie dient der Standardisierung der Aktie als Anlagepapier und damit der Sicherstellung ihrer freien Handelbarkeit, da sich jeder Aktionär darauf verlassen kann, dass die Satzung keine ungewöhnlichen Bestimmungen enthält.

In der schweizerischen Rechtsordnung stellt sich die Ausgangssituation anders dar. Der liberale Ansatz des geltenden Rechts[529] und die Gestaltungsfreiheit werden stark gewichtet,[530] insbesondere in Bezug auf das Verhältnis von Stimmkraft und Kapitalbeteiligung.[531] Der Grundsatz der kapitalmäßigen Bemessung des Stimmrechts ist damit nicht zwingend, son-

525 Art. 695 OR (Stimmrechtsausschluss der an der Geschäftsführung beteiligten Aktionäre beim Déchargebeschluss); § 328 Abs. 1 AktG (bei einer wechselseitigen Beteiligung können Stimmrechte am anderen Unternehmen nur i.H.v. 25% ausgeübt werden). Zu einer Suspendierung des Stimmrechts als Sanktion für die Nichterfüllung etwaiger Meldepflichten kommt es in den Fällen des Art. 697m Abs. 1 OR, Art. 135 Abs. 5 lit. a FinfraG; in Deutschland ist ein entsprechender Stimmrechtsausschluss in § 20 Abs. 7 S. 1 AktG, § 44 Abs. 1 WpHG oder § 59 S. 1 WpÜG geregelt.

526 Aus eigenen Aktien § 71b AktG, Art. 659a, b OR.

527 § 23 Abs. 5 AktG lautet: „*Die Satzung kann von den Vorschriften dieses Gesetzes nur abweichen, wenn es ausdrücklich zugelassen ist. Ergänzende Bestimmungen der Satzung sind zulässig, es sei denn, dass dieses Gesetz eine abschließende Regelung enthält.*"

528 *Fleischer/Mock*, NZG 2020, 161, 165.

529 Botschaft zur Änderung des Obligationenrechts (Aktienrecht) vom 23.11.2016, BBl 2017 399, S. 539; Stellungnahme des Bundesrates v. 19.8.2015 zum Postulat Minder (1.6.2015), abrufbar unter https://www.parlament.ch/de/ratsbetrieb/suche-curia-vista/geschaeft?AffairId=20153504 (zuletzt geprüft am 29.12.2025).

530 *Böckli*, Schweizer Aktienrecht 4. Aufl. (2009), § 4 Rn. 154.

531 *Bohrer/Kummer*, in: ZK, 2. Aufl. (2021), Art. 692 OR Rn. 8; *Hofstetter*, Corporate Governance in der Schweiz (2002), S. 24.

dern kann durch statutarische Anordnung verschiedene, im Folgenden zu behandelnde Ausnahmen erfahren.

2. Ausschluss des Stimmrechts

Der vollständige Ausschluss des Stimmrechts stellt die gravierendste Abweichung dar. Da das Stimmrecht von Anfang an ausgeschlossen ist, vertritt *Tröger* die Auffassung, dass der Proportionalitätsgrundsatz unberührt bleibe.[532] *One share, one vote* besagt aber nicht nur, dass die Stimmkraft proportional zum Kapitaleinsatz ausgestaltet werden soll, sondern schon auf vorheriger Stufe, dass die Aktie ein Stimmrecht zu gewähren hat.

a) Deutschland: Die stimmrechtslose Vorzugsaktie, §§ 12 S. 2 Alt. 2, 139 ff. AktG

Die erste Ausnahme von dem Proportionalitätsprinzip ist in § 12 S. 2 Alt. 2 AktG geregelt, welcher festlegt, dass Vorzugsaktien als Aktien ohne Stimmrecht ausgegeben werden können.[533] Es handelt sich hierbei um eine eigene Aktiengattung i.S.d. § 11 S. 1 AktG, bei der das Fehlen des Stimmrechts mit einem Vorzug bei der Gewinnverteilung kompensiert wird. Der Gewinnvorzug kann gemäß § 139 Abs. 1 S. 2 AktG als Vorabdividende oder als Mehrdividende bestehen.[534] Gemäß § 140 Abs. 2 AktG lebt das Stimmrecht auf, sobald der Vorzug nicht geleistet wird und erlischt wieder, sobald

532 *Tröger*, in: KK AktG, 2. Aufl. (2021), § 134 Rn. 73; a.A. *Volkmann/Thoma*, RFamU 2023, 443, 444.

533 Zur Verfassungsmäßigkeit des Stimmrechtsausschlusses BVerfG, Urt. v. 28.8.2007, 1 BvR 861/06, AG 2007, 821. Eine Ausnahme von der grds. Möglichkeit des Stimmrechtsausschlusses gilt gemäß § 5 Abs. 1 S. 1 REITG für die Immobilien-AG mit börsennotierten Anteilen; ein weiterer Fall der stimmrechtslosen Aktie gilt im Sonderfall des § 109 Abs. 3 S. 2 KAGB, wonach dem Anlegeraktionär einer Investment-AG mit veränderlichem Kapital grds. kein Stimmrecht zusteht, sofern die Satzung es nicht ausdrücklich vorsieht.

534 Bei der Mehrdividende müssen Vorzugsaktionäre bei jeder Gewinnausschüttung eine höhere Dividende als Stammaktionäre erhalten, bei der Vorabdividende ist der ausgeschüttete Bilanzgewinn in bestimmtem Umfang vorrangig an die Vorzugsaktionäre auszukehren. Bis zur Aktienrechtsnovelle 2016 mussten Vorzugsaktien noch notwendig *„mit einem nachzuzahlenden Vorzug bei der Verteilung des Gewinnes"* ausgestattet sein, vgl. hierzu *Bezzenberger/Bezzenberger*, in: GroßKomm AktG, 5. Aufl. (2019), § 139 Rn. 35 ff.; *Koch*, in: Koch AktG, 2025, § 139 Rn. 5 ff.

die Rückstände gezahlt werden. Die Vorzugsaktie gewährt mit Ausnahme des Stimmrechts die jedem Aktionär zustehenden Mitgliedschaftsrechte, § 140 Abs. 1 AktG. Ein Teilausschluss des Stimmrechts wurde vor dem Inkrafttreten des ZuFinG als nicht möglich erachtet,[535] da andernfalls ein bis dahin unzulässiges, verdecktes Mehrstimmrecht entstehen würde. Um ein zu großes Auseinanderfallen von Stimmrecht und Kapitalbeteiligung zu vermeiden, ist gemäß § 139 Abs. 2 AktG die Ausgabe von Vorzugsaktien auf maximal die Hälfte des Grundkapitals beschränkt.[536] Somit genügt schon eine Kapitalbeteiligung von 25 % plus eine Aktie, um die einfache, und 37,5 % plus eine Aktie, um die qualifizierte Stimmenmehrheit[537] zu erhalten.

aa) Funktion und Vorteile

Vorzugsaktien werden ausgegeben, um die Eigenkapitalfinanzierung zu fördern.[538] Sie ermöglichen es, einen bestehenden Finanzbedarf zu decken, ohne dass die Stammaktionäre ihre Stimmenmehrheit und damit ihren unternehmerischen Einfluss verlieren. Aufgrund ihrer Wirkung werden sie vereinzelt als Nachfolgerin der Mehrstimmrechtsaktie bezeichnet.[539] Für die Gesellschaft ist die Eigenfinanzierung vorteilhaft, da Vorzugsaktien nur aus dem Bilanzgewinn bedient werden dürfen und im Gegensatz zur Aufnahme von Fremdkapital keine zusätzliche Belastung durch Zinsen entsteht.[540] Die Zeichnung von Vorzugsaktien ist besonders für Kleinanleger attraktiv, die primär an Rendite und Substanzzuwachs interessiert sind.[541] Für sie spielt das Stimmrecht eine untergeordnete Rolle. Aufgrund der geringen Kapitalsummen und der entsprechend geringen Stimmkraft ver-

535 So die herrschende Meinung, vgl. etwa *Koch*, in: Koch AktG, 2025, § 139 Rn. 17; *Wang*, Vorzugsaktie (2016), S. 265 f.; *Arnold*, in: MüKo AktG, 6. Aufl. (2024), § 139 Rn. 8; *Ziemons*, in: Schmidt/Lutter AktG, 5. Aufl. (2024), § 12 Rn. 11; a.A. *Bormann*, in: BeckOGK AktG, § 139 Rn. 40, da nicht ersichtlich sei, weshalb das Stimmrecht ganz ausgeschlossen, nicht aber die Stimmkraft herabgesetzt werden könne.

536 Amtliche Begründung zu §§ 115-117, abgedr. in *Klausing*, AktG (1937), S. 104.

537 Vorzugsaktien werden bei (Kapital-)Mehrheitsentscheiden nicht berücksichtigt, was sich aus einem Umkehrschluss aus § 140 Abs. 2 S. 3 AktG ergibt.

538 *Depenbrock*, Vorzugsaktien (1975), S. 212 ff.

539 *Bezzenberger*, Vorzugsaktien (1991), S. 90.

540 *Koch*, in: Koch AktG, 2025, § 139 Rn. 2; zu den Vorteilen gegenüber Fremdfinanzierung s. *Daske*, Vorzugsaktien (2018), S. 217 ff.

541 Vgl. Begr. RegE, abgedr. bei *Kropff*, AktG (1965), S. 203; *Koch*, in: Koch AktG, 2025, § 139 Rn. 2; *Arnold*, in: MüKo AktG, 6. Aufl. (2024), § 139 Rn. 2.

fügen private Anleger ohnehin über keinen nennenswerten Einfluss. Daher verliert das Stimmrecht für sie zunehmend an Bedeutung. Gemäß einer Studie des Aktieninstituts aus dem Jahr 2019 haben 48 % der befragten Anleger ihr Stimmrecht in den letzten zwei Jahren weder selbst noch durch einen Bevollmächtigten ausgeübt.[542] Die Bereitschaft von Privatanlegern, stimmrechtslose Aktien zu erwerben, ist hingegen gestiegen und lag bei 66 %.[543]

Die Bündelung von Stimmrechten kann positive Effekte haben, da sie die Gefahr einer Übernahme begrenzt[544] und dazu führen kann, dass das Stimmrecht von denjenigen ausgeübt wird, die über die notwendige Sachkunde verfügen. Gleichzeitig kann gerade hierin aber auch eine nachteilige Wirkung gesehen werden, wenn der Mehrheitsaktionär persönliche Interessen gegen das Wohl der Gesellschaft oder der Minderheitsaktionäre verfolgt. Diese Zwecke machen die Vorzugsaktie v.a. für Familienunternehmen oder Unternehmen mit anderen dominierenden Gesellschaftern attraktiv, insbesondere wenn diese einen Börsengang planen.[545] Ein prominentes Beispiel ist die Porsche Automobil Holding SE, die im Herbst 2022 mit stimmrechtslosen Vorzugsaktien an die Börse ging.[546] Mit einer Kapitalbeteiligung von 31,9 % ist es ihr möglich, die Volkswagen AG zu kontrollieren, an der sie 53,3 % der Stimmen und damit die Stimmenmehrheit hält.[547]

bb) Auswirkung auf den Markt

Von den 660 börsennotierten Unternehmen in Deutschland verfügten im Juni 2024 insgesamt 27 Unternehmen und damit rund 4,09 % über gelistete Vorzugsaktien. Zu diesen Unternehmen zählen die vier DAX Unternehmen Sartorius AG, Volkswagen AG, Porsche AG und Henkel AG & Co.

---

542 *Pellens/Ahlich/Schmidt*, Verhalten und Präferenzen deutscher Aktionäre 2018 (Juli 2019), S. 71.

543 *Dies.*, Verhalten und Präferenzen deutscher Aktionäre 2018 (Juli 2019), S. 73.

544 *Koch*, in: Koch AktG, 2025, § 139 Rn. 2; *Arnold*, in: MüKo AktG, 6. Aufl. (2024), § 139 Rn. 4; *Daske*, Vorzugsaktien (2018), S. 208 f.

545 *Arnold*, in: MüKo AktG, 6. Aufl. (2024), § 139 Rn. 4; *Fleischer/Maas*, DB 2021, 37, 44.

546 https://www.porsche-se.com/investor-relations/aktie (zuletzt geprüft am: 24.8.2024); *Mohr*, Porsche SE kauft für 7 Milliarden Euro Porsche-Aktien, FAZ v. 4.10.2022.

547 Stand 31.12.2022, vgl. https://www.volkswagen-group.com/de/aktionaersstruktur-15951 (zuletzt geprüft am: 24.8.2024).

KGaA.[548] Dabei fällt auf, dass sich die stimmberechtigten Aktien dieser Unternehmen nicht im Streubesitz, sondern mehrheitlich in Familienbesitz befinden.[549]

Empirische Studien legen nahe, dass Vorzugsaktien mit einem Kursabschlag gehandelt werden.[550] Daraus lässt sich ableiten, dass der Markt auf unterschiedliche Ausgestaltungen und die Durchbrechung der Proportionalität entsprechend reagiert und reagieren kann. Zudem hängt die Akzeptanz am Kapitalmarkt maßgeblich von dem Geschäftsmodell ab und nicht allein von der jeweiligen Struktur.[551] Aus dem Umstand, dass Stammaktien in der Regel einen höheren Marktwert haben, wird geschlussfolgert, dass der Markt den vermögensrechtlichen Vorzug nicht als gleichwertigen Ersatz

548 Von den 27 Unternehmen waren 8 im Freiverkehr und die restlichen 19 im regulierten Markt gelistet. Von den im regulierten Markt gelisteten Unternehmen firmierten 12 in der Rechtsform der AG, 3 der SE und jeweils zwei in den Rechtsformen der AG & Co. KGaA und der SE & Co. KGaA, vgl. https://www.boerse-frankfurt.de/aktien/suche?COUNTRIES%20=DE&TYPE=1003&ORDER_BY=TURNOVER&ORDER_DIRECTION=DESC (zuletzt geprüft am 24.8.2024). Zur rechtstatsächlichen Entwicklung der Börsengänge mit Vorzugsaktien von 1980 bis 2016 s. *Wang*, Vorzugsaktie (2016), S. 168 ff.; zur Anzahl börsennotierter deutscher Vorzugsaktien von 1938-2017 *Daske*, Vorzugsaktien (2018), S. 193 ff.

549 55 % der Stammaktien der Sartorius AG befinden sich im Familienbesitz, die von einem Testamentsvollstrecker verwaltet werden (https://www.sartorius.com/en/company-de/investor-relations-de/sartorius-ag-investor-relations-de/shares-de#id-1377254). Die Familie Henkel hält mittels Aktienbindungsvertrag 61,82 % der Stammaktien (https://www.henkel.de/investoren-und-analysten/aktien). Die Stammaktien der Porsche AG werden mittelbar von der VW AG und der Porsche SE gehalten (https://investorrelations.porsche.com/de/aktie/). Die Stammaktien der Porsche SE werden wiederum mittelbar ausschließlich von den Familien Porsche und Piëch gehalten. Der Porsche Automobil Holding SE gelingt es ihrerseits bei einer Kapitalbeteiligung von nur 31,9 % die Volkswagen AG zu kontrollieren, da ihr 53,3 % der Stimmen und damit die Stimmenmehrheit zukommt (https://www.volkswagen-group.com/de/aktionaersstruktur-15951). (jeweils zuletzt geprüft am 24.8.2024).

550 *Pellens/Hillebrandt*, AG 2001, 57, 58 zur Begründung des Kursunterschiedes S. 62 ff.; für den Zeitraum 1956 bis 1998: *Daske/Ehrhardt*, Kursunterschiede und Renditen deutscher Stamm- und Vorzugsaktien (2002), abrufbar unter: https://www.econstor.eu/handle/10419/65353 (zuletzt geprüft am 24.8.2024); *Feddersen*, FS Ulmer (2003), 108 f.; zu ihren möglichen Gründen s. *Bezzenberger/Bezzenberger*, in: GroßKomm AktG, 5. Aufl. (2019), § 139 Rn. 27 ff.; umfassend *Daske*, Vorzugsaktien (2018), S. 287 ff.; *Vogl-Mühlhaus*, Mehrfachstimmrechtsaktien (1998), S. 30 ff.

551 So im Zusammenhang der Vor- und Nachteile der KGaA *Herfs*, MHdB GesR IV, 5. Aufl. (2020), § 76 Rn.9; ähnlich in der Neuauflage *Hoffmann-Becking*, MHdB GesR IV, 6. Aufl. (2024), § 72 Rn. 6 f.

für das Stimmrecht ansieht.[552] Insgesamt sei in tatsächlicher Hinsicht der Vorzug im Vergleich zu den Stammaktien so gering, dass kein richtiger Mehrwert für Vorzugsaktionäre bestehe,[553] die Stimmrechtslosigkeit also tatsächlich nicht kompensiert werde.

Die Ausgabe von Vorzugsaktien kann für die börsennotierte Gesellschaft aber auch nachteilig sein, da die Emission solcher Aktien die Aufnahme in einen Index erschwert.[554] Bei der Entscheidung, ob eine AG in einen Aktienindex aufgenommen wird, berücksichtigt die Deutsche Börse AG nur die stärker gehandelte Aktiengattung.[555] Jede Aktiengattung wird wie eine eigene Gesellschaft behandelt.[556] Das kann zur Konsequenz haben, dass ein Unternehmen im Index nicht berücksichtigt wird, obwohl die Aktiengattungen gemeinsam die Anforderungen an die Aufnahme erfüllen würden.[557] Die gegen die Vorzugsaktien vorgebrachten Nachteile umfassen neben dieser Indexproblematik und der niedrigeren Kursbewertung die mit ihnen verbundenen höheren Finanzierungskosten sowie die Risiken, die insgesamt bei einer Entkoppelung von Kapitalbeteiligung und Stimmrecht eintreten können.[558]

b) Schweiz: Der Partizipationsschein, Art. 656a ff. OR

In der Schweiz sind Aktien ohne Stimmrecht gemäß Art. 692 Abs. 2 S. 1 OR nicht zulässig. Mit den in Art. 656a bis Art. 656g OR normierten Partizipationsscheinen wurde jedoch ein Instrument geschaffen, welches den Aktien weitgehend gleichgestellt ist, vgl. Art. 656a Abs. 2 OR. In wirtschaftlicher Hinsicht kann der Partizipationsschein als eine Art stimmrechtslose Aktie

552 *Bezzenberger/Bezzenberger*, in: GroßKomm AktG, 5. Aufl. (2019), § 139 Rn. 39.

553 *Bezzenberger*, ZHR 183 (2019), 521, 527 ff., insb. 530.

554 *Arnold*, in: MüKo AktG, 6. Aufl. (2024), § 139 Rn. 5; *Bezzenberger/Bezzenberger*, in: GroßKomm AktG, 5. Aufl. (2019), § 139 Rn. 26; *Pellens/Hillebrandt*, AG 2001, 57, 67; *Koch*, in: Koch AktG, 2025, § 139 Rn. 3.

555 Vgl. Ziff. 4.1.1.2 des Guide to the DAX Equity Indices - Formerly known as Guide to the Equity Indices of Deutsche Börse AG (Version 11.3./ August 2022), S. 30.

556 *Pellens/Hillebrandt*, AG 2001, 57, 67.

557 *Feddersen*, FS Ulmer (2003), 109 f.; *Bezzenberger/Bezzenberger*, in: GroßKomm AktG, 5. Aufl. (2019), § 139 Rn. 26.

558 *Koch*, in: Koch AktG, 2025, § 139 Rn. 3; *Arnold*, in: MüKo AktG, 6. Aufl. (2024), § 139 Rn. 6.

bezeichnet werden,[559] wobei diese Bezeichnung juristisch ungenau ist. Statt Aktionären das Stimmrecht zu entziehen, kann die AG neben dem Aktienkapital ein Partizipationskapital vorsehen, das in Partizipationsscheine zerlegt ist, Art. 656a Abs. 1 OR. Die Partizipationsscheine stellen eine vermögenswerte Beteiligung an der AG dar und werden gegen Einlage zu einem bestimmten Nennwert ausgegeben. Mit Ausnahme des Stimmrechts und, soweit die Statuten nichts anderes bestimmen, der mit diesem zusammenhängenden Rechten, werden ihnen alle Aktionärsrechte gewährt, Art. 656c Abs. 1, Abs. 2 OR. Der Partizipant wird damit nur vermögensmäßig dem Aktionär gleichgestellt. *Böckli* bezeichnet die Partizipationsscheine daher als *„hybrides Konstrukt Kapitalbeschaffungs-Genussschein"*.[560] Ein finanzieller Ausgleich für das fehlende Stimmrecht ist nicht vorgesehen. Die Partizipanten dürfen bei der Verteilung des Bilanzgewinnes, des Liquidationsergebnisses sowie beim Bezugsrecht nicht schlechter gestellt werden als die Aktionäre.[561] Bei Bestehen mehrerer Aktienkategorien müssen die Partizipationsscheine zumindest der Kategorie gleichgestellt werden, die am wenigsten bevorzugt ist.[562]

Im Rahmen der Aktienrechtsrevision 2020 wurde der Partizipationsschein nur punktuell behandelt. Ursprünglich sollte die Begrenzung gemäß Art. 656b Abs. 1 OR, wonach das Partizipationskapital nicht mehr als das Doppelte des Aktienkapitals betragen durfte, für die börsenkotierte AG ersatzlos gestrichen werden. Dadurch sollte den Gesellschaften ein größerer Spielraum bei der Gestaltung ihrer Kapitalstruktur ermöglicht werden.[563] Die Differenzierung wird damit begründet, dass Partizipanten einer notierten AG ihre Partizipationsscheine jederzeit frei an der Börse verkaufen könnten, sobald sie mit der Geschäftsleitung nicht einverstanden sind. Bei

559 So etwa *Bauer*, Partizipationsscheine (1976), S. 17; *Druey/Druey-Just/Glanzmann*, Gesellschafts- und Handelsrecht (2021), § 10 Rn. 5; *Rampini/Rigozzi*, in: BSK OR II, 6. Aufl. (2024), Art. 656a OR Rn. 1.

560 *Böckli*, AktR, 5. Aufl. (2022), § 3 Rn. 223.

561 Der Gesetzgeber spricht vom Grundsatz der vermögensrechtlichen Mindestgleichstellung, wonach Aktionäre und Partizipanten eine Schicksalsgemeinschaft bilden, vgl. Botschaft über die Revision des Aktienrechts vom 23.2.1983, BBl 1983 II 745, S. 803.

562 Art. 656f Abs. 1 und 2 OR.

563 Begleitbericht zum Vorentwurf zur Revision des Aktien- und Rechnungslegungsrechts im Obligationenrecht vom 2. Dezember 2005, 28; Botschaft zur Änderung des Obligationenrechts (Aktienrecht) vom 23.11.2016, BBl 2017 399, S. 518.

einer nicht börsenkotierten AG bestehe diese Möglichkeit nicht.[564] Die vollständige Abschaffung wurde in der Literatur begrüßt.[565] *Bahar/Peyer* entgegneten dem Einwand, es entstünden zu große Missverhältnisse zum *one share one vote*-Prinzip damit, dass die Gesellschaft andernfalls nachrangige Darlehen aufnehmen müsste, bei denen wesentlich weniger Mitwirkungsrechte als beim Partizipationsschein bestehen würden.[566] Für die börsenkotierte AG sieht Art. 656b Abs. 1 S. 1 OR nun vor, dass der Anteil des Partizipationskapitals das Zehnfache des im Handelsregister eingetragenen Aktienkapitals nicht übersteigen darf. Für nichtnotierte Gesellschaften gilt nach S. 2 weiterhin, dass das Partizipationskapital das Doppelte des eingetragenen Aktienkapitals nicht übersteigen darf.

Der Stimmrechtsausschluss ist zwingend.[567] Der Partizipationsschein gilt als Abweichung von dem Prinzip des Gleichlaufs von Kapitaleinsatz und Stimmkraft[568] und somit von *one share, one vote*.[569] Da sie wirtschaftlich wie stimmrechtslose Aktien behandelt werden, liegt eine Form der Stimmrechtsdifferenzierung vor.[570]

aa) Verfolgter Zweck und Vorteile

Der Partizipationsschein ermöglicht eine Eigenfinanzierung, ohne dass die bestehenden Aktionäre durch die Ausgabe neuer Aktien ihr Mitbestimmungsrecht verlieren.[571] Dies führt zu einer Konzentration der Stimm-

---

564 Botschaft zur Änderung des Obligationenrechts (Aktienrecht) vom 23.11.2016, BBl 2017 399, S. 518; *von der Crone*, Aktienrecht (2020), Rn. 458.

565 *Bahar/Peyer*, in: ZK, 2. Aufl. (2016), Art. 656b Rn. 8; *von der Crone/Plaksen*, The Value of Dual-Class Shares in Switzerland (2010), S. 104.

566 *Bahar/Peyer*, in: ZK, 2. Aufl. (2016), Art. 656b Rn. 8.

567 *Dies.*, in: ZK, 2. Aufl. (2016), Art. 656c Rn. 2, 5.

568 Botschaft zur Änderung des Obligationenrechts (Aktienrecht) vom 23.11.2016, BBl 2017 399, S. 460; *Hohler/Dürr*, in: CHK, 2024, Art. 656a Rn. 3.

569 *Von der Crone/Reiser/Plaksen*, SZW 2010, 93, 103; *Daeniker*, in: Tschäni (Hrsg.), Mergers & Acquisitions XV (2013), S. 145, 159; *Böckli*, AktR, 5. Aufl. (2022), § 3 Rn. 224.

570 *Von der Crone/Plaksen*, The Value of Dual-Class Shares in Switzerland (2010), S. 104; *Rampini/Rigozzi*, in: BSK OR II, 6. Aufl. (2024), Art. 656a OR Rn. 1.

571 *Bauer*, Partizipationsscheine (1976), S. 62 ff.; *Hoffmann*, Der Partizipationsschein (1976), S. 106 ff.; *Böckli*, AktR, 5. Aufl. (2022), § 3 Rn. 220; *Wohlmann*, SZW 63 (1991), 169, 172; *von der Crone*, Aktienrecht (2020), Rn. 452; *Rampini/Rigozzi*, in: BSK OR II, 6. Aufl. (2024), Art. 656a OR Rn. 1.

macht.[572] Sie nehmen eine Mezzaninstellung zwischen Stammaktien und Fremdfinanzierungsmitteln ein.[573] Im Gegensatz zu den Fremdfinanzierungsmitteln sind sie vorteilhaft, da keine Rückzahlungs- und Zinsverpflichtungen entstehen. Des Weiteren können sie zur Beteiligung von Mitarbeitern am Unternehmensgewinn und -zuwachs sowie zur Nachfolgeplanung in Familiengesellschaften eingesetzt werden,[574] etwa dann, wenn allen zukünftigen Erben zwar die gleichen Vermögensbeteiligungsrechte am Unternehmen zugewandt werden sollen, jedoch nur Einzelne von ihnen an der Unternehmensleitung teilhaben sollen.

bb) Auswirkung auf den Markt

Der Partizipationsschein erfreute sich insbesondere in den 70er und 80er Jahren großer Beliebtheit.[575] *Bauer* stellte 1976 fest, dass er vorwiegend von Gesellschaften mit einem oder mehreren beherrschenden Großaktionären, insbesondere Familiengesellschaften, genutzt wurde.[576] In den 80er Jahren hatte jede vierte an der Zürcher Börse kotierte AG Partizipationsscheine ausgegeben.[577] Im Jahr 2013 sprach *Daeniker* noch von einer großen Nachfrage nach Partizipationsscheinen am Kapitalmarkt.[578] Während der Partizipationsschein aktuell für die nicht notierte AG eine Rolle spielt, sinkt deren Bedeutung für die notierte AG.[579] Im Jahr 2014 nutzten rund 4 % der schweizerischen Publikumsgesellschaften Partizipationsscheine.[580] Im Jahr 2020 hatten sechs Gesellschaften Partizipationsscheine an der SIX Swiss Exchange kotiert.[581] Im Juni 2024 waren es nur noch zwei Gesellschaften,

572 *Bohrer/Kummer*, in: ZK, 2. Aufl. (2021), Art. 692 OR Rn. 15.

573 *Bahar/Peyer*, in: ZK, 2. Aufl. (2016), Art. 656b Rn. 8.

574 Botschaft über die Revision des Aktienrechts vom 23.2.1983, BBl 1983 II 745, S. 799 f.; *Bauer*, Partizipationsscheine (1976), S. 112 f., 131 ff.; *Böckli/Huguenin/Dessemontet*, Expertenbericht (30.09.2003), S. 151; *Wohlmann*, SZW 63 (1991), 169, 172; *Böckli*, AktR, 5. Aufl. (2022), § 3 Rn. 227.

575 *Bahar/Peyer*, in: ZK, 2. Aufl. (2016), Art. 656a Rn. 2.

576 *Bauer*, Partizipationsscheine (1976), S. 62 ff., 152.

577 *Bühler*, Schweizer Treuhänder (1985), S. 209, S. 209.

578 *Daeniker*, in: Tschäni (Hrsg.), Mergers & Acquisitions XV (2013), S. 145, 159 unter Verweis auf die Untersuchung von von der Crone/Reiser/Plaksen S.16.

579 *Bahar/Peyer*, in: ZK, 2. Aufl. (2016), Art. 656a Rn. 4; *Böckli*, AktR, 5. Aufl. (2022), § 3 Rn. 226.

580 *Bahar/Peyer*, in: ZK, 2. Aufl. (2016), Art. 656a Rn. 3.

581 *Druey/Druey-Just/Glanzmann*, Gesellschafts- und Handelsrecht (2021), § 10 Rn. 16.

nämlich die Chocoladefabriken Lindt & Sprüngli AG[582] und die Schindler Holding AG.[583]

Auch Partizipationsscheine sollen am Markt mit einem Abschlag bewertet werden.[584] Die simultane Kotierung zweier Eigenkapitalklassen wirke sich negativ auf die Liquidität und die kapitaltechnische Bewegungsfreiheit aus.[585] *Daeniker* hingegen merkt an, dass das fehlende Stimmrecht für viele Anleger nicht als Nachteil empfunden werde, da die Kurse notierter Aktien und die Kurse von Partizipationsscheinen derselben AG häufig keine großen Abweichungen zeigen und letztere teilweise höher notieren.[586]

c) Zwischenergebnis

Wie stimmrechtslose Vorzugsaktien werden Partizipationsscheine als Finanzierungsinstrument eingesetzt, um der Gesellschaft schnell und einfach Eigenkapital zu beschaffen, ohne die Stimmrechtsverhältnisse zu verschieben. Während die Vorzugsaktie nur das Stimmrecht ausschließt, bestehen beim Partizipationsschein i.d.R. auch die weiteren Mitgliedschaftsrechte, die mit dem Stimmrecht zusammenhängen, nicht. In vermögensrechtlicher Hinsicht gewähren beide Instrumente die gleichen Vermögensrechte wie Stammaktien. Die deutsche Rechtsordnung gewährt darüber hinaus zusätzlich als Ausgleich für das fehlende Stimmrecht einen finanziellen Vorzug, der sich mittlerweile aber nur sehr gering auswirkt. Beim Ausbleiben des Vorzugs lebt das Stimmrecht auf. Die schweizerische Rechtsordnung schützt die Partizipanten dadurch, dass die Aktionäre ihnen nicht schaden können, ohne sich selbst Schaden zuzufügen. Die Regelungen zeigen, dass der Gesetzgeber einen Kompromiss zwischen der Einfachheit und Flexibilität zugunsten der Gesellschaft einerseits und dem Schutz der stimmrechtslosen Aktionäre bzw. Partizipanten andererseits in Einklang zu

---

582 https://www.six-group.com/de/products-services/the-swiss-stock-exchange/market-data/shares/share-explorer/share-details.CH0010570759CHF4.html#/share-details (zuletzt aufgerufen am 24.8.2024).

583 https://six-group.com/de/products-services/the-swiss-stock-exchange/market-data/shares/share-explorer/share-details.CH0024638196CHF4.html#/ (zuletzt aufgerufen am 24.8.2024).

584 *Druey/Druey-Just/Glanzmann*, Gesellschafts- und Handelsrecht (2021), § 10 Rn. 16; *Böckli/Huguenin/Dessemontet*, Expertenbericht (30.09.2003), S. 150, die den Abschlag noch als erheblich bezeichneten.

585 *Böckli/Huguenin/Dessemontet*, Expertenbericht (30.09.2003), S. 150.

586 *Daeniker*, in: Tschäni (Hrsg.), Mergers & Acquisitions XV (2013), S. 145, 159 Fn. 45.

bringen sucht. Der *one share, one vote*-Grundsatz wird dabei nicht nur durchbrochen, sondern vollständig aufgehoben. Denn aus dem Grundsatz folgt nicht nur, dass das Stimmrecht proportional zur Kapitalbeteiligung sein muss, sondern auch, dass jede Aktie eine Stimme gewährt. Wie gezeigt, legen empirische Studien nahe, dass der vollständige Ausschluss zu einem Kursabschlag führt.

3. Beschränkung des Stimmkraft

a) Deutschland: Höchststimmrecht, § 134 Abs. 1 S. 2 bis S. 6 AktG

Eine weitere Ausnahme von dem Proportionalitätsgrundsatz stellt die Begrenzung der Stimmrechtsmacht durch die Begrenzung der Stimmkraft dar.[587] Gemäß § 134 Abs. 1 S. 2 AktG kann die Satzung einer nicht börsennotierten AG das Stimmrecht durch Festsetzung von Höchstbeträgen (Alt. 1) oder von Abstufungen (Alt. 2) für den Fall beschränken, dass einem Aktionär mehrere Aktien gehören.[588] Ein Höchstbetrag kann durch einen prozentualen Anteil am Grundkapital festgesetzt werden, der häufig zwischen drei und zehn Prozent liegt.[589] Es ist möglich, einen limitierenden Aktiennennwert festzulegen oder bei Stückaktien eine bestimmte Aktienzahl zu bestimmen.[590] Es kann sogar vorgesehen werden, dass pro Aktionär höchstens eine Stimme ausgeübt werden kann, was de facto zu einer Abstimmung nach Köpfen führt.[591] Eine Stimmrechtsbeschränkung durch Abstufung bedeutet, dass ab einem bestimmten Betrag jede weitere Aktie nur eine geringere Stimmkraft besitzt.[592] Die Beschränkung der Stimmkraft

---

587 *Tröger*, in: KK AktG, 2. Aufl. (2021), § 134 Rn. 74; *Volkmann/Thoma*, RFamU 2023, 443, 444.

588 Zum Sonderfall des Höchststimmrecht bei wechselseitiger Beteiligung: § 328 Abs. 1 AktG.

589 *Arnold*, in: MüKo AktG, 6. Aufl. (2024), § 134 Rn. 8; *Maul*, BeckHdB AG (2018), § 4 Rn. 41.

590 *Tröger*, in: KK AktG, 2. Aufl. (2021), § 134 Rn. 81.

591 S. *Zöllner*, Stimmrechtsmacht (1963), S. 117 f.; *Arnold*, in: MüKo AktG, 6. Aufl. (2024), § 134 Rn. 10; *Maul*, BeckHdB AG (2018), § 4 Rn. 41; *Koch*, in: Koch AktG, 2025, § 134 Rn. 6; *Tröger*, in: KK AktG, 2. Aufl. (2021), § 134 Rn. 82; *Rieckers*, in: BeckOGK AktG, § 134 Rn. 15; *Grundmann*, in: GroßKomm AktG, 5. Aufl. (2019), § 134 Rn. 66.

592 Die Satzung kann z.B. für Stückaktien vorsehen, dass das Stimmrecht bis zu 10.000 Aktien voll und für alle weiteren Aktien nur zur Hälfte gewährt wird, s. etwa *Rieckers*, in: BeckOGK AktG, § 134 Rn. 16.

wird dadurch erreicht, dass sich diese nur bis zur vorgesehenen Grenze proportional zur Beteiligungshöhe verhält und darüber hinaus gar keine oder nur eine abgestufte Wirkung entfaltet.[593] Um Umgehungen zu verhindern, sind in den Sätzen 3 und 4 Zurechnungen vorgesehen. Bei der Berechnung der Kapitelmehrheit werden sie nicht berücksichtigt, § 134 Abs. 1 S. 6 AktG.

Die Frage, ob Höchststimmrechte zugunsten einer einzelnen Aktiengattung vorgesehen werden können, ist umstritten. Die herrschende Lehre bejaht dies.[594] § 134 Abs. 1 S. 5 AktG schränkt die Gestaltungsfreiheit nur insoweit ein, als Beschränkungen für einzelne Aktionäre nicht angeordnet werden dürfen. Der Wortlaut lässt demnach eine Stimmrechtsbeschränkung auf eine Aktiengattung zu, sofern diese tatsächlich nicht von Anfang an nur einen Aktionär betrifft. Der Sinn und Zweck der Regelung diente bislang dazu, das in § 12 Abs. 2 AktG a. F. normierte Verbot der Mehrstimmrechte abzusichern.[595] Aus diesem Grund schloss *Tröger* aus § 134 Abs. 1 S. 5 AktG in Zusammenhang mit § 12 Abs. 2 AktG a. F., dass Höchststimmrechte entweder allgemein für alle stimmberechtigten Aktien vorgesehen werden oder gar nicht.[596] Es ist zuzugeben, dass eine ähnliche Wirkung wie bei Mehrstimmrechten erzielt werden kann, wenn die AG mehrere Aktiengattungen bildet und das Höchststimmrecht nur für eine dieser Gattung vorsieht. Die Begrenzung der Stimmkraft der ersten Aktiengattung führt reflexartig zu einer Stärkung der Stimmkraft der zweiten Gattung.[597] Dadurch befinden sich die Aktionäre der ersten Gattung, die aufgrund des Höchststimmrechts ihr Stimmrecht nicht entsprechend ihrer Kapitalquote ausüben können, in einer ähnlichen Lage wie die Inhaber von Stammaktien gegenüber Mehrstimmaktionären.[598] Die historische Auslegung, auf die sich die herrschende Lehre stützt, zeigt eindeutig, dass der Gesetzgeber die Einführung von Höchststimmrechten zugunsten einer Gattung zulassen wollte. Der Entwurf hatte zunächst die Unzulässigkeit auch

---

593 *Zöllner*, Stimmrechtsmacht (1963), S. 117.

594 *Baums*, AG 1990, 221, 224, demzufolge im Einzelfall zu prüfen ist, ob mit der Einführung eine Umgehung des Verbots von Mehrstimmrechtsaktien erreicht werden soll; *Arnold*, in: MüKo AktG, 6. Aufl. (2024), § 134 Rn. 12; *Koch*, in: Koch AktG, 2025, § 134 Rn. 14; *Rieckers*, in: BeckOGK AktG, § 134 Rn. 27; *Maul*, BeckHdB AG (2018), § 4 Rn. 42; *Herrler*, in: Grigoleit AktG, 3. Aufl. (2025), § 134 Rn. 14; *Zeißig*, Mitgliedschaft und Stimmrechtsmacht (1996), S. 121 ff.

595 Begr. RegE, abgedr. bei *Kropff*, AktG (1965), S. 192.

596 *Tröger*, in: KK AktG, 2. Aufl. (2021), § 134 Rn. 115 ff., insb. Rn. 117.

597 *Arnold*, in: MüKo AktG, 6. Aufl. (2024), § 134 Rn. 12.

598 *Zöllner/Noack*, AG 1991, 117, 124; *Baums*, AG 1990, 221, 223 f.

für einzelne Aktiengattungen vorgesehen.[599] Auf Vorschlag des Rechts- und Wirtschaftsausschusses wurde diese Regelung jedoch gestrichen.[600] Man könnte nun auf die Idee kommen, dass der Zweck, der dem § 134 Abs. 1 S. 5 AktG zugrunde liegt, obsolet geworden ist, da der Gesetzgeber das in § 12 Abs. 2 AktG a. F. normierte Verbot aufgehoben hat. Hiergegen spricht, dass der Gesetzgeber die Einführung von Mehrstimmrechtsaktien nur unter erschwerten Bedingungen und bestimmten Transparenzanforderungen zulässt.[601] Eine Beschränkung nur für einzelne Aktionäre umgeht zwar kein Verbot mehr, missachtet aber die im Gesetz vorgesehenen Transparenzanforderungen und Schutzvorkehrungen des § 135a AktG.

aa) Zweck

Das Hauptziel der unterproportionalen Stimmgewichtung besteht darin, eine konzentrierte Stimmrechtsmacht in der Hand einer wirtschaftlichen Einheit zu verhindern.[602] Der Betroffene soll die der Kapitalbeteiligung entsprechende Stimmkraft nicht voll zur Geltung bringen und damit trotz bestehender Kapitalmehrheit die AG nicht beherrschen können. Die AG kann damit nicht durch Großaktionäre beherrscht werden. Zunächst wurden Höchststimmrechte eingeführt, um eine äußere Überfremdung zu verhindern und feindliche Übernahmen abzuwehren.[603] Für einen Aktionär, der Einfluss auf die AG ausüben möchte, ist der Erwerb weiterer Aktien über den Schwellenwert hinaus unattraktiv.[604] Die Einführung von Höchststimmrechten zielt darauf ab, die Bildung von Machtblöcken in der Hauptversammlung zu verhindern, was einen personalistischen Zuschnitt der Gesellschaft erhalten oder aber die Unabhängigkeit des Vorstandes stärken kann.[605]

---

599 Vgl. § 128 Abs. 1 S. 5 des Entwufs eines AktG v. 3.2.1962, BT-Drs. IV/ 171, S. 30.

600 Schriftlicher Bericht des Rechtsausschusses (12. Ausschuss) v. 28.4.1965, BT-Drs. IV/3296, S. 24.

601 Zutreffend *Herrler*, in: Grigoleit AktG, 3. Aufl. (2025), § 134 Rn. 14; vgl. auch *Koch*, in: Koch AktG, 2025, § 134 Rn. 14.

602 *Tröger*, in: KK AktG, 2. Aufl. (2021), § 134 Rn. 80; *Koch*, in: Koch AktG, 2025, § 134 Rn. 4; *Burkart/Lee*, The One Share - One Vote Debate: A Theoretical Perspective, ECGI Finance Working Paper N°. 176/2007 (Mai 2007), S. 33.

603 Dazu unter B.II.3.g)cc).

604 *Grundmann*, in: GroßKomm AktG, 5. Aufl. (2019), § 134 Rn. 26.

605 Zur Stärkung der Unabhängigkeit des Vorstandes BGH, Urt. v. 19.12.1977, II ZR 136/76, NJW 1978, 540, 541.

bb) Auswirkung auf den Markt

In Deutschland wurden Höchststimmrechte für die börsennotierte AG gerade aufgrund ihrer potenziellen Auswirkung auf den Markt abgeschafft. Mit Blick auf die Kursphantasie würden sie sich in Übernahmesituationen als nicht zweckmäßig erweisen. Ein potenzieller Erwerber könnte trotz entsprechendem Kapitaleinsatz nicht davon ausgehen, nach dem Erwerb ausreichenden Einfluss zu erlangen, um strategische Änderungen durchzusetzen,[606] was die disziplinierende Wirkung des Marktes für Unternehmenskontrolle schwäche[607] und daher ein Übernahmehindernis darstelle.[608] Allerdings würde es sich nicht um ein absolutes Übernahmehindernis handeln, da sie jederzeit per Beschluss abgeschafft werden könnten. Die These, dass derartige Stimmrechtsbeschränkungen tatsächlich zu einem Kursabschlag führen, wird in der Literatur als nicht belegt erachtet.[609]

b) Schweiz

aa) Höchststimmklauseln, Art. 692 Abs. 2 S. 2 OR

Gemäß Art. 692 Abs. 2 S. 2 OR kann die Stimmenzahl der Inhaber mehrerer Aktien beschränkt werden. Die Statuten können dabei einen Prozentsatz festsetzen (sog. Prozentlimite), oder eine bestimmte Anzahl von Stimmen festlegen.[610] Bei der konkreten Ausgestaltung ist Art. 692 Abs. 1 OR zu beachten, sodass das Höchststimmrecht auf bis zu eine Stimme pro Ak-

---

606 *Tröger*, in: KK AktG, 2. Aufl. (2021), § 134 Rn. 21.

607 KonTraG, BT-Drs. 13/9712 vom 20.1.1998, S. 20; *Hopt*, AG Sonderheft („Die Aktienrechtsreform 1997") 1997, 42, 48; *Kübler*, AG Sonderheft ("Die Aktienrechtsreform 1997") 1997, 48, 52; *Lutter*, AG Sonderheft („Die Aktienrechtsreform 1997") 1997, 52, 55, der hingegen die Abschaffung bestehender Mehrstimmrechte für verfassungswidrig hielt; schon zuvor für eine Abschaffung disproportionaler Verteilungen: *Adams*, AG 1990, 63, 71 ff.; *Baums*, AG 1990, 221 ff.; *Grundmann*, in: GroßKomm AktG, 5. Aufl. (2019), § 134 Rn. 26; *Zeißig*, Mitgliedschaft und Stimmrechtsmacht (1996), S. 211 ff.

608 *Burkart/Lee*, The One Share - One Vote Debate: A Theoretical Perspective, ECGI Finance Working Paper N°. 176/2007 (Mai 2007), S. 33; Hierzu auch *Grundmann*, in: GroßKomm AktG, 5. Aufl. (2019), § 134 Rn. 26.

609 *Rieckers*, in: BeckOGK AktG, § 134 Rn. 9; *Koch*, in: Koch AktG, 2025, § 134 Rn. 5; *Schneider*, AG 1990, 56, 57 f.; *Zöllner/Noack*, AG 1991, 117, 121 ff.

610 *Salis*, in: Schluep/Forstmoser/Isler (Hrsg.), Neues zum Gesellschafts- und Wirtschaftsrecht (1993), S. 171, 173; *Bieri*, Statutarische Beschränkungen (2011), S. 180;

tie begrenzt werden kann.[611] Aktien, die oberhalb dieser Schwelle liegen, können in der Generalversammlung nicht ausgeübt werden. Sie vermitteln keinen zusätzlichen Einfluss und bleiben unberücksichtigt. Durch die Höchststimmklausel soll die Stimmmacht von Großaktionären beschränkt und kleinere Aktionäre geschützt werden.[612] Dies kann nicht nur der Erhaltung der Streuung des Publikumsbesitzes, sondern auch der Erhaltung der wirtschaftlichen Selbstständigkeit der AG sowie dem Übernahmeschutz dienen.[613] Im Gegensatz zum deutschen Aktienrecht findet sich keine Beschränkung auf die nicht börsenkotierte AG. Als Nachteil wird ihr teilweise zugesprochen, dass sie im Falle der Börsenkotierung zu Kursverlusten führt.[614] Trotz vereinzelter Kritik wurden Stimmkraftbegrenzungen in der Aktienrechtsrevision nicht thematisiert.[615]

Gemäß Ziff. 6.1.1 und 6.1.2 der Richtlinie betreffend Informationen zur Corporate Governance ist die Höhe der Prozentgrenze bzw. der Inhalt der anderen Stimmrechtsbeschränkung, die Regeln zur Gewährung von Ausnahmen sowie gegebenenfalls die effektiv im Berichtsjahr gewährten Ausnahmen anzugeben.[616]

Bohrer/Kummer, in: ZK, 2. Aufl. (2021), Art. 692 OR Rn. 70; *Schärli*, in: BSK OR II, 6. Aufl. (2024), Art. 692 OR Rn. 4.

611 *Bohrer/Kummer*, in: ZK, 2. Aufl. (2021), Art. 692 OR Rn. 50; *Salis*, in: Schluep/Forstmoser/Isler (Hrsg.), Neues zum Gesellschafts- und Wirtschaftsrecht (1993), S. 171, 173; *Schärli*, in: BSK OR II, 6. Aufl. (2024), Art. 692 OR Rn. 4.

612 *Böckli*, AktR, 5. Aufl. (2022), § 8 Rn. 591; *Salis*, in: Schluep/Forstmoser/Isler (Hrsg.), Neues zum Gesellschafts- und Wirtschaftsrecht (1993), S. 171, 173; *Bieri*, Statutarische Beschränkungen (2011), S. 181; *Gehrer*, Statutarische Abwehrmassnahmen (2003), S. 162; *Bohrer/Kummer*, in: ZK, 2. Aufl. (2021), Art. 692 OR Rn. 62 m.w.N.

613 *Salis*, in: Schluep/Forstmoser/Isler (Hrsg.), Neues zum Gesellschafts- und Wirtschaftsrecht (1993), S. 171, 174; *Gehrer*, Statutarische Abwehrmassnahmen (2003), S. 162; *Bieri*, Statutarische Beschränkungen (2011), S. 181 f.; *Bohrer/Kummer*, in: ZK, 2. Aufl. (2021), Art. 692 OR Rn. 62 f.

614 *Salis*, in: Schluep/Forstmoser/Isler (Hrsg.), Neues zum Gesellschafts- und Wirtschaftsrecht (1993), S. 171, 174.

615 S. *Bohrer/Kummer*, in: ZK, 2. Aufl. (2021), Art. 692 OR Rn. 90 ff.

616 Leitfaden von SIX Exchange Regulation AG zur Richtlinie betr. Informationen zur Corporate Governance vom 1.1.2023, abrufbar unter: https://www.ser-ag.com/dam/downloads/publication/obligations/guidelines/guideline-dcg-de.pdf (zuletzt geprüft am 24..2024), S. 57.

bb) Statuarische Prozentvinkulierung, Art. 685d Abs. 1, Art. 685 f OR

Die in Art. 685d OR und Art. 685f OR geregelte Prozentvinkulierung stellt eine weitere Einschränkung des *one share, one vote*-Prinzips dar.[617] Grds. kann die freie Übertragbarkeit von Namensaktien durch eine Vinkulierung beschränkt werden, Art. 685a Abs. 1 OR. Für börsenkotierte Gesellschaften gelten zugunsten eines funktionierenden Kapitalmarkts die engeren Spezialbestimmungen der Art. 685d ff. OR.[618] Unter den Voraussetzungen des Art. 685d OR kann die AG einem Aktienerwerber das Stimmrecht und die damit zusammenhängenden Mitwirkungsrechte verweigern. Etwas anderes gilt für die wirtschaftliche Substanz, also die Vermögensrechte, die ein Aktionär ohne Einschränkung übertragen kann, Art. 685f OR. Gemäß Art. 685d Abs. 1 OR setzt die Stimmrechtsbeschränkung voraus, dass der neue Aktionär einen Anteil erworben hat, der über dem statutarisch vorgesehenen prozentualen Anteil am Aktienkapital liegt. In diesem Fall kann er als Aktionär mit Stimmrecht abgelehnt und seine Aktien im Aktienbuch unter der Rubrik „*ohne Stimmrecht*" eingetragen werden.[619] Eine über die prozentuale Begrenzung hinausgehende erworbene Beteiligung vermittelt keine Stimmrechte. Nicht die Übertragbarkeit der Aktien, sondern nur die Ausübung der Stimmrechte wird verhindert.[620] In der Praxis werden Begrenzungen zwischen 2 bis 5 % festgelegt.[621] Dadurch soll der Aufbau einer konzentrierten Stimmbeteiligung durch einzelne Aktionäre oder Aktionärsgruppen erschwert werden.[622]

Die Vinkulierung börsenkotierter Aktien verfolgt allein den Zweck, eine Machtkonzentration zu verhindern sowie den Publikumscharakter zu wahren,[623] was zugleich die wirtschaftliche Selbständigkeit der Gesellschaft

617 *Daeniker*, in: Tschäni (Hrsg.), Mergers & Acquisitions XV (2013), S. 145, 162.

618 *Cramer*, in: ZK, 2. Aufl. (2021), Art. 685d Rn. 1; *Kläy*, Die Vinkulierung (1997), S. 219 ff.

619 Ist in den Statuten eine Limite von 10 % vorgesehen und erwirbt ein Aktionär börsennotierte Namensaktien i.H.v. 20 %, kann ihn die AG bloß i.H.v. 10 % als stimmberechtigten Aktionär eintragen, vgl. *Bieri*, Statutarische Beschränkungen (2011), S. 144; *Böckli*, AktR, 5. Aufl. (2022), § 6 Rn. 49.

620 *Gehrer*, Statutarische Abwehrmassnahmen (2003), S. 150; *Böckli*, AktR, 5. Aufl. (2022), § 5 Rn. 42.

621 *Cramer*, in: ZK, 2. Aufl. (2021), Art. 685d Rn. 12; *Böckli*, AktR, 5. Aufl. (2022), § 6 Rn.49.

622 *Bieri*, Statutarische Beschränkungen (2011), S. 147; *Böckli*, AktR, 5. Aufl. (2022), § 6 Rn. 53.

623 *Cramer*, in: ZK, 2. Aufl. (2021), Art. 685d Rn. 2; *Kläy*, Die Vinkulierung (1997), S. 225.

gewährleistet.[624] Es werden dieselben Ziele wie im oben bezeichneten Fall der Höchststimmklauseln verfolgt.[625] Ein Unterschied liegt jedoch darin, dass die Begrenzung im Fall des Art. 685d Abs. 1 OR zwingend prozentmäßig anzugeben ist.[626] Zudem gehen statutarische Höchststimmklauseln in ihrem Geltungsbereich weiter, da sie auch Inhaberaktien erfassen können und eine Einschränkung, wie sie Art. 685d Abs. 3 OR vorsieht, für sie nicht gilt. Eine ähnliche Regelung zur Beschränkung des Stimmrechts gilt gemäß Art. 685d Abs. 2 OR, sofern der Erwerber nicht ausdrücklich erklärt, dass er den Anteil in eigenem Namen und auf eigene Rechnung erworben hat.

4. Verstärkung der Stimmkraft

In diesem Abschnitt sollen die Gestaltungsmöglichkeiten dargestellt werden, die eine überproportionale Verteilung der Stimmrechte ermöglichen. Die nun in Deutschland zulässige Mehrstimmrechtsaktie wird gesondert in Kapitel E. behandelt.

a) Schweiz: Die Stimmrechtsaktie

In Kapitel B.II.4. wurde herausgearbeitet, dass sich in der Schweiz historisch bedingt die sog. Stimmrechtsaktie als Instrument zur Verstärkung des Stimmrechts etabliert hat. Insoweit lässt sich zwischen der indirekten und der direkten Stimmrechtsaktie unterscheiden.

---

624 Urteil des Bundesgerichts v. 18.4.2007, 4C.35/2007, E. 3.3.

625 *Bieri*, Statutarische Beschränkungen (2011), S. 145 Rn. 506; *Salis*, in: Schluep/Forstmoser/Isler (Hrsg.), Neues zum Gesellschafts- und Wirtschaftsrecht (1993), S. 171, 174; zu den verfolgten Zwecken s. auch *Du Pasquier/Wolf*, in: BSK OR II, 6. Aufl. (2024), Art. 685d OR Rn. 4.

626 *Bieri*, Statutarische Beschränkungen (2011), S. 144 Rn. 504.

aa) Die „indirekte" Stimmrechtsaktie nach Art. 693 OR

Die in Art. 693 OR normierte Stimmrechtsaktie wird terminologisch als indirekte[627] oder unechte[628] Stimmrechtsaktie bezeichnet. Sie entsteht dadurch, dass die Gesellschaft Namensaktien mit unterschiedlichem Nennwert ausgibt und gleichzeitig in den Statuten bestimmt, dass jede Aktie eine Stimme gewährt, Art. 693 Abs. 1 OR. Inhaber von Aktien mit einem kleineren Nennwert genießen ein Stimmrechtsprivileg, da für die Berechnung ihrer Stimmkraft nicht die Höhe ihrer finanziellen Beteiligung, sondern die Anzahl ihrer Aktien ausschlaggebend ist. Es wird nicht über die Zuteilung einer unterschiedlichen Anzahl von Stimmen, sondern über die unterschiedlichen Nennwerte der verschiedenen Aktienkategorien differenziert.[629] Die Aktienklasse mit dem niedrigeren Nennwert verfügt de facto über ein höheres Stimmrecht. Die Bestimmung in den Statuten ist von entscheidender Bedeutung. Das wird anhand des folgenden Beispiels veranschaulicht: Es ist von einer AG mit einem Aktienkapital von 100.000 CHF auszugehen, das in 1.000 Aktien mit einem Nennwert von 100 CHF eingeteilt ist. Um 50 % der Stimmrechte zu erhalten, müsste ein Aktionär 500 Aktien zeichnen und damit 50.000 CHF aufbringen. Bildet man einen Abwandlungsfall, in dem die AG ihr Aktienkapital in 2.000 Aktien zerlegt und bestimmt, dass 1.000 Aktien der Aktienkategorie 1 zu einem Nennwert von 80 CHF und die übrigen 1.000 Aktien der Aktienkategorie 2 zu einem Nennwert von 20 CHF ausgegeben werden, so hätte der Aktionär A der Aktienkategorie 1 – unter der Annahme, dass es nur zwei Aktionäre und keine statuarische Regelung gebe – nach dem Grundsatz von Art. 692 Abs. 1 OR, wonach die Aktionäre ihr Stimmrecht in der Generalversammlung nach dem Verhältnis des gesamten Nennwerts der ihnen gehörenden Aktien ausüben, 80 % der Stimmen, während Aktionär B der Kategorie 2 nur 20 % der Stimmen hätte. Gemäß Art. 693 Abs. 1 OR kann die AG in den Statuten vorsehen, dass das Stimmrecht unabhängig von dem Nennwert nach der Zahl

627 So etwa *von der Crone/Reiser/Plaksen*, SZW 2010, 93, 107; *Druey/Druey-Just/Glanzmann*, Gesellschafts- und Handelsrecht (2021), § 10 Rn. 29; *Böckli*, AktR, 5. Aufl. (2022), § 3 Rn. 141; *Kalss*, ZHR 2023, 438, 450 f.

628 *Bohrer/Kummer*, in: ZK, 2. Aufl. (2021), Art. 693 OR Rn. 15; *Boss*, in: OFK OR, 4. Aufl. (2023), Art. 693 Rn. 1; anders *Druey/Druey-Just/Glanzmann*, Gesellschafts- und Handelsrecht (2021), § 10 Rn. 30, der unter der unechten Stimmrechtsaktie eine nicht voll liberierte Stammaktie versteht; *Schärli*, in: BSK OR II, 6. Aufl. (2024), Art. 693 OR Rn. 2.

629 *Nobel*, SZW 2017, 576, 581; *von der Crone*, Aktienrecht (2020), Rn. 433; *Meier-Hayoz/Forstmoser*, GesR, 13. Aufl. (2023), S. 113, 571.

der jedem Aktionär gehörenden Aktien festgesetzt wird, sodass auf jede Aktie eine Stimme entfällt. Für den Abwandlungsfall würde dies bedeuten, dass beide Aktionäre jeweils 1.000 Stimmen und damit eine Stimmkraft von 50 % erhalten würden, obwohl Aktionär A dafür 80.000 CHF und damit 80 % des Aktienkapitals aufbringen musste. Da Aktionär B für die entsprechende Stimmkraft nur 20.000 CHF aufbringen muss, ist er in Bezug auf sein Stimmrecht privilegiert.

Gemäß Art. 693 Abs. 2 S. 1 OR dürfen Stimmrechtsaktien nur als voll liberierte Namensaktien ausgegeben werden. Nach dem Stimmkrafthebel des Art. 693 Abs. 2 S. 2 OR darf der Nennwert der Stimmrechtsaktien nicht niedriger sein als ein Zehntel desjenigen der Stammaktien. Weitere Instrumente zum Schutz der Stammaktionäre finden sich in Art. 704 und Art. 693 Abs. 3 OR. Die Statuten sind bei den jeweiligen Handelsregisterämtern öffentlich zugänglich, sodass die Publizität gewährleistet ist, Art. 10 S. 1 HRegV.

(1) Zweck

Der Gesetzgeber erachtet Stimmrechtsaktien als

> *„geeignete Instrumente zur Bildung von Führungsschwergewichten, insbesondere in Klein- und Familienaktiengesellschaften“.*[630]

Sie führen zur Konzentration der Stimmmacht[631] und sind ein Beherrschungsinstrument, da mit relativ geringem Kapitaleinsatz die Beherrschung der Gesellschaft ermöglicht wird.[632] Durch die Ausgabe von Stimmrechtsaktien kann die Attraktivität eines Börsengangs zur Eigenkapitalgewinnung erhöht werden, da die Aufnahme von neuem Kapital ohne entsprechenden Kontrollverlust ermöglicht wird.[633] Die bislang private AG kann sich hierzu in der Form für das Publikum öffnen, indem sie nur die neu geschaffenen Stammaktien an der Börse notiert.[634] Das kann für Fami-

630 Botschaft über die Revision des Aktienrechts vom 23.2.1983, BBl 1983 II 745, S. 787; Botschaft zur Änderung des Obligationenrechts (Aktienrecht) vom 23.11.2016, BBl 2017 399, S. 460, 539.

631 *Bohrer/Kummer*, in: ZK, 2. Aufl. (2021), Art. 692 OR Rn. 15.

632 *Häusermann*, SZW 2015, 239, 241.

633 *Ruffner*, Die ökonomischen Grundlagen eines Rechts der Publikumsgesellschaft (2000), S. 640 f.; *Häusermann*, SZW 2015, 239, 241 f.

634 Man spricht von der sog. „unechten Publikumsgesellschaft“, vgl. *Gerster*, Stimmrechtsaktie (1997), S. 28.

lienunternehmen sowie Start-ups mit Gründerbeteiligung attraktiv sein,[635] da die Sicherung des Gründereinflusses in der Anfangsphase eine Stabilität schafft, die bei Investoren erwünscht ist.[636] Zudem wird eine Preisdifferenzierung zwischen Aktionären mit unterschiedlichen Präferenzen ermöglicht. Nur jene Aktionäre zahlen für ihre Unternehmenskontrolle, die auch daran interessiert sind.[637] Stimmrechtsaktien können zur Erhaltung des Einflusses der bisherigen Aktionäre und damit zur Verhinderung von Übernahmen ausgegeben werden.[638] Sie eignen sich zudem zur Nachlassregelung in Familienunternehmen. Um die erbrechtlichen Pflichtteilsansprüche der übrigen Nachkommen zu wahren, soll der zu begünstigende Erbe, der das Unternehmen operativ führt, nicht die Kapitalmehrheit erhalten, jedoch über die Kontrolle verfügen, ohne gleichzeitig hinsichtlich der Dividendenberechtigung gegenüber den anderen Erben bevorzugt zu sein.[639] Stimmrechtsaktien stellen damit ein Instrument dar, welches Management-Erben die Kontrolle über das Unternehmen einräumt, ohne ihn gegenüber den Stamm- oder Minderheitsaktionären bezüglich der Vermögensrechte zu bevorzugen.[640] Sie bringen letztlich ein personalistisches Element in die AG und reihen sich damit in die personalistischen Gestaltungsmöglichkeiten ein.[641]

(2) Bewertungen in der Literatur

Das praktische Bedürfnis, nicht an die kapitalmäßige Beteiligung gebunden zu sein und auf persönliche Momente abstellen zu dürfen, hat die Stimmrechtsaktie entstehen lassen.[642] Diese Möglichkeit ist Ausfluss der Gestaltungsfreiheit und der organisatorischen Eigenständigkeit der AG. Nur sehr

635 Botschaft zur Änderung des Obligationenrechts (Aktienrecht) vom 23.11.2016, BBl 2017 399, S. 539; *Häusermann*, SZW 2015, 239, 241.

636 *Böckli*, AktR, 5. Aufl. (2022), § 3 Rn. 155.

637 *Ruffner*, Die ökonomischen Grundlagen eines Rechts der Publikumsgesellschaft (2000), S. 549 ff.

638 *Gerster*, Stimmrechtsaktie (1997), 27; *Bohrer/Kummer*, in: ZK, 2. Aufl. (2021), Art. 693 OR Rn. 8.

639 Hierzu etwa *Gerster*, Stimmrechtsaktie (1997), S. 30; *Häusermann*, SZW 2015, 239, 241.

640 *Salis/Haas*, in: Tschäni (Hrsg.), Mergers & Acquisitions XVI (2014), S. 45.

641 *Druey*, AG 1995, 545, 548; *Bohrer/Kummer*, in: ZK, 2. Aufl. (2021), Art. 693 OR Rn. 4 f.

642 *Meier-Hayoz*, FS Hug (1968), S. 377, 381.

vereinzelte Stimmen fordern die Abschaffung der Stimmrechtsaktie.[643] Sie seien mit einer guter Corporate Governance nicht zu vereinbaren und würden nicht nur die Einflussnahme der Publikumsaktionäre reduzieren, sondern auch die Liquidität des Aktienhandels, wodurch der Kurs belastet werden könnte.[644] Nicht stimmrechtsprivilegierte Aktionäre seien Aktionäre „zweiter Klasse".[645] Zudem könne die Regelung in Ziff. 7 des Swiss Code, wonach der Wille der Mehrheit in der Generalversammlung unverfälscht zum Ausdruck kommen soll, laut *Amstutz* materiell nur so verstanden werden, dass ein Wille der Mehrheit nur dann entstehe, wenn die Stimmen der Aktionäre proportional zur Kapitalbeteiligung und damit zum Risiko ausgeübt werden könne.[646] *Jentsch* bezeichnet die Stimmrechtsaktie jüngst als

> *„ein Instrument, das international zunehmend kritisiert wurde, derzeit aber eine Renaissance erlebt",*

bei der zu bedauern sei, dass diese im Rahmen der Aktienrechtsrevision keiner Überprüfung unterzogen wurde.[647] Auch im Rahmen der Aktienrechtsrevision wurde jüngst Kritik geäußert. Die dazu im Parlament eingereichten Vorstöße umfassten neben der Interpellation Bischof vom 11. Dezember 2014 betreffend *„Sika Schweiz AG. Nachhilfe für die Aktienrechtsreform?"*[648] und der Interpellation Vogler vom 18. März 2015 betreffend *„Besserer Schutz der Minderheitsaktionäre"*[649], auch das später zurückgezogene Postulat Minder vom 1. Juni 2015 unter der Überschrift: *„Von der Aktionärsoligarchie zur Aktionärsdemokratie. Das Prinzip „One share, one vote" prüfen"*.[650] Der Anlass der Interpellation von *Bischof* war die geplante Übernahme der schweizerischen Sika AG durch einen französischen Indus-

643 *Gerster*, Stimmrechtsaktie (1997), S. 49 f.; *Amstutz*, Macht und Ohnmacht des Aktionärs (2007), S. 95; a.A. ausdrücklich *Nobel*, SZW 2017, 576, 585.

644 *Amstutz*, Macht und Ohnmacht des Aktionärs (2007), S. 95.

645 *Ders.*, Macht und Ohnmacht des Aktionärs (2007), S. 95.

646 *Ders.*, Macht und Ohnmacht des Aktionärs (2007), S. 94 f.

647 *Jentsch*, ZHR 186 (2022), 883, 940.

648 *Bischof*, Interpellation 14.4154 vom 11.12.2014, abrufbar unter https://www.parlament.ch/de/ratsbetrieb/suche-curia-vista/geschaeft?AffairId=20144154 (zuletzt geprüft am 29.12.2025).

649 Vogler, Interpellation 15.3163 vom 18.03.2015, abrufbar unter https://www.parlament.ch/de/ratsbetrieb/suche-curia-vista/geschaeft?AffairId=20153163(zuletzt geprüft am 29.12.2025).

650 *Minder*, Postulat 15.3504 vom 01.06.2015, abrufbar unter https://www.parlament.ch/de/ratsbetrieb/suche-curia-vista/geschaeft?AffairId=20153504 (zuletzt geprüft am 29.12.2025).

triekonzern. *Bischof* richtete in seiner Interpellation mehrere Fragen an den Bundesrat, darunter diejenige, wie die *„immer wieder aufkommende "One share, one vote"-Forderung“* zu beurteilen sei und welche Vor- und Nachteile das System der Stimmrechtsaktie für die Schweiz habe.[651] Mit Blick auf die zu diesem Zeitpunkt noch anhängigen Gerichtsverfahren zeigte sich der Bundesrat zurückhaltend und verwies auf eine mögliche Diskussion dieser Fragen im Rahmen der damals noch laufenden Aktienrechtsrevision.[652] In seinem Postulat fragte *Minder*, ob und wie im Gesellschaftsrecht zum besseren Schutz der Minderheitseigentümer, die teilweise verzerrten Kapital- und Beteiligungsstrukturen in Richtung *one share, one vote* anzupassen seien, wobei er gleichzeitig betonte, dass

> *„ein dogmatisch-absolutes "One share, one vote", eine zwingende, genuine "Einheitsaktie" [...] keineswegs“*

zu fordern sei.[653] Unter Nennung des oben dargestellten Zwecks sowie der Vorteile der Stimmrechtsaktie verneinte die Botschaft einen dringenden gesetzgeberischer Handlungsbedarf bezüglich Stimmrechtsaktien.[654] Aufgrund der gewährleisteten Publizität könne sich ein potenzieller Investor über die Aktienstruktur jederzeit ein Bild machen, sodass es dem Markt überlassen werden könne, ob es Stimmrechtsaktien geben sollte oder nicht.[655]

Häusermann hingegen fordert eine völlige Gestaltungsfreiheit hinsichtlich der Ausgestaltung der Stimmrechtsaktie, da ein ausreichender allgemeiner, von der Stimmrechtsstruktur losgelöster Minderheitenschutz bestehe.[656] Der Gesetzgeber sei nicht in der Lage, den Zielkonflikt so zu lösen, dass er den Bedürfnissen aller Gesellschaften gerecht werden könne, wes-

---

651 Vgl. *Bischof*, Interpellation 14.4154 vom 11.12.2014, abrufbar unter https://www.parlament.ch/de/ratsbetrieb/suche-curia-vista/geschaeft?AffairId=20144154 (zuletzt geprüft am 29.12.2025).

652 Stellungnahme des Bundesrates vom 18.02.2015 zu der Interpellation Bischof 14.4154 vom 11.12.2014, abrufbar unter https://www.parlament.ch/de/ratsbetrieb/suche-curia-vista/geschaeft?AffairId=20144154 (zuletzt geprüft am 29.12.2025).

653 *Minder*, Postulat 15.3504 vom 01.06.2015, abrufbar unter https://www.parlament.ch/de/ratsbetrieb/suche-curia-vista/geschaeft?AffairId=20153504 (zuletzt geprüft am 29.12.2025).

654 Botschaft zur Änderung des Obligationenrechts (Aktienrecht) vom 23.11.2016, BBl 2017 399, S. 461 f.; *von der Crone*, Bericht zu einer Teilrevision des Aktienrechts (2002), S. 16 ff.; *Daeniker*, in: Tschäni (Hrsg.), Mergers & Acquisitions XV (2013), S. 145, 181 f.

655 *Von der Crone*, Bericht zu einer Teilrevision des Aktienrechts (2002), S. 17.

656 *Häusermann*, SZW 2015, 239 ff.

halb es keiner zwingenden Schutzvorkehrungen bedürfe.[657] Insbesondere sei eine Begrenzung des Stimmkrafthebels nicht erforderlich, da das Gleichbehandlungs- und Sachlichkeitsgebot des Art. 706 Abs. 2 Nr. 2 und Nr. 3 OR sowie der Kapitalmarkt selbst einen ausreichenden Schutz bieten. Die Beteiligten hätten einen starken Anreiz, ihre Stimmrechtsstrukturen so zu gestalten, dass potenzielle Anleger tatsächlich investieren.[658]

In der Praxis lässt sich aktuell der allgemeine Trend zur konsequenten Gleichbehandlung aller Aktionäre[659] dahingehend beobachten, dass immer weniger Unternehmen über Stimmrechtsaktien verfügen und zur Einheitsaktie übergehen.[660] Die aktuelle Tendenz geht damit in Richtung *one share, one vote*.[661] Im Jahr 2013 stellte *Daeniker* fest, dass 84 der hundert größten schweizerischen Gesellschaften das *one share, one vote*-Prinzip freiwillig umsetzten.[662]

bb) Die „direkte" Stimmrechtsaktie

Von der soeben dargestellten Stimmrechtsaktie ist die *offene*[663], *echte*[664] oder auch *direkte* Stimmrechtsaktie zu unterscheiden.[665] Diese gewährt bei gleichlautendem Nennwert mehr als eine Stimme und ist nach der herrschenden Literatur seit 1936 unzulässig.[666] Die Unzulässigkeit wird teils mit dem Wortlaut von Art. 693 Abs. 1 OR, teils mit dem Willen des

---

657 *Ders.*, SZW 2015, 239, 243 f.

658 *Ders.*, SZW 2015, 239, 245 f.

659 *Forstmoser/Küchler*, in: Schweizerisches Aktienrecht (2022), Art. 693 Rn. 7.

660 *Häusermann*, SZW 2015, 239; *Meier-Hayoz/Forstmoser*, GesR, 13. Aufl. (2023), S. 571; *Amstutz*, Macht und Ohnmacht des Aktionärs (2007), S. 95; *Daeniker*, SZW 2016, 434, 437.

661 *Nobel*, SZW 2017, 576, 582 f.; *Bohrer/Kummer*, in: ZK, 2. Aufl. (2021), Art. 693 OR Rn. 11.

662 *Daeniker*, in: Tschäni (Hrsg.), Mergers & Acquisitions XV (2013), S. 145, 151.

663 So *Meier-Hayoz/Forstmoser*, GesR, 13. Aufl. (2023), S. 571.

664 *Bohrer/Kummer*, in: ZK, 2. Aufl. (2021), Art. 693 OR Rn. 15; *Schärli*, in: BSK OR II, 6. Aufl. (2024), Art. 693 OR Rn. 2.

665 Zur Terminologie *Gerster*, Stimmrechtsaktie (1997), S. 8 f.

666 *Biber*, Die Stimmrechtsaktie (1940), S. 100; *Gerster*, Stimmrechtsaktie (1997), S. 64; *von der Crone*, Bericht zu einer Teilrevision des Aktienrechts (2002), S. 3 f.; *von der Crone*, Aktienrecht (2020), Rn. 432; *Burckhardt*, in: Müller/Forrer/Zuur. Floris (Hrsg.), Das Aktienrecht im Wandel (2020), 367, 372 m.w.N.; *Bohrer/Kummer*, in: ZK, 2. Aufl. (2021), Art. 693 OR Rn. 15; *Boss*, in: OFK OR, 4. Aufl. (2023), Art. 693 Rn. 1; *Böckli*, AktR, 5. Aufl. (2022), § 3 Rn. 143; *Meier-Hayoz/Forstmoser*, GesR, 13. Aufl. (2023), S. 571; *Schärli*, in: BSK OR II, 6. Aufl. (2024), Art. 693 OR Rn. 2.

Gesetzgebers von 1936 begründet.[667] Betrachtet man die historische Entwicklung, war die Frage der Stimmrechtsprivilegierung – sei es in direkter oder indirekter Form – insgesamt umstritten. Der Gesetzgeber entschloss sich in Kenntnis dieses Problems dazu, nur die indirekte Form der Stimmrechtsprivilegierung zu regeln, sodass sich hieraus entnehmen lässt, dass die direkte Privilegierung nicht zulässig sein sollte. Die Nichterwähnung im Gesetz wird zutreffend als qualifiziertes Schweigen interpretiert.[668] Damit ist es nicht möglich, Aktien bei gleichem Nennwert mit einem mehrfachen Stimmrecht auszustatten.[669] Soweit ersichtlich fordert allein *Häusermann* die Aufhebung des Verbots echter Stimmrechtsaktien.[670] Hiergegen spricht, dass sie neben der gesetzlich anerkannten Stimmrechtsaktie zu unübersichtlichen Verhältnissen führen würde.

b) Deutschland: Das Entsendungsrecht, § 101 Abs. 2 AktG

Gemäß § 101 Abs. 2 S. 1 AktG kann die Satzung zugunsten bestimmter Aktionäre das Recht begründen, Mitglieder in den Aufsichtsrat zu entsenden. Das Entsendungsrecht darf höchstens für ein Drittel der Gesamtzahl der Aufsichtsratsmitglieder bestimmt werden.[671] Es ermöglicht den begünstigten Aktionären, über die ihnen zustehende Stimmrechtsmacht hinaus ihren Einfluss innerhalb der AG,[672] konkret in Bezug auf die personelle Besetzung des Aufsichtsrats, zukunftsgerichtet zu erweitern. Ähnliches regelt Art. 709 Abs. 1 OR, der als Ausgleich für das Vorhandensein mehrerer Aktienkategorien vorsieht, dass die Statuten den Aktionären jeder Kategorie die Wahl wenigstens eines Vertreters im Verwaltungsrat sichern müssen.

In der Literatur wird u.a. von *Anderson* die Auffassung vertreten, dass hierin eine Abweichung von dem Grundsatz der Stimmrechtsproportionalität zu sehen sei.[673] *Peltzer* und *Beckmann* nehmen jedenfalls bei

667 *Von der Crone*, Bericht zu einer Teilrevision des Aktienrechts (2002), S. 3 m.w.N.
668 *Gerster*, Stimmrechtsaktie (1997), S. 64.
669 *Meier-Hayoz/Forstmoser*, GesR, 13. Aufl. (2023), S. 571.
670 Vgl. *Häusermann*, SZW 2015, 239, 245.
671 § 101 Abs. 2 S. 4 AktG.
672 *Koch*, in: Koch AktG, 2025, § 101 Rn. 9.
673 *Easterbrook/Fischel*, Voting in Corporate Law, The Journal of Law & Economics (1983), 395, S. 425; *Anderson*, Stimmrechtsproportionalität (2016), S. 102.

wirtschaftlicher Betrachtung eine Durchbrechung des *one share, one vote*-Grundsatzes an.[674] Das Entsendungsrecht gleiche

> „*einer auf die Wahl von Aufsichtsratsmitgliedern beschränkte Mehrstimmrechtsaktie*".[675]

Im Vergleich zu *Anderson* enthalten *Peltzer* und *Beckmann* die entscheidende Nuance: Eine Durchbrechung des Grundsatzes kann allenfalls bei wirtschaftlicher Betrachtung angenommen werden. Die Auffassung von *Anderson* impliziert ein weites Verständnis des Proportionalitätsprinzips bzw. des *one share, one vote*-Prinzips i.S.e. Gleichberechtigung aller Aktionäre, was abzulehnen ist. Es besteht kein Zweifel daran, dass ein Entsendungsrecht den Berechtigten im Vergleich zu den übrigen, nicht entsendungsberechtigten Aktionären einen höheren Einfluss gewährt und somit eine zulässige Durchbrechung des Gleichbehandlungsgrundsatzes nach § 53a AktG darstellt.[676] Der begünstigte Aktionär verfügt über eine im Vergleich zu seinem Kapitaleinsatz erhöhte Einfluss- und Kontrollmöglichkeit. Die Disproportionalität besteht allein zwischen Kapitaleinsatz und Einflussmöglichkeit und nicht zwischen Kapitaleinsatz und Stimmkraft. Die Stimmkraft als solche bleibt durch das punktuell wirkende Entsendungsrecht unberührt. Das Entsendungsrecht wird durch eine formlose, empfangsbedürftige Erklärung des Berechtigten gegenüber der AG ausgeübt[677] und ist gerade nicht eine aus der Mitgliedschaft fließende Stimmabgabe des Aktionärs in der Hauptversammlung. Das Entsendungsrecht kann bildlich gesprochen als „*Kirsche auf dem Kuchen*" bezeichnet werden, die nur einzelnen Personen zuteilwird, ohne dass dabei die Größe der einzelnen Kuchenstücke und damit die Kuchenverteilung insgesamt berührt wird. Wie schon unter I.4. erläutert, darf die Stimmrechtsproportionalität nicht ohne Weiteres und undifferenziert mit dem Gleichbehandlungsgebot gleichgesetzt werden. Nicht jeder Sondervorteil führt zu einer Erhöhung der Stimmkraft.

---

674 *Peltzer*, AG Sonderheft („Die Aktienrechtsreform 1997") 1997, 90, 97; *Beckmann*, Das Mehrstimmrecht (2023), S. 8.

675 *Peltzer*, AG Sonderheft („Die Aktienrechtsreform 1997") 1997, 90, 97.

676 OLG Hamm, Urt. v. 31.3.2008, 8 U 222/07, NZG 2008, 914, 915 (nicht rechtskräftig); *Spindler*, in: BeckOGK AktG, § 101 Rn. 54; *Habersack*, in: MüKo AktG, 6. Aufl. (2023), § 101 Rn. 31.

677 S. *Roßkopf*, AR-HdB., 2. Aufl. (2024), § 2 Rn. 129.

c) Verdeckte Mehrstimmrechte bzw. teilliberierte Aktie

Das Stimmrecht entsteht grds. erst mit der vollständigen Leistung der Einlage (vgl. § 134 Abs. 2 S. 1 AktG, Art. 694 Alt. 1 OR). In beiden Rechtsordnungen kann die Satzung jedoch bestimmen, dass es schon davor mit der Einzahlung der Mindesteinlage entsteht (§ 134 Abs. 2 S. 3 AktG, Art. 694 Alt. 2 OR). Die Möglichkeit, durch die Leistung einer Teileinlage ein verdecktes Mehrstimmrecht entstehen zu lassen, wurde schon 1937 durch den deutschen Gesetzgeber mit der Regelung in § 114 Abs. 2 AktG 1937 unterbunden, welche der heutigen Regelung in § 134 Abs. 2 AktG entspricht.[678] Diese ausdifferenzierte Regelung verhindert die Entstehung verkappter Mehrstimmrechte und gewährleistet, dass sich das Stimmrecht auch bei einer bloßen Teileinzahlung proportional zum Kapitaleinsatz verhält.[679]

Teile der schweizerischen Literatur nehmen im Fall der teilliberierten Aktie eine mit der Stimmrechtsaktie vergleichbare Wirkung an.[680] Die AG könne zwei verschiedene Aktienkategorien mit gleichem Nennwert schaffen, bei der nur eine Kategorie voll einbezahlt, die andere nur teilweise einbezahlt werde.[681] Gemäß Art. 692 Abs. 1 OR wäre das Stimmrecht der Aktien in beiden Fällen gleich, da es sich nach dem Nennwert der Aktien bemisst. Obgleich eine vergleichbare Wirkung gegeben ist, besteht der maßgebliche Unterschied zu Mehrstimmrechten darin, dass der Aktionär, der zunächst nur einen Teil auf seine Einlage leistet, den restlichen Teil vollständig schuldig bleibt. Die Verpflichtung gegenüber der AG zur vollständigen Leistung ist streng proportional zur Stimmrechtshöhe.[682] Eine disproportionale Verteilung wäre allenfalls bei einer wirtschaftlichen Betrachtung möglich, wenn die Resteinzahlung dauerhaft ausbleiben würde. Der Vorstand bzw. der Verwaltungsrat ist verpflichtet, die vollständige Leistung, ggf. klageweise einzutreiben.[683] Aus diesem Grund ist diese Gestal-

---

678 Siehe hierzu unter B.II.3.f)dd).

679 Hierzu etwa *Grundmann*, in: GroßKomm AktG, 5. Aufl. (2019), § 134 Rn. 44 ff.; *Arnold*, in: MüKo AktG, 6. Aufl. (2024), § 134 Rn. 33.

680 *Boss*, in: OFK OR, 4. Aufl. (2023), Art. 693 Rn. 5; *Schärli*, in: BSK OR II, 6. Aufl. (2024), Art. 693 OR Rn. 5 bezeichnet sie als „uneigentliche Stimmrechtsaktie".

681 *Daeniker*, in: Tschäni (Hrsg.), Mergers & Acquisitions XV (2013), S. 145, 157 f.

682 So auch *Grundmann*, in: GroßKomm AktG, 5. Aufl. (2019), § 134 Rn. 28.

683 Art. 634a Abs. 1 OR.

tungsmöglichkeit in der Praxis bedeutungslos geblieben.[684] Der Proportionalitätsgrundsatz ist hier gerade nicht (dauerhaft) aufgehoben.

d) Pyramidenstrukturen

Ähnlich gelagert sind die sog. Pyramidenstrukturen. Soweit ein Aktionär bzw. eine Aktionärsgruppe – meist eine Familie oder ein Unternehmen – eine Gesellschaft kontrolliert, die ihrerseits eine Mehrheitsbeteiligung an einer anderen Gesellschaft hält, wird das als sog. Pyramidenstruktur bezeichnet. Eine derartige Verkettung, in der sich der Vorgang auch mehrfach wiederholen kann, kann zu einer Trennung von Eigentum und Kontrolle führen, sodass im Kontext von Abweichungsmöglichkeiten auch diese Struktur, v.a. in den europäischen Berichten der ECGI, Erwähnung findet.[685] Je höher die Zahl der an der Pyramide beteiligten Unternehmen ist, desto stärker weicht das Verhältnis zwischen Eigentum und Kontrolle ab. Die Stimmkraft als solche bleibt durch die Strukturwahl aber unberührt.

e) Schuldrechtliche Gestaltungsmöglichkeiten

Neben den gesetzlich zugelassenen Durchbrechungen sind auch schuldrechtliche Gestaltungsmöglichkeiten anerkannt, die eine disproportionale Verteilung des Stimmrechts bezwecken. Hierzu zählen insbesondere Stimmbindungsverträge, bei denen sich die beteiligten Aktionäre schuldrechtlich verpflichten, die ihnen zustehenden Stimmrechte in einer bestimmten Weise auszuüben.[686] Das Ziel ist die Bündelung der Stimmenmacht, wodurch der Einfluss der einzelnen Aktionäre vergrößert werden

684 *Böckli*, AktR, 5. Aufl. (2022), § 1 Rn. 171; *Daeniker*, in: Tschäni (Hrsg.), Mergers & Acquisitions XV (2013), S. 145, 157, der darüber hinaus mit dem im Gegensatz zur Stimmrechtsaktie geringen Stimmkrafthebel von nur fünf zu eins argumentiert.

685 Hierzu *Anderson*, Stimmrechtsproportionalität (2016), S. 112 ff.; ISS/Shearman & Sterling LLP/ECGI, Report on the Proportionality Principle in the European Union (18.5.2007), S. 13 f.; Shearman & Sterling LLP/ISS/ECGI, Report on the Proportionality Principle in the European Union (2016), S. 19.

686 Ihre Zulässigkeit folgt im deutschen Aktienrecht aus einem Umkehrschluss aus § 136 Abs. 2 AktG. Zur Zulässigkeit von Stimmbindungsverträgen insgesamt s. z.B. BGH, Urt. v. 24.11.2008, II ZR 116/08, juris = BGHZ 179, 13, 12; zur schweizerischen Rechtslage: BGE, 109 II, 43, 45 E.3 m.w.N.; *Boss*, in: OFK OR, 4. Aufl. (2023), Art. 692 Rn. 7.

soll.[687] Sie dienen damit der Einflusssicherung[688] in Form eines personenbezogenen Kontrollelements. Das mitgliedschaftliche Stimmrecht wird dabei nicht verändert oder gar vergrößert, sondern der Aktionär wird zu einer bestimmten Ausübung (schuldrechtlich) verpflichtet.[689]

Eine Beschränkung von *one share, one vote* ist abzulehnen, da es hierbei nur um das aus der Mitgliedschaft folgende Stimmrecht geht. Dem folgend können sich die Ausnahmen ebenfalls nur auf gesellschaftsinterne Regelungen beziehen.[690] Das der Aktie anhaftende Stimmrecht wird durch einen schuldrechtlichen Sondervertrag gerade nicht berührt.[691] Gleiches gilt für die in der Kapitalmarktpraxis üblichen schuldrechtlichen Gestaltungsmöglichkeiten, wie beispielsweise das *Empty Voting*.[692] Bei diesen kann es sich um kontrollverstärkende Instrumente handeln, die aber die aus der Mitgliedschaft folgende Stimmkraft unberührt lassen.

5. Literaturstimmen zu den disproportionalen Gestaltungen

Die „radikalste" Abweichung von dem *one share, one vote*-Grundsatz ist der völlige Ausschluss des Stimmrechts. *Böckli* zufolge könne das

> *„für gewisse Verfechter eines zwingenden Grundsatzes „one share – one vote" geradezu eine Schöpfung des leibhaftigen Beelzebubs [sein]."*[693]

Verfechter eines solch strengen Grundsatzes erachten disproportionale Stimmrechtsregelungen aufgrund der mit ihnen einhergehenden Herrschaft der Minderheit als nicht mit dem Wesen der AG als Kapital- und Publikumsgesellschaft vereinbar.[694] Sie werden als Grundproblem der Corporate Governance angesehen.[695] Dabei wird teilweise zwischen der bör-

---

687 *Volkmann/Thoma*, RFamU 2023, 443, 444.

688 *Koch*, in: Koch AktG, 2025, § 133 Rn. 25; *Winkler*, Das Stimmrecht der Aktionäre in der Europäischen Union (2006), S. 16; *Arnold*, in: MüKo AktG, 6. Aufl. (2024), § 136 Rn. 75; *Wicke/Berkefeld*, MHdB GesR IX, 6. Aufl. (2021), § 18 Rn. 6.

689 *Bohrer/Kummer*, in: ZK, 2. Aufl. (2021), Art. 692 OR Rn. 23.

690 Ebenso *Kumpan/Mittermeier*, ZIP 2009, 404, 409 zum *Empty Voting*.

691 So schon Reichsgericht, Urt. v. 19.6.1923, II 53/23, juris = RGZ 107, 67, 70 unter Verweis auf die ständige Rechtsprechung.

692 Zum *Empty Voting* s. unter E.III.3.d)bb).

693 *Böckli*, AktR, 5. Aufl. (2022), § 3 Rn. 224.

694 *Binz/Sorg*, BB 1988, 2041, 2049, die hieraus i.E. die Unzulässigkeit der GmbH & Co. KGaA ableiten.

695 *Amstutz*, Macht und Ohnmacht des Aktionärs (2007), S. 95; *Pistor*, Hdb. Corporate Governance, 2. Aufl. (2009), S. 231, 236 f.

sennotierten und der nicht börsennotierten AG unterschieden, was am Beispiel der im KonTraG geführten Diskussion um die Abschaffung der Höchststimmrechte am deutlichsten wurde. Bei der nicht börsennotierten AG bestehe kein Bedürfnis der Einschränkung der Privatautonomie.[696] Die Flexibilität schaffe einen Mehrwert, der einen Börsengang oft erst ermögliche. Sofern Transparenz gewährleistet werde, sei der Kapitalmarkt bereit, darauf zu reagieren.[697] *Seibt*, der den *one share, one vote*-Grundsatz mit dem Proportionalitätsprinzip gleichsetzt, beschreibt die Vorteile des Proportionalitätsprinzip sowie des Abspaltungsverbots wie folgt: Sie gewährleisten im bestmöglichen Maße die Richtigkeit der Willensbildung im Verband, wodurch sichergestellt werde, dass die im Verband teilnehmenden Personen gleichgerichtete Interessen verfolgen. Dadurch werde das Risiko der Verfolgung von Partikularinteressen und Interessenkonflikten reduziert.[698]

Demgegenüber erachtet *Nobel* das Prinzip als kein dem schweizerischen Aktienrecht inhärentes Prinzip, sondern allenfalls als ein „Entwicklungsprodukt".[699] Insgesamt handle es sich um eine dispositive Regel.[700] Diese Auffassung vertraten auch *Zöllner/Noack* Anfang der 90er Jahre für das deutsche Aktienrecht. Der *one share, one vote*-Grundsatz entspreche nicht aktienrechtlichem „Naturrecht", sondern sei eine

> *„aus Zweckmäßigkeitsgründen etablierte Normalnorm, von der aus vielerlei – ebenfalls gesetzgeberischer Zweckmäßigkeit dienenden – Gründen abzuweichen sein kann."*[701]

Die Spielräume beim Stimmrecht und der Verteilung der Stimmrechtsmacht einzuengen sei das falsche rechtspolitische Signal.[702] Gegen die Geltung eines zwingenden Gleichlaufs von Stimmrechtsmacht und Kapitalbeteiligung führen *Zöller/Noack* an, dass sich dann die Frage stelle, warum

696 *Hofstetter*, Corporate Governance in der Schweiz (2002), S. 25; *Bayer*, Gutachten E zum 67. DJT (2008).

697 *Hofstetter*, Corporate Governance in der Schweiz (2002), S. 25.

698 *Seibt*, ZGR 2010, 795, 815 ff.

699 *Nobel*, SZW 2017, 576, 582 bezeichnet den *one share, one vote*-Grundsatz insgesamt als *„eingängigen Slogan"*, der geeignet sei, zu Missverständnissen zu führen, da das schweizerische Aktienrecht kein Mehrstimmrecht von Aktien kenne, sondern nur die Nennwertvariation mit der Verleihung einer Stimme für jede Aktie, also *one share, one vote*.

700 *Daeniker*, SZW 2016, 434, 436; *Vogt*, Aktionärsdemokratie (2012), S. 123 f.

701 *Zöllner/Noack*, AG 1991, 117, 118, 129.

702 *Noack*, AG 2009, 227, 234.

dies nur für die AG gelten solle.[703] In der GmbH ist die Stimmverteilung weitestgehend frei gestaltbar, da die Regelung des § 47 Abs. 2 GmbHG, wonach jeder Euro eines Geschäftsanteils eine Stimme gewährt, gemäß § 45 Abs. 2 GmbH dispositiv ist. Das ermöglicht die Schaffung stimmrechtsloser Anteile,[704] auch ohne Vorzug[705] sowie Höchst- und Mehrstimmrechte.[706] Ein prominentes Beispiel ist die Robert Bosch GmbH, bei der 99,989 % der Geschäftsanteile stimmrechtslos sind und die stimmberechtigten Geschäftsanteile disproportional verteilt sind, da der Geschäftsanteil Nr. 4 mit einer Einlage von 12.000 Euro 22 Stimmen, der Geschäftsanteil Nr. 5 mit einer Einlage von 120.000 Euro hingegen 300 Stimmen gewährt.[707] Gleiches gelte für Personengesellschaften, insbesondere die OHG und die KG, bei denen die Kommanditisten trotz erheblicher Kapitalbeteiligung häufig an den Normalentscheidungen und an herausgehobenen Entscheidungen überhaupt nicht beteiligt werden, sondern nur nach dem Kopfprinzip mitwirken können.[708]

Hiergegen lässt sich einwenden, dass die unterschiedlichen Gesellschaftsformen unterschiedliche Bedürfnisse abdecken wollen. Bei Personengesellschaften aber auch bei der GmbH steht das personalistische Element im Vordergrund, das eine gewisse Gestaltungsfreiheit erfordert. Demgegenüber ist die deutsche AG von ihrer Grundform her als Kapitalgesellschaft mit Kapitalsammelfunktion konzipiert, bei der die Satzungsstrenge der Vereinheitlichung zugunsten der freien Handelbarkeit der Aktie dienen soll, ohne dass der Anleger vor seiner Investition einen Blick in die Satzung werfen muss. Dass das allerdings für die Kapitalgesellschaft nicht der einzig gangbare Weg ist, zeigt das schweizerische Aktienrecht. Aufgrund ihrer Gestaltungsfreiheit ähnelt sie im Ausgangspunkt zwar der deutschen GmbH. Sie zeigt aber, dass sie sich trotz Gestaltungsfreiheit am Markt etabliert hat. Die Gestaltungsvielfalt im Bereich der Eigenkapitalpapiere wird gerade

703 *Zöllner/Noack*, AG 1991, 117, 118; *Noack*, AG 2009, 227, 234.

704 BGH, Urt. v. 14.7.1954, II ZR 342/53, NJW 1954, 1563; *Hüffer/Schäfer*, in: Habersack/Casper/Löbbe GmbHG, 3. Aufl. (2020), § 47 Rn. 58.

705 *Noack*, in: Noack/Servatius/Haas GmbHG, 2025, § 47 Rn. 70.

706 OLG Frankfurt, Urt. v. 18.1.1989, 13 U 279/87, GmbHR 1990, 79; Bayerische Oberste Landesgericht, Urt. v. 21.11.1985, BReg. 3 Z 146/85, DNotZ 1986, 373, 375; *Noack*, in: Noack/Servatius/Haas GmbHG, 2025, § 47 Rn. 69 f.; *Hüffer/Schäfer*, in: Habersack/Casper/Löbbe GmbHG, 3. Aufl. (2020), § 47 Rn. 97.

707 Gesellschaftsvertrag der Firma Robert Bosch GmbG vom 28.11.2022, abrufbar im Handelsregister.

708 *Zöllner/Noack*, AG 1991, 117, 118.

als Vorteil des Schweizer Rechts klassifiziert.[709] In einem informationseffizienten Kapitalmarkt finden individuelle, aus der Satzung ersichtliche Abweichungsmöglichkeiten nämlich ihren Niederschlag im Aktienkurs. Das setzt zwingend hinreichende Transparenz voraus. Ein Bedürfnis des Kapitalmarkts nach weitgehender Standardisierung lässt sich damit in Zweifel ziehen.[710]

Der Annahme, dass der *one share, one vote*-Grundsatz innerhalb der AG kein unumstößliches Fundament darstellt,[711] ist zuzustimmen. Dass auch der Gesetzgeber davon ausgeht, zeigen nicht nur die bestehenden gesetzlichen Abweichungen, sondern auch die folgende Überlegung: Würde der Grundsatz ausnahmslos gelten, hätte es keines ausdrücklichen Verbots der Mehrstimmrechtsaktie bedurft.[712] Denn die Regelung des § 134 AktG ist – mit Ausnahme der Öffnungsklausel in Abs. 4 – gemäß § 23 Abs. 5 AktG zwingend.[713]

6. Positionierung der Stimmrechtsberater

Disproportionale Verhältnisse werden von institutionellen Anlegern und Aktionärsschutzverbänden überwiegend abgelehnt.[714] Die Ethos Stiftung positioniert sich grds. gegen Kapitalstrukturen mit privilegierten Stimmrechten, da diese weder eine gute Geschäftsführung noch die Performance des Unternehmens fördern.[715] Soweit Beschlüsse über die Änderung der Kapitalstruktur bzw. der Aktionärsrechte anstehen, die der Proportionalität von Kapitalbeteiligung und Stimmenanteil zuwiderläuft, empfehlen sie, dagegen zu stimmen. Eine Ausnahme könne allenfalls dann in Kauf genommen werden, wenn der Fortbestand des Unternehmens ernsthaft gefährdet sei.[716] Sollte es dennoch zur Ausgabe von Stimmrechtsaktien mit unterschiedlichen Nennwerten kommen, sollte das Verhältnis der Nennwerte

---

709 *Böckli/Huguenin/Dessemontet*, Expertenbericht (30.09.2003), S. 151; *Burkhalter*, Einheitsaktie (2001), S. 42.

710 Ebenso *Tröger*, in: KK AktG, 2. Aufl. (2021), § 134 Rn. 76.

711 *Florstedt*, NZG 2024, 139, 144.

712 *Wolf*, Mehrstimmrechtsaktien (2023), S. 140.

713 *Tröger*, in: KK AktG, 2. Aufl. (2021), § 134 Rn. 7.

714 Vgl. etwa Ethos, Richtlinien zur Ausübung der Stimmrechte (2023), S. 98; *Hopt/Kalss*, ZGR 2024, 84, 121 f. m.w.N.

715 Ethos, Richtlinien zur Ausübung der Stimmrechte (2023), S. 98.

716 *Dies.*, Richtlinien zur Ausübung der Stimmrechte (2023), S. 24.

der verschiedenen Aktienkategorien eins zu zwei nicht übersteigen.[717] Auch Glass Lewis vertritt die Auffassung, dass Aktienstrukturen mit ungleichen Stimmrechten nicht im besten Interesse der Stammaktionäre sind und dass der wirtschaftliche Anteil eines jeden Aktionärs seinem Stimmrecht entsprechen sollte, sodass die Abschaffung von Mehrstimmrechtsstrukturen zu befürworten sei.[718] Gleichzeitig erkennen sie an, dass Dual Class Shares in europäischen Kapitalmärkten eine lange Tradition haben und von den Aktionären akzeptiert werden könnten, solange keine Anzeichen für Governance Probleme oder für die Unterdrückung von Minderheitsbelangen bestünden. Auch ISS sprach sich grds. gegen die Einführung von Mehrstimmrechten bzw. für deren Abschaffung aus. Vereinzelt könnten Ausnahmen zugelassen werden, etwa bei geringfügigen Abweichungen bei einem anstehenden Börsengang mit entsprechenden Verfallsklauseln.[719]

Stimmrechtsberater unterliegen in diesem Zusammenhang einem gewissen Interessenkonflikt. Der Grund für diese ablehnende Haltung dürfte v.a. darin liegen, dass Stimmrechtsberater an Bedeutung verlieren, wenn Mehrstimmrechtsaktien eingeführt und dadurch Einzelaktionäre gestärkt werden.[720] In der Studie des Aktieninstituts aus dem Jahr 2019 gaben 92 % der befragten institutionellen Anleger an, die Empfehlungen der Proxy-Voting-Dienstleister nur zur Kenntnis zu nehmen oder vollkommen unberücksichtigt zu lassen, die restlichen 8 % gaben an, die Empfehlungen jedenfalls streng zu beobachten.[721]

III. Fazit

1. Der one share, one vote-Grundsatz zwischen Gestaltungsfreiheit und Satzungsstrenge

Bei den Stimmrechtsabweichungen geht es um den Konflikt zwischen dem Grundsatz der Satzungsstrenge und dem Grundsatz der Gestaltungsfrei-

717 *Dies.*, Richtlinien zur Ausübung der Stimmrechte (2023), S. 99.

718 Glass Lewis, Benchmark Policy Guidelines. Continental Europe (2024), S. 62 f., abrufbar unter: https://www.glasslewis.com/voting-policies-current/ (zuletzt geprüft am 24.8.2024).

719 Institutional Shareholder Services (ISS), Proxy Voting Guidelines, Continental Europe (1.2.2024), S. 14.

720 *Hopt/Kalss*, ZGR 2024, 84, 122.

721 *Pellens/Ahlich/Schmidt*, Verhalten und Präferenzen deutscher Aktionäre 2018 (Juli 2019), S. 21 f.

heit. Eine Einheitsstruktur bringt zwar Rechtssicherheit, geht aber auf Kosten der von der Praxis und den wirtschaftlichen Gegebenheiten geforderten Flexibilität. Umgekehrt können zu starre Strukturen die Stimmmacht und die Handlungsfähigkeit einengen. *Von der Crone* bringt es im Zusammenhang mit Partizipationsscheinen wie folgt auf den Punkt:

> *„Das Institut des Partizipationsscheins erweitert den Spielraum für die Gestaltung der Eigenkapitalstruktur der Gesellschaft. Preis für das Plus an Flexibilität ist aber auch hier ein Minus an Einheitlichkeit und Einfachheit.“*[722]

Die Gestaltungs- und Vertragsfreiheit muss dort ihre Grenzen finden, wo schutzwürdige Interessen verletzt werden. Übt ein Aktionär sein Stimmrecht aus, so berührt das die Interessen der übrigen Aktionäre und das übergeordnete Verbandsinteresse.[723] Diese Schutzbereiche hat der Gesetzgeber zu beachten. Er sollte aber nur dann verbietend eingreifen, sofern hierfür ein hinreichend schutzwürdiges Interesse besteht. Hierbei hat er vor dem Hintergrund des jeweiligen, mit der Abweichung verfolgten Zwecks im Einzelfall zu berücksichtigen, dass das Aktienrecht ein allgemeines System des Minderheitenschutzes bereitstellt. Im deutschen Aktienrecht tritt zusätzlich die Treuepflicht der Aktionäre als weiteres Korrektiv hinzu.

Der Umstand, dass in der Praxis von den Abweichungsmöglichkeiten Gebrauch gemacht wird, belegt, dass in bestimmten Situationen das Grundkonzept von *one share, one vote* anpassungsbedürftig ist. Diese Flexibilität sollte aufrechterhalten bleiben. Ähnlich argumentieren *Eichten/Lang/Morlock* auf einer verfassungsrechtlichen Ebene: Die in Art. 14 Abs. 1 S. 1 Alt. 1 GG garantierte Eigentumsfreiheit spreche zusammen mit der in Art. 2 Abs. 1 GG geschützten Privatautonomie jedenfalls im Grundsatz dafür, dem Bürger die Ausgestaltung subjektiver Rechtspositionen nicht ohne legitimen Zweck zu verunmöglichen.[724]

2. Bedeutungsgehalt von one share, one vote: dispositiver Grundsatz

Aufgrund der unterschiedlichen Ausgangspunkte der beiden Rechtsordnungen ist der Maßstab für den soeben bezeichneten Konflikt von vornherein verschoben. Während das deutsche Aktienrecht von der in § 23 Abs. 5

722 *Von der Crone*, Aktienrecht (2020), Rn. 453.

723 Hierzu allgemein *Zöllner*, Stimmrechtsmacht (1963), S. 1.

724 *Eichten/Lang/Morlock*, notar 2024, 75, 79.

AktG normierten Satzungsstrenge geprägt ist, gilt im schweizerischen Aktienrecht der Grundsatz der Statutenfreiheit.

Die dargestellten Abweichungen zeigen, dass sich eine zwingende Geltung des Grundsatzes, dass die Stimmkraft zwingend der Kapitalbeteiligung entsprechen muss, dem Aktienrecht nicht entnehmen lässt. Da stimmrechtslose Aktien zulässig sind, kann der *one share, one vote*-Grundsatz nicht i.S.e. absoluten und unverletzlichen Prinzips des Aktienrechts verstanden werden. Das bedeutet nicht, dass der Grundsatz nicht den richtigen Ausgangspunkt des Aktienrechts darstellt.

Im Einzelfall kann aber das Bedürfnis bestehen, von diesem Regelfall abzuweichen, insbesondere um personalistische Elemente in der AG einzuführen. Die Bedeutung des Stimmrechts für den einzelnen Aktionär hängt wesentlich von seiner Interessenlage ab. Ein homogenes Aktionärsinteresse gibt es nicht. Das Stimmrecht kann, muss aber nicht das wichtigste Recht des Aktionärs sein. Eine pauschale Aussage darüber, ob die Verwaltungs- oder die Vermögensrechte von größerer praktischer Relevanz sind, lässt sich nicht treffen. Es kommt auf die jeweilige Interessenlage im Einzelfall sowie auf die unterschiedlichen Aktionärstypen an, die in der AG anzutreffen sind. Soweit die Mitwirkung des einzelnen Aktionärs von Bedeutung ist, werden sie gleichgerichtete Verwaltungsrechte wünschen. Abweichungsmöglichkeiten sind dann uninteressant und nicht erforderlich. Unternehmensaktionäre hingegen streben regelmäßig eine beherrschende Einflussnahme an, die es zu erhalten gilt. Überproportionale Stimmrechtsabweichungen sind für sie interessant. Gerade in einer börsennotierten AG treffen unterschiedliche Interessen aufeinander. Auf der einen Seite stehen die Unternehmensaktionäre, die an Mitspracherechten und strategischer Einflussnahme interessiert sind. Auf der anderen Seite befinden sich die Anlegeraktionäre, die hauptsächlich an einer reinen Kapitalanlage und damit an ihren Vermögensrechten interessiert sind.

Um diese divergierenden Interessen in Einklang zu bringen, ist eine flexible Ausgestaltung des Stimmrechts erforderlich. Das Aktienrecht sollte in der Lage sein, diesen Bedürfnissen hinreichend Rechnung zu tragen und nicht paternalistisch Gestaltungsmöglichkeiten untersagen. Eine disproportionale Verteilung von Stimmrecht und Kapitaleinsatz ermöglicht es, den verschiedenen Anliegen der Aktionäre Rechnung zu tragen und die gesetzlich vorgegebene Grundform der AG den jeweiligen Bedürfnissen des Einzelfalls anzupassen. Das Bedürfnis, die Verteilung des Stimmrechts anders zu gestalten, ist damit von persönlichen Motiven geprägt. Abweichungen stellen vielfach die Einführung personalistischer Elemente dar, um einzelnen Aktionären oder Aktionärsgruppen bestimmte Vorzüge zu gewähren oder diese im Vergleich zu anderen in den „Vordergrund" zu stellen. Strukturveränderungen – auch nach der Börsennotierung – zu verbieten kann nicht im Interesse der Gesellschaft liegen. Es geht um die Ausgestaltung eines sinnvollen Ausgleichs zwischen den Interessen der betroffenen Aktionäre und der Flexibilität des Unternehmens.

Das verdeutlicht zugleich, dass der *one share, one vote*-Grundsatz nicht per se als grundlegendes Prinzip gegen eine Gestaltungsoption sprechen kann. Denn *one share, one vote* ist der gesetzliche Regelfall, bei dem es dem Gesetzgeber obliegt zu entscheiden, ob er Ausnahmen zulässt oder nicht, wobei eine Abwägung zu erfolgen hat. Eine gesetzliche Einschränkung sollte nur dort angezeigt sein, wo ein konkretes Gefahrpotenzial besteht und das Recht der übrigen Aktionäre oder der Schutz der Anleger es erfordern.

3. Abschließende Begriffsbestimmung

Dem *one share, one vote*-Grundsatz wird teilweise ein unterschiedlicher Bedeutungsgehalt zugesprochen. Ausgehend von dem Wortlaut bedeutet er das proportionale Verhältnis zwischen der Stimmkraft und der Kapitalbeteiligung. Aus der Gleichsetzung mit dem Proportionalitätsprinzip folgt jedoch nicht spiegelbildlich, dass eine proportionale Verteilung der Stimmrechtsverhältnisse immer dann gewährleistet ist, wenn eine Aktie eine Stimme gewährt. Eine Aktie kann eine Stimme gewähren, ohne dass dies notwendigerweise zu einer proportionalen Verteilung der Stimmrechtsverhältnisse führt. Dies ist dann der Fall, wenn die Disproportionalität über unterschiedlich hohe Nennwerte geschaffen wird, wie es bei der schweizerischen Stimmrechtsaktie der Fall ist. Der *one share, one vote*-Grundsatz impliziert demnach nicht, dass immer dann, wenn eine Aktie eine Stimme gewährt, das Proportionalitätsprinzip gewahrt wird.

Im Gegensatz dazu legt die ökonomische Literatur *one share, one vote* in einem weiteren Sinne aus, nämlich i.S.e. Verhältnisses von Eigentum und Kontrolle. Die empirische Literatur bezeichnet dabei sämtliche Gestaltungsoptionen als sog. CEMs, also Kontrollverstärkungsmechanismen, worunter u.a. disproportionale Stimmrechtsverteilungen, Stimmrechtsausschlüsse, Vorzugsrechte, die eine größere Einflussmöglichkeit gewähren, Entsendungsrechte, schuldrechtliche Gestaltungsmöglichkeiten,

Pyramidenstrukturen aber auch die Rechtsform der KGaA fallen.[725] Darüber hinaus fällt unter den Begriff der Kontrolle nicht nur diejenige, die Aktionäre ausüben, sondern auch die der Vorstand bzw. Verwaltungsrat ausüben kann. Die Untersuchung der *de lege lata* zulässigen Abweichungen hat gezeigt, dass auch in der juristischen Literatur vereinzelt ein ähnlich weites Verständnis zu Grunde gelegt wird, da Entsendungsrechte und schuldrechtliche Gestaltungen als Abweichungen angesehen werden.

Ausgehend von dem Wortlaut und der Verknüpfung von „share" und „vote" und dem Bedeutungsgehalt i.S.d. Proportionalität zwischen Stimmkraft und Kapitalbeteiligung, sollten von den Abweichungen von *one share, one vote* solche Gestaltungsmöglichkeiten zu trennen sein, die sich nicht auf das Verhältnis zwischen Stimmkraft und nomineller Kapitalbeteiligung beziehen, sondern darüber hinaus eine Trennung von Eigentum und Kontrolle ermöglichen oder erweiterte Rechte, die eine größere Einflussmöglichkeit gewähren. Zunächst können von vornherein nur gesellschaftsrechtliche Gestaltungsmöglichkeiten gegen den gesellschaftsrechtlichen Grundsatz verstoßen, auch wenn sie wirtschaftlich eine ähnliche Wirkung entfalten. Ein Verstoß kann des Weiteren nur dann angenommen werden, wenn das aus der Mitgliedschaft folgende Stimmrecht i.S.d. Stimmkraft betroffen ist. Die aus dem Entsendungsrecht resultierende Kontrollmöglichkeit ist keine, die ihren Ursprung in dem aus der Mitgliedschaft folgenden Stimmrecht hat, ebenso wenig wie schuldrechtliche Gestaltungsmöglichkeiten oder die Wahl bestimmter gesellschaftsrechtlicher Strukturen.

Der *one share, one vote*-Grundsatz beschreibt damit das proportionale Verhältnis der aus dem mitgliedschaftlichen Stimmrecht folgenden Stimmkraft und der nominellen Kapitalbeteiligung. Legt man ein solches Verständnis zugrunde, kommen als Abweichungen nur gesellschaftsrechtliche Gestaltungsmöglichkeiten in Form des vollständigen Stimmrechtsausschlusses, stimmkraftverstärkende Mechanismen wie die Mehrstimmrechtsaktie bzw. die Stimmrechtsaktie sowie stimmkraftbegrenzende Mechanismen wie das Höchststimmrecht bzw. Höchststimmklauseln sowie die statuarische Prozentvinkulierung in Betracht.

725 S. hierzu unter B.III.4.

D. One share, one vote aus ökonomischer Perspektive

Bei der Frage nach der Bedeutung des *one share, one vote*-Grundsatzes ist eine rechtsökonomische Perspektive unerlässlich. Die Frage nach der Effektivität des *one share, one vote*-Grundsatzes ist Gegenstand zahlreicher wirtschaftswissenschaftlicher Arbeiten. Auch der deutsche und der europäische Gesetzgeber haben bei der Frage der gesetzlichen Einführung der Mehrstimmrechtsaktie empirische Studien in Auftrag gegeben und diese bei der Gesetzgebung berücksichtigt. In diesem Kapitel soll ein Überblick über die empirischen Grundlagen des *one share, one vote*-Grundsatzes [hierzu unter I.] sowie über die in den Studien herausgearbeiteten Vor- und Nachteile [hierzu unter II.] gegeben werden. Dies soll zu einem besseren Verständnis der tatsächlichen Bedeutung des Prinzips beitragen. Ein besonderes Augenmerk wird auf die von dem Gesetzgeber in Auftrag gegebenen Studien gelegt [hierzu unter III.]. Ziel dieses Kapitels ist es, eine Grundlage für das nachfolgende Kapitel E. zu schaffen, in dem die Frage beantwortet werden soll, ob und wie Mehrstimmrechtsaktien in Deutschland wiedereingeführt werden sollten. Die empirische Untersuchung ist sowohl für das „Ob" als auch für das „Wie" dieser Frage relevant, da sich zeigen wird, dass die von den jeweiligen Gesetzgebern vorgesehenen Schutzvorkehrungen eine Reaktion auf rechtsökonomische Einwände darstellen.

I. Theoretische Grundlagen

Verschiedene theoretische Arbeiten, überwiegend aus dem angloamerikanischen Raum, haben sich mit den ökonomischen Aspekten des *one share, one vote*-Grundsatzes befasst. Zunächst sollen die wichtigsten theoretischen Grundlagen dargestellt werden.

1. Shareholder Primacy

Ein wichtiger Grundstein für die Begründung des *one share, one vote*-Grundsatzes wurde von *Easterbrook* und *Fischel* gelegt. Ausgangspunkt der auf sie zurückgehenden Theorie der sog. Entscheidungsfindung im Unternehmen i.S.d. *Shareholder Primacy* aus dem Jahre 1983[726] ist die proportionale Zuweisung des Stimmrechts an die Aktionäre. Inhalt dieser Theorie ist, dass die Aktionäre als Eigentümer die Kontrolle über das Management und das Letztentscheidungsrecht haben sollten, da sie nicht nur gleichgerichtete Interessen, sondern auch die richtigen Anreize zur Stimmrechtsausübung haben.[727] Die Aktionäre seien als Residualeigentümer diejenigen, denen der finanzwirtschaftliche Überschuss nach Abzug sämtlicher Verbindlichkeiten der AG zustehe[728] und die somit das unternehmerische Risiko tragen. Der zu verteilende finanzielle Überschuss hänge wiederum von dem wirtschaftlichen Erfolg der AG ab, sodass allein die risikotragenden Aktionäre sämtliche Entscheidungen im Hinblick auf Strategie und Ausrichtung der Gesellschaft sorgfältig treffen und für eine effiziente Allokation von Kapital sorgen sollten. Denn nur wer von seinen Entscheidungen selbst betroffen sei, habe die richtigen Anreize, sein Stimmrecht i.S.d. wirtschaftlichen Erfolgs der Gesellschaft auszuüben. Vor diesem Hintergrund sei der *one share, one vote*-Grundsatz die logische Folge der Funktion des Stimmrechts.[729] Aktionäre mit überproportionalen Stimmrechten würden nicht in einem ihrer Kontrolle entsprechenden Maße an den verbleibenden Gewinnen oder Verlusten aus zukünftigen Unternehmensentscheidungen partizipieren, sodass ihnen der Anreiz fehle, optimale Entscheidungen im Interesse aller Aktionäre zu treffen.

Von der Frage, wem das Stimmrecht zustehen soll, ist diejenige zu trennen, wer die Geschäftspolitik im Unternehmen bestimmen sollte. Gerade in Publikumsgesellschaften, in denen ein breiter Aktionärskreis besteht, wäre es ineffizient, alle Entscheidungen den Aktionären zu überlassen. Dies steht in engem Zusammenhang mit der von *Berle* und *Means* 1933 festgestellten

726 *Easterbrook/Fischel*, Voting in Corporate Law, The Journal of Law & Economics (1983), 395 ff.; vgl. hierzu auch *Osterloh-Konrad*, ZGR 2012, 35, 50 ff.

727 *Easterbrook/Fischel*, Voting in Corporate Law, The Journal of Law & Economics (1983), 395, 403 ff.; damit wandten sie sich bewusst gegen die Auffassung von *Berle* und *Means*, die die Machtlosigkeit der Aktionäre als notwendige Folge der Streuung der Anteile ansahen. Den Aktionären würden die richtigen Anreize fehlen, sich an der Unternehmensführung zu beteiligen, da keiner von ihnen aufgrund seiner geringen Beteiligung das Ergebnis der Wahl beeinflussen könne; Vgl. *Berle/Means*, The Modern Corporation and Private Property (1932), S. 76 ff., 129 ff., die zur Lösung des Problems die soziale Kontrolle des Unternehmens vorschlugen; s. auch *Adams*, AG 1990, 63, 66 f.; *Seibert*, FS Hommelhoff (2012), S. 1112.

728 Vgl. dazu *Baums*, Recht der Unternehmensfinanzierung (2017), § 3 Rn. 7.

729 *Easterbrook/Fischel*, Voting in Corporate Law, The Journal of Law & Economics (1983), 395, 409.

Trennung von Eigentum und Kontrolle.[730] Diese Trennung resultiert aus der Gesellschaftsform der AG. Um die AG trotz ihres hohen Spezialisierungsgrades effektiv als Kapitalsammelbecken nutzen zu können, bedarf es eines spezialisierten Leitungsorgans. Andernfalls müsste die AG von einer beliebigen Anzahl jederzeit austauschbarer Aktionäre geführt werden, was kaum praktikabel wäre. Die Trennung von Eigentum und Kontrolle ermöglicht die Kapitalbeschaffung durch eine Vielzahl von Aktionären und führt gleichzeitig zu einer Risikoverteilung. Indem die Geschäftsführung auf eine Managementebene delegiert wird, wird das erforderliche Know-how und Spezialisierungsniveau sichergestellt. Dies hat zur Folge, dass die Aktionäre letztlich das Risiko für die Handlung eines Dritten, nämlich den Geschäftsführern, tragen.

2. Principal-Agent-Theorie

Mit diesem Konfliktpotenzial befasst sich die Principal-Agent-Theorie.[731] Ein Auftragnehmer, der sog. Agent, wird für seinen Auftraggeber, den sog. Prinzipal, tätig.[732] Im Gegenzug erhält der Agent für seine Leistungserbringung eine Vergütung.[733] Übertragen auf die AG bedeutet das, dass die Aktionäre als Eigentümer[734] und Prinzipale die Entscheidungsbefugnis in Geschäftsfragen an das Management als Agenten delegieren. In einer AG besteht der Konflikt klassischerweise zwischen Aktionären und Vor-

730 Grundlegend *Berle/Means*, The Modern Corporation and Private Property (1932); der Beitrag befasste sich mit großen amerikanischen Aktiengesellschaften.

731 *Ross*, The Economic Theory of Agency, American Economic Review (1973), 134 ff., der überwiegend als Urheber der Theorie angesehen wird; *Jensen/Meckling*, Theory of the firm, Journal of Financial Economics 3 (1976), 305 zu den die Trennung von Eigentum und Kontrolle entstehenden Problemen; s. auch *Burkhalter*, Einheitsaktie (2001), S. 23 ff.; *Anderson*, Stimmrechtsproportionalität (2016), S. 20 ff., 226 ff.; *Beckmann*, Das Mehrstimmrecht (2023), S. 13 ff.; *Wolf*, Mehrstimmrechtsaktien (2023), S. 119 ff.; *Oehlrich*, NZG 2019, 1049, 1050 f.

732 *Ross*, The Economic Theory of Agency, American Economic Review (1973), 134; *Jensen/Meckling*, Theory of the firm, Journal of Financial Economics 3 (1976), 305, 308.

733 *Ross*, The Economic Theory of Agency, American Economic Review (1973), 134; *Beckmann*, Das Mehrstimmrecht (2023), S. 18; *Wolf*, Mehrstimmrechtsaktien (2023), S. 119.

734 Genau genommen sind die Aktionäre nicht Eigentümer der AG, sondern des in der Aktie verbrieften Anteils.

stand,[735] er kann aber auch zwischen Aktionären und Aufsichtsrat[736] oder zwischen Mehrheits- und Minderheitsgesellschaftern bestehen.[737]. Eine solche Trennung berge die Gefahr, dass die Entscheidungen des Managements den Aktionärsinteressen zuwiderlaufen, da das Management bestrebt sei, seinen individuellen Nutzen zu maximieren.[738] Die Grundannahme der Theorie ist, dass der Agent zu eigennützigem Handeln neige und seinen Handlungsspielraum zum eigenen Vorteil und zum Nachteil des Prinzipals ausnutze.[739] Für den Agenten bestehe ein moralisches Risiko („*moral hazard*"). Aufgrund der für die Beziehung zwischen Prinzipal und Agent charakteristischen asymmetrischen Informationsverteilung,[740] können dem Prinzipal bestimmte Informationen, wie z.B. Handlungen und Kenntnisse des Agenten oder auch dessen konkrete Absichten, unbekannt bleiben.[741] Dies führe zum sog. Agency-Konflikt. Aus Sicht des Prinzipals bestehe ein erhöhtes Kontrollbedürfnis, um eine Leistungserbringung des Agenten in seinem Sinne sicherzustellen. Das Verhalten des Agenten könne er aber nur unter Einsatz von Kosten kontrollieren, den sog. Agency Kosten,[742] zu denen neben der Vergütung von Aufsichtsräten beispielsweise die Kosten für die Beschaffung von Geschäftsberichten, Marktanalysen oder Research-

735 *Koch*, WM 2010, 1155; *Seibert*, FS Hommelhoff (2012), S. 1112; *Daske*, Vorzugsaktien (2018), S. 288; *Beckmann*, Das Mehrstimmrecht (2023), S. 18; *Casper*, ZHR 187 (2023), 5, 26; *Forstmoser*, FS Wiegand (2005), S. 785, 817 f. m.w.N. aus der schweizerischen Literatur; a.A.: *Hüffer*, Aktienrecht im Wandel II (2007), S. 334, 356, wonach der Vorstand allenfalls als Agent der Gesellschaft, nicht aber der Aktionäre anzusehen sei; ebenso *Kort*, in: GroßKomm AktG, 5. Aufl. (2015), § 76 Rn. 60; *Fleischer*, ZGR 2001, 1, 7 f.; *Ruffner*, Die ökonomischen Grundlagen eines Rechts der Publikumsgesellschaft (2000), S. 131 f.

736 *Seibert*, FS Hommelhoff (2012), S. 1117; *Wolf*, Mehrstimmrechtsaktien (2023), S. 119; *Casper*, ZHR 187 (2023), 5, 26.

737 *Jensen/Meckling*, Theory of the firm, Journal of Financial Economics 3 (1976), 305, 308; *Daske*, Vorzugsaktien (2018), S. 288; *Beckmann*, Das Mehrstimmrecht (2023), S. 18.

738 *Ross*, The Economic Theory of Agency, American Economic Review (1973), 134; *Jensen/Meckling*, Theory of the firm, Journal of Financial Economics 3 (1976), 305, 309.

739 *Koch*, WM 2010, 1155; zu den möglichen Managementfehlern *Baums*, ZIP 1995, 11 f.; *Seibert*, FS Hommelhoff (2012), S. 1112.

740 *Ross*, The Economic Theory of Agency, American Economic Review (1973), 134, 135; *Koch*, WM 2010, 1155; *Fleischer*, ZGR 2001, 1, 8.

741 Zu den verschiedenen Formen der Informationsasymmetrie *Oehlrich*, NZG 2019, 1049, 1050; *Beckmann*, Das Mehrstimmrecht (2023), S. 15 ff.

742 *Jensen/Meckling*, Theory of the firm, Journal of Financial Economics 3 (1976), 305, 308 ff.; *Baums*, ZIP 1995, 11 ff.; *Casper*, ZHR 187 (2023), 5, 26.

Ergebnissen zählen.[743] Aus ökonomischer Sicht sei es ein zentrales Ziel jeder Kapitalgesellschaft, diese Kosten zu minimieren.[744] Vor diesem Hintergrund zielt die Agency-Theorie darauf ab, diese Kosten durch entsprechende Verträge und effiziente Organisationsstrukturen zu minimieren.[745] Hieran knüpft auch die interne Corporate Governance an, die in einem System von Checks and Balances eine Verbandsorganisation schaffen will, die sicherstellt, dass eine interessen- und auftragsgerechte Leistungserbringung stattfindet.[746] Im dualistischen System ist z.B. der Aufsichtsrat ein solches Kontrollorgan.[747]

3. Der Markt für Unternehmenskontrolle

Der Markt für Unternehmenskontrolle wird als wichtiger externer Kontrollmechanismus einer externen Corporate Governance angesehen.[748] Durch ihn sollen die entstehenden Agency Kosten begrenzt werden können.[749] Das Modell eines Markts für Unternehmenskontrolle (sog. market for corporate control) geht auf einen Beitrag aus dem Jahre 1965 von *Manne* zurück.[750] Diese Theorie geht davon aus, dass verschiedene Management-Teams um die Kontrolle über ein Unternehmen konkurrieren und dass dieser Wettbewerb das aktuelle Management zu einer gewinnmaximierenden Unternehmensführung veranlasse, wodurch das Principal-Agent-

743 *Vogl-Mühlhaus*, Mehrfachstimmrechtsaktien (1998), S. 15 f.

744 *Eidenmüller*, JZ 2001, 1041, 1047.

745 *Vogl-Mühlhaus*, Mehrfachstimmrechtsaktien (1998), S. 15.

746 *Beckmann*, Das Mehrstimmrecht (2023), S. 30; zur internen und externen Corporate Governance *Hopt*, ZHR 175 (2011), 444, 450; *Kalss/Deutsch*, EU-WirtschaftsR-HdB, 64. Aufl. (2025), § 20 Rn. 534 ff.

747 *Baums*, ZIP 1995, 11 ff.; *Eidenmüller*, JZ 2001, 1041, 1047; *Bayer*, ZGR 2002, 588, 600; *Kalss/Deutsch*, EU-WirtschaftsR-HdB, 64. Aufl. (2025), § 20 Rn. 535.

748 *Baums*, ZIP 1995, 11, 12, bezeichnet ihn als „marktlichen Kontrollmechanismus"; *Adams*, AG 1990, 63, 64 als „Kontrolle letzter Instanz"; *Fleischer/Bueren*, Übernahmerecht-HdB (2017), Rn. 40 ff.; *Hopt*, Europäisches Übernahmerecht (2013), S. 84; *Beckmann*, Das Mehrstimmrecht (2023), S. 33, 273 ff.; *Hopt*, ZHR 175 (2011), 444, 450; *Kalss/Deutsch*, EU-WirtschaftsR-HdB, 64. Aufl. (2025), § 20 Rn. 535; *Bayer*, ZGR 2002, 588, 600.

749 *Eidenmüller*, JZ 2001, 1041, 1047; S. hierzu *Hirte/Gildehaus*, in: KK WpÜG, 3. Aufl. (2022), Einl. Rn. 15; *Wolf*, Mehrstimmrechtsaktien (2023), S. 123 m.w.N.

750 *Manne*, Mergers and the Market for Corporate Control, Journal of Political Economy (1965), 110; vgl. *Fleischer/Bueren*, Übernahmerecht-HdB (2017), § 3 Rn. 41, allgemein zu den theoretischen Erklärungsansätzen von Unternehmensübernahmen Rn. 9 ff.

Problem in Unternehmen reduziert werde. Die Managementleistung spiegele sich bei einem funktionierenden, informationsoffenen Kapitalmarkt im Börsenkurs des Unternehmens wider.[751] Eine ineffiziente Managementleistung führe zu einem sinkenden Aktienkurs, der unterhalb des Potenzials des Unternehmens liege. Das wiederum schaffe Anreize für eine Unternehmensübernahme durch ein leistungsfähigeres Management, das den Aktionären der Zielgesellschaft ein Übernahmeangebot unterbreite, um von der Kurssteigerung der übernommenen Aktien zu profitieren.[752] Eine solche Übernahme führe im Falle des Erfolges mit hoher Wahrscheinlichkeit dazu, dass das bislang ineffiziente Managementteam ausgetauscht wird.[753] Ein externer Investor, der ein solches Unternehmen mit ineffizientem Management übernehme, erziele durch eine verbesserte Unternehmensführung Effizienzgewinne, mit denen er seinen Kaufpreis refinanzieren könne. Der Theorie zufolge wird das Unternehmen damit immer von demjenigen geführt, der den größten ökonomischen Nutzen generieren kann. Die Übernahmegefahr wirke sich damit positiv auf das Unternehmen aus, da dieser Mechanismus eine Disziplinierung des Managements bewirke[754] und zur Senkung der Agency Kosten beitrage.[755] Die dahinterstehende Idee ist, dass die Möglichkeit einer Übernahme den Anreiz schaffen soll, das Unternehmen effizient und zum Wohle der Gesellschafter zu führen, um eine Übernahme möglichst unattraktiv zu machen. Dieser Mechanismus wird daher als „Kontrolle letzter Instanz“ bezeichnet.[756] Sie wird dann relevant,

751 *Manne*, Mergers and the Market for Corporate Control, Journal of Political Economy (1965), 110, 112; *Kalss*, ZHR 2023, 438, 481; *Seibert*, FS Hommelhoff (2012), 333.

752 *Manne*, Mergers and the Market for Corporate Control, Journal of Political Economy (1965), 110, 113; *Baums*, ZIP 1995, 11, 12; Report of the High Level Group of Company Lax Experts on issues related to takeover bids (10.1.2002), S. 19; *Fleischer/Bueren*, Übernahmerecht-HdB (2017), § 3 Rn. 41.

753 *Assmann/Bozenhardt*, in: Assmann/Basaldua/Bozenhardt u.a. (Hrsg.), Übernahmeangebote (1990), S. 1, 16; *Bayer*, ZGR 2002, 588, 600; hierzu m.wN. auch *Ockert*, Die langfristige Bindung von Gesellschaftern (2020), S. 34 f.

754 *Manne*, Mergers and the Market for Corporate Control, Journal of Political Economy (1965), 110, 113 f.; Report of the High Level Group of Company Lax Experts on issues related to takeover bids (10.1.2002), S. 19; s. auch *Hopt*, Europäisches Übernahmerecht (2013), S. 84 m.w.N.; *Fama/Jensen*, Separation of Ownership and Control, The Journal of Law & Economics (1983), 301 ff.

755 *Bebchuk/Kastiel*, The Perils of Small-Minority Controllers, Geo. L. J. (Juni 2019), 1453, 1465.

756 *Adams*, AG 1990, 63, 64; so heißt es in *Fama/Jensen*, Separation of Ownership and Control, The Journal of Law & Economics (1983), 301, 313 f.: *„the takeover market provides an external court of last resortrotection of residual claimants*".

wenn das interne Kontrollverfahren keine disziplinierende Wirkung mehr entfalte.

Für die Unternehmensübernahme wiederum ist das Stimmrecht entscheidend, da es dem Käufer ermöglicht, die Kontrolle über das Zielunternehmen zu erlangen.[757] Damit entscheidet die Stimmrechtsstruktur über die Attraktivität und die Möglichkeit einer Übernahme sowie darüber, wer die Kontrolle über das Unternehmen behalten oder in Zukunft erlangen kann. In diesem Zusammenhang ist die Studie von *Grossman* und *Hart* aus dem Jahr 1988 zu betrachten, in welcher sie die Optimalität des *one share, one vote*-Grundsatzes analysierten und sich damit auseinandersetzten, wie sich unterschiedliche Stimmrechtsstrukturen auf die Effizienz der Unternehmensorganisation sowie auf den Markt für Unternehmenskontrolle auswirken.[758] Für eine Unternehmensübernahme können zwei Arten von Kontrollvorteilen relevant werden. Einen ersten Vorteil stelle der Nutzen aus dem Wertpapier (sog. security benefits) dar, der sich auf den gesamten Marktwert der Einkommensströme beziehe und damit sämtlichen Aktionären zugutekomme.[759] Wichtiger sei jedoch die zweite Art des Vorteils, nämlich die privaten Vorteile (sog. private benefits), wie z.B. die Hoffnung auf persönliche Vorteile oder die Erzielung von Synergieeffekten, die ausschließlich dem kontrollierenden Anteilseigner zugutekommen.[760] Erwerbsinteressenten seien bereit, für diese privaten Vorteile einen über dem Börsenkurs liegenden Preis zu zahlen, soweit sie durch die Übernahme die Stimmenmehrheit und damit einhergehend die Kontrolle erlangen. Private Vorteile lassen sich weiter in finanzielle und nicht finanzielle Vorteile unterteilen.[761] Problematisch sind insoweit finanzielle Vorteile, die einen Kontrollaktionär einseitig bevorzugen und zu Lasten der übrigen Gesellschafter aus dem Gesellschaftsvermögen fließen. Entspricht nun die finanzielle Beteiligung des Kontrollaktionärs nicht seiner Stimmkraft, sondern liegt eine überproportionale Stimmrechtsgestaltung vor, steige der

---

757 *Easterbrook/Fischel*, Voting in Corporate Law, The Journal of Law & Economics (1983), 395, 406.

758 *Grossman/Hart*, One Share - One Vote and the Market for Corporate Control, Journal of Financial Economics (1988), 175 ff.

759 *Dies.*, One Share - One Vote and the Market for Corporate Control, Journal of Financial Economics (1988), 175, 177.

760 *Grossman/Hart*, One Share - One Vote and the Market for Corporate Control, Journal of Financial Economics (1988), 175, 177; zu den geldwerten Vorteilen s. *Wolf*, Mehrstimmrechtsaktien (2023), S. 129 ff.

761 *Beckmann*, Das Mehrstimmrecht (2023), S. 21.

Anreiz, sich private Vorteile zu verschaffen.[762] Gleichzeitig verschärfe sich das Problem der Aktionärsapathie der übrigen Aktionäre, da sich ihr Anreiz zur Stimmrechtsausübung und Kontrolle aufgrund ihrer unterproportionalen Beteiligung reduziere und den Kostenaufwand unattraktiv mache.[763] *Grossman* und *Hart* kommen zu dem Ergebnis, dass der *one share, one vote*-Grundsatz optimal sei, da er einen Bieter veranlasse, den höchsten Preis für eine Übernahme zu zahlen und gleichzeitig wertmindernde Angebote verhindere. Abweichungen seien als Übernahmehürden geeignet, den Markt für Unternehmenskontrolle zu beseitigen.[764] Die Kopplung von Vermögens- und Stimmrecht sei geeignet, einen Wettbewerb im Markt für Unternehmenskontrolle zu fördern und die Verfestigung eines Managements, das beispielsweise durch die Erlangung privater Vorteile zulasten der übrigen Aktionäre getrieben ist, zu unterbinden.

II. Bedeutung der Theorien für den one share, one vote-Grundsatz

Hieran anknüpfend analysieren eine Reihe von Studien die Vor- und Nachteile des *one share, one vote*-Grundsatzes und der proportionalen Stimmrechtsverteilung. Eine Reihe von englischsprachigen[765] und europäischen[766]

762 *Bebchuk/Kastiel*, The Untenable Case for Perpetual Dual-Class Stock, Virginia L. Rev. (2017), 585, 603; *Grundmann*, in: GroßKomm AktG, 5. Aufl. (2019), § 133 Rn. 89; *Tröger*, in: KK AktG, 2. Aufl. (2021), § 133 Rn. 25.

763 *Grundmann*, in: GroßKomm AktG, 5. Aufl. (2019), § 133 Rn. 89.

764 *Adams*, AG 1990, 63, 66; *Daske*, Vorzugsaktien (2018), S. 292 f.; *Hofstetter*, Corporate Governance in der Schweiz (2002), S. 27.

765 *Bebchuk/Kastiel*, The Untenable Case for Perpetual Dual-Class Stock, Virginia L. Rev. (2017), 585 ff., die sich auf die Frage konzentrieren, wie sich der Zeitablauf seit dem Börsengang auf die Effizienz einer dual-class Struktur auswirkt; *Bebchuk/Kastiel*, The Perils of Small-Minority Controllers, Geo. L. J. (Juni 2019), 1453 ff.; Übersicht über theoretische und empirische Arbeiten gebend *Burkart/Lee*, The One Share - One Vote Debate: A Theoretical Perspective, ECGI Finance Working Paper N°. 176/2007 (Mai 2007); ebenfalls *Adams/Ferreira*, One Share, One Vote: The Empirical Evidence, ECGI Finance Working Paper N. 177/2007 (2007); zu Agency Problemen in US-Dual-Class Unternehmen s. *Masulis/Wang/Xie*, Agency Problems at Dual-Class Companies, ECGI Finance Working Paper No. 209/2008 (Juni 2008); zu den Verfallsklauseln *Fisch/Solomon*, The Problem of Sunsets, 99. B.U.L. Rev. (2019), 1057; eine aktuelle Übersicht über die relevante englischsprachige Literatur liefert darüber hinaus z.B. *Hopt/Kalss*, ZGR 2024, 84, 108 f. Fn. 133.

766 ISS/Shearman & Sterling LLP/ECGI, Report on the Proportionality Principle in the European Union (18.5.2007); Shearman & Sterling LLP, Proportionality between Ownership and Control in EU-Listed Companies (18.5.2007); Shearman & Sterling

Studien befasst sich neben den Auswirkungen von *one share, one vote* insbesondere mit den Auswirkungen von Dual-Class Strukturen. Es soll ein Überblick darüber gegeben werden, welche Vor- und Nachteile sich aus den Theorien für den *one share, one vote*-Grundsatz ergeben. Dabei ist schon an dieser Stelle darauf hinzuweisen, dass eine Übertragung US-amerikanischer Modelle auf europäische und deutsche Verhältnisse als kritisch und nicht immer passend beurteilt wird.[767]

1. Die Vorteile des one share, one vote-Grundsatzes

Hinter dem *one share, one vote*-Prinzip steht die Grundannahme, dass Aktionäre die besten Anreize haben, Entscheidungen im Interesse des Unternehmens zu treffen. Eine proportionale Verteilung und damit der Grundsatz des Gleichlaufs von Herrschaft und Risiko beruht wiederum auf der Grundannahme, dass diejenigen, die am wirtschaftlichen Risiko und am Gewinn einer Unternehmung partizipieren, ein persönliches Interesse an der erfolgreichen wirtschaftlichen Entwicklung der Gesellschaft haben. Daher sollen sie sämtliche Entscheidungen im Hinblick auf künftige Entwicklungen der Gesellschaft sorgfältig treffen und für eine effiziente Allokation des Kapitals sorgen. Die Kopplung von Vermögens- und Stimmrecht – und damit *one share, one vote* – sei geeignet, einen Wettbewerb im Markt für Unternehmenskontrolle zu fördern und die Verfestigung eines Managements, das beispielsweise durch die Erlangung privater Vorteile zulasten der übrigen Aktionäre getrieben ist, zu unterbinden.

Die Theorie der Entscheidungsfindung im Unternehmen i.S.d. *Shareholder Primacy* kann damit zugleich als Ausgangspunkt der rechtsökonomischen Kritik an der disproportionalen Stimmrechtsverteilung angesehen werden. Danach ist der *one share, one vote*-Grundsatz als logische Folge der Funktion des Stimmrechts anzusehen, mit dem die Aktionäre Kontrolle ausüben können.[768] Aktionäre mit einem überproportionalen Stimmrecht

---

LLP/ISS/ECGI, Report on the Proportionality Principle in the European Union (2016); *Bessler/Vendrasco*, Corporate Governance and the Relevance of Shares with Unequal Voting Rights in Europe (25.10.2019).

767 Vgl. *Fleischer/Bueren*, Übernahmerecht-HdB (2017), § 3 Rn. 43 m.w.N.; kritisch zur Geltung des Markts für Unternehmenskontrolle *Anderson*, Stimmrechtsproportionalität (2016), S. 231 ff.; *Hirte/Gildehaus*, in: KK WpÜG, 3. Aufl. (2022), Einl. Rn. 31, speziell zum Markt für Unternehmenskontrolle Rn. 15.

768 *Easterbrook/Fischel*, Voting in Corporate Law, The Journal of Law & Economics (1983), 395, 409.

würden nicht in einem ihrer Kontrolle entsprechenden Maße an den verbleibenden Gewinnen oder Verlusten aus zukünftigen Entscheidungen partizipieren. Ihnen fehle der Anreiz, optimale Entscheidungen zu treffen. Da sie nicht das volle finanzielle Risiko ihrer Entscheidungen tragen, bestünden vielmehr Anreize, sich zulasten der Mitaktionäre Sondervorteile zu verschaffen oder größere Handlungsrisiken einzugehen.[769] Zudem würden sich Stimmrechtsgestaltungen, die zu einer überproportionalen Verteilung des Stimmrechts führen, negativ auf die Principal-Agent-Beziehung auswirken. Zugleich würden hierdurch die Agency-Kosten steigen. Auf diese These stützt sich ein Großteil der Literatur.[770] Dies kann als eines der Hauptargumente gegen Dual-Class Strukturen und Mehrstimmrechte identifiziert werden. Je größer die Diskrepanz, desto verzerrter seien die Anreize und desto höher die Kosten.[771] Infolgedessen sinke auch der Unternehmenswert.[772] Diese Problematik vertiefe sich, wenn sie im Zusammenhang mit dem Markt für Unternehmenskontrolle betrachtet werde. Überproportionale Stimmrechtsgestaltungen erhöhen die Gefahr des sog. Entrenchments, also der Verschanzung,[773] was das Management von der disziplinierenden Wirkung des Markts für Unternehmenskontrolle abschir-

---

769 *Easterbrook/Fischel*, Voting in Corporate Law, The Journal of Law & Economics (1983), 395, 409 f.; *Bebchuk/Kastiel*, The Untenable Case for Perpetual Dual-Class Stock, Virginia L. Rev. (2017), 585, 602.

770 *Easterbrook/Fischel*, Voting in Corporate Law, The Journal of Law & Economics (1983), 395, 409; *Bebchuk/Kastiel*, The Untenable Case for Perpetual Dual-Class Stock, Virginia L. Rev. (2017), 585, 602 ff.; *Osterloh-Konrad*, ZGR 2012, 35, 52; *Herzog/Gebhard*, ZIP 2022, 1893; *Casper*, ZHR 187 (2023), 5, 26; *Denninger*, DB 2022, 2329, 2333; zu Agency Problemen bei Dual-Class Unternehmen s. *Masulis/Wang/Xie*, Agency Problems at Dual-Class Companies, ECGI Finance Working Paper No. 209/2008 (Juni 2008).

771 *Easterbrook/Fischel*, Voting in Corporate Law, The Journal of Law & Economics (1983), 395, 409; *Bebchuk/Kastiel*, The Perils of Small-Minority Controllers, Geo. L. J. (Juni 2019), 1453, 1466 f., 1473 ff.; *Ceesay*, Die Wiedereinführung der Mehrstimmrechtsaktien (2023), S. 4.

772 *Bebchuk/Kastiel*, The Untenable Case for Perpetual Dual-Class Stock, Virginia L. Rev. (2017), 585, 603.

773 Nach der EU-Kommission liegt ein Entrenchment dann vor, wenn die kontrollierenden Anteilseigner eine dauerhafte Kontrolle ausüben und somit zu ihrem eigenen Vorteil entscheiden können, ohne die Interessen des Unternehmens und anderer Aktionäre zu berücksichtigen, und andere Aktionäre diese Entscheidungen nicht wirksam anfechten können, COM(2022) 761 final vom 7.12.2022, 4.

me.[774] Wenn neben den finanziellen Anreizen auch die Marktdisziplin fehle, bestehe eine hohe Wahrscheinlichkeit, dass eine Mehrheitsbeteiligung dazu genutzt werde, den eigenen privaten Nutzen zu erhöhen und private Vorteile zu entnehmen, auch wenn diese Entscheidung von der der anderen Anteilseigner abweicht.[775] Solche Vorteile können beispielsweise hohe Vergütungen, die Ernennung von Vertrauenspersonen in Ämter, die weniger effizient handeln oder Related Party Transactions sein.[776] Aus der von *Grossman* und *Hart* entwickelten Optimalität der *one share, one vote*-Regel ergebe sich, dass Abweichungen hiervon als Übernahmehürden geeignet seien, den Markt für Unternehmenskontrolle zu beseitigen, was das Agency-Problem verschärfe.[777] Eine strikte Befolgung des *one share, one vote*-Grundsatzes hätte zudem eine Standardisierung der Aktie zur Folge, was zu einer Senkung von Transaktions- sowie ggf. einzuholende Rechtsermittlungskosten führe.[778] Die Ausgabe überproportionaler Stimmrechte sei zudem geeignet, die Apathie der Kleinanleger zu fördern.[779]

2. Die Vorteile der Abweichungen von dem one share, one vote-Grundsatz

Der disproportionalen Stimmrechtsverteilung wird von anderen Autoren ein positiver Effekt zugeschrieben.[780] Die Vorteile, die sich aus der disproportionalen Stimmrechtsverteilung ergeben, sollen insbesondere dann zum Tragen kommen, wenn man von Informationsdefiziten ausgehe und Infor-

---

774 *Bebchuk/Kastiel*, The Untenable Case for Perpetual Dual-Class Stock, Virginia L. Rev. (2017), 585, 602; *Ceesay*, Die Wiedereinführung der Mehrstimmrechtsaktien (2023), S. 4.

775 *Bebchuk/Kastiel*, The Untenable Case for Perpetual Dual-Class Stock, Virginia L. Rev. (2017), 585, 603.

776 *Hopt/Kalss*, ZGR 2024, 84, 111.

777 *Adams*, AG 1990, 63, 66; *Daske*, Vorzugsaktien (2018), S. 292 f.; *Hofstetter*, Corporate Governance in der Schweiz (2002), S. 27.

778 *Seibt*, ZGR 2010, 795, 817 f.

779 *Casper*, ZHR 187 (2023), 5, 25.

780 *Bauguess/Slovin/Sushka*, Large shareholder diversification, corporate risk taking, and the benefits of changing to differential voting rights, J. Banking & Fin. (2012), 1244 ff.; *Dimitrov/Jain*, Recapitalization of One Class of Common Stock into Dual-Class: Growth and Long-Run Stock Returns, J. Corp. Fin. (2006), 342 ff.; *von der Crone/Reiser/Plaksen*, SZW 2010, 93; *von der Crone/Plaksen*, The Value of Dual-Class Shares in Switzerland (2010); S. *Nüesch*, Dual-class shares, external financing needs, and firm performance, Journal of Management & Governance (2016), 525, S. 528 m.w.N.

mationsbeschaffungskosten berücksichtige.[781] Viele Aktionäre unterließen eine Informationsbeschaffung, weil ihre einzelne Stimme kaum Einfluss habe und in keinem Verhältnis zu den anfallenden Informationskosten stehe (sog. rationale Apathie). Da kein Aktionär das Ergebnis der Wahl beeinflussen könne, fehle es an richtigen Anreizen, sich zu beteiligen, sodass die Machtlosigkeit der Aktionäre als notwendige Folge der Streuung des Eigentums identifiziert wird.[782] Diese Ineffizienz könne dadurch beseitigt werden, dass die Stimmrechte bei denjenigen Aktionären gebündelt werden, die gewillt und imstande sind, sie auf zureichender Informationsbasis sachgerecht auszuüben. Eine disproportionale Stimmrechtsrechtsverteilung könne sich also positiv auswirken, da aktivistische Aktionäre die Möglichkeit erhalten, ihre Kontrollposition auszubauen, um die Geschicke des Unternehmens zu beeinflussen, ohne ihre finanzielle Beteiligung auszubauen.[783] Im Gegensatz zu Kleinaktionären, die keinen Anreiz haben, Informationen zu sammeln und das Management zu überwachen, sei ein „starker Eigentümer" in der Lage, auf die Strategie und Ausrichtung der Gesellschaft Einfluss auszuüben.[784] Er habe einen Anreiz, die Geschäftsführung aktiv zu kontrollieren und die damit verbundenen Überwachungskosten zu tragen, wodurch das Agency-Problem reduziert werde.[785] Die Konsequenz hieraus sei, dass etwa der Einsatz von Mehrstimmrechten die Agency-Kosten nicht erhöhe, sondern senke[786] und den Unternehmenswert steigern könne.[787] Dies käme nicht nur der AG, sondern auch den Mitgesellschaftern zugu-

781 *Osterloh-Konrad*, ZGR 2012, 35, 52.

782 *Easterbrook/Fischel*, Voting in Corporate Law, The Journal of Law & Economics (1983), 395, 397.

783 *Nicolussi*, AG 2022, 757, 760.

784 Grundlegend *Goshen/Hamdani*, Yale L. J., 560 ff.; *Bessler/Vendrasco*, Corporate Governance and the Relevance of Shares with Unequal Voting Rights in Europe (25.10.2019), S. 7; *Hopt/Kalss*, ZGR 2024, 84, 110; *Kalss*, ZHR 2023, 438, 463 f.; *Nicolussi*, AG 2022, 757, 760.

785 *Burkart/Lee*, The One Share - One Vote Debate: A Theoretical Perspective, ECGI Finance Working Paper N°. 176/2007 (Mai 2007), S. 41; *Bessler/Vendrasco*, Corporate Governance and the Relevance of Shares with Unequal Voting Rights in Europe (25.10.2019), S. 7; *Nicolussi*, AG 2022, 757, 760.

786 *Goshen/Squire*, Principal Costs: A New Theory for Corporate Law and Governance, Columbia Law Review, 767 ff., 829; *Nicolussi*, AG 2022, 757, 760; S. auch *Wolf*, Mehrstimmrechtsaktien (2023), S. 141 ff.; *Beckmann*, Das Mehrstimmrecht (2023), S. 182 ff.

787 Hierzu *von der Crone/Plaksen*, The Value of Dual-Class Shares in Switzerland (2010).

te.[788] Die Kontrolle durch einen Mehrstimmrechtsaktionär könne deshalb vorteilhaft sein, weil er Anreize zur Überwachung habe und sich dies auf die Kosten auswirken könne.[789] Zugleich werde das Problem der rationalen Apathie reduziert.[790] Diese aktive Ausübung von Eigentums- und Kontrollrechten, v.a. durch Gründer und Familiengesellschafter könne als Ausgleich für die fehlende Proportionalität von Kapitaleinsatz und Stimmkraft gesehen werden.[791]

Die von den Kritikern betonte Wirkung der Abweichungen von *one share, one vote* als Verhinderungsinstrument sowie die Abschirmung von dem Markt der Unternehmenskontrolle, wird von den Befürwortern als Vorteil gesehen, da sie das Management vor (feindlichen) Übernahmeversuchen schütze.[792] Die geringere Gefahr einer Übernahme könne Blockaktionären helfen, langfristige Strategien zur Steigerung des Unternehmenswertes zu verfolgen, was im Interesse aller Aktionäre liege.[793] Eine strikte Anwendung des *one share, one vote*-Grundsatzes könne hingegen zu einer Einschränkung der Risikoteilung, der Marktliquidität oder des Unternehmenswachstums führen.[794] Sind Unternehmen auf Kapital angewiesen, hat die Ausgabe von stimmberechtigten Aktien zwangsläufig die Verwässerung der bestehenden Stimmrechtsstrukturen zur Folge, was dazu führen kann, dass auf wertvolle Investitionen vollständig verzichtet wird. Dual-Class Struktu-

788 *Nicolussi*, AG 2022, 757, 760; *Goshen/Hamdani*, Yale L. J., 560 beschreiben das wie folgt: *„Our analysis shows that controlling shareholders hold a control block to increase the pie's size (pursue idiosyncratic vision) rather than to dictate the pie's distribution (consume private benefits)"*. Das konzentrierte Eigentum sehen sie zwischen den Extremen von Unternehmen mit Streubesitz (mit niedrigen Agency-Kosten) und Dual-Class-Firmen (mit hohen Agency-Kosten) angesiedelt, vgl. S. 581; *Hopt/Kalss*, ZGR 2024, 84, 110.

789 Vgl. *Adams/Ferreira*, One Share, One Vote: The Empirical Evidence, ECGI Finance Working Paper N. 177/2007 (2007), S. 2.

790 *Osterloh-Konrad*, ZGR 2012, 35, 53.

791 *Nicolussi*, AG 2022, 757, 760.

792 *Von der Crone/Plaksen*, The Value of Dual-Class Shares in Switzerland (2010), S. 11.

793 *Lehn/Netter/Poulsen*, Consolidating corporate control: Dual-class recapitalizations versus leveraged buyouts, Journal of Financial Economics (1990), 557; *Nüesch*, Dual-class shares, external financing needs, and firm performance, Journal of Management & Governance (2016), 525, 526 m.w.N.; *von der Crone/Plaksen*, The Value of Dual-Class Shares in Switzerland (2010), S. 2 f.

794 *Burkart/Lee*, The One Share - One Vote Debate: A Theoretical Perspective, ECGI Finance Working Paper N°. 176/2007 (Mai 2007), S. 32.

ren ermöglichen es, Eigenkapital zu beschaffen und gleichzeitig die unerwünschten Risiken in Form des Kontrollverlustes zu vermeiden.[795]

3. Zwischenergebnis

In der rechtsökonomischen Literatur lassen sich sowohl Argumente für als auch gegen einen strikten Gleichlauf zwischen Stimmrechten und der wirtschaftlichen Betroffenheit finden. Eine eindeutige Effizienz des *one share, one vote*-Grundsatzes mit der Folge, dass dieser strikt befolgt werden sollte, lässt sich anhand der zum Teil widersprüchlichen empirischen Befunde gerade nicht feststellen.[796] Einen Mittelweg gehen *Burkart* und *Lee* in ihrer Studie aus dem Jahr 2007, die zu dem Ergebnis kommen, die Effizienz des *one share, one vote*-Grundsatzes hänge von der jeweiligen Eigentümerstruktur ab.[797] Für Unternehmen, deren Anteile sich im Streubesitz befinden, sei er nicht optimal. Gebe es in der AG hingegen einen Mehrheitsaktionär, fördere *one share, one vote* wertsteigernde und verhindere zugleich wertmindernde Kontrollübertragungen wirksamer als jede andere Stimmverteilung. Sie weisen darauf hin, dass ein Großteil der überwiegend englischsprachigen Übernahmeliteratur von börsennotierten Zielunternehmen mit verstreuten Eigentümern und frei handelbaren Aktien ausgehe, was auf viele Unternehmen im europäischen Raum nicht zutreffe.[798] Dies deckt sich mit der in der Literatur kontrovers diskutierten Frage, ob die Grundsätze des Markts für Unternehmenskontrolle überhaupt übertragbar sind.[799]

---

795 *Burkart/Lee*, The One Share - One Vote Debate: A Theoretical Perspective, ECGI Finance Working Paper N°. 176/2007 (Mai 2007), S. 32; *von der Crone/Plaksen*, The Value of Dual-Class Shares in Switzerland (2010), S. 12.

796 So schon *Adams/Ferreira*, One Share, One Vote: The Empirical Evidence, ECGI Finance Working Paper N. 177/2007 (2007); später auch *Fisch/Solomon*, The Problem of Sunsets, 99. B.U.L. Rev. (2019), 1057, wo es konkret heißt, dass die Debatte darüber, ob Dual-Class Strukturen den Unternehmenswert erhöhen oder verringern, bis heute ungelöst ist.; Ebenso *Tröger*, in: KK AktG, 2. Aufl. (2021), § 134 Rn. 19.

797 *Burkart/Lee*, The One Share - One Vote Debate: A Theoretical Perspective, ECGI Finance Working Paper N°. 176/2007 (Mai 2007), S. 42 f.

798 *Dies.*, The One Share - One Vote Debate: A Theoretical Perspective, ECGI Finance Working Paper N°. 176/2007 (Mai 2007), S. 8.

799 Vgl. *Fleischer/Bueren*, Übernahmerecht-HdB (2017), § 3 Rn. 43 m.w.N.; kritisch zur Geltung des Markts für Unternehmenskontrolle *Anderson*, Stimmrechtsproportionalität (2016), S. 231 ff.; *Hirte/Gildehaus*, in: KK WpÜG, 3. Aufl. (2022), Einl. Rn. 31, speziell zum Markt für Unternehmenskontrolle Rn. 15.

Insgesamt liefert die Durchsicht der empirischen Literatur damit keine eindeutige Antwort auf die Frage, ob disproportionale Eigentumsverhältnisse soziale Kosten verursachen, indem sie den Unternehmenswert vernichten.[800] Die empirische Literatur hat damit noch nicht eindeutig geklärt, ob und wie sich Aktien mit zwei Klassen auf die Unternehmensleistung auswirken.[801]

III. Von dem europäischen und deutschen Gesetzgeber in Auftrag gegebene Studien

Eine Übertragung der überwiegend auf US-amerikanischen Verhältnissen basierenden Studien auf die europäische und insbesondere deutsche Diskussion wird kritisch gesehen.[802] Daher sollen die von dem europäischen und deutschen Gesetzgeber im Zusammenhang mit der Verabschiedung des Listing Acts und des ZuFinG in Auftrag gegebenen Studien näher betrachtet werden. Die von der Europäischen Kommission im Jahr 2007 in Auftrag gegebene Studie kam zu dem Ergebnis, dass eine „Optimalität" einer Stimmrechtsstruktur, die dem *one share, one vote*-Grundsatz folgt, weder empirisch noch tatsächlich nachweisbar sei, woraufhin die Europäische Kommission einen Handlungsbedarf auf EU-Ebene verneinte.[803]

1. ISS, ECGI (2016)

Die Europäische Kommission beauftragte im Jahr 2016 *ISS*, *Shearman & Sterling LLP* und ECGI (i. F. zusammen: „die Berichterstatter") mit der Durchführung einer externen Studie, deren Hauptziel es war, bestehende Abweichungen von dem Proportionalitätsprinzip bei börsennotierten Unternehmen in der EU zu identifizieren, den einschlägigen Rechtsrahmen zu analysieren, ihre wirtschaftliche Bedeutung zu bewerten und festzustellen,

800 Shearman & Sterling LLP/ISS/ECGI, Report on the Proportionality Principle in the European Union (2016), 6.

801 *Nüesch*, Dual-class shares, external financing needs, and firm performance, Journal of Management & Governance (2016), 525, 526.

802 *Zöllner/Noack*, AG 1991, 117, 126 ff.; *Hirte/Gildehaus*, in: KK WpÜG, 3. Aufl. (2022), Einl. Rn. 31 f.

803 S. hierzu schon unter B.III.3.

ob diese Abweichungen Auswirkungen auf die Anleger in der EU haben.[804] Die Ergebnisse dieser Studie wurden im „*Report on the Proportionality Principle in the European Union*“ zusammengefasst, der im Rahmen der offenen Ausschreibung „MARKT/2006/15/F“ der Europäischen Kommission vorgelegt wurde.

Die Berichterstatter stellen einleitend fest, dass im Jahr 2016 von den 464 untersuchten europäischen Unternehmen 44 % über ein oder mehrere CEMs verfügten.[805] Gemeint sind CEMs, also Kontrollverstärkungsmechanismen, die eine Diskrepanz zwischen finanziellem Eigentum und Stimmrecht schaffen, mit dem Ergebnis, dass ein Aktionär seine Kontrolle erhöhen kann, ohne einen proportionalen Anteil am Eigenkapital zu halten. Keine der untersuchten Rechtsordnungen hat sich für ein reines Prinzip[806] entschieden, die meisten Länder haben eine Mittelposition eingenommen. Pyramidenstrukturen waren mit 27 % am häufigsten anzutreffen, gefolgt von Mehrstimmrechtsaktien (21 %) und Aktionärsvereinbarungen (14 %).[807] Die Berichterstatter haben weltweit 445 institutionelle Investoren befragt, um den Einfluss von CEMs auf Investitionsentscheidungen zu untersuchen. Die Mehrheit der europäischen Teilnehmer, die zusammen 13 % des in Europa verwalteten Vermögens repräsentierten, bewerteten alle CEMs negativ. Prioritätsaktien, Golden Shares, Mehrfachstimmrechte und Stimmrechtsobergrenzen wurden als besonders negativ empfunden. Dabei sollen Mehrstimmrechte den größten Einfluss auf die Entscheidungen der Anleger haben.[808] Dies bestätigen die jüngsten Stellungnahmen von ISS und Glass Lewis.[809]

2. Empfehlung des „High Level Forum on the Capital Markets Union“ (2020)

Die Ende 2019 von der Europäischen Kommission einberufene Expertengruppe („*High Level Forum on the Capital Markets Union*“), die sich aus 28

804 Vgl. Shearman & Sterling LLP/ISS/ECGI, Report on the Proportionality Principle in the European Union (2016), 5, 7.

805 *Dies.*, Report on the Proportionality Principle in the European Union (2016), S. 6.

806 Insoweit kollidiert auch den Berichterstattern zufolge das *one share, one vote*-Prinzip mit dem „*traditionellen Prinzip der Vertragsfreiheit*“.

807 Shearman & Sterling LLP/ISS/ECGI, Report on the Proportionality Principle in the European Union (2016), S. 5 f.

808 *Dies.*, Report on the Proportionality Principle in the European Union (2016), S. 6.

809 S. C.II.6.

Experten unterschiedlicher Länder und Berufen zusammengesetzt hat, hat am 10. Juni 2020 siebzehn Empfehlungen zur Stärkung der Kapitalmarktunion vorgelegt.[810] Ziel einer solchen Kapitalmarktunion ist es, für stärker integrierte Kapitalmärkte zu sorgen, um einen regionalen Zusammenhalt zu stärken, indem Bürgern und Unternehmen in der EU unabhängig von ihrem Standort ein gleichberechtigter Zugang zu Finanzierungs- und Investitionsmöglichkeiten gewährleistet wird.[811]

Nach Einschätzung des Hochrangigen Forums sollten Unternehmen bei einem Börsengang u.a. die Option haben, Mehrstimmrechtsaktien auszugeben.[812] Eine Börsennotierung sollte unabhängig von der Unternehmensgröße eine attraktive Finanzierungsoption darstellen und gleichzeitig den Eigentümern ermöglichen, die Kontrolle über ihr Unternehmen zu behalten. Eine Mehrstimmrechtsstruktur würde eine Übernahme durch größere Unternehmen verhindern und es den Eigentümern ermöglichen, sich auf das Wachstum des Unternehmens und eine langfristige Perspektive zu konzentrieren. Sie empfehlen, Mehrstimmrechtsaktien mit einer in das Ermessen des Unternehmens gestellten Verfallsklausel auszustatten, sofern sie potenzielle Anleger nicht von vornherein von einer Investition abschreckt. Dabei sei jedoch zu berücksichtigen, dass dies die Aktionäre nicht daran hindern dürfe, ihre Verantwortung insbesondere im Bereich der Nachhaltigkeit wahrzunehmen.

3. Oxera Consulting LLP (2020)

Das Beratungsunternehmen *Oxera Consulting LLP* (i. F. Oxera) hat für die Generaldirektion Finanzstabilität, Finanzdienstleistungen und Kapitalmarktunion der Europäischen Kommission eine Studie über die Funktionsweise der primären und sekundären Aktienmärkte im Jahr 2020 durchgeführt. Die Studie untersuchte das Entwicklungspotenzial der europäischen Aktienmärkte und u.a. der Maßnahmen zur Schaffung eines besseren Um-

810 High Level Forum on the Capital Markets Union, A new vision for Europe's capital markets (2020).

811 Europäische Kommission, Call for applications for the selection of members of the high level forum on capital markets union v. 10.10.2019, S. 1, abrufbar unter https://commission.europa.eu/documents_en?prefLang=de&f%5B0%5D=document_title%3AHigh%20Level%20Forum%20on%20the%20Capital%20Markets%20Union (zuletzt geprüft am 29.12.2025).

812 High Level Forum on the Capital Markets Union, A new vision for Europe's capital markets (2020), S. 66.

felds für die Börsennotierung von Unternehmen unterschiedlicher Größe im Hinblick auf die Verwirklichung einer Kapitalmarktunion. Sie kam zu dem Schluss, dass die europäischen Aktienmärkte aufgrund der Zersplitterung in der EU hinter ihrem Potenzial zurückbleiben.[813] Die durchgeführte Datenerhebung zeige zunächst einen relativen Rückgang der Börsengänge und einen Anstieg der damit verbundenen Kosten. Die europäischen Aktienmärkte seien im weltweiten Vergleich „ins Hintertreffen" geraten.[814] Die Zahl der Börsennotierungen in der EU sei von 7.392 im Jahr 2010 um 12 % auf 6.538 im Jahr 2018 zurückgegangen, während das BIP im gleichen Zeitraum um 24 % gestiegen sei.[815] Als Hauptgründe für den Rückgang der Börsennotierungen werden in erster Linie die Zunahme von Fusionen und Übernahmen sowie die Entwicklung der Private-Equity-Märkte genannt.[816] Um den Börsengang für Unternehmen unterschiedlicher Größe attraktiver zu machen, identifiziert die Studie fünf Hauptbereiche, die von den politischen Entscheidungsträgern berücksichtigt werden sollten. Dabei handelt es sich um (1.) die Überarbeitung der Offenlegungsvorschriften, um das Ungleichgewicht zwischen börsennotierten und nicht börsennotierten Unternehmen zu verringern, (2.) die Förderung der Flexibilität bei der Verwendung von Dual-Class Shares, (3.) die Förderung der Beteiligung institutioneller Anleger an Börsengängen, (4.) die Verbesserung der Corporate Governance Standards zur Senkung der Agency-Kosten und (5.) die Gewinnung von Kleinanlegern als potenziell wichtige Kapitalquelle für Investitionen über den Aktienmarkt.[817] Hier soll es nur um den zweiten Aspekt dieser Studie gehen.

Ausgehend von den Erfahrungen in anderen Rechtsordnungen wie den USA, Hongkong, Singapur, Schweden oder Italien zeigt die Analyse, dass eine größere Flexibilität durch Mehrstimmrechte Familienunternehmen ermutigen kann, einen Börsengang anzustreben.[818] Vor dem Hintergrund, dass in den in der Studie untersuchten 14 EU-Mitgliedstaaten 5.000 Familienunternehmen mit einem Volumen von mehr als über 50 Mio. Euro nicht börsennotiert sind, könnte die Einführung solcher Strukturen ein wichtiger

813 Oxera Consulting LLP, Primary and secondary equity markets in the EU (September 2020), S. 227.
814 *Dies.*, Primary and secondary equity markets in the EU (September 2020), S. 11.
815 *Dies.*, Primary and secondary equity markets in the EU (September 2020), S. 12.
816 *Dies.*, Primary and secondary equity markets in the EU (September 2020), S. 10.
817 *Dies.*, Primary and secondary equity markets in the EU (September 2020), S. 13.
818 *Dies.*, Primary and secondary equity markets in the EU (September 2020), S. 45 f.

Anreiz für eine Börsennotierung sein.[819] Die Ergebnisse der Emittenten sowie der Stakeholder Befragung haben gezeigt, dass die Aufrechterhaltung der Kontrolle ein wichtiger Einflussfaktor ist und der mögliche Kontrollverlust häufig als wichtiger Grund für die Entscheidung gegen eine Börsennotierung genannt wird.[820] Als weiterer Grund für den Verzicht auf eine Börsennotierung werden hohe Agenturkosten genannt.[821] Diese seien bei konzentrierten Eigentumsverhältnissen leichter zu handhaben. Ein kontrollierender Aktionär könne das Management leichter überwachen, als dies bei einer Streubesitzstruktur möglich wäre. Der Vorteil der Einführung von kontrollverstärkenden Mechanismen und damit von Mehrstimmrechten liege daher in der Reduktion von Agency Kosten, die typischerweise mit fragmentierten Eigentumsverhältnissen verbunden seien.[822]

4. Oxera Consulting GmbH/Prof. Kaserer (2021)

Am 13. August 2021 beauftragte das Bundesministerium für Wirtschaft und Energie *Oxera* und *Prof. Kaserer* mit der Erstellung eines Gutachtens zum Thema „*Ursachen der unterschiedlichen Anzahl von Börsengängen von Start-Ups in den USA, Schweden, Großbritannien, Niederlanden und Deutschland*".[823] Untersucht wurden strukturelle, rechtliche und kulturelle Ursachen für diese Unterschiede. Ziel des Gutachtens war es, Handlungsempfehlungen zu formulieren, um Börsengänge für deutsche Start-ups einfacher und attraktiver zu machen.[824] Auf der Grundlage der gewonnenen Erkenntnisse empfehlen sie u.a. die Stärkung der privaten Altersvorsorge, die Verbesserung der steuerlichen Rahmenbedingungen und die Senkung der mit einem Börsengang verbundenen Kosten.[825] Für diese Untersuchung ist die Empfehlung zur Wiedereinführung von Mehrstimmrechtsaktien relevant.

Sie stellten zunächst einleitend fest, dass trotz einer innovativen Start-up Szene die Zahl der Börsengänge in diesem Bereich eher gering sei.

---

819 *Dies.*, Primary and secondary equity markets in the EU (September 2020), S. 13.
820 *Dies.*, Primary and secondary equity markets in the EU (September 2020), S. 118.
821 *Dies.*, Primary and secondary equity markets in the EU (September 2020), S. 120 f.
822 *Dies.*, Primary and secondary equity markets in the EU (September 2020), S. 119.
823 Oxera Consulting LLP/*Kaserer*, Börsengänge für Start-ups in Deutschland (27.9.2021) abrufbar unter www.bmwk.de (zuletzt geprüft am 24.8.2024).
824 *Dies.*, Börsengänge für Start-ups in Deutschland (27.9.2021), S. 1.
825 *Dies.*, Börsengänge für Start-ups in Deutschland (27.9.2021), S. 42 ff.

In Deutschland gegründete Unternehmen entscheiden sich oft bewusst für einem Börsengang im Ausland.[826] Der deutsche Aktienmarkt sei im Verhältnis zur Größe der deutschen Wirtschaft relativ klein.[827] Deutsche Unternehmen finanzieren sich weniger über Aktien als in den Vergleichsländern.[828] Im vierten Quartal 2019 betrug der Anteil der Finanzierung durch Fremdkapital 56 %, was im Ländervergleich den höchsten Anteil darstelle.[829] Die Finanzierung deutscher Unternehmen durch börsennotierte Aktien lag bei 24 % und damit zwar höher als in den Niederlanden (15 %) oder Schweden (20 %), aber deutlich unter dem Anteil in den USA (49 %). Die Berichterstatter setzten die Anzahl der Start-ups im Jahr 2021 in Relation zur Wirtschaftskraft des jeweiligen Landes und kamen zu dem Ergebnis, dass die Anzahl der Start-ups relativ zur Wirtschaftsleistung in den Vergleichsländern höher war als in Deutschland.[830] Daraus leiten sie die Notwendigkeit ab, Handlungsempfehlungen zur Verbesserung der Voraussetzungen für Börsengänge, insbesondere für Start-ups, zu entwickeln. Als Gründe für die Zurückhaltung deutscher Start-ups werden neben kulturellen und strukturellen Unterschieden[831] der mit einem Börsengang verbundene Kontrollverlust und die damit verbundenen Kosten genannt. Gerade für Familienunternehmen, die in Deutschland die Mehrheit der Unternehmen stellen, sei dieser Aspekt von besonderer Bedeutung.[832] Durch einen Börsengang werden die Eigentumsverhältnisse fragmentiert und die Eigentümerinteressen stimmen nicht mehr mit denen des Managements überein. Dies führe zu erhöhten Überwachungs- und Kontrollkosten für die Aktionäre, was sich negativ auf die Bewertung der Aktie auswirke.[833] Mehrstimmrechtsaktien seien geeignet, diese Probleme, insbesondere die Kosten, zu mildern.[834] Gleichzeitig betonen sie, dass die mit den Mehrstimmrechten verbundenen Risiken nicht außer Acht gelassen werden dürfen. Insbesondere würden kontrollverstärkende Mechanismen den An-

---

826 Vgl. Deutsches Aktieninstitut (DAI), Auslandslistings von BioNTech, CureVac & Co. (Juli 2021), S. 44.

827 Oxera Consulting LLP/*Kaserer*, Börsengänge für Start-ups in Deutschland (27.9.2021), S. 4.

828 *Dies.*, Börsengänge für Start-ups in Deutschland (27.9.2021), S. 5 f.

829 *Dies.*, Börsengänge für Start-ups in Deutschland (27.9.2021), S. 6.

830 Abbildung 2.5 in *dies.*, Börsengänge für Start-ups in Deutschland (27.9.2021), S. 8.

831 Vgl. hierzu *dies.*, Börsengänge für Start-ups in Deutschland (27.9.2021), S. 12 ff.

832 *Dies.*, Börsengänge für Start-ups in Deutschland (27.9.2021), S. 19.

833 *Dies.*, Börsengänge für Start-ups in Deutschland (27.9.2021), S. 20.

834 A.A.: *Denninger*, DB 2022, 2329, 2333; *Casper*, ZHR 187 (2023), 5, 26.

reiz zur privaten Vorteilsnahme erhöhen.[835] Ob Mehrstimmrechtsaktien aus ökonomischer Sicht zugelassen werden sollten, müsse anhand einer Abwägung ihrer Vor- und Nachteile beantwortet werden.[836] Die derzeit bestehenden Möglichkeiten zur disproportionalen Stimmrechtsverteilung in Form der stimmrechtslosen Vorzugsaktie oder der Rechtsform der KGaA seien nicht ausreichend. Die Erfahrungen in den USA[837] sowie das Konsultationsverfahren zur Einführung von Dual Class Shares in Großbritannien würden darauf hindeuten, dass es gewichtige ökonomische Gründe für die Existenz von Mehrfachstimmrechten geben könnte.[838] Investitions- und Innovationsanreize könnten dort beeinträchtigt werden, wo es auf das spezifische Knowhow der Gründer ankomme, wenn diese nach einem Börsengang mit einem Kontrollverlust oder einer Übernahme durch einen Wettbewerber rechnen müssten.[839] Da es letztlich nur darum gehe, die Investitions- und Innovationsanreize von inhabergeführten Unternehmen zu verbessern, wird empfohlen, dass Mehrstimmrechtsaktien von einem Organmitglied gehalten und auf die Zeit vor dem Börsengang beschränkt werden sollten. Darüber hinaus wird eine zeitliche Beschränkung auf die Wachstumsphase und damit ein Zeitraum von fünf oder zehn Jahren für sinnvoll erachtet. Der konkrete Vorschlag zur Maßnahme 3 der Empfehlung lautet daher abschließend wie folgt:

> *„Wiedereinführung von Mehrstimmrechtsaktien (Dual Class Shares) für nicht börsennotierte Unternehmen, wobei diese dann auch nach dem Börsengang für einen Zeitraum von 5-10 Jahren Bestand haben sollten. Die Mehrfachstimmrechte können nur aus Aktien im Eigentum von Organmitgliedern wahrgenommen werden.“*[840]

835 Oxera Consulting LLP/*Kaserer*, Börsengänge für Start-ups in Deutschland (27.9.2021), S. 21 f.

836 *Dies.*, Börsengänge für Start-ups in Deutschland (27.9.2021), S. 20.

837 Zu der steigenden Ausgabe von Mehrfachstimmrechten im Zeitraum zwischen 2008 bis 2013 s. Oxera Consulting LLP, Primary and secondary equity markets in the EU (September 2020), S. 45; für den Zeitraum zwischen 1980 bis 2018 S. Abbild 3.2, S. 46.

838 Oxera Consulting LLP/*Kaserer*, Börsengänge für Start-ups in Deutschland (27.9.2021), S. 46.

839 *Dies.*, Börsengänge für Start-ups in Deutschland (27.9.2021), S. 46 f.

840 *Dies.*, Börsengänge für Start-ups in Deutschland (27.9.2021), S. 47.

5. Bericht der „Technical Expert Stakeholder Group (2021)

Die Europäische Kommission hat eine Sachverständigengruppe für KMU, die „*Technical Expert Stakeholder Group on SMEs*" (i. F.: TESG) eingesetzt, die eine Analyse der Funktionsweise und des Erfolgs von KMU durchführen und konkrete Vorschläge unterbreiten sollte, insbesondere in den Bereichen der Börsenzulassungsanforderungen, KMU-Forschung, KMU-Indizes und Attraktivität einer Beteiligung an KMU.[841] Die TESG sprach in ihrem Abschlussbericht vom Mai 2021 zwölf Empfehlungen aus, wie die Rahmenbedingungen für die Notierung sowohl an geregelten Märkten als auch an KMU-Wachstumsmärkten geändert werden sollten.[842] Sie betonten die herausragende Bedeutung kleiner und mittlerer Unternehmen als Rückgrat der europäischen Wirtschaft, da diese die wichtigsten Motoren für Wirtschaftswachstum, Beschäftigung, Innovation und Steuereinnahmen in Europa seien.[843] Die europäischen Kapitalmärkte, die derzeit nicht optimal funktionieren, seien ein wichtiger Faktor, um ihr Wachstum anzukurbeln, weshalb Handlungsbedarf bestehe. Die TESG ist der Ansicht, dass die Attraktivität von Mehrstimmrechtsstrukturen nicht unterschätzt werden sollte, da sie insbesondere in hochinnovativen Bereichen Gründern und Frühphaseninvestoren die Möglichkeit bieten, neues Kapital über den Aktienmarkt aufzunehmen, ohne die Kontrolle über das Unternehmen zu verlieren.[844] Da sich ein solcher Ansatz für KMU Emittenten in einigen europäischen Ländern, aber auch auf anderen Märkten, etabliert habe, könne dies ihrer Ansicht nach für ein Unternehmen ein entscheidender Faktor bei der Wahl des Börsenplatzes sein.[845] Diese Auffassung wird durch ein später genanntes Beispiel untermauert. So sind für den europäischen Markt Fälle wie z.B. Fiat Chrysler Automobiles N.V und der Campari-Gruppe bekannt, in denen Unternehmen bewusst andere Handelsplätze, insbesondere den niederländischen, mit flexibleren Stimmrechtsregeln wählten.[846]

---

841 Auftrag an die GROUP – E03735 - Technical expert stakeholder group on SMEs, abrufbar unter https://ec.europa.eu/transparency/expert-groups-register/screen/expert-groups/consult?lang=en&do=groupDetail.groupDetail&groupID=3735&news=1 (zuletzt geprüft am 29.12.2025).

842 Technical Expert Stakeholder Group (TESG), Empowering EU Capital Markets for SMEs (Mai 2021), S. 10 abrufbar unter www.ec.europa.eu (zuletzt geprüft am 29.12.2025).

843 *Dies.*, Empowering EU Capital Markets for SMEs (Mai 2021), S. 5.

844 *Dies.*, Empowering EU Capital Markets for SMEs (Mai 2021), S. 12.

845 *Dies.*, Empowering EU Capital Markets for SMEs (Mai 2021), S. 12, 32 ff.

846 *Dies.*, Empowering EU Capital Markets for SMEs (Mai 2021), S. 34.

In Ländern, in denen solche Strukturen zulässig seien, wie z.B. in den USA und den nordischen Ländern, sei eine zunehmende Nutzung festzustellen. Vier der zehn größten börsennotierten Unternehmen in den USA haben Mehrstimmrechtsaktien. 20 % aller Börsengänge der letzten Jahre weisen diese Struktur auf. Bei den High-Tech-Börsengängen sind es sogar 36 %.[847]

In einem Überblick über mögliche Stimmrechtsabweichungen zeigen sie, dass im Jahr 2019 Mehrfachstimmrechte in Dänemark, Finnland, Irland, den Niederlanden und Schweden erlaubt waren, in Frankreich und Italien auch in Form der Loyalitätsaktie, während sie in Österreich, Belgien, Deutschland und Portugal verboten waren. Ein eingeschränktes Stimmrecht war dagegen in allen genannten Ländern mit Ausnahme Italiens zulässig. Ein vollständiger Ausschluss des Stimmrechts war nur in Schweden und den Niederlanden verboten, die übrigen genannten Länder ließen ihn mit unterschiedlichen Einschränkungen zu.[848]

In Anlehnung an die Empfehlung des *High Level Forum on the Capital Markets Union* empfiehlt die TESG, im europäischen Recht die Möglichkeit der Ausgabe von Mehrstimmrechtsstrukturen in Form von Mehrstimmrechtsaktien und/oder Loyalitätsaktien für Unternehmen vorzusehen, die an einem regulierten Markt oder einem multilateralen Handelssystem notiert sind oder eine Notierung anstreben.[849] Diese Empfehlung wird damit begründet, dass solche Strukturen dazu beitragen könnten, unangemessenem kurzfristigen Denken entgegenzuwirken. Zudem könnten langfristige Perspektiven der Aktionäre gefördert werden. Hinsichtlich der konkreten Ausgestaltung schließt sich die TESG der Argumentation des High Level Forums an, dass es den Emittenten überlassen bleiben sollte, ob sie Verfallsklauseln aufnehmen, da diese nur schwer gesetzlich festgelegt werden könnten.[850] Die optimale Dauer einer solchen Klausel sei von Unternehmen zu Unternehmen unterschiedlich. Darüber hinaus wird die Einführung eines EU-weit harmonisierten Stimmrechtsverhältnisses von maximal zehn zu eins in Anlehnung an das seit vielen Jahren erfolgreich etablierte schwedische Recht empfohlen.[851]

---

847 *Dies.*, Empowering EU Capital Markets for SMEs (Mai 2021), S. 33.

848 S. Schaubild *dies.*, Empowering EU Capital Markets for SMEs (Mai 2021), S. 35.

849 Recommendation 4 *dies.*, Empowering EU Capital Markets for SMEs (Mai 2021), S. 36.

850 *Dies.*, Empowering EU Capital Markets for SMEs (Mai 2021), S. 36 f.

851 *Dies.*, Empowering EU Capital Markets for SMEs (Mai 2021), S. 37.

6. Studie der deutschen Börse Group (2021)

Ausgangspunkt der Studie der deutschen Börse Group ist die Feststellung, dass Deutschland über keinen zukunftsorientierten und im Verhältnis zu seiner Wirtschaftskraft leistungsstarken Kapitalmarkt verfüge.[852] Neben der sehr geringen Aktionärsquote mangele es an inländischem Wachstumskapital und an Börsengängen. Die Transformation zu einer zukunftsorientierten Wirtschaft erfordere jedoch einen gut funktionierenden Kapitalmarkt, der derzeit nicht vorhanden sei. Um im internationalen Wettbewerb nicht den Anschluss zu verlieren, bedürfe es einer konzentrierten Strategie zur Stärkung des Kapitalmarktes, sowohl auf nationaler als auch auf europäischer Ebene. Die Börse Group spricht sich daher für einen einheitlichen Kapitalmarkt aus, der einen Ordnungsrahmen biete, um mehr Liquidität, mehr Effizienz und mehr Anreize für Investoren und Unternehmen zu schaffen. Die schon vorliegenden Vorschläge zur Kapitalmarktunion sollten dringend umgesetzt werden. Konkret wird vorschlagen, Anreize zu schaffen, um mehr Kapital zu mobilisieren, die Rahmenbedingungen für den Zugang zum Kapitalmarkt zu erleichtern und Konzepte zur Beteiligung am Unternehmenserfolg zu entwickeln, um die Vermögensbildung zu fördern.[853] Als Gründe für die rückläufige Entwicklung und die wenigen Börsengänge wurden neben den hemmenden steuerlichen Rahmenbedingungen die hohen Anforderungen für den Zugang zum Kapitalmarkt, insbesondere für kleine und mittlere Unternehmen, das veraltete und unflexible Aktienrecht, das umlagebasierte Rentensystem sowie der geschwächte Sekundärmarkt kritisiert.[854]

Die Deutsche Börse Group fordert vor diesem Hintergrund die Zulassung von Dual-Class Shares nach internationalem Vorbild.[855] Sie stützt sich dabei auf empirische Analysen, die zeigen, dass immer mehr gründergeführte Unternehmen an die Börse gehen, deren Unternehmenserfolg stark

852 Deutsche Börse Group, Strategien zur nachhaltigen Finanzierung der Zukunft Deutschlands (2021), S. 4.

853 *Dies.*, Strategien zur nachhaltigen Finanzierung der Zukunft Deutschlands (2021), S. 5.

854 *Dies.*, Strategien zur nachhaltigen Finanzierung der Zukunft Deutschlands (2021), S. 7.

855 *Dies.*, Strategien zur nachhaltigen Finanzierung der Zukunft Deutschlands (2021), S. 39 ff., sowie das Schaubild auf S. 24.

mit dem Gründer verbunden sei.[856] Solche Unternehmen entwickeln häufig innovative Produkte, die zu hohen Aktienbewertungen führen, wie die Beispiele Apple, Amazon und Tesla zeigen. Die empirische Evidenz deute darauf hin, dass die Gründer den Innovationsvorsprung oft halten können, sodass sie auch nach einem Börsengang die Mehrheit der Stimmrechte behalten sollten, um ihre Ideen zum Wohle aller Aktionäre umzusetzen. Der Erfolg dieser Unternehmen und die Entwicklung ihrer Aktienkurse unterstützen diese Überlegungen. Das Fehlen von Dual-Class Shares sei daher ein massiver Wettbewerbsnachteil für Deutschland.[857]

7. Zwischenergebnis

Sämtliche in Auftrag gegebenen Studien plädieren daher für die europaweite Einführung von Mehrstimmrechtsaktien. Dabei stützen sich alle Studien im Ausgangspunkt auf eine uneinheitliche Regelung in den jeweiligen Mitgliedstaaten und dem nicht voll ausgeschöpften Potenzial der Kapitalmärkte, die einen Aufschwung und ein Mehr an Flexibilität benötigen. Die in dieser Arbeit untersuchte Wiedereinführung von Mehrstimmrechtsaktien ist jedoch nur als eine von mehreren Optionen zu sehen. Ausgehend von den positiven Erfahrungen in den Ländern, in denen Mehrstimmrechte zulässig sind, konzentrieren sich die Studien überwiegend mit den Vorteilen, die Mehrstimmrechte mit sich bringen können. Gleichzeitig wird hervorgehoben, dass in der Praxis ein Bedarf nach solchen Gestaltungsmöglichkeiten besteht.

IV. Fazit

Wie eingangs erwähnt, können wirtschaftswissenschaftliche Erkenntnisse und Methoden geeignet sein, rechtliche und rechtspolitische Probleme besser zu lösen. Sowohl der deutsche als auch der europäische Gesetzgeber stützen sich im Rahmen der jeweiligen Gesetzesbegründungen auf von ihnen in Auftrag gegebene Studien, was die Bedeutung der rechtsökonomi-

856 *Dies.*, Strategien zur nachhaltigen Finanzierung der Zukunft Deutschlands (2021), S. 40 unter Verweis auf u.a. *Bessler/Vendrasco*, Corporate Governance and the Relevance of Shares with Unequal Voting Rights in Europe, 25.10.2019.

857 *Dies.*, Strategien zur nachhaltigen Finanzierung der Zukunft Deutschlands (2021), S. 40 f.

schen Sichtweise unterstreicht. Zusammenfassend lässt sich für den *one share, one vote*-Grundsatz folgende ökonomische Haupterwägung anführen: Die durch das Stimmrecht vermittelte Möglichkeit zur Unternehmenskontrolle soll bei den Aktionären als Residualanspruchsberechtigten liegen, da sie das stärkste Interesse an der Maximierung des Unternehmenswertes und damit die besten Anreize haben, Entscheidungen für das Unternehmen zu treffen. Die Stimmrechte sollten dabei den wirtschaftlichen Anreizen entsprechen. Eine proportionale Verteilung und damit das Prinzip des Gleichlaufs von Herrschaft und Risiko basiert auf der Grundannahme, dass diejenigen, die am wirtschaftlichen Risiko und Gewinn eines Unternehmens beteiligt sind, ein Eigeninteresse an der erfolgreichen wirtschaftlichen Entwicklung des Unternehmens haben. Untersuchungen zeigen, dass die Kopplung von Vermögens- und Stimmrechten – und damit *one share, one vote* – geeignet ist, den Wettbewerb auf dem Markt für Unternehmenskontrolle zu fördern und die Verfestigung eines Managements zu verhindern, das etwa durch die Erzielung privater Vorteile zu Lasten der übrigen Aktionäre motiviert ist.

Bezogen auf die in dieser Untersuchung relevanten Mehrstimmrechte lassen sich die wesentlichen Einwände wie folgt zusammenfassen: Die Konfliktpotenziale innerhalb der AG werden durch die disproportionale Stimmrechtsverteilung verstärkt, da der Anreiz zu opportunistischem Verhalten zu Lasten der AG und der übrigen Aktionäre steigt, da Mehrstimmrechtsaktionäre die Folge ihres ggf. schädigenden Verhaltens nur unterproportional tragen müssen. Insgesamt wirken sie sich negativ auf den Markt für Unternehmenskontrolle aus, da einerseits wertsteigernde Übernahmen verhindert und andererseits wertmindernde Übernehmen ermöglicht werden. Demgegenüber wird der Vorteil solcher Strukturen in der langfristigen Ausrichtung des Unternehmens gesehen. Sie stellen eine nicht zu unterschätzende attraktive Finanzierungsoption dar, die es den Eigentümern ermöglicht, die Kontrolle über ihr Unternehmen zu behalten. Gerade im Bereich kleiner und mittlerer Unternehmen und Start-ups kann dies ein Anreiz sein, den Weg an die Börse zu gehen. Die Zulassung von Mehrstimmrechtsaktien kann sich somit investitionsfördernd auf den Marktzugang auswirken.

In der rechtsökonomischen Literatur lassen sich daher sowohl Argumente für als auch gegen einen strikten Gleichlauf von Stimmkraft und wirtschaftlicher Betroffenheit finden. Eine eindeutige Effizienz des *one share, one vote*-Grundsatzes mit der Konsequenz, dass es strikt befolgt werden sollte, lässt sich aus den zum Teil widersprüchlichen empirischen Befunden gerade nicht ableiten. Die Auswirkungen allein von Abweichungen von *one share, one vote,* ohne jegliche Begleitumstände sind empirisch schwer zu bestimmen, sie können positiv, negativ oder neutral sein. Die wohl überwiegende Lehre spricht sich für den Grundsatz und gegen Dual-Class Strukturen aus. Soweit sie sich jedoch darauf berufen, dass Studien darauf hindeuten, dass der Kurswert von Aktien mit geringerem Stimmrecht niedriger bewertet wird, als dies bei strikter Anwendung des *one share, one vote*-Prinzips der Fall wäre, sollte dies nicht als Beleg gegen Dual-Class Strukturen gewertet werden, sondern als Beleg dafür, dass der Markt in der Lage ist, auf unterschiedliche Strukturen zu reagieren.

Die empirischen Untersuchungen zeigen, dass das Thema *one share, one vote* kontrovers beurteilt wird. In der Regel und im Ausgangspunkt ist die Verfolgung des Grundsatzes am effizientesten, da es sicherstellt, dass kein Aktionär über sein Stimmrecht einen Einfluss auf die AG ausüben kann, dessen wirtschaftliche Folgen er im Falle eines Misserfolgs nicht zu tragen hätte. Da die Studien keine Belege dafür liefern, dass mögliche Abweichungen überwiegend schädlich und nachteilig sind, sollte der Gesetzgeber den Weg zu bestimmten Gestaltungsoptionen nicht durch ein Verbot versperren, sofern diese Option für Unternehmen sinnvoll und attraktiv werden kann. Da die empirische Analyse gezeigt hat, dass Stimmrechtsabweichungen zu Corporate Governance Problemen führen können, geht es darum, den Zielkonflikt zwischen den Vor- und Nachteilen dieser Instrumente aufzulösen. Wie eingangs unter B.I. dargestellt, liegt der ökonomische Zweck des Stimmrechts in einer Art „Lückenfüllerfunktion". Führt man diesen Gedanken weiter, so soll gerade sichergestellt werden, dass jede AG diese Lücke nach ihren Bedürfnissen ausfüllen kann. Dies legt es nahe, die Entscheidung über Stimmrechtsabweichungen und die Abwägung der jeweiligen Vor- und Nachteile den einzelnen Gesellschaften zu überlassen. Dies ist der Ausgangspunkt des schweizerischen Aktienrechts, das von dem Grundsatz der Statutenfreiheit ausgeht.

Diese Überlegungen zeigen, dass der Gesetzgeber nicht prohibitiv eingreifen sollte, sondern die in den empirischen Analysen identifizierten Gefahren allenfalls zum Anlass nehmen sollte, diesen regulatorisch entgegenzuwirken, soweit der Markt oder die sonstigen bereits bestehenden aktienrechtlichen Regelungen keine Abhilfe zur Vermeidung dieser Risiken schaffen.

E. Die Wiedereinführung der Mehrstimmrechtsaktie in Deutschland

In den vorangegangenen Kapiteln wurden die rechtlichen Rahmenbedingungen für Stimmrechtsabweichungen nachgezeichnet, ihre historische Entwicklung analysiert und die rechtsökonomischen Argumente für den *one share, one vote*-Grundsatz dargelegt. Ziel dieses Kapitels ist es, die gewonnenen Erkenntnisse für die Diskussion um die Wiedereinführung der Mehrstimmrechtsaktie im deutschen Aktienrecht zu nutzen. Es wird untersucht, ob und in welchem rechtlichen Rahmen eine weitere Abweichung von dem *one share, one vote* Grundsatz erforderlich ist.

I. Die jüngsten Gesetzgebungsvorhaben

In diesem Abschnitt sollen die jeweiligen Gesetzgebungsverfahren nachgezeichnet werden, da sie für die an späterer Stelle zu thematisierenden Problemkreise Rückschlüsse erlauben.

1. Der europäische Rechtsrahmen: Die Mehrstimmrechte-Richtlinie (MVRD)

Am 7. Dezember 2022 hat die Europäische Kommission einen Vorschlag für den sog. Listing Act veröffentlicht. Hierbei handelt es sich um ein dreiteiliges Maßnahmenpaket bestehend aus (1.) einer Änderungsverordnung zur Anpassung der Prospektverordnung, der Marktmissbrauchsverordnung (MAR) und der Verordnung über Märkte für Finanzinstrumente (MiFIR),[858] (2.) einer Änderungsrichtiglinie zur Änderung der MiFID II und zur Aufhebung der Listing Directive,[859] und (3.) dem für diese Arbeit relevanten „Vorschlag für eine Richtlinie des europäischen Parlaments und des Rates über Strukturen mit Mehrstimmrechtsaktien in Gesellschaften,

858 COM(2022) 762 final.
859 COM(2022) 760 final.

die eine Zulassung ihrer Anteile zum Handeln an einem KMU-Wachstumsmarkt beantragen“ (MVRD).[860]

a) Verfolgte Ziele

Das Maßnahmenpaket dient der Schaffung einer Kapitalmarktunion und soll die öffentlichen Kapitalmärkte für Unternehmen in der EU attraktiver machen und insbesondere kleinen und mittleren Unternehmen den Zugang zu Kapital erleichtern.[861]

Hintergrund des Vorschlags ist die Beobachtung, dass trotz des hohen Bedarfs vieler Unternehmen an Eigenkapital für ihr Wachstum, viele Gründer und Familien aus Sorge vor einem Verlust der Kontrolle und der Verwässerung ihrer Eigentumsverhältnisse von einem Börsengang absehen.[862] Kleinere Unternehmen sind für potenzielle Anleger nicht immer sichtbar, sodass für sie eine diversifizierte Finanzierung und der Zugang zu öffentlichen Märkten besonders wichtig ist. Der Kommission zufolge sollen dabei u.a. Eigentumsstrukturen mit Mehrstimmrechtsaktien Abhilfe schaffen. Als Beispiel für Mitgliedstaaten, in denen „*Mehrstimmrechtsaktien fast schon so lang wie die Kapitalmärkte selbst*“ existieren, verweist die Kommission auf Schweden und Dänemark.[863] Demgegenüber stehen Spanien, Griechenland und Österreich, die Mehrstimmrechte gänzlich untersagen, wobei auch Österreich schon deren Einführung plant.[864] Italien hingegen wählt einen Mittelweg und lässt Mehrstimmrechtsaktien nur für die nicht börsennotierte AG zu.[865] Diese divergierenden nationalen Regelungen verursachen eine Wettbewerbsungleichheit zwischen den Unternehmen in den Mitgliedstaaten und führen zu Wettbewerbsverzerrungen, die sich unmittelbar auf das

860 COM(2022) 761 final vom 7.12.2022.

861 COM(2022) 761 final vom 7.12.2022, S. 1; zu den Kommissionsvorschlägen zum EU Listing Act s. insgesamt *Gumpp*, BKR 2023, 82 ff.; *Schlitt/Ries*, NZG 2023, 145 ff.; *Schmidt*, NZG 2021, 1617 ff.

862 COM(2022) 761 final vom 7.12.2022, S. 3.

863 COM(2022) 761 final vom 7.12.2022, S. 4; das dänische und schwedische Recht erlaubt sowohl für börsennotierte als auch für nicht börsennotierte Gesellschaften die Etablierung von Mehrstimmrechtsaktien aufgrund einer Satzungsbestimmung. Es sieht eine Begrenzung auf ein 10-faches Stimmrecht vor, ist aber zeitlich nicht gebunden, *Kalss*, ZHR 2023, 438, 450.

864 *Seidel*, NZG 2023, 1205, 1206; *Herzog/Gebhard*, ZIP 2022, 1893, 1895.

865 Mehrstimmrechtsaktien können in Italien bis zu 3 Stimmen gewähren; börsennotierte Gesellschaften können Loyalitätsaktien ausgeben, *Casper*, ZHR 187 (2023), 5, 29; *Herzog/Gebhard*, ZIP 2022, 1893, 1895.

Funktionieren des Binnenmarkts auswirken.[866] Ist ein Unternehmen in einem Mitgliedstaat ansässig, in dem Mehrstimmrechtsstrukturen verboten sind und verfügt es nicht über die erforderlichen finanziellen Mittel, um die mit einer Notierung in einem anderen Mitgliedstaat oder einem Nicht-EU-Land verbundenen Kosten zu tragen, wird es benachteiligt.[867] Daher ist es erforderlich, im Wege einer Mindestharmonisierung einen einheitlichen Rechtsrahmen zu schaffen, damit die Unternehmen in jedem Mitgliedstaat die gleiche Möglichkeit erhalten.[868] Die vorgeschlagene Richtlinie zielt darauf ab, Hindernisse zu beseitigen, die sich aus den unterschiedlichen nationalen Regelungen des Gesellschaftsrechts ergeben. Diese Regelungen stehen der Ausübung der Grundfreiheiten, konkret der Kapitalverkehrs- und der Niederlassungsfreiheit, entgegen.[869]

b) Das Gesetzgebungsverfahren

Die Richtlinie wurde im Laufe des Gesetzgebungsverfahrens bis zuletzt kontrovers diskutiert, überarbeitet und präzisiert.[870] Nachdem das Europäische Parlament am 26. Oktober 2023 einen Änderungsantrag in erster Lesung vorlegte (i. F.: MVRD-E), wurde am 1. Februar 2024 eine vorläufige Einigung zwischen dem Rat und dem Europäischen Parlament erzielt.[871] Zwei Wochen später hat auch der Ausschuss der Ständigen Vertreter der Regierungen der EU-Mitgliedstaaten dem Gesetzespaket offiziell zugestimmt.[872] Das Europäische Parlament hat die Richtline am 24. April 2024

866 COM(2022) 761 final vom 7.12.2022, S. 5, 9; aus diesem Grund stützt sich die Europäische Kommission neben Art. 50 Abs. 1, Abs. 2 lit. g AEUV auch auf Art. 114 AEUV.

867 COM(2022) 761 final vom 7.12.2022, S. 5.

868 Vgl. Art. 3 MVRD-E.

869 COM(2022) 761 final vom 7.12.2022, S. 9.

870 *Schmidt*, NZG 2024, 226; *Lieder/Stüttgen*, NZG 2024, 753.

871 Vgl. Pressemitteilung v. 1.2.2024, abrufbar unter: https://www.consilium.europa.eu/de/press/press-releases/2024/02/01/multiple-vote-share-structures-council-and-parliament-adopt-provisional-agreement-to-ease-smes-access-to-finance/ (zuletzt geprüft am: 29.12.2025); *Lieder/Stüttgen*, NZG 2024, 753; *Schmidt*, BB 2024, 643; *Schmidt*, NZG 2024, 226.

872 *Schmidt*, BB 2024, 643.

gebilligt (i.F.: MVRD). Am 14. November 2024 wurde das Gesetzespaket zum Listing Act im Amtsblatt veröffentlich.[873]

aa) Der Entwurf vom 7. Dezember 2022 der Europäischen Kommission, COM(2022) 761 (MVRD-E (COM))

Den Ausgangspunkt bildet der Entwurf der Europäischen Kommission vom 7. Dezember 2022 (i. F.: MVRD-E (COM)). Art. 4 Abs. 1 MVRD-E (COM) verpflichtete die Mitgliedstaaten dazu, Unternehmen die Nutzung von Mehrstimmrechten zu ermöglichen, sofern diese erstmals an den KMU-Wachstumsmärkten notieren. Die Möglichkeit zur Ausgabe von Mehrstimmrechtsaktien sollte gemäß Abs. 2 der Regelung schon vor der Beantragung der Zulassung der Aktien zum Handel an einem KMU-Wachstumsmarkt gegeben sein. Art. 5 Abs. 1 MVRD-E (COM) sah sodann zwingende Schutzmaßnahmen zugunsten der Minderheitsaktionäre vor. Die Mitgliedstaaten hatten sicherzustellen, dass der Beschluss zur Einführung oder stimmrechtsrelevanten Änderung von Mehrstimmrechtsstrukturen nur mit einer qualifizierten Mehrheit und, soweit mehrere stimmberechtigte Gattungen vorhanden sind, mit einem Sonderbeschluss gefasst wird, Art. 5 Abs. 1 S. 2 lit. a MVRD-E (COM). Des Weiteren sollten sie gemäß Art. 5 Abs. 1 S. 2 lit. b MVRD-E (COM) verpflichtet sein, die Auswirkungen des Stimmgewichts zu begrenzen. Hierzu sollte eine der folgenden Möglichkeiten genutzt werden:

> *„i) Einführung einer maximalen gewichteten Stimmquote und einer Vorgabe für den maximalen prozentualen Anteil des ausgegebenen Aktienkapitals der Gesellschaft, der durch den Gesamtbetrag der Mehrstimmrechtsaktien repräsentiert werden kann;*
> *ii) Beschränkung der Ausübung der mit Mehrstimmrechtsaktien verbundenen erweiterten Stimmrechte bei Beschlüssen, die auf der Aktionärshauptversammlung mit qualifizierter Mehrheit gefasst werden müssen.“*

Gemäß Art. 5 Abs. 2 MVRD-E (COM) konnten die Mitgliedstaaten darüber hinaus weitere Schutzvorkehrungen in Form von Verfallsklauseln (sog. *sunset clause*) vorsehen. In diesem Kontext wurden die übertragungsbasierte,

873 RL (EU) 2024/2810 des EP und des Rates v. 23.10.2024 über Strukturen mit Mehrstimmrechtsaktien in Gesellschaften, die eine Zulassung ihrer Anteile zum Handel an einem multilateralen Handelssystem beantragen, ABl. 2024 L 2810, 14.11.2024.

die zeitbasierte und die ereignisbasierte Verfallsklausel genannt, wonach Mehrstimmrechte bei Übertragung, nach Zeitablauf oder beim Eintritt eines bestimmten Ereignisses automatisch „verfallen" sollten. Der europäische Gesetzgeber orientierte sich hierbei weitgehend an der Rechtslage in Mitgliedstaaten mit gut funktionierenden Regelungen für Mehrstimmrechtsaktien.[874] Um weiteren Schutz zu gewährleisten, sah Art. 6 MVRD-E (COM) Transparenzanforderungen vor. Hierbei sollten insbesondere die Kapitalstruktur einschließlich der Wertpapiere, die nicht zum Handel zugelassen sind, unter Nennung der verschiedenen Aktiengattungen und der damit verbundenen Rechte und Pflichten sowie deren prozentualer Anteil am Gesamtkapital und an den Gesamtstimmrechten dieser Gattung, offengelegt werden.[875]

bb) Entwurf des Europäischen Parlaments vom 26. Oktober 2023

Am 26. Oktober 2023 veröffentlichte der Ausschuss für Wirtschaft und Währung einen veränderten Entwurf.[876] Im Vergleich zum ursprünglichen Vorschlag der Kommission sah dieser eine Erweiterung des Anwendungsbereichs der Richtlinie vor. Auch kleine und mittlere Unternehmen, die eine Zulassung an einem anderen multilateralen Handelssystem (MTF) anstreben, sollten erfasst werden. Entsprechend wurde die Regelung in Art. 4 Abs. 1 S. 1 MVRD-E angepasst. Das Erfordernis einer qualifizierten Mehrheit wurde in Art. 4 Abs. 3a S. 1 MVRD-E verlagert, wobei eine Präzisierung erfolgte, dass die Schaffung von Mehrstimmrechten nun mindestens einer qualifizierten Mehrheit der abgegebenen Stimmen erfordern sollte. S. 2 sah neu vor, dass die Mitgliedstaaten die Einführung einer Mehrstimmrechtsstruktur nicht von der Gewährung erweiterter wirtschaftlicher Rechte für Aktien ohne erweiterte Stimmrechte abhängig machen durfte. Die Mitgliedstaaten sollten entweder gemäß Art. 5 Abs. 1 S. 2 lit. a MVRD-E eine Begrenzung des Stimmgewichts sowie zusätzlich eine Grenze für den maximalen prozentualen Anteil des ausgegebenen Gesellschaftskapitals

874 COM(2022) 761 final vom 7.12.2022, S. 5.
875 Art. 6 Abs. 1 lit. a MVRD-E (COM).
876 Entwurf einer legislativen Entschließung des Europäischen Parlaments zu dem Vorschlag für eine Richtlinie des Europäischen Parlaments und des Rates über Strukturen mit Mehrstimmrechtsaktien in Gesellschaften, die eine Zulassung ihrer Anteile zum Handel an einem KMU-Wachstumsmarkt beantragen (COM(2022)0761 – C9-0416/2022 – 2022/0406 (COD)), abrufbar unter: https://www.europarl.europa.eu/doceo/document/A-9-2023-0300_DE.html (zuletzt geprüft am 29.12.2025).

vorsehen. Diese maximale Stimmquote sollte zwischen eins zu zwei bis zu eins zu zwölf liegen oder es konnte alternativ gemäß Art. 5 Abs. 1 S. 2 lit. b MVRD-E verlangt werden, dass Beschlüsse, die nach nationalem Recht einer qualifizierten Stimmenmehrheit bedürfen, entweder einer qualifizierten Stimmen- und Kapitalmehrheit (Art. 5 Abs. 1 S. 2 lit. b i) MVRD-E) oder einer qualifizierten Stimmenmehrheit und eines Beschlusses in jeder betroffenen Gattung bedürfen, Art. 5 Abs. 1 S. 2 lit. b ii) MVRD-E. Die Ernennung und Abberufung von Mitgliedern der Geschäftsleitung sowie operative Beschlüsse, die von den Mitgliedern der Geschäftsleitung zu fassen und der Hauptversammlung zur Genehmigung vorzulegen sind, sollte hiervon nicht erfasst werden.

Gemäß Art. 5 Abs. 1 lit. ba MVRD-E sollten Mehrstimmrechte nicht gelten, wenn über Beschlüsse abgestimmt wird, die von den Anteilseignern auf Antrag einer Minderheit auf die Tagesordnung gesetzt wurden, insbesondere bei Fragen im Zusammenhang mit den Auswirkungen der Tätigkeit der Gesellschaft auf die Menschenrechte und die Umwelt. Der Entwurf sah in Art. 6 MVRD-E entsprechende Transparenzpflichten auch für den regulierten Markt vor.

cc) Die konsolidierte Fassung vom 24.4.2024 – MVRD

Das Europäische Parlament hat die Richtlinie am 24. April 2024 gebilligt.[877] Diese Fassung der MVRD[878] hat sich im Hinblick auf den Anwendungsbereich der Richtlinie dem Vorschlag des Parlaments angeschlossen. Entsprechend wurde die Regelung in Art. 3 Abs. 1 UAbs. 1 S. 1 MVRD dahingehend angepasst, dass die Mitgliedstaaten gewährleisten müssen, dass

> *„eine Gesellschaft, deren Aktien nicht bereits zum Handel an einem geregelten Markt oder in einem MTF zugelassen sind, das Recht hat, für die Zwecke der Zulassung ihrer Aktien zum Handel in einem MTF Strukturen mit Mehrstimmrechtsaktien einzuführen."*

Dem Parlamentsentwurf folgend bedarf die Schaffung sowie jede Änderung der Mehrstimmrechtsstruktur mindestens einer qualifizierten Mehrheit, Art. 3 Abs. 1 UAbs. 1 S. 2, Art. 4 Abs. 1 S. 2 lit. a MVRD.

877 Hierzu *Lieder/Stüttgen*, NZG 2024, 753.
878 Die konsolidierte Fassung vom 24.4.2024 (P9_TA(2024)0352) ist abrufbar unter: https://www.europarl.europa.eu/RegData/seance_pleniere/textes_adoptes/definitif/2024/04-24/0352/P9_TA(2024)0352_DE.pdf (zuletzt geprüft am: 24.8.2024).

In Bezug auf die in Art. 4 MVRD vorgesehenen Mindestschutzmaßnahmen einigte man sich darauf, den Mitgliedsstaaten die Wahl zwischen zwei Instrumenten zu belassen. Gemäß Art. 4 Abs. 1 S. 2 lit. b i) MVRD liegt die erste Alternative im Vorsehen einer Höchstquote für die Anzahl der mit Mehrstimmrechtsaktien verknüpften Stimmen gegenüber der Stimmenzahl der Aktien mit den geringsten Stimmrechten. Im Gegensatz zum Vorschlag des Europäischen Parlaments werden keine Vorgaben hinsichtlich der möglichen Stimmkraft gemacht. Gemäß Art. 4 Abs. 1 S. 2 lit. b ii) MVRD besteht die alternative Möglichkeit, für Beschlüsse, die nach nationalem Recht einer qualifizierten Stimmenmehrheit bedürfen, weitergehende Erfordernisse vorzusehen. Dies entspricht der von dem Europäischen Parlament vorgeschlagenen Regelung. Der in Art. 5 Abs. 1 S. 2 lit. ba MVRD-E vorgesehene Vorschlag, Mehrstimmrechte nicht auf ESG-Belange anzuwenden, wurde gänzlich gestrichen. Die weitergehenden freiwilligen Schutzvorschriften (Art. 4 Abs. 2 MVRD) bleiben ausdrücklich gestattet, sind jedoch nicht zwingend.

2. Der deutsche Rechtsrahmen: Das Zukunftsfinanzierungsgesetz (ZuFinG)

Die politische Debatte um die Mehrstimmrechtsaktie begann auf deutscher Ebene im Sommer 2021, als die Bundestagsfraktion der FDP am 22. Juni einen Antrag auf Einsetzung einer Reformkommission im Bundestag stellte. Ziel ihres Antrags war die Stärkung der Leistungsfähigkeit des deutschen Kapitalmarkts. Die Fraktion stütze sich dabei nicht nur auf den Verlust namhafter deutscher Unternehmen wie BioNTech und CureVac an die amerikanische Börse, sondern auch auf konkrete Zahlen: Während sich im Jahr 2020 weltweit 1.322 Unternehmen für einen Börsengang entschieden, waren es in Deutschland nur neun.[879] Daher erachtete sie die Erarbeitung eines umfassenden Maßnahmenpakets zur Stärkung des Börsenstandorts Deutschland für unabdingbar. Dieses sollte u.a. konkrete Vorschläge prüfen, wie das Aktienrecht durch Mehrfachstimmrechte oder Bruchteilsstimmrechte flexibilisiert werden kann.[880] Der Antrag wurde nur zwei Tage später von dem 19. Bundestag abgelehnt.[881]

879 Antrag v. 22.6.2021, BT-Drs. 19/30946, S. 1 f.
880 Antrag v. 22.6.2021, BT-Drs. 19/30946, S. 5.
881 Vgl. BT-Plenarprotokoll der 236 Sitzung v. 24.6.2021, 19/236, 30614 (B).

Im Dezember 2021 wurde die Thematik erneut im Koalitionsvertrag „*Mehr Fortschritt wagen*" zwischen der SPD, den Grünen und der FDP aufgegriffen. Dabei wurde die Einführung von Aktien mit unterschiedlichen Stimmrechten, insbesondere für Wachstumsunternehmen und KMU, als flexible Ausgestaltung vorgesehen, um einen Börsengang zu erleichtern.[882] Hieran knüpfte das Eckpunktepapier des Bundesministeriums für Finanzen vom 29. Juni 2022 an. Erklärtes Ziel waren nicht nur Erleichterungen bei den Börsenzulassungsanforderungen und bei den Zulassungsfolgepflichten, um die Attraktivität des Kapitalmarkts zu erhöhen, sondern auch die Vereinfachung des Kapitalmarktzugangs, die Zulassung von sog. SPACs sowie von Mehrstimmrechtsaktien. Neben einer insgesamt flexibleren Gestaltung sollte v.a. für Wachstumsunternehmen und Start-ups die Möglichkeiten der Eigenkapitalgewinnung durch die Erleichterung von Kapitalerhöhungen verbessert werden.[883] Die Start-up-Strategie der Bundesregierung bestätigt dieses Anliegen.[884]

a) Der Referentenentwurf vom 2. April 2023

Am 2. April 2023 veröffentlichten das Bundesministerium der Finanzen und das Bundesministerium der Justiz den Referentenentwurf des ZuFinG. Im Gegensatz zu dem zu dieser Zeit schon vorliegenden europäischen Richtlinienentwurf, sah dieser die Zulassung von Mehrstimmrechten für alle Aktiengesellschaften vor, nicht nur für solche, die eine Zulassung ihrer Anteile zum Handel an einem KMU-Wachstumsmarkt beantragen. Das bislang in § 12 Abs. 2 AktG a.F. verankerte Verbot sollte gestrichen und die Überschrift entsprechend angepasst werden.[885] In einem neuen § 134 Abs. 2 AktG RefE sollten die Rahmenbedingungen für die Einführung der Mehrstimmrechtsaktien geschaffen werden. Hierdurch sollte der Schutz der Investoren, der Aktionäre ohne Mehrstimmrechte und der Kapitalmärkte gewährleistet bleiben.[886] Der neu einzuführende Abs. 2 sollte wie folgt lauten:

---

882 SPD/Die Grünen/FDP, Mehr Fortschritt wagen, S. 134.
883 BMF, Eckpunkte ZuFinG (29.06.2022), S. 2 ff.
884 BMWK, Die Start-up-Strategie der Bundesregierung (Juli 2022), S. 8.
885 RefE ZuFinG vom 12.4.2023, S. 21.
886 RefE ZuFinG vom 12.4.2023, S. 95.

„Die Satzung kann Namensaktien mit Mehrstimmrechten vorsehen. Die Mehrstimmrechte dürfen höchstens das Zehnfache des Stimmrechts nach Absatz 1 Satz 1 betragen. Ein Beschluss zur Ausstattung oder Ausgabe von Aktien mit Mehrstimmrechten bedarf der Zustimmung aller betroffenen Aktionäre. Bei börsennotierten Gesellschaften erlöschen die Mehrstimmrechte im Fall der Übertragung der Aktie, spätestens aber zehn Jahre nach Börsennotierung der Gesellschaft, wenn die Satzung keine kürzere Frist vorsieht. Die Frist nach Satz 4 kann in der Satzung um eine bestimmte Frist von bis zu zehn Jahren verlängert werden. Der Beschluss über die Verlängerung darf frühestens ein Jahr vor Ablauf der Frist nach Satz 4 gefasst werden und bedarf einer Mehrheit, die mindestens drei Viertel des bei der Beschlussfassung vertretenen Grundkapitals umfasst. Die Satzung kann eine größere Kapitalmehrheit bestimmen. Sie kann weitere Erfordernisse aufstellen."[887]

Des Weiteren waren redaktionelle Anpassungen vorgesehen. In seiner Begründung setzte sich der Entwurf mit den empirischen Erwägungen auseinander und kam zu dem Schluss, dass eine flexible Ausgestaltung im Grundsatz befürwortet werden könne.[888] Gleichzeitig wurde darauf hingewiesen, dass das überproportionale Stimmrecht, das seinem Inhaber einen Einfluss vermittelt, der nicht seiner Kapital- und Risikobeteiligung entspricht, die Rechte der Aktionäre ohne Mehrstimmrechte und damit die Eigentümerkontrolle schwäche.[889] Das zielt auf die von der Lehre von dem Markt der Unternehmenskontrolle entwickelte Kritik ab. Neben denkbaren Missbräuchen und Interessenkonflikten würden Mehrstimmrechtsaktionäre ein geringeres Risiko tragen. Aus diesem Grund seien Mehrstimmrechte nicht uneingeschränkt, sondern nur unter gesetzlichen Schutzvorkehrungen zuzulassen.[890]

b) Regierungsentwurf vom 16. August 2023

Der Mitte August folgende Regierungsentwurf wies nur wenige redaktionelle Änderungen auf. Neben der Aufhebung des § 12 Abs. 2 AktG a.F. sollte Satz 2 der künftigen Regelung wie folgt neu gefasst werden:

887 RefE ZuFinG vom 12.4.2023, S. 21.
888 RefE ZuFinG vom 12.4.2023, S. 97.
889 RefE ZuFinG vom 12.4.2023, S. 95.
890 RefE ZuFinG vom 12.4.2023, S. 95.

> *„Nach den Vorschriften dieses Gesetzes können Vorzugsaktien als Aktien ohne Stimmrecht sowie Mehrstimmrechtsaktien ausgegeben werden."*[891]

> Der Regierungsentwurf widmete den gesetzlichen Grenzen und Anforderungen an die Ausgestaltung der Mehrstimmrechte nun einen eigenen § 135a AktG RegE, der die Überschrift Mehrstimmrechtsaktie trägt und wie folgt lauten sollte:
>
> *„(1) Die Satzung kann Namensaktien mit Mehrstimmrechten vorsehen. Die Mehrstimmrechte dürfen höchstens das Zehnfache des Stimmrechts nach § 134 Absatz 1 Satz 1 betragen. Ein Beschluss der Hauptversammlung zur Ausstattung oder Ausgabe von Aktien mit Mehrstimmrechten bedarf der Zustimmung aller betroffenen Aktionäre.*
>
> *(2) Bei börsennotierten Gesellschaften sowie Gesellschaften, deren Aktien in den Handel im Freiverkehr nach § 48 des Börsengesetzes einbezogen sind, erlöschen die Mehrstimmrechte im Fall der Übertragung der Aktie. Sie erlöschen spätestens zehn Jahre nach Börsennotierung der Gesellschaft oder Einbeziehung der Aktien in den Handel im Freiverkehr, wenn die Satzung keine kürzere Frist vorsieht. Die Frist nach Satz 2 kann in der Satzung um eine bestimmte Frist von bis zu zehn Jahren verlängert werden. Der Beschluss über die Verlängerung darf frühestens ein Jahr vor Ablauf der Frist nach Satz 2 gefasst werden und bedarf einer Mehrheit, die mindestens drei Viertel des bei der Beschlussfassung vertretenen Grundkapitals umfasst. Die Satzung kann eine größere Kapitalmehrheit bestimmen. Sind mehrere Gattungen von stimmberechtigten Aktien vorhanden, so bedarf der Beschluss zu seiner Wirksamkeit der Zustimmung der Aktionäre jeder Gattung. Über die Zustimmung haben die Aktionäre jeder Gattung einen Sonderbeschluss zu fassen. Für diesen gelten die Sätze 4 und 5.*
>
> *(3) Die Satzung kann weitere Erfordernisse aufstellen.*
>
> *(4) Bei Beschlüssen nach § 119 Absatz 1 Nummer 5 sowie § 142 Absatz 1 berechtigten Mehrstimmrechtsaktien zu nur einer Stimme."*[892]

Dem Gesetzgeber war es wichtig, den Unternehmen eine gewisse Flexibilität bei der Ausgestaltung einzuräumen, um den unterschiedlichen Bedürfnissen im Einzelfall Rechnung zu tragen.[893] Der neue § 135a Abs. 2 AktG RegE beinhaltete zum Schutz der Anleger Beschränkungen und Schutzmechanismen für die börsennotierte AG.

891 RegE ZuFinG vom 16.8.2023, S. 24.

892 Zur besseren Erkennbarkeit wurden die im Vergleich zum Referentenentwurf neu eingefügten Regelungen unterstrichen; RegE ZuFinG vom 16.8.2023, S. 25.

893 Begr. RegE ZuFinG vom 16.8.2023, S. 128.

c) Stellungnahme des Bundesrates und Beschlussempfehlung des Finanzausschusses

Im weiteren Gesetzgebungsverfahren wurden einzelne Vorschriften einer kritischen Betrachtung unterzogen. Der Bundesrat erachtete die Regelung zum Erlöschen von Mehrstimmrechten nach einem Börsengang in § 135a Abs. 2 S. 1 und S. 2 AktG RegE als nicht überzeugend und bat im Interesse eines einheitlichen Rechtsrahmens darum, im weiteren Gesetzgebungsverfahren darauf hinzuwirken, dass diese Regelung gestrichen oder – unabhängig von einem Börsengang – auf alle Unternehmen angewandt werden sollte.[894] Weniger bedeutend war dagegen die Bitte um eine Klarstellung in Abs. 4 der Regelung, dass Mehrstimmrechte bei der Berechnung einer nach Gesetz oder Satzung erforderlichen Kapitalmehrheit außer Betracht bleiben sollten.

Die Fraktion der CDU/CSU brachte zum Gesetzentwurf einen Änderungsantrag ein, der die Regelungen in § 135a Abs. 1 S. 3 AktG RegE aufgriff. Die hierin vorgesehene Einstimmigkeit zur Einführung von Mehrstimmrechtsaktien wurde von der Fraktion als wenig praktikabel und nicht verhältnismäßig erachtet. Stattdessen wurde der Vorschlag unterbreitet, das Erfordernis einer satzungsändernden Mehrheit zu verlangen.[895] Dieser Antrag wurde von dem Finanzausschuss abgelehnt. Allein § 135a Abs. 4 AktG sollte redaktionell angepasst und der Wortlaut des § 12 AktG präzisiert werden.[896]

d) Die Endfassung des ZuFinG vom 15. Dezember 2023

Am 17. November 2023 hat der Bundestag das ZuFinG beschlossen und dabei einige Änderungen vorgenommen, die auf Vorarbeiten des Finanzausschusses zurückgehen. In Bezug auf das Mehrstimmrecht wurde § 12 AktG wie folgt präzisiert:

> *„Nach den Vorschriften dieses Gesetzes können Mehrstimmrechtsaktien sowie Vorzugsaktien als Aktien ohne Stimmrecht ausgegeben werden.“*[897]

---

894 Stellungnahme des Bundesrates und Gegenäußerung der Bundesregierung v. 6.10.2023, BT-Drs. 20/8675, S. 8 f.

895 Änderungsantrag der Fraktion der CDU/CSU zu der zweiten Beratung des Gesetzentwurfs der Bundesregierung – BT-Drs. 20/8292, 20/8675, 20/8819 Nr. 10, 20/9363 – v. 15.11.2023, Drs. 20/9365, S. 5, 8 f.

896 BeschlussE FinanzA ZuFinG v. 15.11.2023, BT-Drs. 20/9363, S. 39 f., 127.

897 Vgl. BeschlussE FinanzA ZuFinG v. 15.11.2023, BT-Drs. 20/9363, S. 39.

Es handelt sich dabei um eine redaktionelle Klarstellung, da die vorherige Formulierung Zweifel darüber aufkommen ließ, ob die Mehrstimmrechtsaktie eine Unterart der Vorzugsaktie bilden sollte. Das war weder beabsichtigt noch entsprach es der Einordnung auf europäischer Ebene.[898] Die Regelung in § 135a AktG wurde bis auf eine sprachliche Anpassung in Abs. 4 unverändert übernommen.[899] Die Regelungen gelten auch für die SE[900] und die KGaA.[901]

Die weiteren Änderungen betreffen in erster Linie redaktionelle Anpassungen. Gemäß § 129 Abs. 1 S. 2 AktG ist im Teilnehmerverzeichnis bei Mehrstimmrechtsaktien die Zahl der auf sie entfallenden Stimmrechte anzugeben. Parallel dazu ist gemäß § 130 Abs. 2 S. 2 Nr. 1 AktG in der börsennotierten AG in der notariellen Niederschrift gesondert die Mehrstimmrechtsaktie unter Angabe der auf sie entfallenden Stimmzahl anzugeben. Die Neuregelung in § 202 Abs. 1 S. 2 AktG stellt klar, dass eine Ausgabe von Mehrstimmrechtsaktien im Wege des genehmigten Kapitals nicht möglich ist. Diese Entscheidung soll allein der Hauptversammlung und nicht dem Vorstand zustehen.[902] Gemäß § 49 Abs. 1 S. 1 Nr. 1 WpHG müssen Gesellschaften zukünftig im Rahmen der Einberufung der Hauptversammlung Stimmrechte von Mehrstimmrechtsaktien gesondert angeben. Zudem sieht § 13 Abs. 1 Nr. 8 e) eWpG vor, dass Mehrstimmrechte aus Transparenzgründen in das elektronische Wertpapierregister aufgenommen werden müssen. Weitere Anpassungen finden sich in § 5 EGAktG und in §§ 14 Abs. 2 S. 2, 17 Abs. 1 Nr. 8e), 18 Abs. 2 S. 2 eWpG.

e) Verfolgter Zweck

Das übergeordnete Ziel des ZuFinG besteht in der Stärkung der Leistungsfähigkeit des deutschen Kapitalmarkts und der Erhöhung der Attraktivität des deutschen Finanzstandorts. Als Treiber von Innovation wurden insbesondere Start-ups, Wachstumsunternehmen sowie KMU in den Blick genommen, denen der Zugang zum Kapitalmarkt und die Aufnahme von

---

898 BeschlussE FinanzA ZuFinG v. 15.11.2023, BT-Drs. 20/9363, S. 127.

899 Hiernach berechtigen (statt „*berechtigten*") Mehrstimmrechtsaktien bei Beschlüssen nach § 119 Abs. 1 Nr. 5 AktG sowie § 142 Abs. 1 AktG zu nur einer Stimme.

900 Artikel 10 der Verordnung (EG) Nr. 2157/2001 des Rates vom 8. Oktober 2001 über das Statut der Europäischen Gesellschaft (SE) (ABl. I 294), S. 1.

901 § 278 Abs. 3 AktG.

902 RegE ZuFinG vom 16.8.2023, S. 134.

Eigenkapital erleichtert werden soll.[903] Die Wiedereinführung der Mehrstimmrechtsaktie zielt darauf ab, den betreffenden Unternehmen eine flexiblere Gestaltung zu ermöglichen und einen Anreiz zur Kapitalbeschaffung über den Kapitalmarkt zu setzen. Die veränderten Bedürfnisse und Erwartungen aus der Praxis sollen hierdurch Eingang in das deutsche Aktienrecht finden.[904] Der Gesetzgeber stützt diese Entscheidung auf die Stellungnahmen der *DAI*, der *Deutsche Börse Group* sowie von *Oxera/Kaserer*, welche alle ein aktuelles Bedürfnis nach Mehrstimmrechten bejahten, insbesondere im Bereich der Start-ups und Wachstumsunternehmen.[905] Viele dieser Unternehmen scheuten einen Börsengang aus Angst, ihren Einfluss und ihre Kontrolle über die strategische Ausrichtung des Unternehmens zu verlieren, obwohl sie für ihr Wachstum dringend Eigenkapital benötigen. Dem Standort Deutschland fehle es aber nicht nur an Investitionskapital, sondern infolgedessen zugleich an Innovations- und Wachstumsmöglichkeiten. Da andere Rechtsordnungen Mehrstimmrechte zuließen, bestehe ein Wettbewerbs- und Standortnachteil für Deutschland. Viele Unternehmen würden sich für eine ausländische Rechtsform, wie beispielsweise die N.V. oder ein Auslandslisting entscheiden.[906]

Der Gesetzgeber reagiert mit dem ZuFinG auf diese Entwicklung und strebt die Beseitigung etwaiger Hindernisse für den Börsengang an, um Investitions- und Innovationsmöglichkeiten zu stärken.[907]

3. Zusammenfassung

Während der KonTraG-Gesetzgeber es noch als einen der Hauptgründe für die Abschaffung angesehen hatte, dass durch Mehrstimmrechtsaktien Übernahmen behindert werden und damit insgesamt die Übernahmephantasie fehle,[908] kann man den heute verfolgten Zweck gerade in der Abschirmung von dem Markt der Unternehmenskontrolle sehen.[909] Im Vergleich

903 RefE ZuFinG vom 12.4.2023, S. 1; RegE ZuFinG vom 16.8.2023, S. 1.

904 RefE ZuFinG vom 12.4.2023, S. 95; RegE ZuFinG vom 16.8.2023, S. 126.

905 Hierzu RefE ZuFinG vom 12.4.2023, S. 94; RegE ZuFinG vom 16.8.2023, S. 125.

906 Vgl. Deutsches Aktieninstitut (DAI), Auslandslistings von BioNTech, CureVac & Co. (Juli 2021), S. 10, 38 f., 41; Deutsche Börse Group, Strategien zur nachhaltigen Finanzierung der Zukunft Deutschlands (2021), S. 39 ff.

907 RegE ZuFinG vom 16.8.2023, S. 67.

908 KonTraG, BT-Drs. 13/9712 vom 20.1.1998, S. 20.

909 Vgl. Erwägungsgrund 7 COM(2022) 761 final vom 7.12.2022; High Level Forum on the Capital Markets Union, A new vision for Europe's capital markets (2020), S. 66;

zum KonTraG-Gesetzgeber zieht das ZuFinG nun aus dem gleichen Effekt eine diametral andere Schlussfolgerung.[910] Die MVRD sieht eine Mindestharmonisierung vor, die den Mitgliedstaaten weitgehenden Spielraum belässt. Ziel ist neben der Einführung der Mehrstimmrechte die Beseitigung von Regelungen, die eine Diskriminierung von Gesellschaften aus anderen EU-Mitgliedstaaten an Börsen wegen im EU-Ausland bestehender Mehrstimmrechtsregime darstellen.

Die deutsche Regelung ist dadurch gekennzeichnet, dass sie für die nicht börsennotierte AG eine größere Gestaltungsfreiheit vorsieht als für die börsennotierte AG. Die Kernpunkte der deutschen Regelung sind die Einführung des Mehrstimmrechts nur mit Zustimmung aller Aktionäre, ein maximaler Stimmrechtsfaktor von zehn, eine inhaltliche Beschränkung bei bestimmten Beschlussgegenständen sowie das Erlöschen der Mehrstimmrechte bei börsennotierten Gesellschaften nach Ablauf von zehn Jahren oder bei Übertragung der Aktie. Der Fokus der Regelungen liegt dabei auf kleinen und mittleren Unternehmen sowie Start-ups. Anders als der deutsche Gesetzgeber, erwähnt der europäische Gesetzgeber darüber hinaus auch Familienunternehmen.

II. Gesellschaftsrechtliche Bedeutung von Mehrstimmrechten

Mehrstimmrechtsaktien bilden eine eigene Gattung i.S.d. § 11 S. 2 AktG und bedürfen gemäß § 23 Abs. 3 Nr. 4 AktG zwingend einer Grundlage in der Satzung.[911] Für die Debatte um die Wiedereinführung von Mehrstimmrechten und die Bewertung der gesetzlichen Vorgaben ist es wichtig, die Wirkung von Mehrstimmrechten zu klären.[912]

Technical Expert Stakeholder Group (TESG), Empowering EU Capital Markets for SMEs (Mai 2021), S. 32 ff.

910 Ebenso *Seidel*, NZG 2023, 1205, 1209.

911 RefE ZuFinG vom 12.4.2023, S. 97; RegE ZuFinG vom 16.8.2023, S. 128; kritisch Deutsche Börse Group, Stellungnahme ZuFinG (12.4.2023), S. 4, die Mehrstimmrechtsaktien nicht als eigene Gattung verstehen wollen, um Sonderbeschlüsse zu vermeiden.

912 Zu den Besonderheiten im Stabilisierungs- und Restrukturierungsrahmen *Kümpel*, AG 2024, 426 ff.; *Rieckers*, in: BeckOGK AktG, § 135a Rn. 24.

1. Einfache Stimmenmehrheit

Beschlüsse der Hauptversammlung werden grds. mit der Mehrheit der abgegebenen Stimmen gefasst, sofern nicht durch Gesetz oder Satzung eine größere Mehrheit oder weitere Erfordernisse bestimmt sind, § 133 Abs. 1 AktG. Maßgeblich ist die Abgabe der Stimmen, sodass die Präsenz in der jeweiligen Hauptversammlung von großer Bedeutung ist. Zu den Beschlüssen, für die eine einfache Stimmenmehrheit erforderlich ist, zählen beispielsweise die Bestellung der Mitglieder des Aufsichtsrats (§§ 119 Abs. 1 Nr. 1, 101 Abs. 1 AktG), die Verwendung des Bilanzgewinns (§§ 119 Abs. 1 Nr. 2, 174 AktG), das Vergütungssystem und der Vergütungsbericht für die Mitglieder des Vorstands und des Aufsichtsrats der börsennotierten AG („*Say on pay*"; §§ 119 Abs. 1 Nr. 3, 120a AktG), die Entlastung der Mitglieder des Vorstands und des Aufsichtsrats (§§ 119 Abs. 1 Nr. 4, 120 AktG) sowie die Bestellung besonderer Vertreter zur Geltendmachung von Ersatzansprüchen (§ 147 Abs. 2 S. 1 AktG).[913]

In all diesen Fällen entfalten Mehrstimmrechte ihre volle Wirkung. Sie ermöglichen es, ohne entsprechenden Kapitaleinsatz die Stimmenmehrheit in der Hauptversammlung zu erhalten. Die Auswirkung auf die Personalentscheidung ist dabei einer der wesentlichsten Wirkungsbereiche der Mehrstimmrechte.[914] Wer die Mehrheit der Stimmen hat, entscheidet über die Besetzung des Aufsichtsrats. Die Hauptaufgabe des Aufsichtsrats liegt in der Überwachung der Geschäftsführung, § 111 Abs. 1 AktG. Diese bezieht sich nicht nur auf abgeschlossene Sachverhalte, sondern erstreckt sich auch auf Fragen der künftigen Geschäftspolitik,[915] sodass der Aufsichtsrat den Vorstand auch zukunftsgerichtet zu beraten hat.[916] Der Mehrstimmrechtsaktionär kann über die Wahl der Aufsichtsratsmitglieder – aufgrund der diesen zukommenden Aufgaben – Einfluss auf die Geschäftspolitik nehmen. Da der Aufsichtsrat gemäß § 84 Abs. 1 S. 1 AktG den Vorstand bestellt, nimmt der Mehrstimmrechtsaktionär darüber hinaus auch indirekt Einfluss auf die Zusammensetzung des Vorstands.[917] Das ermöglicht dem Mehrheitsaktionär, die Strategie und Ausrichtung der Gesellschaft mittelbar

---

913 Siehe Einzelaufzählung bei *Arnold*, in: MüKo AktG, 6. Aufl. (2024), § 133 Rn. 42; *Tröger*, in: KK AktG, 2. Aufl. (2021), § 133 Rn. 132.

914 *Wolf*, Mehrstimmrechtsaktien (2023), S. 48 ff.; *Kalss*, ZHR 2023, 438, 463.

915 BGH, Urt. v. 25.3.1991, II ZR 188/89, NJW 1991, 1830, 1831.

916 Zu den Aufgaben des Aufsichtsrats *Arnold*, AR-HdB., 2. Aufl. (2024), § 4 Rn. 1 ff.

917 So allgemein *Bungert*, MHdB GesR IV, 6. Aufl. (2024), § 35 Rn. 7; *Kubis*, in: MüKo AktG, 6. Aufl. (2024), § 118 Rn. 10.

zu beeinflussen.[918] Die Relevanz von Mehrstimmrechten für die Besetzung von Führungspositionen wird auch durch den Änderungsantrag 25 des Berichtsentwurfs des Committee on Economic and Monetary Affairs vom 14. Juni 2023 verdeutlicht, der vorsah, dass Beschränkungen nicht für die Wahl und Abberufung von Aufsichtsratsmitgliedern gelten sollten.[919] Das deckt sich mit der aktuellen Fassung in Art. 4 Abs. 1 S. 2 lit. b ii) MVRD.

Zieht man einen Vergleich zum schweizerischen Aktienrecht, ist die Relevanz der Stimmrechtsaktie für die Personalentscheidung noch gewichtiger, da die Generalversammlung den Verwaltungsrat und damit das Geschäftsführungsorgan direkt wählt (Art. 698 Abs. 2 Nr. 2 Alt. 1 OR). Da beim Vorhandensein von Stimmrechtsaktien mehrere Aktienkategorien bestehen, sieht Art. 709 Abs. 1 OR als Ausgleich hierfür vor, dass die Statuten den Aktionären jeder Kategorie die Wahl wenigstens eines Vertreters im Verwaltungsrat sichern müssen.

2. Qualifizierte Stimmenmehrheit

Das Gesetz sieht nur in wenigen Fällen eine Beschlussfassung mit einer Mehrheit von drei Viertel der abgegebenen Stimmen vor.[920] Das ist beispielsweise bei der vorzeitigen Abberufung der Aufsichtsratsmitglieder gemäß § 103 Abs. 1 S. 2 AktG sowie gemäß § 111 Abs. 4 S. 4 AktG der Fall, sofern die Hauptversammlung auf Verlangen des Vorstands die verweigerte Zustimmung des Aufsichtsrats ersetzen soll.

Auch hier entfalten Mehrstimmrechte ihre volle Wirkung. Ob mit ihnen eine qualifizierte Stimmenmehrheit erreicht wird, hängt von der jeweiligen Beteiligung sowie der Hauptversammlungspräsenz ab.

---

918 *Kalss*, ZHR 2023, 438, 463.

919 Siehe Committee on Economic and Monetary Affairs, DRAFT REPORT on the proposal for a directive of the European Parliament and of the Council on multiple-vote share structures in companies that seek the admission to trading of their shares on an SME growth market (COM(2022)0761 – C9-0416/2022 – 2022/0406(COD)), 14. Juni 2023, Amendment 25 to Art. 5 Abs. 1 (ba) (ii), S. 17 (abrufbar unter: https://www.europarl.europa.eu/doceo/document/ECON-PR-749139_EN.html, zuletzt geprüft am 29.12.2025).

920 S. Aufzählung in *Tröger*, in: KK AktG, 2. Aufl. (2021), § 133 Rn. 152 ff.

3. Kapitalmehrheit

Bestimmte, für die Gesellschaft oder ihre Aktionäre einschneidende Beschlüsse bedürfen zu ihrer Wirksamkeit einer Mehrheit von mindestens drei Viertel des bei der Beschlussfassung vertretenen Grundkapitals. Zu den grundlegenden Beschlüssen, die einer solchen sog. qualifizierten Kapitalmehrheit bedürfen, zählen u.a. Satzungsänderungen (§ 179 Abs. 2 AktG), Bezugsrechtsausschlüsse (§ 186 Abs. 3 S. 2 AktG), Kapitalerhöhungen (§§ 182 Abs. 1 S. 1; 193 Abs. 1 S. 1; 207 Abs. 2 S. 1 AktG), Kapitalherabsetzungen (§§ 222 Abs. 1 S. 1; 229 Abs. 3 AktG), die Schaffung von genehmigtem Kapital (§ 202 Abs. 2 S. 2 AktG) sowie die Auflösung der Gesellschaft (§ 262 Abs. 1 Nr. 2 HS. 2 AktG).[921]

In diesen Fällen entfalten Mehrstimmrechte zwar keine aktive Wirkung, da sie sich nur auf die Stimmenmehrheit, nicht aber auf die Kapitalmehrheit auswirken.[922] Nach herrschender, nahezu unumstrittener Auffassung ist die einfache Stimmenmehrheit aber als notwendige Bedingung für den Abstimmungserfolg erforderlich und muss neben die Kapitalmehrheit treten.[923] Das spielt allein bei Mehr- und Höchststimmrechten eine Rolle.[924] Obgleich Mehrstimmrechte keinen positiven Beschluss herbeiführen können, sind sie in der Lage, eine Abstimmung zu blockieren. Sie verschaffen eine Sperrminorität, wenn gegen die Stimmen der Mehrstimmrechtsaktionäre zwar die Kapitalmehrheit, nicht aber die Stimmenmehrheit erreicht wird.[925] Mit der Wiedereinführung der Mehrstimmrechtsaktie kann es damit wieder zu einem Auseinanderfallen von Stimmen- und Kapitalmehrheit

---

921 S. Einzelaufzählung bei *Arnold*, in: MüKo AktG, 6. Aufl. (2024), § 133 Rn. 54; *Tröger*, in: KK AktG, 2. Aufl. (2021), § 133 Rn. 136.

922 Reichsgericht, Urt. v. 24.9.1929, II 26/29, juris = RGZ 125, 356, 359 f.; *Austmann*, MHdB GesR IV, 6. Aufl. (2024), § 40 Rn. 44; *Tröger*, in: KK AktG, 2. Aufl. (2021), § 133 Rn. 147; *Bungert*, MHdB GesR IV, 6. Aufl. (2024), § 39 Rn. 13.

923 Reichsgericht, Urt. v. 24.9.1929, II 26/29, juris = RGZ 125, 356, 359 f.; BGH, Urt. v. 28.11.1974, II ZR 176/72, NJW 1975, 212; *Arnold*, in: MüKo AktG, 6. Aufl. (2024), § 133 Rn. 49; *Austmann*, MHdB GesR IV, 6. Aufl. (2024), § 40 Rn. 45; *Tröger*, in: KK AktG, 2. Aufl. (2021), § 133 Rn. 128, 150.

924 *Zetzsche*, in: KK AktG, 3. Aufl. (2020), § 179 Rn. 376; *Koch*, in: Koch AktG, 2025, § 133 Rn. 13.

925 *Vatter*, in: BeckOGK AktG, § 12 Rn. 18; *Zöllner*, in: KK, 2. Aufl. (1988), § 12 Rn. 33; *Seidel*, NZG 2023, 1205, 1210; *Volkmann/Thoma*, RFamU 2023, 443, 446; ebenfalls von Blockade sprechend etwa: *Wolf*, Mehrstimmrechtsaktien (2023), S. 291; *Hopt/Kalss*, ZGR 2024, 84, 132; Deutscher Anwaltverein (DAV), Stellungnahme ZuFinG (Mai 2023), S. 25 spricht von Vetoposition; *Dolzer*, Reichert HV-HdB, 6. Aufl. (2024), § 32 Rn. 3.

kommen. Das hat zur Folge, dass doppelt ausgezählt werden muss, einmal nach der Stimmkraft und einmal nach Kapitalbeträgen.[926]

4. Keine Auswirkung auf Minderheitenrechte

Mehrstimmrechte wirken sich nicht auf diejenigen Minderheitenrechte aus, die von der Erreichung einer bestimmten Kapitalbeteiligung abhängen. Das ist etwa im Fall der Einberufung der Hauptversammlung (§ 122 Abs. 1 und 2 AktG), bei der Abstimmung über Wahlvorschläge von Aktionären zur Wahl von Aufsichtsratsmitgliedern (§ 137 AktG), im Klagezulassungsverfahren (§ 148 Abs. 1 S. 1 AktG) oder aber im Falle des § 93 Abs. 4 S. 3 AktG vorgesehen.

5. Sonderbeschlüsse

Bei der Einführung von Mehrstimmrechten muss bedacht werden, dass infolgedessen weitere Strukturmaßnahmen erschwert werden können und der Verwaltungsaufwand erhöht wird. In bestimmten, von dem Gesetz oder der Satzung angeordneten Fällen ist neben dem Hauptversammlungsbeschluss die Fassung eines Sonderbeschlusses erforderlich, da sie eine eigene Aktiengattung bilden. Soweit das Gesetz nichts anderes bestimmt, können diese gemäß § 138 Abs. 1 S. 1 AktG entweder in einer gesonderten Versammlung dieser Aktionäre oder in einer gesonderten Abstimmung gefasst werden. Ein Sonderbeschluss ist etwa in folgenden Fällen erforderlich: Änderung des bisherigen Verhältnisses mehrerer Gattungen von Aktien zum Nachteil einer Gattung (§ 179 Abs. 3 AktG), Kapitalerhöhung (§ 182 Abs. 2 AktG), bedingte Kapitalerhöhung (§§ 193 Abs. 1 S. 3, 182 Abs. 2 AktG), Schaffung genehmigten Kapitals (§§ 202 Abs. 2 S. 4, 182 Abs. 2 AktG), Begebung von Wandel-, Gewinnschuldverschreibungen und Genussrechten (§§ 221 Abs. 1 S. 4, Abs. 3, 182 Abs. 2 AktG), Kapitalherabsetzung (§ 222 Abs. 2 AktG), vereinfachte Kapitalherabsetzung (§§ 229 Abs. 3, 222 Abs. 2 AktG) und Kapitalherabsetzung durch Einziehung von Aktien (§§ 237 Abs. 2 S. 1, 222 Abs. 2 AktG).[927] Treten neben die Mehrstimmrechtsaktie weitere stimmberechtigte Gattungen, ist für jede dieser Gattung ein separater Sonderbeschluss zu fassen. Dadurch kann jede Gattung eine Be-

926 *Tröger*, in: KK AktG, 2. Aufl. (2021), § 133 Rn. 129.
927 *Ders.*, in: KK AktG, 2. Aufl. (2021), § 133 Rn. 197.

schlussfassung verhindern, unabhängig von dem ihr insgesamt zukommenden Stimmgewicht.

6. Einheitliche Ausübung

Die Stimmrechte aus einer Mehrstimmrechtsaktie können nur einheitlich ausgeübt werden.[928] Das folgt daraus, dass es sich um nur eine Aktie und damit um eine Mitgliedschaft handelt und ein Verbot der uneinheitlichen Stimmabgabe gilt. In der Praxis wird dieser Fall wohl kaum eine Rolle spielen.

7. Zwischenergebnis

Ihre volle Wirkung entfalten Mehrstimmrechte dort, wo ein Beschluss mit einfacher Mehrheit zu fassen ist. Die einfache Stimmenmehrheit stellt gemäß § 133 Abs. 1 AktG den Regelfall dar. Eine erste, dem AktG schon immanente Einschränkung der Mehrstimmrechte stellt das Erfordernis der Kapitalmehrheit dar, da sich die erhöhte Stimmkraft hierauf nicht aktiv auswirkt. Sie entfalten „nur" eine passive Blockadewirkung. Historisch betrachtet war dies teilweise gerade das Ziel der Einführung der Kapitalmehrheit. Der Gesetzgeber wollte verhindern, dass Beschlüsse allein durch Mehrstimmrechtsaktionäre gefasst werden können, wie es etwa im Fall der Satzungsänderung nach § 179 Abs. 2 S. 1 AktG der Fall war.[929] Dass dem Kapitalmehrheitserfordernis eine einschränkende Wirkung zukommt, zeigt sich auch daran, dass die MVRD genau hierin eine gangbare Alternative zur Beschränkung des Mehrstimmrechts sieht.[930] Der europäische Gesetzgeber erachtet hierin schon eine ausreichende Schutzwirkung, ohne dass es zusätzlich weiterer Einschränkungen bedarf.

928 Vgl. *Ziemons*, in: Schmidt/Lutter AktG, 5. Aufl. (2024), § 12 Rn. 9; *Heider*, in: MüKo AktG, 6. Aufl. (2024), § 12 Rn. 21 m.w.N.; *Koch*, in: Koch AktG, 2025, § 133 Rn. 21; *Franz*, in: Wachter AktG, 4. Aufl. (2022), § 12 Rn. 6 m.w.N.

929 BGH, Urt. v. 28. 11. 1974, II ZR 176/72, NJW 1975, 212; *Zetzsche*, in: KK AktG, 3. Aufl. (2020), § 179 Rn. 372.

930 Art. 4 Abs. 1 S. 2 lit. b ii) MVRD sowie Erwägungsgrund (11) MVRD-E; dazu unter E.I.1.b)cc).

III. Bewertung der Wiedereinführung der Mehrstimmrechtsaktie

Um abschließend die Frage beantworten zu können, ob Mehrstimmrechtsaktien wiedereingeführt werden sollten, ist es zunächst erforderlich, deren Vereinbarkeit mit höherrangigem Recht zu prüfen [hierzu unter 1.]. In einem zweiten Schritt soll eine Auseinandersetzung mit den in der aktuellen Diskussion angeführten Vor- und Nachteilen erfolgen [hierzu unter 2.]. Gegen eine Wiedereinführung könnte zuletzt der Umstand sprechen, dass Mehrstimmechte als zusätzliche Gestaltungsoption nicht notwendig sind, da die *de lege lata* bestehenden Gestaltungsmöglichkeiten als ausreichend zu erachten sind [hierzu unter 3.]. Im Rahmen des Fazits ist die Frage nach der Wiedereinführung anhand der gewonnenen Erkenntnisse abschließend zu beantworten [hierzu unter 4.].

1. Vereinbarkeit mit höherrangigem Recht

Das europäische Gesellschaftsrecht kennt kein ausdrückliches Verbot von Mehrstimmrechtsaktien.[931] Einer Wiedereinführung werden teilweise europarechtliche Bedenken entgegengebracht.[932] Bei der Prüfung der Vereinbarkeit mit den Grundfreiheiten sind drei Fragen getrennt zu betrachten: Zunächst ist allgemein zu klären, ob die Wiedereinführung von Mehrstimmrechten mit dem Primärrecht vereinbar ist [dazu unter a)]. Bejaht man diese Frage, ist in einem zweiten Schritt zu klären, ob die Satzungsregelung gegen Grundfreiheiten verstoßen kann [dazu unter b)]. Sodann soll untersucht werden, ob der öffentlichen Hand Mehrstimmrechte eingeräumt werden können [dazu unter c)]. Letztlich geht es um die Frage, ob

931 *Mock*, in: GroßKomm AktG, 5. Aufl. (2017), § 12 Rn. 21.

932 *Grundmann/Möslein*, ZGR 2003, 317, 365; *Möslein*, ZIP 2007, 208, 210; *Koch*, in: Hüffer/Koch, 16. Aufl. (2022), § 12 Rn. 8 hielt die legislative Wiedereinführung unter europarechtlichen Gesichtspunkten der Kapitalverkehrsfreiheit für nicht unproblematisch; a.A: *Verse*, ZIP 2008, 1754, 1761; *Ego*, in: MüKo AktG, 5. Aufl. (2021), B., Kap. 4 Kapitalverkehrsfreiheit Rn. 767; *Anderson*, Stimmrechtsproportionalität (2016), S. 161 ff.; *Nicolussi*, AG 2022, 757; *Herzog/Gebhard*, ZIP 2022, 1893, 1898; *Wolf*, Mehrstimmrechtsaktien (2023), S. 316 ff.; *Wittig/Hummelmeier*, WM 2024, 332, 335; *Mock*, in: GroßKomm AktG, 5. Aufl. (2017), § 12 Rn. 24; *Hopt/Kalss*, ZGR 2024, 84, 94; *Kalss/Nicolussi*, in: Fleischer/Koch/Schmolke (Hrsg.), Gesellschaftsrecht im Spiegel großer Debatten (2024), S. 431, 444; *Sander*, EuZW 2008, 33 zunächst nur bezogen auf Höchststimmrechte, mit anschließendem Hinweis auf sämtliche Abweichungen vom one share, one vote-Grundsatz; offen lassend *Bayer*, BB 2002, 2289, 2290 f.

der Gesetzgebungsakt, die darauf basierende privatrechtliche Umsetzung in Form der Satzungsbestimmung oder die Ausstattung staatlicher Stellen mit Mehrstimmrechten eine die Kapitalverkehrsfreiheit beeinträchtigende, nationale Maßnahme darstellt. Abschließend ist zu prüfen, ob das ZuFinG die MVRD hinreichend umsetzt [dazu unter d)].

a) Vereinbarkeit der Wiedereinführung der Mehrstimmrechte mit dem Primärrecht

aa) Kapitalverkehrsfreiheit, Art. 63 AEUV

Die Wiedereinführung der Mehrstimmrechtsaktie wäre mit der Kapitalverkehrsfreiheit nicht vereinbar, soweit ihr Schutzbereich eröffnet und eine nicht gerechtfertigte Beeinträchtigung vorliegen würde.

(1) Schutzbereich

Gemäß Art. 63 Abs. 1 AEUV sind alle Beschränkungen des Kapitalverkehrs zwischen den Mitgliedstaaten sowie zwischen den Mitgliedstaaten und dritten Ländern verboten. Eine Definition des Begriffs des Kapitalverkehrs findet sich weder im AEUV noch im Sekundärrecht oder in der Rechtsprechung des EuGH.[933] Der EuGH subsumiert unter den Kapitalverkehr sowohl Investitionen in Form des Erwerbs von Wertpapieren auf dem Kapitalmarkt, die der reinen Geldanlage dienen, bei denen der Anleger keinen Einfluss auf die Verwaltung und Kontrolle des Unternehmens ausüben will (sog. Portfolioinvestitionen), als auch Investitionen in Form der Beteiligung an einem Unternehmen, die die Möglichkeit geben, sich tatsächlich an der Verwaltung dieser Gesellschaft oder an deren Kontrolle zu beteiligen (sog. Direktinvestitionen).[934] Hierunter lassen sich Mehrstimmrechtsaktien fas-

933 EuGH, Urt. v. 8.7.2010, Rs. C-171/08 ECLI:EU:C:2010:412, Rn. 49; *Ukrow/Ress*, in: GHN AEUV (2025), Art. 63 Rn. 158; *Ego*, in: MüKo AktG, 5. Aufl. (2021), B., Kap. 4 Kapitalverkehrsfreiheit Rn. 739; *Hütten*, Investitions- und Übernahmehindernisse (2016), S. 68.

934 EuGH, Urt. v. 28.9.2006, Rs. C-282/04 u. C-283/04 ECLI:EU:C:2006:608, Rn. 19; EuGH, Urt. v. 8.7.2010, Rs. C-171/08 ECLI:EU:C:2010:412, Rn. 49; zu den Begriffen der Direkt- und Portfolioinvestition eingehend *Hütten*, Investitions- und Übernahmehindernisse (2016), S. 89 ff.; *Stöber*, NZG 2010, 977, 978.

sen. Eine weitere Voraussetzung ist, dass eine Grenzüberschreitung möglich sein muss.[935] Dies ist jedenfalls bei der börsennotierten AG der Fall, bei der die Aktien an einem international zugänglichen Kapitalmarkt gehandelt werden, da die Möglichkeit einer grenzüberschreitenden Transaktion besteht.

Die nationale Maßnahme besteht in der gesellschaftsrechtlichen Regelung in Form der Einführung von Mehrstimmrechten durch den deutschen Gesetzgeber und damit in einem legislativen Akt.[936] Dabei kommt es maßgeblich darauf an, ob sich privatrechtliche, insbesondere gesellschaftsrechtliche Regelungen überhaupt an den Grundfreiheiten messen lassen müssen.[937] Dies wird teilweise unter Rückgriff auf die sog. Golden Share-Rechtsprechung bejaht.[938] Allerdings betrafen diese Judikate jeweils die Einführung staatlicher Sonderrechte, die der Verbesserung oder Sicherung der eigenen Position in der AG dienten,[939] nicht aber die Schaffung allgemeiner gesellschaftsrechtlicher Normen. In dem sog. VW-Urteil betonte der EuGH, dass die Mehrheitsregelung in § 4 Abs. 3 des VW-Gesetzes nicht nur beanstandet wurde, weil sie spezialgesetzlich geregelt war, sondern auch, weil sie „*vom allgemeinen Gesellschaftsrecht*" abwich.[940] Teile der Literatur folgern hieraus, dass Regelungen des allgemeinen Gesellschaftsrechts im Gegensatz zu staatlichen Sonderbefugnissen an einem privaten Unternehmen nicht als Beschränkung zu qualifizieren seien.[941] Gegen eine Überprüfung wird weiterhin eingewandt, dass gesellschaftsrechtliche Regelungen den Rahmen bilden, der die Grundlage für den Binnenmarkt schaffe[942] und damit den

935 EuGH, Urt. v. 8.5.2013, Rs. C-197/11 u. C-203/11 ECLI:EU:C:2013:288, Rn. 34; *Ukrow/Ress*, in: GHN AEUV (2025), Art. 63 Rn. 167; *Korte*, in: Calliess/Ruffert (Hrsg.), EUV/AEUV, 6. Aufl. (2022), Art. 63 AEUV Rn. 32.

936 Ähnlich *Beckmann*, Das Mehrstimmrecht (2023), S. 312, der den Schwerpunkt auf die hierin enthaltene Möglichkeit der marktabschottenden Mechanismen in der Satzung setzt; *Wolf*, Mehrstimmrechtsaktien (2023), S. 318 ff.; *Anderson*, Stimmrechtsproportionalität (2016), S. 152.

937 Hierzu *Grundmann/Möslein*, ZGR 2003, 317, 350 ff.; *Kainer*, ZHR 168 (2004), 542, 558 ff.; *Bachmann*, AcP 210 (2010), 424, 425 ff., insb. 463 f.; *Anderson*, Stimmrechtsproportionalität (2016), S. 152 ff.; *Beckmann*, Das Mehrstimmrecht (2023), S. 312 ff.

938 *Grundmann/Möslein*, ZGR 2003, 317, 361 ff., 365; *Möslein*, ZIP 2007, 208, 210, 215.

939 Ebenso *Herzog/Gebhard*, ZIP 2022, 1893, 1898; ähnlich *Nicolussi*, AG 2022, 757.

940 EuGH, Urt. v. 23.10.2007, Rs. C-112/05 ECLI:EU:C:2007:623, Rn. 60 f.

941 *Sander*, EuZW 2008, 33; *Ego*, in: MüKo AktG, 5. Aufl. (2021), B., Kap. 4 Kapitalverkehrsfreiheit Rn. 765.

942 *Wilmowsky*, JZ 1996, 590, 593; *Spindler*, RIW 2003, 850, 853 ff.; *Kainer*, ZHR 168 (2004), 542, 559 stellt darauf ab, ob die jeweilige Regelung tatsächlich die rechtsge-

Markt erst eröffne.[943] Gerade bei der Aufhebung des Mehrstimmrechtsverbots handele es sich um eine die Privatautonomie schaffende Regelung, die wegen der Satzungsstrenge einer normativen Grundlage bedürfe.[944]

(2) Keine Beeinträchtigung

Auf diese Streitfrage der Überprüfbarkeit kommt es dann nicht an, soweit ohnehin keine Beeinträchtigung vorliegt. Art. 63 Abs. 1 AEUV enthält ein allgemeines Beschränkungsverbot.[945] Dieses umfasst nicht nur Diskriminierungen, sondern alle beschränkenden Maßnahmen, die den grenzüberschreitenden Kapitaltransfer verhindern, behindern oder auch nur potenziell oder mittelbar beeinträchtigen.[946] In Bezug auf Direkt- und Portfolioinvestitionen nimmt der EuGH an, dass

> *„nationale Regelungen als „Beschränkungen" im Sinne von Artikel 56 Absatz 1 EG anzusehen sind, wenn sie geeignet sind, den Erwerb von Aktien der betreffenden Unternehmen zu verhindern oder zu beschränken oder aber Investoren anderer Mitgliedstaaten davon abzuschrecken, in das Kapital dieser Unternehmen zu investieren."*[947]

Infolge dieses extensiven Beschränkungsbegriffs wird die zu Art. 34 AEUV entwickelte *Keck*-Rechtsprechung[948] auf Art. 63 AEUV übertragen.[949] Danach ist nur der Marktzugang, nicht aber die anschließende Markttätigkeit geschützt. Bloße Investitionsmodalitäten, die das rechtliche Umfeld der

---

schäftliche Willensfreiheit begrenzt und damit einen Eingriff in die grenzüberschreitende Privatautonomie bewirkt; kritisch *Bachmann*, AcP 210 (2010), 424, 464

943 *Teichmann/Heise*, BB 2007, 2577, 2581.

944 *Anderson*, Stimmrechtsproportionalität (2016), S. 153.

945 Vgl. EuGH, Urt. v. 8.7.2010, Rs. C-171/08 ECLI:EU:C:2010:412, Rn. 48.

946 *Ego*, in: MüKo AktG, 5. Aufl. (2021), B., Kap. 4 Kapitalverkehrsfreiheit Rn. 756; *Korte*, in: Calliess/Ruffert (Hrsg.), EUV/AEUV, 6. Aufl. (2022), Art. 63 AEUV 47 ff.

947 EuGH, Urt. v. 28.9.2006, Rs. C-282/04 u. C-283/04 ECLI:EU:C:2006:608, Rn. 20.

948 Vgl. EuGH, Urt. v. 24.11.1993, Rs. C-267/91 u. C-268/91 ECLI:EU:C:1993:905.

949 Der EuGH würde diese Rechtsprechung wohl auch auf die Kapitalverkehrsfreiheit übertragen, da er in dem Urteil *Kommission ./. Spanien* der Begründung der spanischen Regierung folgend die Keck-Rspr. prüft, die Voraussetzungen aber als nicht erfüllt ansieht. Die grds. Anwendbarkeit wurde nicht in Frage gestellt, EuGH, Urt. v. 13.5.2003, Rs. C-463/00 ECLI:EU:C:2003:272, Rn. 59 ff.; ähnlich EuGH, Urt. v. 13.5.2003, Rs. C-98/01 ECLI:EU:C:2003:273, Rn. 45 ff.; *Spindler*, RIW 2003, 850, 853; *Neumann/Ogorek*, NZG 2008, 892, 893; *Anderson*, Stimmrechtsproportionalität (2016), S. 135 f.

Kapitalbewegung betreffen, stellen demnach keine Beschränkung dar.[950] Die gesetzliche Zulassung von Mehrstimmrechten stellt eine solche nicht diskriminierende, unterschiedslose Investitionsmodalität dar, die für alle Investoren gilt.[951] Dafür spricht, dass die Aufhebung des Verbots in § 12 Abs. 2 AktG a. F. und die Regelung in § 135a AktG nicht den Handel regeln, sondern die Rahmenbedingungen für die privatautonome Schaffung von Mehrstimmrechten unter Berücksichtigung des Minderheitenschutzes und zur Vermeidung von Missbrauchsfällen festlegen. Auch das Proportionalitätsprinzip lässt sich nicht aus den Grundfreiheiten herleiten,[952] sodass eine weitere Abweichung in Form der Wiedereinführung einer aktienrechtlichen Befugnisnorm zur Schaffung von Mehrstimmrechten zulässig ist.[953]

Im Übrigen lässt sich das gefundene Ergebnis durch folgende Überlegungen stützen: Neben den in Art. 11 Abs. 3 UAbs. 3 der Übernahmerichtlinie anerkannten Mehrstimmrechten werden auch andere Abweichungen, die zum Teil einen stärkeren Eingriff in den Proportionalitätsgrundsatz darstellen, für europarechtlich zulässig erachtet.[954] Die Kommission hat bislang auch kein Vertragsverletzungsverfahren gegen diejenigen Mitgliedstaaten eingeleitet, die seit Jahren Mehrstimmrechtsaktien zulassen.[955]

(3) Zwischenergebnis

Unabhängig von der Frage, ob der Schutzbereich eröffnet ist und aktienrechtliche Normen überhaupt am Maßstab der Kapitalverkehrsfreiheit zu messen sind, liegt in der legislativen Wiedereinführung der Mehrstimmrechtsaktie keine Beeinträchtigung, sondern eine nicht diskriminierende, für alle in- und ausländischen Aktionäre geltende Investitionsmodalität vor.

---

950 *Korte*, in: Calliess/Ruffert (Hrsg.), EUV/AEUV, 6. Aufl. (2022), Art. 63 AEUV Rn. 61; *Ukrow/Ress*, in: GHN AEUV (2025), Art. 63 Rn. 204 f.

951 *Anderson*, Stimmrechtsproportionalität (2016), S. 153; *Wolf*, Mehrstimmrechtsaktien (2023), S. 319; *Spindler*, RIW 2003, 850, 854 qualifiziert gesellschaftsrechtliche Regelungen insgesamt als Investitionsmodalitäten.

952 Siehe unter B.III.

953 So zutreffend *Beckmann*, Das Mehrstimmrecht (2023), S. 318; ohne nähere Begründung stellt *Bayer*, BB 2002, 2289, 2290 fest, dass die gesetzliche Grundlage, die für die Einführung der Mehrstimmrechte erforderlich ist, *„nicht direkt (von der Kapitalverkehrsfreiheit) betroffen ist"*.

954 *Herzog/Gebhard*, ZIP 2022, 1893, 1898; ähnlich *Verse*, ZIP 2008, 1754, 1761.

955 Auch *Anderson*, Stimmrechtsproportionalität (2016), S. 154 leitet daraus ab, dass die EU-Kommission bei solchen Regelungen keinen Verstoß gegen die Kapitalverkehrsfreiheit oder gegen andere Grundfreiheiten annimmt.

bb) Niederlassungsfreiheit, Art. 49 AEUV

Neben der Kapitalverkehrsfreiheit kann auch die Niederlassungsfreiheit betroffen sein. Die Abgrenzung der beiden Grundfreiheiten ist umstritten.[956] Relevant wird dieser Streit nur in Drittstaatenkonstellationen, da diese nur von Art. 63 AEUV, nicht aber von Art. 49 AEUV erfasst werden. Der EuGH differenziert nach dem Gegenstand der angegriffenen Regelung.[957] Soweit eine Beteiligung betroffen ist, die es dem Inhaber ermöglicht, einen sicheren Einfluss auf die Entscheidungen des Unternehmensträgers auszuüben und dessen Tätigkeiten zu bestimmen, liegt eine sog. Kontrollbeteiligung vor, die ausschließlich an Art. 49 AEUV zu messen ist.[958] Soweit die nationalen Regelungen keinen Einfluss vermitteln, d.h. in der alleinigen Absicht der Geldanlage erfolgen und ausschließlich Portfolio- oder andere Kapitalinvestitionen beschränken, ist Art. 63 AEUV einschlägig.[959] Mehrstimmrechtsaktien können daher unter beide Grundfreiheiten fallen. Sie ermöglichen ihrem Inhaber eine Kontrollbeteiligung, haben aber gleichzeitig eine potenziell abschreckende Wirkung auf Anleger unterhalb der Kontrollschwelle, die ihre Beteiligung als reine Geldanlage verstehen.[960] Aufgrund des sich teilweise überschneidenden Anwendungsbereichs und des ähnlichen Beschränkungsbegriffs[961] gilt das zur Kapitalverkehrsfreiheit Gesagte.

---

956 *Ego*, in: MüKo AktG, 5. Aufl. (2021), B., Kap. 4 Kapitalverkehrsfreiheit Rn. 745 ff.; *Korte*, in: Calliess/Ruffert (Hrsg.), EUV/AEUV, 6. Aufl. (2022), Art. 49 AEUV Rn. 39 ff.; *Ukrow/Ress*, in: GHN AEUV (2025), Art. 63 Rn. 381 ff.; *Anderson*, Stimmrechtsproportionalität (2016), S. 132 f.

957 EuGH, Urt. v. 13.11.2012, Rs. C-35/11 ECLI:EU:C:2012:707, Rn. 90; EuGH, Urt. v. 24.11.2016, Rs. C-464/14 ECLI:EU:C:2016:896, Rn. 31.

958 St. Rspr., vgl. EuGH, Urt. v. 13.11.2012, Rs. C-35/11 ECLI:EU:C:2012:707, Rn. 91 m.w.N.; EuGH, Urt. v. 20.9.2018, Rs. C-685/16 ECLI:EU:C:2018:743, Rn. 34; EuGH, Urt. v. 24.11.2016, Rs. C-464/14 ECLI:EU:C:2016:896, Rn. 32.

959 St. Rspr., vgl. EuGH, Urt. v. 13.11.2012, Rs. C-35/11 ECLI:EU:C:2012:707, Rn. 92 m.w.N.; EuGH, Urt. v. 20.9.2018, Rs. C-685/16 ECLI:EU:C:2018:743, Rn. 35; EuGH, Urt. v. 24.11.2016, Rs. C-464/14 ECLI:EU:C:2016:896, Rn. 33.

960 So auch *Beckmann*, Das Mehrstimmrecht (2023), S. 330.

961 Eine Beschränkung i.S.v. Art. 49 AEUV liegt vor, soweit eine Maßnahme die Ausübung der Niederlassungsfreiheit verbietet, behindert oder weniger attraktiv macht, vgl. EuGH, Urt. v. 28.4.2009, Rs. C-518/06 ECLI:EU:C:2009:270, Rn. 62.

b) Vereinbarkeit der Satzungsregelung mit dem Primärrecht

Der privatrechtliche Akt der Einführung von Mehrstimmrechten, also die entsprechende Satzungsgestaltung, könnte am Maßstab der Grundfreiheiten zu überprüfen sein,[962] soweit diesen eine horizontale Wirkung beizumessen ist. Dabei ist zwischen der unmittelbaren Drittwirkung, bei der die Privatrechtssubjekte Normadressaten der Grundfreiheiten sind, und der mittelbaren Drittwirkung, bei der der Mitgliedstaat Normadressat bleibt, zu unterscheiden.[963]

aa) Unmittelbare Drittwirkung

Ob die Kapitalverkehrsfreiheit im Verhältnis zwischen Privaten eine unmittelbare Drittwirkung entfaltet, ist umstritten[964] und von dem EuGH bislang nicht geklärt.[965] Im Schrifttum wird eine solche zu Recht überwiegend abgelehnt.[966] Beschränkungen, die sich aus rein privatrechtlichen Regelungen wie einer Satzungsbestimmung ergeben, ohne dass die öffentliche Hand

---

962 *Anderson*, Stimmrechtsproportionalität (2016), S. 156 ff.; *Beckmann*, Das Mehrstimmrecht (2023), S. 318 ff.; *Wolf*, Mehrstimmrechtsaktien (2023), S. 320 ff.

963 *Canaris*, in: Bauer/Czybulka/Kahl u.a. (Hrsg.), Umwelt, Wirtschaft und Recht (2002), S. 33.

964 Zum Streitstand vgl. *Canaris*, in: Bauer/Czybulka/Kahl u.a. (Hrsg.), Umwelt, Wirtschaft und Recht (2002), S. 41 ff.; *Müller-Graff*, EuR 2014, 3 ff. m.w.N.

965 *Lutter/Bayer/Schmidt*, EuropUR, 6. Aufl. (2017), Rn. 4.29, 15.6.

966 *Bayer*, BB 2002, 2289, 2290; *Canaris*, in: Bauer/Czybulka/Kahl u.a. (Hrsg.), Umwelt, Wirtschaft und Recht (2002), S 40 ff.; *Spindler*, RIW 2003, 850, 854; *Stöber*, NZG 2010, 977, 979; *Lutter/Bayer/Schmidt*, EuropUR, 6. Aufl. (2017), 4.29, Fn. 66 m.w.N.; *Ukrow/Ress*, in: GHN AEUV (2025), Art. 63 Rn. 141; *Lieder*, ZHR 172 (2008), 306, 318; *Anderson*, Stimmrechtsproportionalität (2016), S. 158 f.; *Wojcik*, in: Groeben/Schwarze/Hatje (Hrsg.), Europäisches Unionsrecht, 7. Aufl. (2015), Art. 63 AEUV Rn. 13; *Ego*, in: MüKo AktG, 5. Aufl. (2021), B., Kap. 4 Kapitalverkehrsfreiheit Rn. 768; *Sedlaczek/Züger*, in: Streinz AEUV, 3. Aufl. (2018), Art. 63 Rn. 13; *Neumann/Ogorek*, NZG 2008, 892, 898; *Herzog/Gebhard*, ZIP 2022, 1893, 1898; *Verse*, FS E. Klein (2013), 701, 723 lehnt eine generelle Ablehnung der Drittwirkung ab, sondern plädiert jeweils für eine Abwägung zwischen der beschränkenden Maßnahme und der Privatautonomie, was bei einer vergleichsweise schwachen und ausländische Investoren nicht diskriminierenden Beeinträchtigung – wie im VW-Fall – zugunsten der Privatautonomie der Aktionäre ausfalle; für eine unmittelbare Drittwirkung: *Grundmann/Möslein*, ZGR 2003, 317, 332 ff.; *Möslein*, ZIP 2007, 208, 213 f., 215; *Möslein*, AG 2007, 770, 774 f.; eine Ausführliche Darstellung der Problematik insgesamt enthält *Demirakou*, Europäische Kapitalverkehrsfreiheit und deutsches Aktienrecht (2011), S. 93 ff.

darauf Einfluss genommen hat, sollen nicht unter Art. 63 Abs. 1 AEUV fallen,[967] was teilweise mit dem zweiten VW-Urteil des EuGH begründet wird.[968] Ein weiteres Argument gegen eine unmittelbare Drittwirkung ist der Charakter der Grundfreiheiten als Abwehrrechte gegen staatliche Stellen.[969] Aufgrund ihres völkerrechtlichen Ursprungs wirken die Grundfreiheiten vertikal zwischen der Gemeinschaft und den Mitgliedstaaten.[970] Eine Erstreckung auf das horizontale Verhältnis zwischen Privaten muss die Ausnahme bleiben. Für die Arbeitnehmerfreizügigkeit (Art. 45 AEUV), die Niederlassungs- (Art. 49 AEUV) und die Dienstleistungsfreiheit (Art. 56 AEUV) wurde sie bejaht,[971] soweit staatsähnliche Kriterien der Machtstellung erfüllt sind. Voraussetzung dieser sog. „intermediären Gewalt" ist, dass die Maßnahme der staatlichen Rechtssetzungsgewalt funktional gleichgestellt werden kann,[972] was z.B. für Maßnahmen von Gewerkschaften[973] und Sportverbänden[974] bejaht wurde. Diese Fälle haben gemeinsam, dass sich der Einzelne den betreffenden Maßnahmen oder Regelungen nicht entziehen kann.[975]

Selbst wenn man dieser Auffassung folgt, ist diese Voraussetzung bei den von dem deutschen Gesetzgeber primär erfassten Unternehmen nicht gegeben.[976] Von einer unausweichlichen Marktmacht kann bei Wachstumsunternehmen und Start-ups kaum die Rede sein. Ein Unterschied zu den Fällen, in denen der EuGH eine unmittelbare Drittwirkung angenommen hat, besteht weiter darin, dass sich der Aktionär der Regelung jederzeit durch Veräußerung seiner Anteile, also durch Desinvestition, entziehen kann.[977] Er ist der Satzungsregelung, die Mehrstimmrechte zulässt, nicht

967 *Stöber*, NZG 2010, 977, 979; *Lieder*, ZHR 172 (2008), 306, 338.

968 *Verse*, FS E. Klein (2013), 701, 721; *Kalss*, EuZW 2013, 946, 949 entnimmt der Entscheidung, dass eine Satzung nie als „nationale Maßnahme" zu qualifizieren ist; *Beckmann*, Das Mehrstimmrecht (2023), S. 311.

969 *Spindler*, RIW 2003, 850, 854.

970 *Lieder*, ZHR 172 (2008), 306, 316.

971 EuGH, Urt. v. 12.12.1974, Rs. 36-74 ECLI:EU:C:1974:140, Rn. 16, 19; EuGH, Urt. v. 15.12.1995, Rs. C-415/93 ECLI:EU:C:1995:463, Rn. 82 ff.; EuGH, Urt. v. Urteil, Rs. C-281/98 ECLI:EU:C:2000:296, Rn. 31 ff.; EuGH, Urt. v. 11.12.2007, Rs. C-438/05 ECLI:EU:C:2007:772, Rn. 32 ff.

972 *Ukrow/Ress*, in: GHN AEUV (2025), Art. 63 Rn. 143 m.w.N.

973 Vgl. etwa EuGH, Urt. v. 11.12.2007, Rs. C-438/05 ECLI:EU:C:2007:772.

974 EuGH, Urt. v. 12.12.1974, Rs. 36-74 ECLI:EU:C:1974:140; EuGH, Urt. v. 15.12.1995, Rs. C-415/93 ECLI:EU:C:1995:463.

975 *Möslein*, AG 2007, 770, 775, der eine generelle Drittwirkung befürwortet.

976 Ebenso *Wolf*, Mehrstimmrechtsaktien (2023), S. 321.

977 *Beckmann*, Das Mehrstimmrecht (2023), S. 321.

„ausgeliefert". Dafür spricht auch folgende entscheidende Erwägung: Der betroffene Aktionär muss wegen der hohen Einführungshürde in § 135a Abs. 1 S. 3 AktG einer nachträglichen Einführung zustimmen.[978] Er kann das Zustandekommen der Satzungsregelung damit verhindern. Einem potenziellen Investor steht es frei, ob er in eine AG mit Mehrstimmrechtsstrukturen investieren will. Ein

> *„Hindernis [...], das die Betreffenden nicht in zumutbarer Weise umgehen können"*,[979]

wird durch die Einführung der Mehrstimmrechtsaktie in der Satzung weder für den Aktionär noch für den interessierten Investor geschaffen.

bb) Mittelbare Drittwirkung

Demgegenüber wird eine mittelbare Drittwirkung überwiegend angenommen.[980] Neben der Berücksichtigung im Rahmen der Auslegung des mitgliedschaftlichen Privatrechts,[981] wird teilweise auch eine Schutzpflicht des Staates angenommen,[982] die allerdings mit Blick auf die Einschätzungsprärogative der Mitgliedstaaten nur bei gravierenden Beschränkungen durch Private in Betracht kommt, bei denen ein Nichteinschreiten des Mitgliedstaates nicht hinnehmbar erscheint.[983] Bei Mehrstimmrechten kann dies wegen des Vorrangs der Privatautonomie allenfalls dann in Betracht kommen, wenn die Grenze zur Diskriminierung überschritten wird und die Ausgabe von Mehrstimmrechten an die Staatsangehörigkeit geknüpft wird,[984] was wohl kaum anzutreffen sein wird.

---

978 Dazu unter E.IV.3.

979 So der Schlussantrag des Generalanwalts *Maduro* vom 23.5.2007, Rs. C-438/05, ECLI:EU:C:2007:292, Rn. 48 zur Begründung einer horizontalen Wirkung; dem folgend *Möslein*, AG 2007, 770, 775.

980 *Verse*, ZIP 2008, 1754, 1759 f.; *Wojcik*, in: Groeben/Schwarze/Hatje (Hrsg.), Europäisches Unionsrecht, 7. Aufl. (2015), Art. 63 AEUV Rn. 13; *Ukrow/Ress*, in: GHN AEUV (2025), Art. 63 Rn. 142; *Korte*, in: Calliess/Ruffert (Hrsg.), EUV/AEUV, 6. Aufl. (2022), Art. 63 AEUV Rn. 45 hält eine solche für denkbar.

981 *Wojcik*, in: Groeben/Schwarze/Hatje (Hrsg.), Europäisches Unionsrecht, 7. Aufl. (2015), Art. 63 AEUV Rn. 13; *Ukrow/Ress*, in: GHN AEUV (2025), Art. 63 Rn. 142.

982 *Sedlaczek/Züger*, in: Streinz AEUV, 3. Aufl. (2018), Art. 63 Rn. 13.

983 *Ukrow/Ress*, in: GHN AEUV (2025), Art. 63 Rn. 136 m.w.N.

984 *Verse*, ZIP 2008, 1754, 1760; *Beckmann*, Das Mehrstimmrecht (2023), S. 324 ff.

c) Der Staat als Mehrstimmrechtsaktionär?

An der unter b) aufgeworfenen Frage könnte sich etwas ändern, wenn die Satzungsregelung den Staat als Mehrstimmrechtsaktionär begünstigt. Mit der Frage, ob Mehrstimmrechte zugunsten des Staates eine Beschränkung der Kapitalverkehrsfreiheit darstellen, hat sich der EuGH bislang nicht befasst.[985] In seiner sog. Golden Share-Rechtsprechung hat er sich jedoch schon mehrfach mit der Vereinbarkeit staatlicher Sonderrechte mit der Niederlassungs- und Kapitalverkehrsfreiheit auseinandergesetzt.[986] Diese Sonderrechte dienen dazu, den mit der Privatisierung ehemals staatlicher Unternehmen verbundenen Kontrollverlust abzumildern und der öffentlichen Hand ein Mindestmaß an Einfluss zu sichern.[987] Als Sonderrechte qualifiziert er v.a. solche Rechte, die dem Staat im Verhältnis zu seiner Beteiligung überproportionalen Einfluss einräumen.[988] Mehrfachstimmrechte lassen sich problemlos unter den so verstandenen Begriff des Sonderrechts subsumieren, sodass die in der Golden Share-Rechtsprechung entwickelten Grundsätze zu beachten sind. Die Einräumung eines Mehrstimmrechts zugunsten des Staates müsste eine nationale Maßnahme i.S.d. Grundfrei-

---

985 *Beckmann*, Das Mehrstimmrecht (2023), S. 309.

986 EuGH, Urt. v. 23.5.2000, Rs. C-58-99 ECLI:EU:C:2000:280; Urt. v. 4.6.2002, Rs. C-367/98 ECLI:EU:C:2002:326; Urt. v. 4.6.2002, Rs. C-483/99 ECLI:EU:C:2002:327; Urt. v. 4.6.2002, Rs. C-503/99 ECLI:EU:C:2002:328; Urt. v. 13.5.2003, Rs. C-463/00 ECLI:EU:C:2003:272; Urt. v. 13.5.2003, Rs.C-98/01 ECLI:EU:C:2003:273; Urt. v. 2.6.2005, Rs. 174/04 ECLI:EU:C:2005:350; Urt. v. 28.9.2006, C-282/04 u. C-283/04 ECLI:EU:C:2006:608; Urt. v. 23.10.2007, Rs. C-112/05 ECLI:EU:C:2007:623; Urt. v. 6.12.2007, Rs. C-463/04 u. C-464/04 ECLI:EU:C:2007:752; Urt. v. 17.7.2008, Rs. C-207/07 ECLI:EU:C:2008:428; Urt. v. 26.3.2009, Rs. C-326/07 ECLI:EU:C:2009:193; Urt. v. 8.7.2010, Rs. C-171/08 ECLI:EU:C:2010:412; Urt. v. 21.10.2010, Rs. C-81/09 ECLI:EU:C:2010:622; Urt. v. 11.11.2010, C-543/08 ECLI:EU:C:2010:669; Urt. v. 10.11.2011, Rs. C-212/09 ECLI:EU:C:2011:717; Urt. v. 8.11.2012, C-244/11 ECLI:EU:C:2012:694; Urt. v. 22.10.2013, C-95/12 ECLI:EU:C:2013:676; Urt. v. 22.10.2013, C-105/12 bis C-107/12 ECLI:EU:C:2013:677; Urt. v. 27.2.2019, C-563/17 ECLI:EU:C:2019:144.

987 *Lutter/Bayer/Schmidt*, EuropUR, 6. Aufl. (2017), Rn. 15.1; *Wojcik*, in: Groeben/Schwarze/Hatje (Hrsg.), Europäisches Unionsrecht, 7. Aufl. (2015), Art. 63 AEUV Rn. 30.

988 EuGH, Urt. v. 28.9.2006, C-282/04 u. C-283/04 ECLI:EU:C:2006:608 Rn. 24; EuGH, Urt. v. 6.12.2007, Rs. C-463/04 u. C-464/04 ECLI:EU:C:2007:752, Rn. 23; *Verse*, FS E. Klein (2013), 701, 707 f.

heiten darstellen. Grundlage eines solchen staatlichen Sonderrechts kann ein Sondergesetz[989] oder eine Satzungsbestimmung[990] sein.[991]

aa) Keine nationale Maßnahme beim statuarischen Mehrstimmrecht

Lässt sich die öffentliche Hand durch eine Satzungsbestimmung ein Sonderrecht einräumen, verhält sie sich wie ein Privater. Die Bindung des Staates an die Grundfreiheiten kann nicht durch die Bedienung privater Mittel umgangen werden (keine sog. „Flucht ins Privatrecht“), sodass es im Ausgangspunkt keinen Unterschied machen kann, ob ein Privatisierungsgesetz oder eine privatrechtliche Satzungsbestimmung vorliegt.[992] Hierfür kann der in Art. 4 Abs. 3 EUV verankerte Grundsatz des *effet utile* herangezogen werden, wonach die Verträge so auszulegen sind, dass sie die größtmögliche Wirkung entfalten.[993] Es ginge aber zu weit, wenn immer dann, wenn sich die öffentliche Hand wie ein Privater verhält, eine nationale Maßnahme vorliegen würde, die an den Grundfreiheiten zu messen und ggf. zu rechtfertigen wäre. In der Literatur wird daher danach gefragt, ob das in der Satzung verankerte Sonderrecht dem Staat zuzurechnen ist. Das soll dann nicht der Fall sein, wenn es auf einer Beschlussfassung der privaten Aktionäre beruht, das Stimmrecht des Staates also für den satzungsändernden Beschluss nicht ausschlaggebend war.[994] Lässt sich die öffentliche Hand vor der Privatisierung Sonderrechte in der Satzung einräumen, die nach der Privatisierung fortbestehen, basiert die Satzungsbestimmung auf staatlichem Einfluss.[995] Es muss darauf ankommen, ob sich der Staat spezieller

989 Z.B. § 4 des VW-Gesetzes; EuGH, Urt. v. 23.10.2007, Rs. C-112/05 ECLI:EU:C:2007:623.

990 EuGH, Urt. v. 28.9.2006, Rs. C-282/04 u. C-283/04 ECLI:EU:C:2006:608; EuGH, Urt. v. 6.12.2007, Rs. C-463/04 u. C-464/04 ECLI:EU:C:2007:752, Rn. 30 ff.

991 Vgl. auch OLG Hamm, Urt. v. 31.3.2008, 8 U 222/07, ZIP 2008, 1530, 1534; *Lutter/Bayer/Schmidt*, EuropUR, 6. Aufl. (2017), Rn. 15.4; *Kalss*, EuZW 2013, 946, 949 zufolge kann eine Satzung nie eine „nationale Maßnahme" sein.

992 *Spindler*, RIW 2003, 850, 854; *Verse*, ZIP 2008, 1754, 1758 f.; *Verse*, FS E. Klein (2013), 701, 716; *Lutter/Bayer/Schmidt*, EuropUR, 6. Aufl. (2017), Rn. 15.4.

993 Ebenso *Beckmann*, Das Mehrstimmrecht (2023), S. 311.

994 *Lieder*, ZHR 172 (2008), 306, 311 f.; *Teichmann/Heise*, BB 2007, 2577, 2581 f.; *Neumann/Ogorek*, NZG 2008, 892, 895; *Stöber*, NZG 2010, 977, 979; *Wojcik*, in: Groeben/Schwarze/Hatje (Hrsg.), Europäisches Unionsrecht, 7. Aufl. (2015), Art. 63 AEUV Rn. 11; *Lutter/Bayer/Schmidt*, EuropUR, 6. Aufl. (2017), Rn. 15.5; *Beckmann*, Das Mehrstimmrecht (2023), S. 311.

995 *Lieder*, ZHR 172 (2008), 306, 312 f.

hoheitlicher Befugnisse oder nur des gesellschaftsrechtlichen Instrumentariums bedient. [996] Diese differenzierende Betrachtungsweise überzeugt, da an den Grundfreiheiten nur ein Verhalten in Ausübung hoheitlicher Gewalt gemessen wird.[997] Die bloße Stellung als Mehrstimmrechtsaktionär stellt *per se* keine solche dar.

Den Fällen, die Gegenstand der Golden Share-Rechtsprechung des EuGH waren, ist gemeinsam, dass der Staat aufgrund seiner Stellung in der Lage war, sich Sonderrechte einzuräumen, die sich aus der normalen Anwendung des Gesellschaftsrechts nicht hätten ergeben können und gegen die sich die Aktionäre nicht wehren konnten. So bejahte der EuGH in einer Entscheidung aus dem Jahr 2003 ein Handeln in Ausübung öffentlicher Gewalt, da sich die dort streitgegenständlichen Genehmigungsvorbehalte nicht aus der *„normalen Anwendung des Gesellschaftsrechts"* ergaben.[998] Die Einführung von Mehrstimmrechten durch eine Satzungsregelung ist damit nicht vergleichbar. *Beckmann* vertritt die Auffassung, dass für privatautonom geschaffene staatliche Mehrstimmrechte wenig Raum bleibe, da Privataktionäre kaum freiwillig und ohne staatliche Einflussnahme auf ihren gesellschaftsrechtlichen Einfluss zugunsten des Staates verzichten würden. Das mag zwar zutreffen, verkennt aber, dass aufgrund der Regelung in § 135a Abs. 1 S. 3 AktG ausgeschlossen ist, dass die Satzungsregelung maßgeblich auf staatlichem Einfluss beruht. Schon ein einzelner Aktionär kann die Einführung von Mehrstimmrechten verhindern. Später hinzukommende Investoren können privatautonom entscheiden, ob sie sich an einer Gesellschaft mit Mehrstimmrechten der öffentlichen Hand beteiligen wollen. Handelt die öffentliche Hand wie ein privater Investor und nicht als Träger öffentlicher Gewalt, liegt keine hoheitliche Maßnahme und damit keine nationale Maßnahme i.S.d. Grundfreiheiten vor, sodass der sachliche Schutzbereich nicht eröffnet ist. *Wolf* geht einen Schritt weiter, indem sie Mehrstimmrechte ausschließlich i.S.v. Gründerstimmrechten interpretiert, die nicht einem Staat, sondern nur dem privaten Unternehmer zugutekommen sollen.[999] Ihr ist darin zuzustimmen, dass darin der Zweck und die Motivation des Gesetzgebers liegt. Daraus lässt sich jedoch nicht ableiten, dass ausschließlich Gründer und damit private Akteure mit Mehrstimm-

---

996 *Lutter/Bayer/Schmidt*, EuropUR, 6. Aufl. (2017), Rn. 15.5.

997 *Ukrow/Ress*, in: GHN AEUV (2025), Art. 63 Rn. 133; *Korte*, in: Calliess/Ruffert (Hrsg.), EUV/AEUV, 6. Aufl. (2022), Art. 63 AEUV Rn. 43.

998 EuGH, Urt. v. 13.5.2003, Rs. C-98/01 ECLI:EU:C:2003:273, Rn. 48; Hierzu *Kilian*, NJW 2003, 2653.

999 *Wolf*, Mehrstimmrechtsaktien (2023), S. 317.

rechten ausgestattet werden können. Eine solche personelle Beschränkung sieht das Gesetz gerade nicht vor.

bb) Sondergesetzliches Mehrstimmrecht

Nach der Rechtsprechung des EuGH stellen durch Sondergesetz gewährte Sonderrechte stets eine an den Grundfreiheiten zu messende nationale Maßnahme dar, da die

> *„Ausübung der Gesetzgebungskompetenz durch die dazu befugten nationalen Organe […] in ganz besonderem Maße Ausdruck staatlicher Gewalt"*[1000]

ist. Die praktische Relevanz dürfte aufgrund dieser Rechtsprechung gering sein, sodass auf die weiteren Voraussetzungen nur kurz eingegangen werden soll. Mehrstimmrechte, die der öffentlichen Hand einen überproportionalen Einfluss gewähren, können eine Beteiligung privater Investoren weniger attraktiv machen und sind daher geeignet, Investoren aus anderen Mitgliedstaaten abzuschrecken, sodass sie einer Rechtfertigung bedürfen. Neben dem in Art. 52 Abs. 1, 65 Abs. 1 lit. b AEUV geschriebenen Rechtfertigungsgrund der öffentlichen Sicherheit und Ordnung spielt der ungeschriebene Rechtfertigungsgrund der zwingenden Gründe des Allgemeininteresses eine Rolle. Eine solche Rechtfertigung hat der EuGH bislang nur in einem Fall angenommen.[1001] Eine Rechtfertigung aus Gründen der öffentlichen Sicherheit und Ordnung setzt voraus, dass eine tatsächliche und hinreichend schwere Gefährdung vorliegt, die ein Grundinteresse der Gesellschaft berührt,[1002] was für die Bereiche Erdöl und Elektrizität, also Energieversorgung und Telekommunikation angenommen wurde.[1003] Die Beeinträchtigung muss verhältnismäßig sein, d.h. die nationale Maßnahme muss geeignet sein, die Verwirklichung des mit ihr verfolgten Ziels zu gewährleisten und darf nicht über das hinausgehen, was zur Erreichung

---

1000 EuGH, Urt. v. 23.10.2007, Rs. C-112/05 ECLI:EU:C:2007:623, Rn. 27.

1001 EuGH, Urt. v. 4.7.2002, Rs. C-503/99, ECLI:EU:C:2002:328 Rn. 45 ff.; die Sonderrechte waren allein auf Entscheidungen bezogen, die die Energieversorgung Belgiens im Krisenfall gefährden konnten.

1002 *Lutter/Bayer/Schmidt*, EuropUR, 6. Aufl. (2017), Rn. 4.38, 15.18 m.w.N.

1003 EuGH, Urt. v. 4.6.2002, Rs. C-503/99 ECLI:EU:C:2002:328, Rn. 45 ff.; EuGH, Urt. v. 13.5.2003, Rs. C-463/00 ECLI:EU:C:2003:272, Rn. 71; EuGH, Urt. v. 8.7.2010, Rs. C-171/08 ECLI:EU:C:2010:412, Rn 72.

dieses Ziels erforderlich ist.[1004] Der EuGH legt hierbei strenge Maßstäbe an.[1005] Wirtschaftliche Gründe können eine Beeinträchtigung nicht rechtfertigen.[1006] Aufgrund dieses engen Verhältnismäßigkeitserfordernisses wird ein staatliches Mehrstimmrecht kaum zu rechtfertigen sein, zumal sie – wie *Beckmann* zu Recht feststellt[1007]– nur eine mittelbare Kontrolle und keine Einflussnahme auf die Geschäftsführung ermöglichen.

d) Vereinbarkeit mit der MVRD

Die deutsche Rechtslage erfüllt die Mindestanforderungen der MVRD und geht teilweise über diese hinaus.[1008] Die jeweiligen europäischen Vorgaben sind an späterer Stelle im Rahmen der Bewertung der Modalitäten der Mehrstimmrechte unter IV. dargestellt, sodass auf die dortigen Ausführungen verwiesen werden kann.

e) Ergebnis

Die europarechtlichen Bedenken gegen die Wiedereinführung der Mehrstimmrechtsaktie sind unbegründet. Der Gesetzgebungsakt stellt zwar eine an den Grundfreiheiten zu messende staatliche Maßnahme dar. Sie entfaltet jedoch keine beeinträchtigende Wirkung, sondern stellt – der *Keck*-Rechtsprechung folgend – eine unterschiedslos geltende Investitionsmodalität dar, die alle Aktionäre rechtlich und tatsächlich in gleicher Weise berührt. Die darauf beruhende privatrechtliche Satzungsregelung, die Mehrstimmrechte in der AG einführt, ist mangels unmittelbarer Drittwirkung nicht an der Kapitalverkehrsfreiheit zu messen und damit europarechtskonform. Etwas anderes gilt nur dann, wenn sie dem Staat zurechenbar ist. Aufgrund des Zustimmungserfordernisses in § 135a Abs. 1 S. 3 AktG ist der Zurechnungszusammenhang durchbrochen, da jeder betroffene Aktionär die Einführung des Mehrstimmrechts zugunsten des Staates verhindern kann. Europarechtliche Bedenken bestehen allenfalls bei der mittelbaren

---

1004 Hierzu *Lutter/Bayer/Schmidt*, EuropUR, 6. Aufl. (2017), Rn. 4.43 ff.

1005 *Dies.*, EuropUR, 6. Aufl. (2017), Rn. 15.25.

1006 EuGH, Urt. v. 4.6.2002, Rs. C-367/98 ECLI:EU:C:2002:326, Rn. 52; *Lutter/Bayer/Schmidt*, EuropUR, 6. Aufl. (2017), Rn. 4.42.

1007 *Beckmann*, Das Mehrstimmrecht (2023), S. 328.

1008 *Schmidt*, BB 2024, 643, 646; vgl. hierzu auch *Schmidt*, NZG 2025, 3 ff.; *Gumpp*, in: Grigoleit AktG, 3. Aufl. (2025), § 135a Rn. 5.

Drittwirkung, die dem Staat nur bei offener Diskriminierung eine Handlungspflicht auferlegt, oder der Einräumung des Mehrstimmrechts zugunsten des Staates aufgrund eines Sondergesetzes. Beide Fälle, die einen grenzüberschreitenden Bezug aufweisen müssten, dürften in der Praxis kaum relevant werden. Auch das europäische Sekundärrecht kennt kein Verbot der Mehrstimmrechtsaktie und keinen europaweit verbindlichen *one share, one vote*-Grundsatz. Vielmehr sieht Art. 3 MVRD eine Mindestharmonisierung dahingehend vor, dass jeder Mitgliedstaat sicherstellt, dass eine Gesellschaft, deren Aktien nicht schon zum Handel an einem geregelten Markt oder in einem MTF zugelassen sind, das Recht hat, für die Zwecke der Zulassung ihrer Aktien zum Handel in einem MTF Strukturen mit Mehrstimmrechtsaktien einzuführen, was die Kapitalverkehrsfreiheit konkretisiert.

2. Diskussionsstand

Die Frage, ob Mehrstimmrechtsaktien im deutschen Aktienrecht anzuerkennen sind, gilt als eine der umstrittensten Fragen des deutschen Aktienrechts.[1009] Mit dem Inkrafttreten des KonTraG hat die Diskussion an Bedeutung verloren. Die Kritik an der vollständigen Abschaffung der Mehrstimmrechtsaktie blieb jedoch bestehen. Im Rahmen der Verhandlungen des 67. Deutschen Juristentags 2008 gewann die Diskussion jedenfalls zeitweise erneut an Bedeutung. Als Gutachter der wirtschaftsrechtlichen Abteilung forderte *Bayer* ein Mehr an Gestaltungsfreiheit für die nicht börsennotierte AG und in diesem Zusammenhang u.a. die Abschaffung des Verbots der Ausgabe von Mehrstimmrechten.[1010] Die anhaltende Debatte hat mit den jüngsten gesetzgeberischen Vorhaben erneut an Fahrt gewonnen. Diese werden überwiegend begrüßt.[1011] Teilweise werden sie aber auch

---

1009 *Schmalenbach*, Finanzierungen 4. Aufl. (1928), S. 253; *Brändel*, in: GroßKomm AktG, 4. Aufl. (2004), § 12 Rn. 2; *Denninger*, DB 2022, 2329; *Eckardt*, in: Geßler/Hefermehl/Eckardt/Kropff AktG (1984), § 12 Rn. 32; *Kluth*, ZIP 1997, 1217.

1010 *Bayer*, Gutachten E zum 67. DJT (2008), E 109; *Westermann*, in: Bürgers/Körber/Lieder AktG, 5. Aufl. (2021), § 12 Rn. 4; *Habersack*, AG 2009, 1, 10 f.

1011 *Beckmann*, Das Mehrstimmrecht (2023), S. 360; Association for Financial Markets in Europe (AFME), Stellungnahme RefE ZuFinG (10.5.2023), S. 11; Bundesverband Crowdfunding e.V., Stellungnahme ZuFinG (11.10.2023), S. 11, die darüber hinaus - ähnlich wie die UG im System der GmbH - eine „Aktiengesellschaft light" vorschlagen; Bundesverband Deutsche Startups e.V., Stellungnahme ZuFinG (4.10.2023), S. 2; Deutsches Aktieninstitut (DAI), Stellungnahme RegE ZuFinG

vehement abgelehnt[1012] und in der Literatur als „*Rolle Rückwarts*", „*Griff in die historische Mottenkiste*"[1013] und „*Innovationsbremse*"[1014] bezeichnet. Im Folgenden soll auf die angeführten Vor- und Nachteile eingegangen und diese kritisch bewertet werden.

a) Nachteile der Mehrstimmrechtsaktie

aa) Verstoß gegen wesentliche Prinzipien des Aktienrechts

Als Argumente gegen die Wiedereinführung von Mehrfachstimmrechten werden im Wesentlichen neben der Verletzung der Aktionärsdemokratie[1015] das Prinzip der Verbandssouveränität und der Grundsatz des allgemeinen Zivilrechts angeführt, aus denen folge, dass Gewinn- und Einflussmöglichkeiten durch die Übernahme des entsprechenden wirtschaftlichen Risikos

---

(28.9.2023), 8, 20 f.; Deutscher Anwaltverein (DAV), Stellungnahme ZuFinG (Mai 2023), S. 22; Bundesverband der Wertpapierfirmen e.V. (bwf), Stellungnahme RefE ZuFinG (10.5.2023), S. 2; Deutsche Börse Group, Stellungnahme ZuFinG (12.4.2023), S. 3; Scalable Capital, Stellungnahme ZuFinG (10.5.2023), S. 2; für eine Zulassung in einem eng begrenzten Umfang: Institut der Wirtschaftsprüfer in Deutschland e.V. (IDW), Stellungnahme RefE ZuFinG (8.5.2023), S. 2; *Herzog/Gebhard*, GWR 2021, 445, 446; Deutsche Börse Group, Strategien zur nachhaltigen Finanzierung der Zukunft Deutschlands (2021), S. 40 f.; *Hopt/Kalss*, ZGR 2024, 84, 88; *Mock/Mohamed*, NZG 2022, 1275; *Kalss*, ZHR 2023, 438, 496; *Eichten/Lang/Morlock*, notar 2024, 75, 79; *Eckhardt*, Listing Act - Mehrstimmrechtsaktien, cepAnalyse Nr. 7/2023 (2023); *Rubner/Leuering*, NJW-Spezial 2024, 79, 80; *Grobe/Müller/Rau*, BB 2024, 259, 265; eher kritisch Deutsche Schutzvereinigung für Wertpapierbesitz e.V. (DSW), Stellungnahme RefE ZuFinG, S. 3 ff.; *Harnos*, in: Schmidt/Lutter AktG, 5. Aufl. (2024), § 135a Rn. 4.

1012 Bundesverband Investment und Asset Management e.V. (BVI), Stellungnahme COM(2022) 761 final (21.2.2023), S. 1; Bundesverband Investment und Asset Management e.V. (BVI), Position zum Referentenentwurf (ZuFinG) (10.5.2023), S. 1; Deutscher Notarverein e.V., Stellungnahme COM (2022) 761 final (21.2.2023), S. 1 ff., 5; Initiative Minderheitsaktionäre, Stellungnahme ZuFinG (10.5.2023), S. 3; Deutscher Gewerkschaftsbund, Stellungnahme RefE ZuFinG (8.5.2023), S. 8 f.; Deutscher Gewerkschaftsbund, Stellungnahme ZuFinG (2.10.2023), S. 7 ff.

1013 *Casper*, ZHR 187 (2023), 5, 6.

1014 *Denninger*, DB 2022, 2329, 2332.

1015 So *Klug*, BB 1955, 234, 235; Deutscher Gewerkschaftsbund, Stellungnahme ZuFinG (2.10.2023), S. 7; zur Stimmrechtsaktie *Vogt*, Aktionärsdemokratie (2012), S. 124; zum Begriff der Aktionärsdemokratie s. unter C.I.5.

einhergehen müsse.[1016] Auch mit dem *one share, one vote*-Grundsatz wird argumentiert.[1017] So heißt es in der Stellungnahme des Deutschen Gewerkschaftsbunds (DGB):

> *„Die damit verbundene Abkehr vom Grundsatz „one share one vote" schwächt zudem die Rechte von Kleinanleger*innen und entlarvt das Schlagwort der Aktionärsdemokratie endgültig als Illusion."*[1018]

Ähnlich argumentiert der Bundesverband Investment und Asset Management e.V. (BVI), der betont, dass eine Wiedereinführung der Mehrstimmrechtsaktie

> *„einen Paradigmenwechsel bedeuten und mit dem [...] bewährten „one share, one vote"-Prinzip brechen [würde], das seit vielen Jahrzehnten und aus guten Gründen fest verankerter Bestandteil des deutschen Aktienrechts ist."*[1019]

Eine zwingende Geltung des Grundsatzes, dass die Einflussmöglichkeit dem wirtschaftlichen Risiko entsprechen muss, lässt sich dem Gesellschaftsrecht nicht entnehmen. Die in Kapitel C.II. dargestellten und anerkannten Gestaltungsmöglichkeiten zielen gerade auf das Gegenteil, nämlich auf eine Entflechtung von Einflussmöglichkeit und wirtschaftlichem Risiko, genauer: von Stimmkraft und Kapitaleinsatz. In Kapitel C. wurde herausgearbeitet, dass dem Aktienrecht kein absoluter *one share, one vote*-Grundsatz zugrunde liegt. Zwar hat dessen Geltung im Regelfall seine Berechtigung. Als Argument gegen die Wiedereinführung der Mehrstimmrechtsaktie ist er nicht überzeugend. *Denninger* bezeichnet diese Argumentation zwar als Scheinargument und sog. „*Whataboutism*", da eine Schwächung der Corporate Governance nicht mit dem Argument gerechtfertigt werden könne, es gebe andere Instrumente, die eine ähnliche Wirkung entfalten.[1020] Lässt der Gesetzgeber eine Art der Abweichung zu, erhöht sich dadurch aber die Rechtfertigungslast, weshalb eine ähnlich wirkende Abweichung

---

1016 *Claussen*, AG 1996, 481, 492; *Herzog/Gebhard*, ZIP 2022, 1893; *Seibt*, ZGR 2010, 795, 815; *Denninger*, DB 2022, 2329, 2332; Bundesverband Investment und Asset Management e.V. (BVI), Position zum Referentenentwurf (ZuFinG) (10.5.2023), S. 5.

1017 Vgl. Begr. COM(2022) 761 final vom 7.12.2022, S. 12; Deutsche Schutzvereinigung für Wertpapierbesitz e.V. (DSW), Stellungnahme RefE ZuFinG, S. 3.

1018 Deutscher Gewerkschaftsbund, Stellungnahme ZuFinG (2.10.2023), S. 9.

1019 Bundesverband Investment und Asset Management e.V. (BVI), Stellungnahme COM(2022) 761 final (21.2.2023), S. 1.

1020 *Denninger*, DB 2022, 2329, 2333.

nicht zulässig sein soll. Letztlich handelt es sich um eine Abwägungsfrage. Der Gesetzgeber muss eine insgesamt konsistente Regelung schaffen. Warum stimmrechtlose Vorzugsaktien und auf einzelne Aktiengattungen beschränkte Höchststimmrechte zulässig sein sollen, Mehrstimmrechte aber nicht, erschließt sich nicht. Einer Wiedereinführung steht auch die Aktionärsdemokratie nicht entgegen, da dieser kein eigenständiger Bedeutungsgehalt zukommt und die Begrifflichkeit schon von vornherein nicht überzeugt.[1021]

bb) Rechtsökonomische Betrachtung

Ferner wird eingewandt, dass ein Auseinanderfallen von Stimmrechtseinfluss und Kapital- und Risikoeinsatz nicht die Erwartungshaltung von Investoren erfülle, da eine effektive Eigentümerkontrolle verhindert werde.[1022] Zugleich erhöhe sich die Gefahr, dass sich ein Management zu opportunistischem bzw. eigennützigem Verhalten hinreissen lasse.[1023] Es geht um die in Kapitel D.II. dargestellten Argumente.

Dem Argument des opportunistischen Verhaltens kann entgegengehalten werden, dass das Aktienrecht Schutzmechanismen bereithält, um diese Gefahr einzudämmen.[1024] Ein erster *ex ante* Schutzmechanismus kann schon bei der Stimmabgabe greifen. Gemäß § 136 Abs. 1 S. 1 AktG darf niemand für sich oder einen anderen das Stimmrecht ausüben, wenn darüber Beschluss gefasst wird, ob er zu entlasten oder von einer Verbindlichkeit zu befreien ist oder ob die Gesellschaft gegen ihn einen Anspruch geltend machen soll. Das betrifft zwar nur die Teilbereiche[1025] der Entlastung,

---

1021 Siehe hierzu schon unter C.I.5.

1022 Bundesverband Investment und Asset Management e.V. (BVI), Position zum Referentenentwurf (ZuFinG) (10.5.2023), S. 1.

1023 *Casper*, ZHR 187 (2023), 5, 25 f.; *Herzog/Gebhard*, ZIP 2022, 1893, 1899 für die börsennotierte AG; *Denninger*, DB 2022, 2329, 2332 ff.

1024 Hierzu auch *Beckmann*, Das Mehrstimmrecht (2023), S. 330 ff., der auf den Minderheitenschutz in Form des Anfechtungsrechts sowie der Related Party Transactions abstellt; zu Related Party Transactions auch *Wolf*, Mehrstimmrechtsaktien (2023), S. 131 ff.; *Volkmann/Thoma*, RFamU 2023, 443, 448; *Kalss/Nicolussi*, in: Fleischer/Koch/Schmolke (Hrsg.), Gesellschaftsrecht im Spiegel großer Debatten (2024), S. 431, 453.

1025 Zu einer Ausweitung der gesetzlichen Tatbestände in Form einer Gesamtanalogie, die überwiegend verneint wird, sowie einer Einzelanalogie *Arnold*, in: MüKo AktG, 6. Aufl. (2024), § 136 Rn. 21 ff.; *Grundmann*, in: GroßKomm AktG, 5. Aufl. (2019), § 136 Rn. 39 f.

der Befreiung von einer Verbindlichkeit oder der Geltendmachung eines Anspruchs. § 136 Abs. 1 S. 1 AktG soll aber gerade eine von Sonderinteressen unbeeinflusste Willensbildung der Hauptversammlung sicherstellen.[1026] Neben dem Stimmverbot ist auch die im deutschen Aktienrecht anerkannte Treuepflicht als flexibles Instrument geeignet, einer missbräuchlichen Stimmrechtsausübung im Einzelnen Grenzen zu setzen.[1027]

Liegt keiner dieser Fälle vor, kann eine *ex post*-Kontrolle im Wege der Anfechtung erfolgen. Soweit ein Aktionär durch die Ausübung des Stimmrechts für sich oder einen Dritten Sondervorteile zum Nachteil der AG oder anderer Aktionäre zu erlangen sucht, stellt dies einen Anfechtungsgrund nach § 243 Abs. 2 S. 1 AktG dar. Ein Sondervorteil kann jeder Vorteil sein, der einen Aktionär sachwidrig bevorzugt.[1028] Darunter versteht die Rechtsprechung ohne Rücksicht auf die Art und Weise der Erlangung jeden Vorteil, soweit er bei einer Gesamtwürdigung als sachwidrige Bevorzugung erscheint, um dem Aktionär oder einem Dritten den Vorteilserwerb zu ermöglichen oder den bereits vollzogenen Erwerb zu erleichtern.[1029] Dem Anfechtungsgrund kommt nur geringe Bedeutung zu, da regelmäßig schon ein Fall des § 243 Abs. 1 AktG wegen Treuepflichtverletzung vorliegt. Die einfachere Anfechtungsmöglichkeit nach Abs. 1 macht damit einen Rückgriff auf Abs. 2 entbehrlich.[1030]

Weitere Schutzvorschriften stellen die Regelungen zu den *Related Party Transactions* in den §§ 111a ff. AktG dar, die die Gefahr einer unzulässigen Einflussnahme der nahestehenden Person auf den handelnden Vorstand beseitigen sollen. Solche Geschäfte sollen besonderen Vorschriften unterworfen werden, um einer unausgewogenen Vermögensverlagerung zu Gunsten nahestehender Personen entgegenzuwirken. Zu beachten ist, dass die Regelungen in §§ 111b und c AktG nur für die börsennotierte AG gelten. Zu nennen sind ferner die Regelungen zur Kapitalerhaltung, insbesondere die Vorschriften zum Verbot der Einlagenrückgewähr (§§ 57, 62 AktG) und die Haftungsvorschriften in § 117 AktG und §§ 93 Abs. 2, 116 AktG. All diese

1026 *Koch*, in: Koch AktG, 2025, § 136 Rn. 1; *Arnold*, in: MüKo AktG, 6. Aufl. (2024), § 136 Rn. 5.

1027 *Nicolussi*, AG 2022, 757, 762; *Wolf*, Mehrstimmrechtsaktien (2023), S. 300 ff.

1028 *Schmidt*, in: GroßKomm AktG, 4. Aufl. (2013), § 243 Rn. 54 f.; *Noack/Zetzsche*, in: KK AktG, 3. Aufl. (2018), § 243 Rn. 411 ff.

1029 BGH, Urt. v. 9.2.1998, II ZR 278/96, AG 1998, 285, 286; BGH, Urt. v. 20.4.2009, II ZR 148/07, AG 2009, 534, 535; *Noack/Zetzsche*, in: KK AktG, 3. Aufl. (2018), § 243 Rn. 414 m.w.N.

1030 S. hierzu *Koch*, in: Koch AktG, 2025, § 243 Rn. 31 f.

Regelungen bezwecken die Integrität des Verwaltungshandels und schützen zugleich die Aktionäre.[1031]

Als Letztkontrolle kann der Kapitalmarkt selbst dienen. Er bietet insofern Schutz, als damit zu rechnen ist, dass Unternehmen mit Mehrstimmrechten, die einen gewissen Grundstandard marktüblicher Regelungen nicht umsetzen, mit einem Bewertungsabschlag gehandelt werden.[1032]

Insgesamt liefert die rechtsökonomische Betrachtung keine eindeutigen und teils sogar widersprüchliche Ergebnisse.[1033] Das AktG hingegen liefert Schutzmechanismen zur Eindämmung einer möglichen Missbrauchsgefahr.

cc) Erwägungsgründe des KonTraG gelten weiterhin

Teilweise werden die seinerzeit angeführten Erwägungsgründe im KonTraG zur Abschaffung von Mehrstimmrechtsaktien als nach wie vor einschlägig erachtet.[1034] Diese Auffassung übersieht, dass sich die aktienrechtlichen Rahmenbedingungen und Schutzinstrumente, insbesondere die konzernrechtlichen Regelungen und der Minderheitenschutz, wesentlich geändert haben.[1035] Das heutige Aktienrecht bietet einen viel ausgeprägteren Minderheitenschutz sowie ein funktionsfähiges Konzernrecht.[1036] So traten die soeben dargestellten Schutzvorschriften zu den *Related Party Transactions* zum 1. Januar 2020 in Kraft.[1037] Im Gegensatz zur damaligen Unterentwicklung in den Bereichen der Stimmverbote, Treuepflichten und der Selbstregulierungskräfte der Kapitalmärkte profitiert man heute von der In-

---

1031 *Ders.*, in: Koch AktG, 2025, § 117 Rn. 1.

1032 So Deutscher Anwaltverein (DAV), Stellungnahme ZuFinG (Mai 2023), S. 27; *Volkmann/Thoma*, RFamU 2023, 443, 448; *Rieckers*, in: BeckOGK AktG, § 135a Rn. 45.

1033 S. unter D.II, D.IV.

1034 Deutsche Schutzvereinigung für Wertpapierbesitz e.V. (DSW), Stellungnahme RefE ZuFinG, S. 3; Bundesverband Investment und Asset Management e.V. (BVI), Position zum Referentenentwurf (ZuFinG) (10.5.2023), S. 1.

1035 *Casper*, ZHR 187 (2023), 5, 27; *Nicolussi*, AG 2022, 757, 759.

1036 *Casper*, ZHR 187 (2023), 5, 27; zu den Minderheitenrechten gehören etwa das Recht, eine Hauptversammlung einzuberufen oder die Tagesordnung zu ergänzen, Oppositionsanträge zur Hauptversammlung zu stellen, der Wahlvorschlag für Aufsichtsratsmitglieder sowie der Antrag bei Gericht, ein Aufsichtsratsmitglied abzuberufen, die Bestellung eines Abschlussprüfers, die Sonderprüfung, das Bezugsrecht und die hohen Anforderungen an einen Bezugsrechtsausschluss.

1037 Vgl. Art. 16 ARUG II; zu den Hintergründen und der Entstehungsgeschichte vgl. *Seidel/Fest*, in: BeckOGK AktG, § 111a Rn. 2 ff.

ternationalisierung der Kapitalmärkte sowie den Erfahrungen aus anderen Rechtsordnungen.[1038] Das räumt das weitere Argument des KonTraG-Gesetzgebers aus, dass die Einräumung von Einfluss ohne korrespondierendes Anteilseigentum nicht den Erwartungen des Kapitalmarktes entspreche.[1039] Ein rechtsvergleichender Blick in die schweizerische, aber auch in andere Rechtsordnungen sowie die tatsächliche Verbreitung von Mehrstimmrechten zeigt, dass Mehrstimmrechte und ähnliche Instrumente, die einen Einfluss ohne korrespondierendes Anteilseigentum einräumen, gerade nicht den Erwartungen des Kapitalmarkts widersprechen. Das belegen auch die von den Gesetzgebern eingeholten Stellungnahmen.[1040] Die damals im KonTraG angeführten Argumente rechtfertigen die Ablehnung der Wiedereinführung der Mehrstimmrechtsaktie nicht.

Betrachtet man über die im KonTraG genannten Gründe hinaus insgesamt die historisch hervorgebrachte Kritik gegen Mehrstimmrechte, ist festzuhalten, dass eine Machtkonzentration, wie sie zur Zeit der Weimarer Republik möglich war, heute nicht mehr denkbar ist.[1041] Im Gegensatz zur damaligen Rechtslage kommt der Hauptversammlung keine Allzuständigkeit zu. Das heutige AktG sieht einen klar umrissenen Zuständigkeitskatalog vor. Gemäß § 119 Abs. 1 AktG[1042] beschließt die Hauptversammlung nur in den im Gesetz und in der Satzung ausdrücklich bestimmten Fällen. Seit 1937 ist die Hauptversammlung nicht mehr oberstes Willensbildungsorgan und nicht mehr in der Lage, bindende Beschlüsse über jeden beliebigen Gegenstand zu fassen.[1043] Zudem verhindert die Regelung in § 56 Abs. 1 AktG das Entstehen der zu dieser Zeit umstrittenen Vorratsaktie.

b) Vorteile der Mehrstimmrechtsaktie

Schon vor den oben bezeichneten Reformbestrebungen wurde in der Literatur vereinzelt die Auffassung vertreten, dass das Verbot der Mehrstimmrechtsaktie nicht überzeugend sei und dessen Aufhebung gefordert werde, da sie das „logische Gegenstück“ zu stimmrechtslosen Vorzugsaktien sei,

1038 Deutscher Anwaltverein (DAV), Stellungnahme ZuFinG (Mai 2023), S. 27.
1039 KonTraG, BT-Drs. 13/9712 vom 20.1.1998, S. 12; hierzu unter B.II.3.h)aa).
1040 S. unter D.III.
1041 So auch *Beckmann*, Das Mehrstimmrecht (2023), S. 340 ff.
1042 Die erste Vorgängerregelung fand sich in § 103 AktG 1937, hierzu *Hoffmann*, in: BeckOGK AktG, § 119 Rn. 3.
1043 Hierzu *ders.*, in: BeckOGK AktG, § 118 Rn. 8.

die das Gesetz in § 12 Abs. 1 S. 2 AktG a.F. ausdrücklich für zulässig erachte.[1044] Wurde zunächst v.a. die Wiedereinführung nur für die nicht börsennotierte AG gefordert, wurden wenig später auch mit Blick auf einen Börsengang Mehrstimmrechte als Vorteil für die Eigenkapitalgewinnung angesehen.[1045]

aa) Förderung von Start-ups

Gerade junge Unternehmen sind in besonderem Maße auf Eigenkapital angewiesen. Eine Eigenkapitalbeschaffung über den Börsengang ist besonders attraktiv, da Expansionsschritte rasch finanziert werden können.[1046] Mehrstimmrechte beseitigen die Sorge vor einem entsprechenden Kontrollverlust und ermöglichen gleichzeitig die Durchsetzung der Gründervision.[1047] Sie erhöhen die Attraktivität eines Börsengangs. Die Bereitschaft, Eigenkapital über den Kapitalmarkt zu akquirieren, steigt, wenn den Gründern durch Mehrstimmrechte ein bestimmtes Maß an Macht und Einfluss über die Geschäftsstrategie gesichert bleibt.[1048] Durch den Einsatz von Mehrstimmrechtsaktien können Kontrollpositionen und das Entstehen stabiler, langfristiger Kernaktionäre ermöglicht werden, die zwar nicht die Mehrheit des Kapitals bereitstellen, aber als Ausgleich für ihre Stimmmacht durch die aktive und regelmäßige Ausübung ihrer Eigentums- und Kontrollrechte aktiv die Kontinuität und Kontrolle auf Aktionärsebene stärken.[1049] Das fördert eine langfristig ausgerichtete Unternehmenspolitik und begrenzt das Handeln kurzfristig orientierter Finanzinvestoren.[1050] Auf diese Erwägungen stützen sich auch die jeweiligen Gesetzgeber sowie die von ihnen in Auftrag gegebenen Studien.[1051]

1044 *Mock*, in: GroßKomm AktG, 5. Aufl. (2017), § 12 Rn. 41; *Bayer/Hoffmann*, AG 2008, R464; *Bormann*, in: BeckOGK AktG, § 139 Rn. 40, der allerdings keine Abschaffung fordert; für die nicht börsennotierte AG: *Bayer*, Gutachten E zum 67. DJT (2008); *Habersack*, AG 2009, 1, 9 f.; *Herzog/Gebhard*, ZIP 2022, 1893, 1897.

1045 *Bayer/Hoffmann*, AG 2008, R464.

1046 *Kalss*, ZHR 2023, 438, 464.

1047 *Wolf*, Mehrstimmrechtsaktien (2023), S. 63 ff.

1048 *Bayer/Hoffmann*, AG 2008, R464.

1049 *Nicolussi*, AG 2022, 757, 760.

1050 *Bayer/Hoffmann*, AG 2008, R464.

1051 S.o. unter D.III. sowie E.I.

bb) Förderung von Familienunternehmen

Der Aspekt, einen Börsengang aus Angst vor Kontrollverlust zu vermeiden, trifft insbesondere auf Familienunternehmen zu.[1052] 90 % aller privaten Unternehmen in Deutschland sind familiengeführt, 88 % der privatwirtschaftlichen Unternehmen sind eigentümergeführte Familiengesellschaften.[1053] Allerdings gibt es Abstufungen bei den einzelnen Rechtsformen. Während 79 % der Unternehmen in der Rechtsform der GmbH familienkontrolliert sind, sind es bei den Aktiengesellschaften nur 27 %.[1054] Familienunternehmen sollten bei den gesetzgeberischen Erwägungen nicht unberücksichtigt bleiben, da sie *„seit alters den Motor des Gesellschaftsrechts"* bilden.[1055] Das häufigste Motiv für einen Börsengang ist die Wachstumsfinanzierung.[1056] Stehengelassene Gewinne oder nachträgliche Kapitaleinlagen der Gesellschafter reichen oft nicht aus, um größere Expansionsvorhaben zu finanzieren. Als wichtigster Nachteil des Börsengangs wird der Verlust des familiären Führungsanspruchs gesehen. Auch die Publizitätsanforderungen[1057] und die Aufgabe einer langfristigen Orientierung werden von vielen als unerwünscht angesehen.[1058] In den Worten von *Fleischer/Maas* benötigen Familienunternehmen für ihre Corporate Governance *„einen Maßanzug und keine Konfektionsware"*.[1059] Mehrstimmrechtsaktien können dazu beitragen, in der AG *„von der Konfektionsware zum Maßanzug"* zu gelangen. Familienmitglieder müssen nicht befürchten, ihre Kontrolle zu verlieren.

1052 *Kalss*, ZHR 2023, 438, 464; *Fleischer/Maas*, DB 2021, 37, 40; *Grobecker*, AG 2017, R140.

1053 Stiftung Familienunternehmen, Die volkswirtschaftliche Bedeutung der Familienunternehmen, 6. Aufl. (2023), S. 9 (abrufbar unter: https://www.familienunternehmen.de/de/publikationen/die-volkswirtschaftliche-bedeutung-der-familienunternehmen-2023, zuletzt geprüft am 24.8.2024). Die Zahlen beziehen sich auf das Ende des Jahes 2021, nach Hochrechnung der Gründungszahlen und Schätzung der Schließungszahlen zum Ende des Jahres 2021. Unternehmen, die sich mehrheitlich im Eigentum von öffentlichen Institutionen befanden, wurden nicht in die Analysen einbezogen.

1054 *Dies.*, Die volkswirtschaftliche Bedeutung der Familienunternehmen, 6. Aufl. (2023), S. 16 f.

1055 *Fleischer/Mock*, NZG 2020, 161, 163.

1056 *Fleischer/Maas*, DB 2021, 37, 39 auch zu weiteren Motiven für einen Börsengang; *Volkmann/Thoma*, RFamU 2023, 443, 446.

1057 *Grobecker*, AG 2017, R140; *Oppitz*, in: Vogt/Fleischer/Kalss (Hrsg.), Recht der Familiengesellschaften (2017), S. 133, 134 ff.

1058 Hierzu *Fleischer/Maas*, DB 2021, 37, 40; *Volkmann/Thoma*, RFamU 2023, 443, 446 f.

1059 *Fleischer/Maas*, DB 2021, 37, 41.

Sie können Mehrstimmrechte halten und mit einfach stimmrechtberechtigten Aktien an die Börse gehen. Sie erhalten den entscheidenden Einfluss auf die Besetzung des Aufsichtsrats und indirekt des Vorstands, was einen Vorteil darstellt.[1060] Auch der Schutz vor Übernahmen und dem damit verbundenen Verlust von Know-how spielt eine wichtige Rolle.[1061]

Die Bedeutung stimmrechtsverstärkender Mechanismen für Familiengesellschaften zeigt sich an der schweizerischen Stimmrechtsaktie, die von dem Gesetzgeber als geeignetes Instrument zur Bildung von Führungsschwergewichten, insbesondere in Familienaktiengesellschaften, erachtet wird.[1062]

cc) Steigerung der Attraktivität des Kapitalmarktes

Ein Verzicht von Unternehmen auf einen Börsengang aufgrund der soeben genannten Ängste hat negative Auswirkungen auf den Kapitalmarkt. Um im internationalen Wettbewerb bestehen zu können, sind Börsen auf neue Börsenzugänge und den Zufluss neuer Mittel angewiesen.[1063] Vor diesem Problem steht der deutsche Kapitalmarkt. Die Deutsche Börse Group konstatierte in Bezug auf Mehrstimmrechte, dass die meisten Börsen weltweit Mehrstimmrechtsaktien eingeführt haben, um im Börsenwettbewerb bestehen zu können. In Deutschland hingegen habe man seit dem Verbot im Jahr 1998 keine neuen Strukturen entwickelt, um mit den anderen Kapitalmärkten Schritt zu halten, was einen erheblichen Wettbewerbsnachteil zur Folge habe.[1064] Ein weiterer Vorteil der Mehrstimmrechte bestehe darin, dass durch sie die Attraktivität eines Börsenstandorts gesteigert werden kann.[1065] Die Möglichkeit, Mehrstimmrechtsstrukturen zu schaffen, kann Einfluss auf die Entscheidung über den Börsenstandort haben. Dies lässt sich anhand mehrerer Fälle belegen. So hat sich das deutsche Unternehmen Trivago bewusst für eine Sitzverlegung in die Niederlande entschieden, um

1060 *Volkmann/Thoma*, RFamU 2023, 443, 447.
1061 *Dies.*, RFamU 2023, 443, 477.
1062 Hierzu unter C.II.4.a)aa).
1063 *Hopt/Kalss*, ZGR 2024, 84, 112.
1064 Deutsche Börse Group, Strategien zur nachhaltigen Finanzierung der Zukunft Deutschlands (2021), S. 40; dazu D.III.6 sowie D.III.4.
1065 Siehe hierzu unter D.III.; bitkom, Stellungnahme ZuFinG (September 2023), S. 5, abrufbar unter https://www.bitkom.org/Bitkom/Publikationen/Stellungnahme-Zukunftsfinanzierungsgesetz (zuletzt geprüft am 24.8.2024); *Hopt/Kalss*, ZGR 2024, 84, 112 ff.

dort als N.V. dem Investor Expedia Mehrstimmrechte einräumen zu können.[1066] Auch die Unternehmen Sono Group N.V. und Linium Air Mobility N.V. sind in diesem Kontext zu nennen.[1067] Der Gründer und Geschäftsführer der Personio SE, Hanno Renner, hält den *one share, one vote*-Grundsatz als Nachteil des Börsenstandorts Deutschland, weshalb er jüngst die Zulassung von Ausnahmen in Form unterschiedlicher Stimmrechtsklassen, auch um etwaige feindliche Übernahme verhindern zu können, forderte.[1068]

Kapitalintensive und innovationstreibende Unternehmen müssen von einem Börsenstandort gehalten werden können, um den wirtschaftlichen Standort und die Volkswirtschaft zu fördern.[1069] Allein die Möglichkeit, Mehrstimmrechtsaktien auszugeben, ist hierfür nicht ausreichend. Diese Möglichkeit sollte aber nicht isoliert betrachtet werden, sondern im Zusammenhang mit anderen gesetzgeberischen Erwägungen, wie der steuerlichen Erleichterung,[1070] der Möglichkeit der Mitarbeiterbeteiligung sowie der Senkung von Regulierungskosten gesehen werden. Sie ist ein Schritt zur Steigerung der Attraktivität des Kapitalmarktes.

3. Notwendigkeit der Mehrstimmrechtsaktie als Gestaltungsinstrument

Die Notwendigkeit der Einführung einer Mehrstimmrechtsaktie wird vereinzelt in Frage gestellt, da eingewandt wird, dass sich mit den im Aktienrecht schon bestehenden Abweichungsmöglichkeiten ähnliche Wirkungen erzielen lassen.[1071] Dem wird entgegengehalten, dass Gestaltungsmöglichkeiten, die eine asymmetrische Stimmrechtsverteilung ermöglichen, nicht ausreichend seien, um bei Start-ups Innovations- und Investitionsanreize zu schaffen, sodass ein Bedürfnis nach einem gesellschaftsrechtlichen Ins-

---

1066 Vgl. *Nicolussi*, AG 2022, 757, 758.

1067 Vgl. *dies.*, AG 2022, 757, 758.

1068 *Álvarez*, Personio: Deutsches Einhorn will an die Börse, WiWo (9.1.2023) abrufbar unter: https://www.wiwo.de/erfolg/gruender/start-ups-in-deutschland-personio-deutsches-einhorn-will-an-die-boerse/28911956.html (zuletzt geprüft am 24.8.2024).

1069 *Kalss*, ZHR 2023, 438, 465.

1070 Hierzu auch *Gebhard/Herzog*, ZIP 2023, 1161, 1163; Deutsche Schutzvereinigung für Wertpapierbesitz e.V. (DSW), Stellungnahme RefE ZuFinG, S. 4.

1071 Bundesverband Investment und Asset Management e.V. (BVI), Stellungnahme COM(2022) 761 final (21.2.2023), S. 2.

trument in Form der Mehrstimmrechtsaktie bestehe.[1072] Im Folgenden soll näher untersucht werden, ob die bislang bestehenden Möglichkeiten ausreichend sind, um die von dem Gesetzgeber mit dem ZuFinG verfolgten Ziele zu erreichen.

a) Vorzugsaktie

Mehrstimmrechts- und Vorzugsaktie stellen besondere Finanzierungsinstrumente dar, die der Gesellschaft Risikokapital ohne entsprechende Stimmrechte zuführen und einem bestimmten Aktionär oder einer Aktionärsgruppe die Kontrollausübung in der AG ermöglichen. Ein erster Unterschied liegt in der Art der Privilegierung. Die Ausgabe von Mehrstimmrechten ermöglicht eine direkte Einflussbündelung, wohingegen die Ausgabe stimmrechtsloser Vorzugsaktien dazu führt, dass die nicht in ihrem Stimmrecht beschränkten Aktionäre nur mittelbar an Stimmgewicht gewinnen.[1073] Diese mittelbare Stimmrechtsverstärkung ist mit der Möglichkeit des Wiederauflebens des Stimmrechts belastet, was einen Nachteil der Vorzugsaktie gegenüber der Mehrstimmrechtsaktie darstellt. Das Wiederaufleben des Stimmrechts kann für Start-ups zu einem Problem werden, da die Stimmenmehrheit der Gründer nicht in jeden Fall gesichert ist. Gerade in den entscheidenden Anfangsjahren ist es nicht unwahrscheinlich, dass keine Gewinne erzielt werden und der Vorzug nicht geleistet werden kann.[1074] Ein weiterer, wichtiger Faktor ist, dass durch die Vorzugsaktie höhere Finanzierungskosten durch die Vorzugs- und oft auch Mehrdividende entstehen.[1075] Hinzu kommt, dass dem Mehrstimmrechtsaktionär für die Stimmenmehrheit eine Kapitalbeteiligung i.H.v. 9,1 % ausreicht, der Stammaktionär beim Vorhandensein von Vorzugsaktien hingegen eine Kapitalbeteiligung von 25 % plus eine Aktie benötigt. Das ist auf die Begrenzung der Ausgabe der Vorzugsaktien auf die Hälfte des Grundkapitals zurückzuführen, wodurch sich ein weiterer, wesentlicher Unterschied ergibt.

1072 COM(2022) 761 final vom 7.12.2022, S. 3 ff.; Oxera Consulting LLP/*Kaserer*, Börsengänge für Start-ups in Deutschland (27.9.2021), S. 47.

1073 *Hopt/Kalss*, ZGR 2024, 84, 125.

1074 *Wolf*, Mehrstimmrechtsaktien (2023), S. 164.

1075 *Arnold*, in: MüKo AktG, 6. Aufl. (2024), § 139 Rn. 6; *Koch*, in: Koch AktG, 2025, § 139 Rn. 3.

Beckmann gelangt zu dem Schluss, dass beide Gestaltungsformen zu den gleichen Corporate Governance Problemen führen.[1076] Soweit die Fassung eines Sonderbeschlusses erforderlich wird, hält er die Mehrstimmrechtsaktie zur Unternehmenskontrolle als weniger geeignet, da bei dem Vorhandensein einer weiteren stimmberechtigten Gattung jede Gattung die Beschlussfassung verhindern kann.[1077] Unter Bezugnahme auf *Bezzenberger*, der eine Kompensation für das fehlende Stimmrecht bei der Vorzugsaktie als tatsächlich nicht mehr gegeben sieht,[1078] folgert *Beckmann*, dass bei einer wirtschaftlichen Betrachtung die bestehenden Stammaktien durch die Ausgabe stimmrechtsloser Vorzugsaktien zu Mehrstimmrechtsaktien werden.[1079] Er misst beiden Aktiengattungen ein vergleichbares Publizitätsniveau bei und kommt zu dem Ergebnis, dass die Entwicklungen im Rahmen der stimmrechtslosen Vorzugsaktie gezeigt hätten, dass der Markt in der Lage sei, diese zu bewerten.[1080] Aus dem angestellten Vergleich zur stimmrechtslosen Vorzugsaktie und den sich hieraus ergebenden Gemeinsamkeiten zieht er den Schluss, dass ein Verbot der Mehrstimmrechtsaktie nicht verständlich sei.[1081] Obgleich er die Frage, ob aufgrund der festgestellten Gemeinsamkeiten überhaupt ein Bedürfnis für die Schaffung der Mehrstimmrechtsaktie besteht, nicht ausdrücklich aufwirft, beantwortet er sie später gewissermaßen in seinem Fazit. Er argumentiert, dass der Markt selbst entscheiden sollte, ob eine solche Mehrstimmrechtsaktie benötigt werde. Angesichts der steigenden Tendenz von Börsengängen mit Mehrstimmrechtsaktien scheine ein Bedürfnis für die Mehrstimmrechtsaktie zu bestehen.[1082]

Dem ist i.E. zuzustimmen. Ein erhöhtes Schutzniveau im Falle der Ausgabe von Mehrstimmrechten lässt sich auch damit begründen, dass die nicht kontrollierende Aktiengattung bei wichtigen Entscheidungen, die einer Kapitalmehrheit bedürfen, nicht außen vor bleibt, sondern einen gewissen Einfluss ausüben kann. Mehrstimmrechte wirken hier nur blockierend. Demgegenüber bleibt die Vorzugsaktie stimmrechtslos und wirkt sich auf die Kapitalmehrheit überhaupt nicht aus. Gerade für Start-ups bieten stimmrechtslose Vorzugsaktien keine gleichwertige Alternative. Für

1076 *Beckmann*, Das Mehrstimmrecht (2023), S. 196.
1077 *Ders.*, Das Mehrstimmrecht (2023), S. 207.
1078 *Bezzenberger*, ZHR 183 (2019), 521, 527 ff., insb. 530.
1079 *Beckmann*, Das Mehrstimmrecht (2023), S. 209.
1080 *Ders.*, Das Mehrstimmrecht (2023), S. 209 f.
1081 *Ders.*, Das Mehrstimmrecht (2023), S. 211 f., 217.
1082 *Ders.*, Das Mehrstimmrecht (2023), S. 217.

diese scheidet in der Frühphase eine Fremdkapitalfinanzierung durch Banken regelmäßig wegen Fehlens ausreichender Sicherheiten aus.[1083] In dieser Phase ist die Venture Capital Finanzierung relevant, die sich durch die Bereitstellung von haftendem Eigenkapital mit entsprechender Beteiligung am Unternehmen auszeichnet, ohne dass der Venture Capital-Geber hierfür die Stellung von Sicherheiten verlangt.[1084] Als Ausgleich für das übernommene Risiko fordert er gewisse Kontroll- und Mitspracherechte. Der Fokus liegt dabei nicht zwangsläufig auf einer Mehrheitsbeteiligung, sondern v.a. darauf, bei grundlegenden strategischen Entscheidungen, geschäftlichen Entwicklungen sowie bei der Mittelverwendung ein Mitspracherecht zu erhalten. Um das zu ermöglichen, werden in der AG eigene Aktiengattungen mit entsprechenden Vorrechten geschaffen.[1085] Stimmberechtigte Aktien stellen damit eine Grundvoraussetzung dar. Das Endziel dieser Finanzierung ist die gewinnbringende Veräußerung der Anteile beim IPO-basierten Exit. Vor diesem Hintergrund eignet sich die Ausgabe von stimmrechtslosen Vorzugaktien kaum, jedenfalls nicht im Vergleich zur Mehrstimmrechtsaktie.[1086] Die stimmrechtslose Vorzugsaktie bietet damit insgesamt keine gleichwertige Alternative.

b) Höchststimmrechte

Sowohl Mehr- als auch Höchststimmrechte können dazu dienen, sich dem Markt für Unternehmenskontrolle zu entziehen.[1087] Im Gegensatz zu Mehrstimmrechten wirken Höchststimmrechte nicht direkt herrschaftssichernd, sondern herrschaftsbegrenzend. Als Alternative zur Erleichterung von Börsengängen kommen sie seit dem KonTraG nicht in Betracht, da sie für die börsennotierte AG unzulässig sind. Die von dem Gesetzgeber anvisierten

1083 Vgl. Zentrum für Europäische Wirtschaftsforschung (ZEW), Evaluation des BMWi-Förderprogramms "INVEST – Zuschuss für Wagniskapital" (Juni 2016), S. 11; *Weitnauer*, HdB Venture Capital, 7. Aufl. (2022), Teil A Rn. 4.

1084 *Weitnauer*, HdB Venture Capital, 7. Aufl. (2022), Teil A Rn. 1 ff.; hierzu auch *Wolf*, Mehrstimmrechtsaktien (2023), S. 69 ff.

1085 *Weitnauer*, HdB Venture Capital, 7. Aufl. (2022), Teil F Rn. 172 ff.

1086 So Oxera Consulting LLP/*Kaserer*, Börsengänge für Start-ups in Deutschland (27.9.2021), S. 22; so i.E. auch *Brass/Helbling*, BB 2025, 2057, 2061.

1087 *Adams*, AG 1990, 63, 70.

Vorteile können mit Höchststimmrechten nicht, allenfalls nur unvollkommen erreicht werden.[1088]

c) KGaA

Die Rechtsform der KGaA ermöglicht eine strukturelle Trennung von Kontrolle und Kapitalbeteiligung.[1089] Die Kommanditaktionäre bringen Eigenkapital ein, ohne dass sie auf die Geschäftsführung Einfluss haben. Diese obliegt gemäß § 278 Abs. 2 AktG i.V.m. § 164 HGB allein der Komplementärin, bei der es sich regelmäßig um eine (Verwaltungs-)Gesellschaft handelt.[1090] Während das Eigentum bei den Kommanditaktionären liegt, die in die Gesellschaft investiert haben, liegt die durch die Geschäftsführer ausgeübte Kontrolle in den Händen der nach § 278 Abs. 2 AktG i.V.m. § 126 HGB persönlich haftenden Komplementäre, sodass sich die KGaA durch eine vollständige Trennung zwischen Eigentum und Kontrolle auszeichnet. Sie wird als effektivste Form des Kontrollverstärkungsmechanismus angesehen.[1091] Hierdurch ermöglicht die KGaA den Zugang zum Kapitalmarkt zum Zwecke der Aufnahme von Eigenkapital, ohne dass eine entsprechende Mitsprache Dritter erfolgen muss. Sie wird daher v.a. von familien- und inhabergeführten Unternehmen gewählt. Im Juni 2024 waren drei KGaA im DAX gelistet.[1092]

Die KGaA weist im Vergleich zur AG mit Mehrstimmrechtsstruktur eine komplexere Struktur auf. Ausländischen Investoren dürfte das Vorhandensein von Mehrstimmrechtsstrukturen einfacher zu erklären sein als die

---

1088 *Grundmann*, in: GroßKomm AktG, 5. Aufl. (2019), § 134 Rn. 22; *Wolf*, Mehrstimmrechtsaktien (2023), S. 170 f.

1089 Zu der KGaA und deren Vorteile siehe etwa *Hasselbach/Ebbinghaus*, DB 2015, 1269; *Sethe*, Die personalistische Kapitalgesellschaft mit Börsenzugang (1996), S. 1 ff.

1090 *Hasselbach/Ebbinghaus*, DB 2015, 1269, 1270; die Frage, ob auch eine Kapitalgesellschaft Komplementärin einer KGaA sein kann, bestätigend BGH, Urt. v. 24.3.1997, II ZB 11/96, NJW 1997, 1923; *Sethe*, in: GroßKomm AktG, 5. Aufl. (2020), Vor §§ 278 ff. Rn. 64.

1091 Shearman & Sterling LLP/ISS/ECGI, Report on the Proportionality Principle in the European Union (2016), S. 24.

1092 Fresenius SE & Co. KGaA, Henkel AG & Co. KGaA und Merck KGaA, siehe https://www.boerse-frankfurt.de/aktien/realtime-quotes/DE0008469008 (zuletzt geprüft am: 24.8.2024).

Rechtsform der KGaA.[1093] Durch die Einschaltung einer (Kapital-)Gesellschaft als Komplementärin wird zusätzlich der Eindruck einer undurchsichtigen Struktur erweckt.[1094] Ein höherer Komplexitätsgrad geht zudem regelmäßig mit einem zusätzlichen Aufwand einher,[1095] der gerade im Start-up Bereich unerwünscht ist.[1096] Für Start-ups, die auf Venture Capital angewiesen sind, stellt die KGaA auch deswegen keine Alternative dar, da Venture Capital-Geber im Aufsichtsrat eine wichtige Kontrollinstanz sehen, in der KGaA die Rechte des Aufsichtsrats gegenüber der Komplementärin jedoch stark eingeschränkt sind.[1097] Der maßgebliche Unterschied zwischen einer Kontrollausübung durch Mehrstimmrechte und einer solchen durch die Rechtsformwahl der KGaA besteht darin, dass die Komplementärin ihre Kontrollmacht im Gegenzug zu ihrer persönlichen Haftung erlangt.

Insgesamt bietet die Mehrstimmrechtsaktie als gesellschaftsrechtliches Instrument die transparentere und einfachere Gestaltungsmöglichkeit. In diesem Vorteil kann aber ggf. gleichzeitig ein Nachteil erblickt werden, nämlich dann, wenn eine solche Transparenz nicht gewollt ist. Ist eine langfristige Sicherung des Gruppeneinflusses geplant, so wird die KGaA weiterhin die passendere Rechtsform sein, soweit die Gesellschaft neues Kapital über die Börse erlangen möchte.[1098] Das wird nach derzeitiger Rechtslage aufgrund der gesetzlichen Beschränkungen der Mehrstimmrechte v.a. Familienunternehmen betreffen, die generationenübergreifend bestehen sollen. Für eine solche dauerhafte Sicherung eignet sich die Mehrstimmrechtsaktie nicht, da sie bei entsprechendem Verlängerungsbeschluss spätestens 20 Jahre nach Börsennotierung sowie bei Übertragung erlischt.

Zusammenfassend stellt die Mehrstimmrechtsaktie das einfachere, transparentere und flexiblere Instrument dar, das gerade für Start-ups attraktiver ist. V.a. bei der Einbeziehung ausländischer Investoren sind Mehrstimmrechtstrukturen vorteilhaft, da sie mit der komplexen Rechtsform der KGaA wenig vertraut sind.

1093 So auch Deutsche Börse Group, Stellungnahme ZuFinG (12.4.2023), S. 5; *Hopt/Kalss*, ZGR 2024, 84, 125.

1094 *Sethe*, in: GroßKomm AktG, 5. Aufl. (2020), Vor §§ 278 ff. Rn. 52.

1095 *Hasselbach/Ebbinghaus*, DB 2015, 1269, 1270; *Brass/Helbling*, BB 2025, 2057, 2061.

1096 *Wolf*, Mehrstimmrechtsaktien (2023), S. 168 f.

1097 *Weitnauer*, HdB Venture Capital, 7. Aufl. (2022), Teil E Rn. 309; *Wolf*, Mehrstimmrechtsaktien (2023), S. 169 f.

1098 Zur Eignung der Rechtsform der KGaA *Sethe*, Die personalistische Kapitalgesellschaft mit Börsenzugang (1996), S. 195 ff.

d) Schuldrechtliche Gestaltungen

aa) Stimmbindungsverträge

Durch den Abschluss einer Stimmbindungsvereinbarung kann der Einfluss eines Aktionärs überproportional zu seiner Kapitalbeteiligung gestaltet werden. Im Gegensatz zu Mehrstimmrechten handelt es sich bei diesen um rein schuldrechtliche Vereinbarungen, die nur *inter partes* wirken und keine Aussenwirkung entfalten. Stimmt ein Aktionär unter Verstoß gegen den Stimmbindungsvertrag ab, bleibt seine Stimme gültig, sodass es für Start-ups an der nötigen Rechtssicherheit fehlen würde. Zudem sind sie im Vergleich zu Mehrstimmrechtsaktien weniger transparent. Auch Stimmbindungsverträge stellen damit keine echte Alternative zu Mehrstimmrechtsaktien dar.[1099]

bb) Risikoentleerte Stimmrechte („*Empty Voting*")

Eine weitere schuldrechtliche Möglichkeit der Stimmrechtsausübung ohne äquivalentes wirtschaftliches Risiko stellt das sog. risikoentleerte Stimmrecht (sog. *Empty Voting*) dar.[1100] Hierbei handelt es sich um die Ausübung des Stimmrechts aus Aktien, aus denen der Aktionär nicht das volle wirtschaftliche Risiko trägt.[1101] Das *Empty Voting* kann auf unterschiedliche Weise rechtstechnisch erreicht werden. Die zentrale Gestaltungsform stellt dabei das Wertpapierdarlehen,[1102] also ein Sachdarlehen i.S.d. § 607 BGB dar.[1103] Der Darlehensgeber verpflichtet sich zur Überlassung des Wertpapiers (§ 607 Abs. 1 S. 1 BGB), der Darlehensnehmer zur Zahlung eines Entgelts und zur Rückerstattung einer Sache gleicher Art und Güte zu einem späteren Zeitpunkt (§ 607 Abs. 1 S. 2 BGB). Die Wertpapiere

---

1099 *Wolf*, Mehrstimmrechtsaktien (2023), S. 173.

1100 Hierzu ausführlich *Beckmann*, Das Mehrstimmrecht (2023), S. 219 ff.

1101 *Osterloh-Konrad*, ZGR 2012, 35, 37; *Seibt*, ZGR 2010, 795, 803.

1102 Umgangssprachlich hat sich die juristisch unzutreffende Terminologie der „*Wertpapierleihe*" eingebürgert, was auf eine wörtliche Übersetzung aus dem englischsprachigen Raum zurückzuführen sein dürfte. Dennoch wird sie zum Teil bewusst verwendet, da sie griffig sei und „*die Problematik der bloß „geliehenen" Aktionärsstellung treffend zum Ausdruck*" bringe, *Bachmann*, ZHR 2009, 596, 597.

1103 Vgl. hierzu etwa *Kumpan/Mittermeier*, ZIP 2009, 404, 405 m.w.N.; *Bachmann*, ZHR 2009, 596, 600 f.; allgemein zum Wertpapierdarlehen s. *Teuber*, Ellenberger/Bunte, BankR-HdB, 6. Aufl. (2022), Rn. 1 ff.

werden dem Darlehensnehmer übereignet, sodass er Eigentümer[1104] und damit als Aktionär Inhaber sämtlicher Rechte und Pflichten wird. Dem Darlehensnehmer steht damit das Stimmrecht zu.[1105] Auf schuldrechtlicher Ebene vereinbaren die Parteien, dass der Darlehensnehmer die Erträge der überlassenen Wertpapiere und damit sämtliche Vermögensrechte, wie Zinsen, Dividenden und Bezugsrechte, an den Darlehensgeber herauszugeben hat.[1106] Durch diese schuldrechtliche Abrede werden die Chancen und Risiken der Beteiligung vollständig auf den Darlehensgeber verlagert, was zur Folge hat, dass dieser „wirtschaftlicher Eigentümer“[1107] bleibt. Die Gründe für eine derartige Vereinbarung können vielfältig sein.[1108] In vielen Fällen dient das Darlehen der bloßen Stimmrechtsbeschaffung unter Entkopplung der Investitionsrisiken. Weitere Gestaltungsmöglichkeiten zur Schaffung risikoentleerter Stimmrechte sind Rückkaufvereinbarungen (sog. *sale and repurchase agreements*), Wertpapierpensionsgeschäfte und das sog. *Record Date Capture.*[1109] Bei letzterem wird der aktienrechtliche Nachweisstichtag für die Legitimation zur Teilnahme an der Hauptversammlung (sog. *Record Date*) fruchtbar gemacht. Gemäß § 123 Abs. 4 S. 2 AktG muss ein Aktionär von Inhaberaktien börsennotierter Gesellschaften für seine Legitimation zur Stimmrechtsausübung einen Nachweis seines Anteilsbesitzes zu Beginn des 21. Tages vor der Hauptversammlung vorweisen. Derjenige, der sich zu diesem Zeitpunkt als Aktionär legitimiert, ist im Verhältnis zur AG zur Teilnahme an der Hauptversammlung und zur Wahrnehmung versammlungsbezogener Rechte befugt, selbst wenn er seine Aktien nach dem *Record Date* veräußert und damit nicht mehr in seinem eigenen Vermögen betroffen ist, § 123 Abs. 3 S. 6 AktG.[1110]

1104 BGH, Urt. v. 16.3.2009, II ZR 302/06, NJW-RR 2009, 828, 829; Landgericht München I, Urt. v. 28.8.2008, 5 HKO 2522/08, NZG 2009, 143, 145.

1105 Landgericht München I, Urt. v. 28.8.2008, 5 HKO 2522/08, NZG 2009, 143, 145; *Koch*, in: Koch AktG,2025, § 133 Rn. 17; *Tröger*, in: KK AktG, 2. Aufl. (2021), § 134 Rn. 50 m.w.N.

1106 *Bachmann*, ZHR 2009, 596, 606; *Osterloh-Konrad*, ZGR 2012, 35, 38 f.; *Teuber*, Ellenberger/Bunte, BankR-HdB, 6. Aufl. (2022), § 85 Rn. 5, 6.

1107 Unter wirtschaftlichem Eigentum (sog. economic ownership) an einer Aktie wird die Berechtigung verstanden, die Erträge zu erhalten, die aus einer Aktie am Unternehmen verlangt werden können, vgl. *Theusinger/Möritz*, NZG 2010, 607.

1108 Hierzu eingehend *Seibt*, ZGR 2010, 795, 804 ff.; *Kraack*, Beteiligungsbezogene Publizität (2022), S. 56 ff.

1109 Zu den einzelnen Gestaltungsmöglichkeiten *Mittermeier*, Empty Voting (2014), S. 98-149; *Mock*, in: GroßKomm AktG, 5. Aufl. (2017), § 8 Rn. 204; *Kraack*, Beteiligungsbezogene Publizität (2022), S. 75 ff.

1110 *Koch*, in: Koch AktG, 2025, § 123 Rn. 30.

Aus der schuldrechtlichen Gestaltung ergibt sich folgendes Risiko: Der Darlehensnehmer profitiert aufgrund der vertraglichen Abrede nicht von den für die Gesellschaft vorteilhaften Entscheidungen, da er Gewinne, Bezugsrechte etc. an den Darlehensgeber herauszugeben hat. Er hat bei seiner Stimmabgabe kein (Eigen-)Interesse an der Maximierung der Gewinne der Gesellschaft. *Kumpan/Mittermeier* gehen noch einen Schritt weiter und stellen fest, dass schon die Teilnahme an den Abstimmungen sowie das Sammeln von Informationen der Interessenlage des Darlehensnehmers widerspricht und in ökonomischer Hinsicht vollkommen irrational sei, da sie für ihn nur Kosten verursache, ohne dass er von Beschlüssen profitiere.[1111] Damit steige die Gefahr, dass mit der Stimmrechtsausübung gesellschaftsfremde Zwecke verfolgt werden und sich der abstimmende Darlehensnehmer Sondervorteile verschaffe, da dies als einziger Grund verbleibe, der eine Teilnahme und Abstimmung rechtfertige.[1112] Trotz kritischer Stimmen hält die Rechtsprechung[1113] sowie die herrschende Lehre[1114] das *Empty Voting* für zulässig. Mangels Aufspaltung der Rechtsstellung, also der rechtlichen Trennung der Stimm- oder Verwaltungsrechte von der Aktie, liege kein Verstoß gegen § 8 Abs. 5 AktG vor.[1115] Getrennt werde allein das mit der Mitgliedschaft verbundene unternehmerische Risiko, da nicht allein die Verwaltungsrechte, sondern die gesamte Mitgliedschaft übertragen werde.[1116]

Im Gegensatz zur Mehrstimmrechtsaktie ist die durch das *Empty Voting* erreichte Entkopplung zwischen der wirtschaftlichen Beteiligung und der Stimmrechtsmacht für die übrigen Aktionäre und für andere Marktteilnehmer kaum zu erkennen[1117] und durch die rechtliche Konstruktion intransparenter. Zudem wirkt das *Empty Voting* wegen der Rückübertra-

1111 *Kumpan/Mittermeier*, ZIP 2009, 404, 409.

1112 *Dies.*, ZIP 2009, 404, 409.

1113 BGH, Urt. v. 16.3.2009, II ZR 302/06, NJW-RR 2009, 828 ff.

1114 *Theusinger/Möritz*, NZG 2010, 607, 609 f.; *Seibt*, ZGR 2010, 795, 814 ff.; hierzu *Tautges*, Empty Voting und Hidden (Morphable) Ownership (2015), S. 213 ff.; *Osterloh-Konrad*, ZGR 2012, 35, 75 f.; *Beckmann*, Das Mehrstimmrecht (2023), S. 236 ff.

1115 *Vatter*, in: BeckOGK AktG, § 8 Rn. 64; *Mock*, in: GroßKomm AktG, 5. Aufl. (2017), § 8 Rn. 204; *Kumpan/Mittermeier*, ZIP 2009, 404, 405; Koch, in: Koch AktG, 2025, § 8 Rn. 26; *Tautges*, Empty Voting und Hidden (Morphable) Ownership (2015), S. 215 f.

1116 *Kumpan/Mittermeier*, ZIP 2009, 404, 405.

1117 *Osterloh-Konrad*, ZGR 2012, 35, 44; *Beckmann*, Das Mehrstimmrecht (2023), S. 262 f. schließt aus der rechtlichen Anerkennung des Empty Votings, dass Mehrstimmrechte erst recht zulässig sein müssen.

gungspflicht nur temporär, sodass es für Start-ups weniger attraktiv ist und nicht an deren Stelle treten kann.

cc) Zwischenergebnis

Die Argumentation, dass aufgrund der genannten schuldrechtlichen Möglichkeiten der Bedarf für eine weitere Gestaltungsmöglichkeit fehle, übersieht, dass ein gesellschaftsrechtliches Instrument nicht nur *inter partes* wirkt und bei seiner Einführung transparenter und weniger kompliziert ist. Zudem lässt sich ein gesellschaftsrechtliches Instrument entweder *ex ante* durch eine Vetoposition verhindern, indem die erforderliche Zustimmung für den Einführungsbeschluss versagt wird, oder es kann im Rahmen der gesetzlichen Möglichkeiten *ex post* einer gerichtlichen Beschlusskontrolle unterzogen werden. Während den Aktionären der deutschen AG eine anfängliche Vetoposition zusteht, soweit sie von der Einführung der Mehrstimmrechte betroffen sind,[1118] gewährt die schweizerische Rechtsordnung nach Art. 706 f. OR eine *ex-post* Beschlusskontrolle.[1119] Im Falle eines schuldrechtlichen Vertrags ist eine Überprüfung durch einen Dritten hingegen nicht möglich.

e) Sonstige Abweichungsmöglichkeiten

Auch das Entsendungsrecht stellt keine echte Alternative dar,[1120] da es nur punktuell einen Teil – nämlich die personelle Einwirkungsmöglichkeit auf den Aufsichtsrat – von dem abbildet, was Mehrstimmrechte ermöglichen. Auch die deutlich komplexeren und teilweise unübersichtlichen Pyramidenstrukturen sind nicht geeignet, an die Stelle von Mehrstimmrechten zu treten, v.a. wenn es um die von dem Gesetzgeber in den Blick genommenen jungen Unternehmen geht.[1121] Ein junges Unternehmen wird den mit einer solchen Struktur einhergehenden Aufwand und die Kosten nicht aufbringen können und wollen. Zudem ermöglichen auch diese nur eine intransparente und mittelbare Einflussbildung.

1118 § 135a Abs. 1 S. 3 AktG; hierzu unter E.IV.3.
1119 *Böckli*, AktR, 5. Aufl. (2022), § 3 Rn. 160; *Daeniker*, in: Tschäni (Hrsg.), Mergers & Acquisitions XV (2013), S. 145, 154 f.
1120 Ebenso *Wolf*, Mehrstimmrechtsaktien (2023), S. 171 f.
1121 So auch *dies.*, Mehrstimmrechtsaktien (2023), S. 175.

f) Zwischenergebnis

Die bestehenden Gestaltungsmöglichkeiten bieten für Start-ups keine gleichwertige Alternative, um die von dem Gesetzgeber in den Blick genommenen Ziele zu verwirklichen. Hierfür bedarf es der Wiedereinführung der Mehrstimmrechtsaktie.

4. Abschließende Bewertung

Die Wiedereinführung der Mehrstimmrechtsaktie verstößt nicht gegen höherrangiges Recht und ist auch nicht aufgrund der schon bestehenden Gestaltungsmöglichkeiten obsolet. Die in der Diskussion hervorgebrachten Argumente gegen eine Wiedereinführung betreffen v.a. die börsennotierte AG. Diese hatte man – jedenfalls der Begründung zufolge – auch im KonTraG im Blick, führte dann aber ein vollständiges Verbot von Mehrstimmrechten ein, bei gleichzeitiger Einschränkung der Höchststimmrechte nur für die börsennotierte AG. Dies war schon damals nicht überzeugend. Für die nicht börsennotierte AG bestand und besteht kein Grund, die Satzungsfreiheit einzuschränken und Mehrstimmrechtsaktien zu verbieten. Ein Teil der Lehre will Mehrstimmrechtsstrukturen nur bei nicht börsennotierten Gesellschaften zulassen.[1122] Zuzugeben ist, dass sich eine Unterscheidung zwischen der börsennotierten und der nicht börsennotierten AG grds. in das deutsche System einfügt und sich insbesondere in die Systematik des § 134 Abs. 1 S. 2 AktG einordnen würde. Auch für die börsennotierte AG überwiegen jedoch die Vorteile einer Wiedereinführung der Mehrstimmrechtsaktie. Das Argument, der Kapitalmarkt erfordere eine standardisierte Aktie, überzeugt nicht, wenn man sich die Rechtslage in der Schweiz ansieht, die durch eine große Gestaltungsfreiheit gekennzeichnet ist. Auch die Entwicklung in anderen europäischen Ländern belegt, dass sich Dual-Class Strukturen am Kapitalmarkt etabliert haben. Das zeigt sich beispielsweise in Schweden, wo 80 % der börsennotierten Gesellschaften

1122 *Bayer*, Gutachten E zum 67. DJT (2008), E 109; *Habersack*, AG 2009, 1, 9 f.; Oxera Consulting LLP/*Kaserer*, Börsengänge für Start-ups in Deutschland (27.9.2021), S. 47; *Koch*, in: Hüffer/Koch, 16. Aufl. (2022), § 12 Rn. 8, der die Aufhebung für erwägenswert hielt; Deutscher Notarverein e.V., Stellungnahme COM (2022) 761 final (21.2.2023), S. 6; *Herzog/Gebhard*, ZIP 2022, 1893, 1899, die in ihrem späteren Aufsatz in der ZIP 2023, 1161 allerdings von dieser Auffassung abgerückt sind.

Mehrstimmrechtsstrukturen aufweisen.[1123] Darüber hinaus sind in der Kapitalmarktpraxis diverse Gestaltungsmöglichkeiten anerkannt, die einzelne Rechtspositionen aus der Mitgliedschaft isolieren, wie beispielsweise das *Empty Voting.*

Eine Wiedereinführung stellt auch keine Abkehr von einer dezidierten rechtlich zwingenden Vorgabe des *one share, one vote*-Prinzips dar.[1124] Das in Kapitel C. gefundene Ergebnis lautet, dass *der one share, one vote*-Grundsatz aufgrund der gesetzlich zugelassenen Ausnahmen schon vor der Wiedereinführung der Mehrstimmrechte nicht als zwingender Grundsatz des Aktienrechts anzusehen war. Er stellt den gesetzlichen Regelfall dar, bei dem es dem Gesetzgeber obliegt, im Rahmen eines Abwägungsprozesses zu entscheiden, ob er Ausnahmen zulässt oder nicht. Im Rahmen dieser Abwägung sollten flexible Stimmrechtsabweichungen nur dann untersagt werden, wenn ein hinreichendes Interesse hierfür besteht oder schutzwürdige Belange dies erfordern. Aus der rechtsökonomischen Betrachtung haben sich keine zwingenden Gründe gegen eine Wiedereinführung ergeben. Vielmehr lautete das in Kapitel D.IV. gefundene Ergebnis, dass die nicht eindeutigen empirischen Studien zeigen, dass der Gesetzgeber nicht prohibitiv eingreifen sollte, sondern eine Abwägung der Vor- und Nachteile vornehmen sollte. Die identifizierten Gefahren sollten zum Anlass genommen werden, regulatorische Maßnahmen zu ergreifen, soweit der Markt oder die bestehenden aktienrechtlichen Regelungen keine Abhilfe zur Vermeidung dieser Risiken schaffen. Unter 2.a)bb) wurde dargelegt, dass sowohl das Aktienrecht als auch der Markt schon heute Schutzmechanismen zur Verfügung stellen, um den identifizierten Gefahren entgegenzuwirken.

Bei einer Abwägung der angeführten Vor- und Nachteile muss festgestellt werden, dass der von dem Gesetzgeber verfolgte Zweck, nämlich die Stärkung von Investitionsmöglichkeiten und die Deckung des hohen Finanzierungsbedarfs, insbesondere bei kleinen und mittleren Unternehmen, sowie die Steigerung der Attraktivität der Kapitalmärkte, gegenüber den potenziell eintretenden Gefahren gewichtiger ist. Die gewandelte ökonomische Vorstellung, ein anderes wirtschaftliches Klima, die vereinfachte Möglichkeit, eine andere Rechtsordnung zu wählen und der internationale Vergleich sprechen für eine Wiedereinführung der Mehrstimmrechtsaktie am Kapitalmarktstandort Deutschland. Demgegenüber bestehen keine Argumente, die zwingend gegen die Wiedereinführung sprechen. Das Aktienrecht bietet einen hinreichenden Minderheitenschutz und auch der Markt

---

1123 *Hopt/Kalss*, ZGR 2024, 84, 98.
1124 So aber *dies.*, ZGR 2024, 84, 87.

hat regulative Wirkung. An dieser Stelle ist erneut darauf hinzuweisen, dass allein die Wiedereinführung der Mehrstimmrechtsaktie die bestehenden und aufgezeigten Probleme nicht beseitigt, da der Mangel an Flexibilität bei der Stimmgewichtung nicht der einzige Grund ist, der Gründer und Familienunternehmen vor dem deutschen Kapitalmarkt zurückschrecken lässt. Der Schritt in Richtung mehr Liberalisierung innerhalb der AG ist aber ein wichtiger Schritt hin zu mehr Flexibilität.

Unter der Voraussetzung hinreichender Transparenz sollte die Entscheidung in ein Unternehmen mit Mehrstimmrechtsstruktur zu investieren, allein beim Anleger liegen und nicht durch den Gesetzgeber determiniert werden. Diese Flexibilität ist geeignet, unterschiedliche Aktionärstypen zusammenzubringen, nämlich den Gründer, der seine „Vision" und seinen Einfluss auf das Geschäftsmodell bewahren und gleichzeitig die strategische Ausrichtung weiter in seinen Händen halten möchte, und den Anleger, der nicht strategisch eingreifen will, sondern nur nach einer Finanzanlage sucht.

Der Vergleich zur Rechtslage in der Schweiz verdeutlicht, dass die Gewährung von Gestaltungsfreiheit nicht zwangsläufig zu Missbrauchsfällen führt. Zudem zeigt sich, dass der Markt ohne regulativen Eingriff in der Lage ist, zu einer Einheitsaktie zurückzukehren. In Anbetracht der dargelegten Umstände ist die Wiedereinführung der Mehrstimmrechtsaktie zu begrüßen.

IV. Bewertung der Modalitäten der Mehrstimmrechtsaktie

Mit der Regelung in § 135a AktG hat der deutsche Gesetzgeber ein klares Votum zugunsten der Gestaltungsfreiheit postuliert.[1125] Er versucht eine Balance zwischen gesetzlichen Vorgaben zum Anlegerschutz mit gleichzeitiger Gewährung von Flexibilität zu gewähren. In der börsennotierten AG sollen Mehrstimmrechte zwar möglich sein, aber kein dauerhaftes Auseinanderfallen von Kapitalanteil und Stimmrecht ermöglichen, sodass auch von einer personalisierten Übergangsstruktur für Wachstumsunternehmen und Start-ups die Rede ist.[1126] Im Folgenden sollen die einzelnen Modalitäten samt der dahinterstehenden Gesetzgebungsbegründung dargestellt und kritisch bewertet werden.

1125 *Kalss*, ZHR 2023, 438, 497.
1126 *Ceesay*, Die Wiedereinführung der Mehrstimmrechtsaktien (2023), S. 14.

1. Begrenzung auf Namensaktien, § 135 Abs. 1 S. 1 AktG

Die erste Einschränkung, die der Gesetzgeber in § 135a Abs. 1 S. 1 AktG vorsieht, liegt in der Begrenzung auf Namensaktien. Diese Einschränkung wird mit dem hinter den Mehrstimmrechten stehenden Zweck begründet, der darin besteht, dass diese Aktienart ausschließlich bestimmten Personen zustehen soll, deren Einfluss auf die Ausrichtung und Strategie nach dem Willen der Gesellschafter gestärkt werden soll.[1127] Eine solche Begrenzung findet sich auch in der schweizerischen Rechtsordnung in Art. 693 Abs. 2 S. 1 OR.

Diese Beschränkung ist vor dem Hintergrund des verfolgten Zwecks folgerichtig, da die mit einer Inhaberaktie einhergehende Möglichkeit der Anonymität damit nicht vereinbar wäre.[1128] Es ist wichtig, dass für alle Beteiligten, auch für potenzielle Erwerber, klar erkennbar ist, wem die Mehrstimmrechte zustehen.[1129] Die Regelung ist damit nicht zu beanstanden.

2. Begrenzung der Stimmkraft pro Aktie, § 135a Abs. 1 S. 2 AktG

Gemäß § 135a Abs. 1 S. 2 AktG dürfen Mehrstimmrechte höchstens das Zehnfache des Stimmrechts nach § 134 Abs. 1 S. 1 AktG betragen. Ausweislich der Regierungsbegründung dient dies der Sicherung des Minderheiten- und Anlegerschutzes.[1130] Zudem soll sichergestellt werden, dass die mit den Mehrstimmrechten verfolgten Ziele erreicht werden, ohne dass das Stimmrecht zugleich vollständig von der wirtschaftlichen Beteiligung entkoppelt wird. Eine Kontrolle über die Gesellschaft durch Mehrstimmrechtsaktionäre soll nur dann möglich sein, wenn diese auch einen relevanten Anteil am Grundkapital halten.[1131] Ein festes Stimmverhältnis wurde bewusst nicht vorgegeben, sodass in der Satzung Aktien mit unterschiedlich hohen Mehrstimmrechten vorgesehen und damit mehrere Gattungen von Mehrstimm-

---

1127 Begr. RegE ZuFinG vom 16.8.2023, S. 128.

1128 Ebenso *Harnos*, in: Schmidt/Lutter AktG, 5. Aufl. (2024), § 135a Rn. 10.

1129 *Hopt/Kalss*, ZGR 2024, 84, 126 f.; die Einschränkung befürwortend *Krebs*, in: Hölters/Weber AktG, 5. Aufl. (2025), § 135a Rn. 6; kritisch *Mock/Mohamed*, in: Heidel (Hrsg.), Aktienrecht und Kapitalmarktrecht, 6. Aufl. (2024), § 135a Rn. 21.

1130 RegE ZuFinG vom 16.8.2023, S. 128.

1131 Begr. RegE ZuFinG vom 16.8.2023, S. 129.

rechtsaktien geschaffen werden können.[1132] Die Regelung lässt damit nicht nur Dual-Class-, sondern ebenso Multi-Class-Share-Strukturen zu.

Bei einem zehnfachen Stimmrecht genügt das Halten eines Kapitalanteils von ca. 9,1 % für eine rechnerische Stimmmehrheit.[1133]Im Falle eines hypothetischen Grundkapitals von 100.000 Euro und einem zehnfachen Stimmrecht für 9.100 Aktien und einem einfachen Stimmrecht für die übrigen 90.900 Aktien, würde sich eine Gesamtstimmzahl von 181.900 (91.000 + 90.900) ergeben. Die Mehrstimmrechtsaktien würden insgesamt zu 50,03 % (91.000/181.900) und die Stammaktien zu 49.97 % (90.900/18.900) der Stimmen berechtigen. Dabei bleibt die tatsächliche Hauptversammlungspräsenz unberücksichtigt. In Anbetracht der geringen Präsenz wird in der Praxis ein noch geringerer Kapitalanteil ausreichend sein.[1134] Vor diesem Hintergrund wird die Stimmkraftbegrenzung teilweise für zu hoch gehalten.[1135] Des Weiteren wird kritisiert, dass sie sowohl für die börsennotierte als auch für die nicht börsennotierte AG gilt.[1136] Dabei wird die Nähe der nicht börsennotierten AG mit der GmbH, bei der eine solche Begrenzung gerade nicht besteht, angeführt. Andere halten die Begrenzung für insgesamt nicht überzeugend und wollen eine solche Entscheidung allein den Satzungsgebern überlassen.[1137]

1132 Begr. RegE ZuFinG vom 16.8.2023, S. 128.

1133 *Bebchuk/Kastiel*, The Perils of Small-Minority Controllers, Geo. L. J. (Juni 2019), 1453, 1478; *Ceesay*, AG (ZuFinG Sonderbeilage) 2024, S2, S4 Rn. 20; *Hopt/Kalss*, ZGR 2024, 84, 130; Deutscher Anwaltverein (DAV), Stellungnahme ZuFinG (Mai 2023), S. 24; *Harnos*, in: Schmidt/Lutter AktG, 5. Aufl. (2024), § 135a Rn. 13.

1134 *Ceesay*, AG (ZuFinG Sonderbeilage) 2024, S2, S4 Rn. 20, demzufolge (ohne Angabe einer Berechnung) aufgrund der geringen Präsenzen schon 5 % ausreichend sein dürften; *Ceesay*, Die Wiedereinführung der Mehrstimmrechtsaktien (2023), S. 29.

1135 Institut der Wirtschaftsprüfer in Deutschland e.V. (IDW), Stellungnahme RefE ZuFinG (8.5.2023), S. 2; Initiative Minderheitsaktionäre, Stellungnahme ZuFinG (10.5.2023), S. 4; *Beckmann*, Das Mehrstimmrecht (2023), S. 200 ff., 217 scheint der Wertung des § 139 Abs. 2 AktG folgend zu einer Beschränkung auf ein dreifaches Stimmrecht zu tendieren; a.A.: *Casper*, ZHR 187 (2023), 5, 31, der eine Begrenzung zwischen 1:10 bis 1:20 vorschlägt; ebenso *Kalss*, ZHR 2023, 438, 489; Deutscher Anwaltverein (DAV), Stellungnahme ZuFinG (Mai 2023), S. 24.

1136 *Wolf*, Mehrstimmrechtsaktien (2023), S. 376; *Gebhard/Herzog*, ZIP 2023, 1161, 1164; *Eichten/Lang/Morlock*, notar 2024, 75, 82, die eine analoge Anwendung der Stimmkraftbegrenzung auf die GmbH ablehnen, da wegen des Beurkundungserfordernis ein ausreichender Schutz gewährleistet werde.

1137 *Zöllner/Noack*, AG 1991, 117, 129, vertraten schon damals die Auffassung, dass sich ein zulässiges Verhältnis von Mehrstimmrechten zu Normalstimmrechten insgesamt und das Mindestverhältnis von Kapitalbeteiligung und Stimmrecht bei der

Die ökonomische Analyse der Mehrstimmrechte legt nahe, dass die Corporate Governance Risiken umso schwerer wiegen, je stärker sie die Kontrolle des Unternehmens von der Kapitalbeteiligung entkoppeln.[1138] Je kleiner der Eigenkapitalanteil, desto verzerrter seien die Anreize und desto größer sei der Anstieg der erwarteten Kosten.[1139] Die Stimmkraftbegrenzung diene der Senkung von Agency-Kosten,[1140] woraus sich ein Begründungsansatz zugunsten einer Stimmkraftbegrenzung entnehmen lässt. Ruft man sich die historische Entwicklung in Erinnerung, war einer der Hauptkritikpunkte die missbräuchliche Verwendung von Mehrstimmrechten, die ein bis zu tausendfaches Stimmrecht gewähren konnten. Das Reichsgericht prüfte den Beschluss über die Schaffung von Mehrstimmrechtsaktien *ex post* am Maßstab des Gesellschaftsinteresses und der guten Sitten (§ 138 BGB).[1141] Das Vorsehen eines Stimmkrafthebels ist geeignet, solche Missbräuche und mögliche Folgestreitigkeiten von vornherein, also *ex ante* zu unterbinden.[1142] Das Verhältnis von eins zu zehn entspricht dem des schweizerischen Aktienrechts in Art. 693 Abs. 2 S. 2 OR. Auch die schwedische, finnische, dänische und italienische Rechtsordnung sehen eine solche Begrenzung vor.[1143] Des Weiteren ist die Regelung mit Art. 4 Abs. 1 S. 2 lit. b i) MVRD vereinbar und erfüllt die erste Alternative des vorgeschlagenen Mindeststandards.[1144]

Die ökonomisch aufgezeigten Gefahren, die historische Entwicklung und die rechtsvergleichende sowie europäische Tendenz sprechen für eine Begrenzung auf das Zehnfache des Stimmrechts, sodass diese Begrenzung nicht zu beanstanden ist.

---

einzelnen Mehrstimmrechtsaktie nicht abstrakt sinnvoll festlegen lässt; dem zustimmend *Denninger*, DB 2022, 2329, 2335 f.; ebenso *Nicolussi*, AG 2022, 757, 762; *Eckhardt*, Listing Act - Mehrstimmrechtsaktien, cepAnalyse Nr. 7/2023 (2023), S. 8 f.

1138 Hierzu *Bebchuk/Kastiel*, The Perils of Small-Minority Controllers, Geo. L. J. (Juni 2019), 1453, 1466 ff.; *Ceesay*, Die Wiedereinführung der Mehrstimmrechtsaktien (2023), S. 18.

1139 *Easterbrook/Fischel*, Voting in Corporate Law, The Journal of Law & Economics (1983), 395, 409; *Bebchuk/Kastiel*, The Perils of Small-Minority Controllers, Geo. L. J. (Juni 2019), 1453, 1466 f., 1473 ff.

1140 Hierzu auch *Wolf*, Mehrstimmrechtsaktien (2023), S. 371.

1141 S. unter B.II.3.e)cc)(4).

1142 Ähnlich *Casper*, ZHR 187 (2023), 5, 31 f.

1143 RegE ZuFinG vom 16.8.2023, S. 129; Technical Expert Stakeholder Group (TESG), Empowering EU Capital Markets for SMEs (Mai 2021), S. 37, 85 f.; Shearman & Sterling LLP/ISS/ECGI, Report on the Proportionality Principle in the European Union (2016), S. 27.

1144 Ebenso *Schmidt*, BB 2024, 643, 646.

3. Ausgabe und Ausstattung von Aktien mit Mehrstimmrechten, § 135a Abs. 1 S. 3 AktG

Die Einführung von Mehrstimmrechten bedarf gemäß § 135a Abs. 1 S. 1 AktG zwingend einer Grundlage in der Satzung, die den Anforderungen des § 23 Abs. 3 Nr. 4 AktG genügen muss. Hiernach muss die Satzung die Zerlegung des Grundkapitals bestimmen.

a) Gründungssatzung

Der einfachste Weg der Einführung ist die Einräumung von Mehrstimmrechten in der Gründungssatzung. Durch den Gründungsakt erklären sich alle Beteiligten einverstanden und stimmen damit jedenfalls konkludent i.S.d. § 135a Abs. 1 S. 3 AktG zu. Die neuen Aktionäre treten in eine AG mit Mehrstimmrechtsstruktur ein und erklären mit ihrem Eintritt ihr Einverständnis zu den Satzungsregelungen.[1145]

b) Nachträgliche Einführung

Neben den allgemeinen Voraussetzungen der jeweiligen Kapitalerhöhung ist gemäß § 135a Abs. 1 S. 3 AktG für den Beschluss, Aktien mit Mehrstimmrechten auszustatten oder auszugeben, die Zustimmung aller betroffenen Aktionäre erforderlich. Hierbei handelt es sich um eine Spezialregelung, die den allgemeinen Regelungen des § 179 Abs. 2 und 3 AktG vorgeht und von der in der Satzung nicht durch geringere Mehrheitserfordernisse abgewichen werden kann.[1146] Eine sachliche Rechtfertigung ist nicht erforderlich,[1147] da die gesetzliche Ermächtigung den sachlichen Grund in sich trägt.[1148] Die nachträgliche Einführung ist im Einzelnen auf verschiedene

1145 *Anderson*, Stimmrechtsproportionalität (2016), S. 291.

1146 RegE ZuFinG vom 16.8.2023, S. 129; *Rieckers*, in: BeckOGK AktG, § 135a Rn. 34 möchte die Regelung in § 135a Abs. 1 S. 3 AktG nur im Hinblick auf § 179 Abs. 3 AktG als *lex specialis* ansehen.

1147 *Harnos*, AG 2023, 348, 352; *Koch*, in: Koch AktG, 2025, § 135a Rn. 6; *Kuthe*, BB 2023, 1603, 1606; *Hopt/Kalss*, ZGR 2024, 84, 140; *Wittig/Hummelmeier*, WM 2024, 332, 335; *Harnos*, in: Schmidt/Lutter AktG, 5. Aufl. (2024), § 135a Rn. 26; *Gumpp*, in: Grigoleit AktG, 3. Aufl. (2025), § 135a Rn. 17; *Mock/Mohamed*, in: Heidel (Hrsg.), Aktienrecht und Kapitalmarktrecht, 6. Aufl. (2024), § 135a Rn. 31.

1148 *Schlitt/Ries*, NZG 2023, 145.

Weise denkbar.[1149] Zunächst besteht die Möglichkeit, alle bestehenden Aktien in Mehrstimmrechtsaktien umzuwandeln und im Wege einer Kapitalerhöhung neue Stammaktien mit einfachem Stimmrecht zu schaffen. Alternativ können nur Mehrstimmrechtsaktien zu deren erstmaligen Begründung oder aber verhältniswahrend ausgegeben oder Mehrstimmrechte ohne Kapitalerhöhung durch Umwandlung nur eines Teils der Stammaktien eingeführt werden. Denkbar ist auch, nur einen Teil der bestehenden Stammaktien in Mehrstimmrechtsaktien umzuwandeln und gleichzeitig im Wege einer Kapitalerhöhung zusätzliche Stammaktien auszugeben. Eine Ausgabe im Wege des genehmigten Kapitals ist gemäß § 202 Abs. 1 S. 2 AktG dagegen nicht möglich.[1150]

aa) Auslegung des Betroffenheitsbegriffs

Der Wortlaut des § 135a Abs. 1 S. 3 AktG stellt auf den betroffenen Aktionär ab, sodass sich die Frage stellt, wer als „betroffen" gilt. Das hängt von der Auslegung und der Reichweite des Begriffs der Betroffenheit ab. Ausweislich der Regierungsbegründung dient § 135a Abs. 1 S. 3 AktG dem Minderheitenschutz.[1151] Mehrstimmrechte sollen nicht gegen den Willen auch nur eines Aktionärs eingeführt werden können. Betroffen seien daher sowohl die Aktionäre, deren Aktien mit Mehrstimmrechten ausgestattet werden sollen, als auch alle anderen Aktionäre. Die Regierungsbegründung spricht damit für eine weite Auslegung des Begriffs.

Soweit das Mehrstimmrecht nicht allen Aktionären gewährt wird, stellt die nachträgliche Einführung eine Benachteiligung für diejenigen Aktionäre dar, denen dieses Recht nicht gewährt wird. Sie sind hierdurch negativ betroffen. Ihr Stimmrecht wird verwässert, sodass eine Einzelzustimmung jedes *benachteiligten* Aktionärs sachgerecht ist.[1152]

1149 Zur Einführung beim Formwechsel *Kraft*, ZGR 2024, 574 ff.; *Rieckers*, in: BeckOGK AktG, § 135a Rn. 39 f.; *Koch*, in: Koch AktG, 2025, § 135a Rn. 7.

1150 *Rieckers*, in: BeckOGK AktG, § 135a 22, 89 weist vor dem Hintergrund des von § 202 Abs. 1 S. 2 AktG verfolgten Zwecks darauf hin, dass die Ausgabe von Mehrstimmrechtsaktien aus einem bedingten Kapital ebenfalls ausgeschlossen werden muss.; ebenso *Mock/Mohamed*, in: Heidel (Hrsg.), Aktienrecht und Kapitalmarktrecht, 6. Aufl. (2024), § 135a Rn. 22 für die Ausgabe von Wandelschuldverschreibungen (§ 221 SktG).

1151 RegE ZuFinG vom 16.8.2023, S. 129.

1152 Für die GmbH: OLG Frankfurt, Urt. v. 18.1.1989, 13 U 279/87, GmbHR 1990, 79 ff.; statt vieler *Noack*, in: Noack/Servatius/Haas GmbHG, 2025, § 47 Rn. 70 m.w.N.

(1) Zustimmung auch der Vorzugsaktionäre?

Dem Gesetzgeber zufolge soll eine Ausnahme im Falle der Vorzugsaktionäre gelten. Die stimmrechtslosen Vorzugsaktien seien von einer Verschiebung des Stimmrechtsverhältnisses nicht betroffen, da ihr Vorzug unangetastet bleibe.[1153] Letzteres wird dem Vorwurf ausgesetzt, nur den Regelfall zu erfassen, die Möglichkeit des Wiederauflebens des Stimmrechts aber unberücksichtigt zu lassen.[1154] Das würde implizieren, dass eine bloß potenzielle Betroffenheit ausreichen würde. Dem ist entgegenzutreten und eine Betroffenheit im Zeitpunkt der Beschlussfassung über die Ausgabe oder Ausstattung von Aktien mit Mehrstimmrechten zu fordern. Vorzugsaktien sind von ihrer Grundkonzeption her stimmrechtslos. Das Stimmrecht soll nur ausnahmsweise und nur dann wieder aufleben, wenn der Vorzug nicht oder nicht vollständig gezahlt wird. Das Wiederaufleben dient als Ausgleich für den Wegfall der Rechtfertigung für den Stimmrechtsauschluss, also für den Wegfall des Vorzugs. Zugleich dient es als Anreiz für die Stammaktionäre, den finanziellen Vorzug auch tatsächlich zu zahlen, sofern sie ihre Stimmkraft behalten wollen. Für diese Fälle bieten die §§ 140 f. AktG einen ausreichenden Schutz. Gemäß § 141 AktG bedürfen Beschlüsse ausnahmsweise der Zustimmung der Vorzugsaktionäre, wenn ihr Vorzug aufgehoben oder beschränkt wird. Das ist bei der Ausgabe von Mehrstimmrechten gerade nicht der Fall. Ihnen darüber hinaus die Möglichkeit einzuräumen, über die Ausgabe von Mehrstimmrechten mitzubestimmen, nur weil die theoretische Möglichkeit besteht, dass das Stimmrecht zu einem späteren Zeitpunkt wieder aufleben könnte, ist nicht sachgerecht. Etwas anderes gilt, wenn das Stimmrecht im Zeitpunkt der Beschlussfassung über die Ausgabe oder Ausstattung infolge der Nichtzahlung des Vorzugs besteht.

Aus den vorstehenden Gründen ist der Regierungsbegründung zu folgen und Vorzugsaktionäre aus dem Zustimmungserfordernis herauszunehmen,[1155] wenn sie zum Zeitpunkt der Beschlussfassung stimmrechtslos sind, was in der Regel der Fall sein wird.

1153 Begr. RegE ZuFinG vom 16.8.2023, S. 129.

1154 *Linden/Schäfer*, DB 2023, 2292, 2293; *Koch*, in: Koch AktG, 2025, § 135a Rn. 5; *Wittig/Hummelmeier*, WM 2024, 332, 335; *Ceesay*, AG (ZuFinG Sonderbeilage) 2024, S2, S5 Rn. 25; *Harnos*, in: Schmidt/Lutter AktG, 5. Aufl. (2024), § 135a Rn. 22; kritisch auch *Rieckers*, in: BeckOGK AktG, § 135a Rn. 33.

1155 So i.E. auch *Reger*, in: Bürgers/Lieder (Hrsg.), Aktiengesetz, 6. Aufl. (2025), § 135a Rn. 9; *Liebscher*, in: Henssler/Strohn, 6. Aufl. (2024), § 135a Rn. 7; *Arnold*, in: MüKo AktG, 6. Aufl. (2024), § 135a Rn. 8; *Mock/Mohamed*, in: Heidel (Hrsg.), Ak-

(2) Zustimmung auch der „begünstigten" Mehrstimmrechtsaktionäre?

Darüber hinaus stellt sich die Frage, ob auch die Zustimmung der die Mehrstimmrechtsaktie zeichnenden Aktionäre erforderlich ist. Dies gilt auch für den von dem Gesetzgeber in den Blick genommenen Fall, dass die Gründer ihre Stammaktien in Mehrstimmrechtsaktien umwandeln, um anschließend im Wege der Kapitalerhöhung – unter Ausschluss des Bezugsrechts – neue Stammaktien an der Börse zur Eigenkapitalbeschaffung auszugeben[1156] oder im Falle der verhältniswahrenden Ausgabe von Mehrstimmrechten im Wege der Kapitalerhöhung.

Dafür spricht das weite Verständnis des Gesetzgebers, wonach grds. die Zustimmung aller erforderlich ist. Das wird vereinzelt kritisiert. § 135a Abs. 1 S. 3 AktG führe in den Fällen, in denen einzelne Aktionäre nicht benachteiligt werden, also wenn alle bisherigen Aktien in Mehrstimmrechtsaktien umgewandelt werden, zu keinem sachgerechten Ergebnis.[1157] Trotz Gleichbehandlung sämtlicher Aktionäre würden für eine solche Satzungsänderung höhere Mehrheitserfordernisse verlangt als für jede andere.[1158]

Dies ist im Ausgangspunkt richtig, stellt sich aber jedenfalls in der genannten Konstellation aufgrund der folgenden Erwägungen als rein theoretisches Problem dar: § 135a Abs. 1 S. 3 AktG setzt keine Benachteiligung, sondern eine Betroffenheit voraus. Ausgehend von dem allgemeinen Sprachgebrauch ist derjenige Aktionär *betroffen*, der einen Rechtsnachteil erleidet und dessen eigene Rechtsposition (nachträglich) verschlechtert wird.[1159] Dies ist jeder stimmberechtigte Aktionär, dessen Stimmrecht durch die Ausgabe von Mehrstimmrechten verwässert werden kann. Betroffen ist aber auch derjenige, der durch das Mehrstimmrecht begünstigt werden

tienrecht und Kapitalmarktrecht, 6. Aufl. (2024), § 135a Rn. 32; *Rubner/Leuering*, NJW-Spezial 2024, 79; *Brass/Helbling*, BB 2025, 2057, 2059; *Gumpp*, in: Grigoleit AktG, 3. Aufl. (2025), § 135a Rn. 20.

1156 *Nicolussi*, AG 2022, 757, 761.

1157 Deutscher Anwaltverein (DAV), Stellungnahme ZuFinG (Mai 2023), S. 23; *Wolf*, Mehrstimmrechtsaktien (2023), S. 265 f.

1158 Deutscher Anwaltverein (DAV), Stellungnahme ZuFinG (Mai 2023), S. 23.

1159 Ein solches Verständnis zugrunde legend: *ders.*, Stellungnahme ZuFinG (Mai 2023), S. 23; der Duden definiert den Begriff *„betroffen"* wie folgt: *„durch etwas (Negatives, Trauriges) verwirrt, innerlich bewegt, berührt"* (https://www.duden.de/rechtschreibung/betroffen, zuletzt geprüft am 24.8.2024). Ein Synonym für *„Betroffene"* sei *„Benachteiligte"* (https://www.duden.de/rechtschreibung/Betroffene, zuletzt geprüft am 24.8.2024).

soll.[1160] Eine systematische Betrachtung zeigt, dass das AktG zwischen den Begriffen der Betroffenheit (vgl. § 180 AktG) und der Benachteiligung (vgl. § 179 Abs. 3 S. 1 AktG) unterscheidet. Der Begriff der Betroffenheit kann i.S.e. Oberbegriffs verstanden werden, bei dem die negative Betroffenheit wiederum als Benachteiligung bezeichnet wird.[1161] Dass bei negativer Betroffenheit ein Zustimmungserfordernis erforderlich ist, ist unter Schutzgesichtspunkten zu bejahen. Bei positiver Betroffenheit wird die Zustimmung regelmäßig ohnehin erteilt, sodass es sich um ein rein theoretisches Problem handelt.

Vor diesem Hintergrund lassen sich die Forderungen des Schrifttums einordnen, auf die Zustimmung aller „benachteiligten"[1162] oder „in ihrem Stimmrecht beeinträchtigten Aktionäre" abzustellen,[1163] oder den Zusatz „betroffene" mangels eigener Bedeutung gänzlich zu streichen.[1164] Eine gesetzliche Anpassung des Wortlauts erscheint indes nicht zwingend erforderlich. Der Gesetzgeber sagt gerade nicht, dass in jedem Fall die Zustimmung aller Aktionäre erforderlich ist, was in der bisher geführten Diskussion nicht hinreichend berücksichtigt wird. In der Regierungsbegründung heißt es nämlich, dass „in der Regel" von Einstimmigkeit auszugehen ist, was impliziert, dass es auch Abweichungen geben kann. Dies könnte sich aber auch nur auf die Ausklammerung der Vorzugsaktionäre beziehen.

Eine gesetzliche Anpassung wäre obsolet, wenn man im Wege der Auslegung zu sachgerechten Ergebnissen käme. Ausgehend von dem Wortlaut kann – wie soeben festgestellt – sowohl eine positive als auch eine negative Betroffenheit vorliegen. Der Bundesgerichtshof hat 1978 entschieden, dass das Höchststimmrecht durch satzungsändernden Mehrheitsbeschluss und ohne Zustimmung der betroffenen Aktionäre eingeführt werden kann und führte in diesem Zusammenhang aus, dass der Gesetzgeber

1160 *Kalss*, ZHR 2023, 438, 492.

1161 So ließe sich *Holzborn*, in: BeckOGK AktG, § 179 Rn. 186 ff. verstehen, der i.R.v. § 179 Abs. 3 AktG, der tatbestandlich benachteiligte Aktionäre nennt, von *„negativ betroffenen Aktionären"* spricht.

1162 *Wolf*, Mehrstimmrechtsaktien (2023), S. 265 f., da alles andere eine *„reine Förmelei"* sei und keinen Mehrwert bringe.

1163 *Ceesay*, Die Wiedereinführung der Mehrstimmrechtsaktien (2023), S. 23 f.

1164 Die Bundesnotarkammer, Stellungnahme RefE ZuFinG (10.5.2023), S. 6 fordert mangels eigenständigem Bedeutungsgehaltes daher die Streichung des Wortes *„betroffene"*.

„an anderer Stelle (§ 180 I, II AktG) für bestimmte Beschlüsse die Zustimmung aller durch sie belasteten Aktionäre ausdrücklich vorgeschrieben hat."[1165]

Der Wortlaut des § 180 AktG spricht insoweit aber gerade nicht von belasteten, sondern ebenso wie § 135a Abs. 1 S. 3 AktG von den „betroffenen" Aktionären. Der Bundesgerichtshof scheint den Begriff der Betroffenheit damit i.S.e. Belastung zu verstehen.[1166]

Hinzu kommt, dass der Gesetzgeber gerade keinen einstimmig zu fassenden Beschluss, sondern „nur" die Zustimmung der betroffenen Aktionäre verlangt. Hierbei handelt es sich um ein zusätzliches Wirksamkeitserfordernis,[1167] mit dem dogmatischen Unterschied, dass die Zustimmung formlos und nicht ausdrücklich, sondern auch konkludent und außerhalb der Hauptversammlung erteilt werden kann.[1168] Im Rahmen des § 180 AktG entspricht es allgemeiner Auffassung, dass eine konkludente Zustimmung in der „Ja"-Stimme zum Antrag auf eine Satzungsänderung zu sehen ist.[1169] Eine konkludente Zustimmung der (begünstigten) künftigen Mehrstimmrechtsaktionäre wird in den Fällen anzunehmen sein, in denen alle Aktien in Mehrstimmrechte umgewandelt werden oder in denen nur ein Teil der Aktien umgewandelt wird.

1165 BGH, Urt. v. 19.12.1977, II ZR 136/76, NJW 1978, 540, 542 (Hervorhebung nur hier).

1166 Das deckt sich mit dem Zweck von § 180 Abs. 1 AktG als Ausprägung des allgemeinen gesellschaftsrechtlichen Belastungsverbotes, s. *Wiedemann*, in: GroßKomm AktG, 4. Aufl. (2006), § 180 Rn. 4; *Zetzsche*, in: KK AktG, 3. Aufl. (2020), § 180 Rn. 5.

1167 Reichsgericht, Urt. v. 8.6.1928, II 515/27 = RGZ 121, 238, 241; *Poelzig*, in: MüKo AktG, 6. Aufl. (2025), § 180 Rn. 29; *Koch*, in: Hüffer/Koch, 19. Aufl. (2025), § 180 Rn. 8 f.

1168 Zu § 180 AktG: Reichsgericht, Urt. v. 8.6.1928, II 515/27 = RGZ 121, 238, 244; *Koch*, in: Hüffer/Koch, 19. Aufl. (2025), § 180 Rn. 8; *Poelzig*, in: MüKo AktG, 6. Aufl. (2025), § 180 Rn. 32 f.; *Dolzer*, Reichert HV-HdB, 6. Aufl. (2024), § 32 Rn. 13 scheint insoweit anderer Ansicht zu sein, da er eine ausdrückliche Zustimmung aller betroffener Aktionäre für erforderlich hält und eine nachträgliche Genehmigung mit dem Wortlaut der Norm („Zustimmung") für nicht vereinbaren hält, mit der Folge, dass die Mehrstimmrechtsaktie nur auf einer Vollversammlung eingeführt werden könne; hiergegen spricht die allgemeine zivilrechtliche Definition der Zustimmung als Oberbegriff für Einwilligung (vorherige Zustimmung, § 183 S. 1 BGB) und Genehmigung (nachträgliche Zustimmung, § 184 Abs. 1 BGB); es dürfte kein Grund bestehen, diese Fälle anders als iRd. § 180 AktG zu behandeln.

1169 *Koch*, in: Koch AktG, 2025, § 180 Rn. 8; *Poelzig*, in: MüKo AktG, 6. Aufl. (2025), § 180 Rn. 33 m.w.N.

(3) Zustimmung bei bloß verhältniswahrender Ausgabe von Mehrstimmrechten?

Als problematische Fallgruppe dürfte damit nur die von *Ceesay* identifizierte Fallgruppe der verhältniswahrenden Ausgabe von Mehrstimmrechten im Wege der Kapitalerhöhung verbleiben. Seiner Ansicht nach sei kein Grund ersichtlich, weshalb die nur einfach stimmberechtigten Aktionäre zustimmen sollten, wenn es nur um die Wahrung der Stimmrechtsverhältnisse zwischen den Stamm- und Mehrstimmrechtsaktionären gehe.[1170]

Es muss zwischen den möglichen Konstellationen differenziert werden, da auch bei einer verhältniswahrenden Ausgabe von Mehrstimmrechten eine Benachteiligung vorliegen kann. Eine verhältnismäßige Verringerung der Stimmkraft der Mehrstimmrechte ist gegeben, wenn zuvor oder zeitgleich Stammaktien ausgegeben werden. Wurden im Wege einer Kapitalerhöhung nur Stammaktien, aber keine Mehrstimmrechtsaktien ausgegeben, erhöht sich das Stimmgewicht der Stammaktionäre gegenüber dem der Mehrstimmrechtsaktionäre, sodass sich die Stimmrechtsstruktur ändert.[1171] Werden die jungen Aktien von neu hinzugekommenen Aktionären gezeichnet, würde eine nachträgliche verhältniswahrende Anpassung der Stimmkraft der Mehrstimmrechtsaktien für diese neu hinzugekommenen Aktionäre eine Verschlechterung und damit eine Benachteiligung darstellen.

Bei einer parallelen verhältniswahrenden Kapitalerhöhung beider Gattungen kommt es darauf an, ob die Stammaktionäre an der Kapitalerhöhung beteiligt werden, d.h. wem das Bezugsrecht auf die neuen Aktien zustehen soll oder ob es ausgeschlossen wird. Sollen die bisher einfach stimmberechtigten Aktionäre an der verhältniswahrenden Kapitalerhöhung nicht beteiligt werden, müssen zunächst die Voraussetzungen für einen Bezugsrechtsausschluss vorliegen.[1172] Gemäß § 186 Abs. 3 S. 2 AktG ist hierfür ein Beschluss erforderlich, der einer Mehrheit bedarf, die mindestens drei Viertel des bei der Beschlussfassung vertretenen Grundkapitals um-

1170 *Ceesay*, Die Wiedereinführung der Mehrstimmrechtsaktien (2023), S. 23 f.; i.E. für eine teleologische Reduktion *Krebs*, in: Hölters/Weber AktG, 5. Aufl. (2025), § 135a Rn. 37.

1171 Zu den Voraussetzungen in einem solchen Fall *Hopt/Kalss*, ZGR 2024, 84, 148 f.

1172 Zu Fragen des Bezugsrechts bei einer Kapitalerhöhung bei Vorliegen mehrerer Gattungen, konkret von Stamm- und Vorzugsaktien eingehend *Wolf/Schirrmacher*, NZG 2021, 914 ff.

fasst.[1173] In materieller Hinsicht bedarf es nach ständiger Rechtsprechung zusätzlich einer sachlichen Rechtfertigung.[1174] Das Zustimmungserfordernis und das Bezugsrecht verfolgen insoweit ähnliche Schutzzwecke. § 186 AktG bezweckt den Schutz der Aktionäre, welche durch das Bezugsrecht ihre Beteiligungsquote und daran anknüpfend ihre Stimmkraft aufrechterhalten sollen. Zudem soll eine Verwässerung des Werts ihrer Aktien verhindert werden.[1175] Liegen die Voraussetzungen vor, besagt das nur, dass das Bezugsrecht ausgeschlossen werden kann. Die Ausgabe weiterer Mehrstimmrechte im Rahmen der Kapitalerhöhung löst unabhängig davon ihrerseits das Zustimmungserfordernis nach § 135a Abs. 1 S. 3 AktG aus. Die nicht an der Kapitalerhöhung teilnehmenden Stammaktionäre sind nicht nur *betroffen*, sondern werden *benachteiligt*, da sich ihre Stimmkraft weiter verringert. Eine Ausnahme von dem Zustimmungserfordernis nach § 135a Abs. 1 S. 3 AktG scheint in diesem Fall nicht angebracht, auch nicht vor dem Hintergrund, dass der Bezugsrechtsausschluss strenge Voraussetzungen statuiert. Mit dem eindeutigen Willen des Gesetzgebers wäre eine Ausnahme jedenfalls wohl kaum zu vereinbaren. Sofern die neuen Aktien dagegen gattungsbezogen an die Aktionäre ausgegeben werden, indem jeder Stammaktionär neue Stammaktien und jeder Mehrstimmrechtsaktionär neue Mehrstimmrechte erhält, dürfte keine Benachteiligung vorliegen. Die Stammaktionäre sind in diesem Fall nicht schutzbedürftig, sodass diese Fälle – wenn nicht ohnehin eine sich aus den Umständen ergebene konkludente Zustimmung vorliegt – im Wege der Auslegung ausgenommen werden könnten. Der Zweck der Regelung, der in dem Minderheiten- und Anlegerschutz liegt, steht dem nicht entgegen.

bb) Zwischenfazit

Die vorstehenden Ausführungen verdeutlichen, dass die Frage, ob der Begriff der Betroffenheit nur i.S.e. Benachteiligung zu verstehen ist, in den meisten Fällen nur von theoretischer Bedeutung sein wird, da eine Zustim-

1173 Zu den Voraussetzungen vgl. *Verse*, in: MüKo AktG, 6. Aufl. (2025), § 186 Rn. 77 ff.; *Koch*, in: Koch AktG, 2025, § 186 Rn. 20 ff.

1174 St. Rspr. BGH, Urt. v. 13.3.1978, II ZR 142/76, NJW 1978, 1316 (Kali & Salz); *Koch*, in: Hüffer/Koch, 19. Aufl. (2025), § 186 Rn. 25 ff.; kritisch statt vieler *Verse*, in: MüKo AktG, 6. Aufl. (2025), § 186 Rn. 102 ff.

1175 BGH, Urt. v. 13.3.1978, II ZR 142/76, NJW 1978, 1316, 1317 (Kali & Salz); *Koch*, in: Hüffer/Koch, 19. Aufl. (2025), § 186 Rn. 2; *Verse*, in: MüKo AktG, 6. Aufl. (2025), § 186 Rn. 2 f.

mung entweder positiv oder konkludent erteilt wird. In den verbleibenden Fällen kann – wie der Bundesgerichtshof selbst in anderem Zusammenhang andeutet – eine Auslegung dahingehend weiterhelfen, dass der Begriff der Betroffenheit i.S.e. Benachteiligung zu verstehen ist. Liegt ausnahmsweise trotz positiver Betroffenheit keine (konkludente) Zustimmung vor, wird es in der Regel an der Schutzbedürftigkeit fehlen, sodass ein Vetorecht nicht angemessen erscheint.

c) Streichung des Zustimmungserfordernisses *de lege ferenda*?

Das Zustimmungserfordernis ist der Kritik ausgesetzt, dass es insbesondere für börsennotierte Gesellschaften, für breit gestreute Familienunternehmen, aber auch für Start-ups mit breiter Investorenbasis eine nachträgliche Einführung faktisch unmöglich macht.[1176] *Casper* zufolge sei das Zustimmungserfordernis mit Blick auf die angestrebte Erleichterung von Börsengängen bei Gesellschaften mit mehreren Familienstämmen bzw. einzelnen Kleinaktionären zu bedauern, da hierdurch Einzelnen ein erheblicher Einfluss eingeräumt werde.[1177] Als Alternative wird – in Anlehnung an die MVRD – vorgeschlagen, einen Hauptversammlungsbeschluss mit satzungsändernder Mehrheit und zusätzlich einen Sonderbeschluss der benachteiligten Stammaktionäre mit qualifizierter Mehrheit ausreichen zu lassen.[1178] Im Rahmen des Gesetzgebungsverfahrens hat die Fraktion der CDU/CSU einen entsprechenden Änderungsantrag eingebracht, wonach die Regelung in § 135a Abs. 1 S. 3 AktG RegE durch das Erfordernis einer satzungsändernden Mehrheit ersetzt werden sollte. Dieser Vorschlag wurde jedoch abgelehnt.[1179] Der Gesetzgeber hat das Problem damit durchaus erkannt. Er konstatiert, dass Mehrstimmrechte faktisch nur bis zum Börsengang eingeführt werden können, da danach die Zustimmung aller betroffenen

---

1176 Änderungsantrag der Fraktion der CDU/CSU zu der zweiten Beratung des Gesetzentwurfs der Bundesregierung – BT-Drs. 20/8292, 20/8675, 20/8819 Nr. 10, 20/9363 – v. 15.11.2023, BT-Drs. 20/9365, S. 8 f.; Deutsche Börse Group, Stellungnahme ZuFinG (12.4.2023), S. 4; *Rieckers*, in: BeckOGK AktG, § 135a Rn. 35; kritisch auch *Mock/Mohamed*, in: Heidel (Hrsg.), Aktienrecht und Kapitalmarktrecht, 6. Aufl. (2024), § 135a Rn. 31.

1177 *Casper*, ZRP 2023, 105.

1178 Deutscher Anwaltverein (DAV), Stellungnahme ZuFinG (Mai 2023), S. 23; für eine satzungsändernde Mehrheit auch: Deutsche Börse Group, Stellungnahme ZuFinG (12.4.2023), S. 4; Deutsches Aktieninstitut (DAI), Stellungnahme RegE ZuFinG (28.9.2023), S. 20; *Schmidt*, BB 2024, 643, 645.

1179 S. hierzu schon unter E.I.2.c).

Aktionäre kaum noch zu erreichen sei. Genau darin erschöpft sich aber der von dem Gesetzgeber verfolgte Zweck:

> *„Das geltend gemachte Bedürfnis der Wirtschaft zur Einführung von Mehrstimmrechten besteht allerdings auch nicht zeitlich nach der Börsennotierung, sondern im Vorfeld bzw. Zusammenhang mit dem Börsengang."*[1180]

Der Gesetzgeber hat damit bewusst eine hohe Eintrittsschwelle gewählt. Dies stellt eine Verschärfung gegenüber der vor 1998 geltenden Rechtslage dar. Für die nachträgliche Einführung galten die §§ 179 ff. AktG, sodass es einer Satzungsänderung und damit einer qualifizierten Kapitalmehrheit, nicht aber der Zustimmung der benachteiligten Aktionäre bedurfte.[1181]

Auch eine rechtsvergleichende Betrachtung könnte gegen diese erhöhte Voraussetzung sprechen. Die nachträgliche Einführung der Stimmrechtsaktie in der Schweiz erfordert gemäß Art. 704 Abs. 1 Nr. 8 OR einen Beschluss der Generalversammlung, der mindestens zwei Drittel der vertretenen Stimmen und die Mehrheit der vertretenen Aktiennennwerte auf sich vereinigt. Der Beschluss der Generalversammlung bedarf somit eines doppelten Quorums. Diese Mehrheit der Aktiennennwerte entspricht dem Erfordernis der Kapitalmehrheit in Deutschland. Eine Einzelzustimmung oder die Fassung eines Sonderbeschlusses ist nicht vorgesehen. Darüber hinaus sieht Art. 704 Abs. 3 OR vor, dass Namensaktionäre, die dem Einführungsbeschluss nicht zugestimmt haben, innerhalb von sechs Monaten nach dessen Veröffentlichung nicht an die statutarischen Vinkulierungsbestimmungen gebunden sind. Ein etwaiger Verlust an Mitspracherechten soll durch eine erleichterte Verkaufsmöglichkeit kompensiert werden.[1182] Diese dem Minderheitenschutz dienende Norm[1183] ist jedoch praktisch bedeutungslos geblieben.[1184] Eine Aktienübernahme zu einem angemessenen Preis ist nicht gewährleistet, sodass sich der veräußerungswillige Aktionär selbst nach

1180 RegE ZuFinG vom 16.8.2023, S. 129.

1181 Hierzu unter B.II.3.e)cc)(2); vgl. *Zöllner*, in: KK, 2. Aufl. (1988), § 12 Rn. 28; *Eckardt*, in: Geßler/Hefermehl/Eckardt/Kropff AktG (1984), § 12 Rn. 41; ausführlich *Zeißig*, Mitgliedschaft und Stimmrechtsmacht (1996), S. 136 ff.

1182 *Nobel*, SZW 2017, 576, 581.

1183 *Böckli*, Schweizer Aktienrecht 4. Aufl. (2009), § 12 Rn. 374 der von einem „Verleiderverkauf" spricht; a.A.: *Häusermann*, SZW 2015, 239, 247.

1184 *Daeniker*, in: Tschäni (Hrsg.), Mergers & Acquisitions XV (2013), S. 145, 154 f.; *Häusermann*, SZW 2015, 239, 247 spricht der Regelung die Existenzberechtigung ab.

einem Käufer umsehen muss.[1185] Der schweizerische Gesetzgeber wollte es damit nicht bei dem doppelten Quorum belassen, sondern darüber hinaus eine weitere Schutzvorkehrung schaffen, die sich aber als nicht wirksam erwiesen hat. Der Einführungsbeschluss kann im Wege der Anfechtung überprüft und ggf. beseitigt werden. Mit einer solchen *ex post* Kontrolle ist eine gewisse Rechtsunsicherheit im Hinblick auf die Stimmkraft verbunden. Die hohe Einstiegshürde in Form des Zustimmungserfordernisses dient dem effektiven Minderheitenschutz und vermeidet eine nachträgliche Beschlussanfechtung, sodass die gesetzgeberische Entscheidung im Ergebnis nicht zu beanstanden ist. *Seidel* erachtet das Zustimmungserfordernis darüber hinaus als optimale Verwirklichung der Eigentumsgarantie, da der Verlust des relativen Stimmgewichts eine eigentumsrelevante Maßnahme für die Aktionäre mit einfachem Stimmrecht darstelle, die durch Art. 14 Abs. 1 GG geschützt sei.[1186]

d) Fehlende Zustimmung

Die Zustimmung stellt eine Wirksamkeitsvoraussetzung dar. Bis zur Erteilung der Zustimmung ist der Beschluss schwebend unwirksam.[1187] Wird sie verweigert, wird der Beschluss endgültig unwirksam.

4. Verfallsklauseln, § 135a Abs. 2 AktG

§ 135a Abs. 2 AktG sieht nur für börsennotierte Gesellschaften sowie für Gesellschaften, deren Aktien in den Handel im Freiverkehr nach § 48 BörsG einbezogen sind,[1188] Beschränkungen vor. Diese sollen als erweiter-

1185 *Häusermann*, SZW 2015, 239, 247 zufolge kann dies aufgrund des Vorhandenseins von Stimmrechtsaktien meist nur zu einem deutlich tieferen Wert erfolgen; ähnlich *Nicolussi*, AG 2022, 757, 762.

1186 *Seidel*, NZG 2023, 1205, 1213; ebenso *Brass/Helbling*, BB 2025, 2057, 2059; ähnlich Deutscher Notarverein e.V., Stellungnahme COM (2022) 761 final (21.2.2023), S. 6.

1187 So die h.M. zu § 180 AktG: Reichsgericht, Urt. v. 8.6.1928, II 515/27 = RGZ 121, 238, 244 (zur Vorgängerregelung); *Koch*, in: Koch AktG,2025, § 180 Rn. 9; *Holzborn*, in: BeckOGK AktG, § 180 Rn. 17 m.w.N.; so auch i.R.d. § 135a Abs. 1 S. 3 AktG: *Wolf*, Mehrstimmrechtsaktien (2023), S. 286; *Gumpp*, in: Grigoleit AktG, 3. Aufl. (2025), §135a Rn. 19.

1188 Kritisch *Reger*, in: Bürgers/Lieder (Hrsg.), Aktiengesetz, 6. Aufl. (2025), § 135a Rn. 14, da die Zustimmung des Emittenten zur Einbeziehung in den Handel im Freite Schutzmechanismen dem Anleger- und Minderheitenschutz dienen.[1189] Hierzu sieht die Regelung in Anlehnung an den europäischen Gesetzgeber Verfallsklauseln vor. Dabei handelt es sich um Klauseln, die ein automatisches Erlöschen der Mehrstimmrechte bewirken. In Anlehnung an Art. 4 Abs. 2 MVRD ist ein Erlöschen durch den Ablauf einer zuvor vereinbarten Frist (*time-based sunset clause*), durch den Eintritt einer Bedingung (*event based sunset clause*) oder durch die Übertragung der Aktie (*transfer-based sunset clause*) denkbar. Der deutsche Gesetzgeber hat sich für die gesetzliche Regelung der *transfer-based* (§ 135a Abs. 2 S. 1 AktG) und der *time-based* (§ 135a Abs. 2 S. 2 AktG) *sunset clause* entschieden. Verfallsklauseln werden aufgrund der in der ökonomischen Literatur befürchteten Gefahren von Dual-Class-Strukturen als sinnvoll erachtet.[1190]

a) Rechtsnatur

Im Falle der Übertragung der Aktie oder des Fristablaufs sollen Mehrstimmrechte automatisch erlöschen. Die Übertragung stellt damit rechtstechnisch eine auflösende Bedingung,[1191] die zeitbasierte Verfallsklausel eine auflösende Befristung dar. Sie führen nachträglich zu einer inhaltlichen Änderung der Mitgliedschaft, konkret der durch sie vermittelten Stimmkraft. Diese inhaltliche Änderung in Form der Rechtsminderung ist der Mehrstimmrechtsaktie aufgrund der gesetzlichen Regelung von Anfang immanent. Das Vorsehen von Bedingungen oder Befristungen, welche den Inhalt der Mitgliedschaft nachträglich ändern, ist dem Aktienrecht nicht fremd. Bei der Vorzugsaktie ist anerkannt, dass sowohl der Vorzug als auch der Stimmrechtsausschluss auflösend bedingt oder befristet werden kann.[1192]

Eine bislang wenig erörterte Frage ist diejenige, ob das Erlöschen der Mehrstimmrechte eine automatische Änderung der Gattungszuordnung zur Folge hat, oder ob eine Art „Aktie mit Mehrstimmrecht ohne Mehrstimm-

verkehr gemäß § 48 Abs. 1 S. 5 BörsG nicht erforderlich ist; ähnlich *Rieckers*, in: BeckOGK AktG, § 135a Rn. 48; *Mock/Mohamed*, in: Heidel (Hrsg.), Aktienrecht und Kapitalmarktrecht, 6. Aufl. (2024), § 135a Rn. 42.

1189 Vgl. RegE ZuFinG vom 16.8.2023, S. 130.

1190 *Hopt/Kalss*, ZGR 2024, 84, 135.

1191 Von Bedingung und Befristung spricht auch *Beckmann*, Das Mehrstimmrecht (2023), S. 185 ff., 248 f. im Zusammenhang mit den sunset clauses.

1192 *Bormann*, in: BeckOGK AktG, § 141 Rn. 28 ff.; *Koch*, in: Koch AktG, 2025, § 141 Rn. 11.

recht" entsteht.[1193] Gemäß § 11 S. 1 AktG können Aktien unterschiedliche Rechte gewähren. Zu diesen Rechten zählt das Stimmrecht als Verwaltungsrecht, sodass Mehrstimmrechte gattungsbegründend wirken.[1194] Erlischt das Mehrstimmrecht, entfällt zugleich dieses gattungsbegründende Recht. Infolgedessen gewährt die Aktie die gleichen Rechte i.S.d. § 11 S. 2 AktG wie Stammaktien, sodass sie der Gattung „Stammaktie" zuzuordnen ist. In den Fällen des § 135a Abs. 2 AktG ist das Erlöschen der Mehrstimmrechte irreversibel.[1195] Die Schaffung einer Art Zwischenstufe in Form der „Aktie mit Mehrstimmrecht ohne Mehrstimmrecht" ist nicht erforderlich, da dies keinen Mehrwert bietet. Betrachtet man die Verfallsklauseln nun zusätzlich als auflösende Bedingung bzw. Befristung, lässt sich die automatische Änderung der Gattungszuordnung auch auf allgemeine zivilrechtliche Grundsätze stützen: Die Wirkung eines Rechtsgeschäfts, das unter einer auflösenden Bedingung vorgenommen wurde, oder für welches ein Endtermin bestimmt wurde, endigt mit dem Eintritt der Bedingung bzw. des Endtermins. Mit diesem Zeitpunkt tritt der frühere Rechtszustand wieder ein, §§ 158 Abs. 2, 163 Alt. 2 BGB. Diese Rechtswirkungen treten *ipso iure* ein. Dem „früheren Rechtszustand" würde in dem vorliegenden Fall das Fehlen des Mehrstimmrechts und damit die Gattungszuordnung zur Stammaktie entsprechen.

b) Übertragungsbasierte Verfallsklausel, § 135a Abs. 2 S. 1 AktG

Gemäß § 135a Abs. 2 S. 1 AktG sollen Mehrstimmrechte im Falle der Übertragung erlöschen. Der Gesetzgeber sieht damit eine ereignisbezogene Beendigung der Mehrstimmrechte nach Börsengang bzw. Einbeziehung in

1193 Offenlassend Deutsche Gesellschaft zur Digitalisierung des Steuer- und Gesellschaftsrechts e.V. (DGDSG), Stellungnahme RefE ZuFinG (12.4.2023), S. 6; diese Frage ebenfalls aufwerfend *Ceesay*, Die Wiedereinführung der Mehrstimmrechtsaktien (2023), S. 22; *Ceesay*, AG (ZuFinG Sonderbeilage) 2024, S2, S8 Rn. 52.

1194 RegE ZuFinG vom 16.8.2023, S. 128.

1195 *Ceesay*, AG (ZuFinG Sonderbeilage) 2024, S2, S8 Rn. 52.

den Freiverkehr vor.[1196] Im Folgenden soll zunächst der Begriff der Übertragung erörtert werden [hierzu unter aa)]. Im Anschluss sollen mögliche Umgehungskonstruktionen sowie die vorhandenen Literaturmeinungen hierzu dargelegt und geprüft werden, ob sich diese Fälle sachgerecht anhand der klassischen Auslegungsmethoden lösen lassen [hierzu unter bb)]. Nach einer Prüfung, ob die zwingende Vinkulierung *de lege ferenda* als milderes Mittel in Betracht kommt [hierzu unter cc)], soll im Rahmen einer abschließenden Stellungnahme die gesetzliche Regelung insgesamt kritisch gewürdigt und eingeordnet werden [hierzu unter dd)].

aa) Begriff der Übertragung

Der Tatbestand des § 135a Abs. 2 S. 1 AktG erfordert die Übertragung der Aktie, also eine Änderung der Eigentumsverhältnisse an der Aktie. Dabei kam die Frage auf, ob auch Fälle der gesetzlichen Einzel- oder Gesamtrechtsnachfolge erfasst sein sollten. Formal betrachtet beschränkt sich der Begriff der Übertragung auf rechtsgeschäftliche Verfügungen,[1197] da in den übrigen Fällen, wie etwa in § 613a Abs. 1 S. 1 BGB oder § 1922 Abs. 1 BGB, von „Übergang" die Rede ist. Ein systematischer Blick in das Recht der GmbH zeigt allerdings, dass die Begrifflichkeiten nicht immer trennscharf verwendet werden. § 15 Abs. 1 GmbHG fasst die Veräußerlichkeit und Vererblichkeit des GmbH-Anteils unter der Überschrift „Übertragung von Geschäftsanteilen" zusammen. Ein enges Verständnis des Übertragungsbegriffs hätte zur Folge gehabt, das Mehrstimmrechte im Erbfall bestehen bleiben. Die Regierungsbegründung hat diesbezüglich für Klarheit gesorgt. Der Begriff der Übertragung sei weit zu verstehen und erfasse nicht nur

1196 RegE ZuFinG vom 16.8.2023, S. 130; Die Regelung begrüßend: *Casper*, ZRP 2023, 105; *Wolf*, Mehrstimmrechtsaktien (2023), S. 355; Deutsche Schutzvereinigung für Wertpapierbesitz e.V. (DSW), Stellungnahme RefE ZuFinG, S. 6; Initiative Minderheitsaktionäre, Stellungnahme ZuFinG (10.5.2023), S. 4; a.A.: Association for Financial Markets in Europe (AFME), Stellungnahme RefE ZuFinG (10.5.2023), S. 12, da eine solche Verfallsklausel insbesondere bei Familiengesellschaften nicht dem Marktinteresse entspreche; Deutscher Anwaltverein (DAV), Stellungnahme ZuFinG (Mai 2023), S. 28; *Beckmann*, Das Mehrstimmrecht (2023), S. 348 ff.; *Eckhardt*, Listing Act - Mehrstimmrechtsaktien, cepAnalyse Nr. 7/2023 (2023), S. 9.

1197 *Hammen*, Der Konzern 2023, 289, 294; *Wolf*, Mehrstimmrechtsaktien (2023), S. 363; Deutsche Gesellschaft zur Digitalisierung des Steuer- und Gesellschaftsrechts e.V. (DGDSG), Stellungnahme RefE ZuFinG (12.4.2023), S. 6; *Eichten/Lang/Morlock*, notar 2024, 75, 83.

rechtsgeschäftliche Verfügungen, sondern auch Fälle gesetzlicher Einzel- und Gesamtrechtsnachfolge.[1198] Das wird in der Literatur als konsequent begrüßt.[1199]

bb) Umgehungsmöglichkeiten

Unklarheiten verbleiben in jenen Fällen, in denen der rechtliche Inhaber der Aktie unverändert bleibt, jedoch bei wirtschaftlicher Betrachtung eine „Übertragung" erfolgt. Im Folgenden sollen zunächst die Umgehungsmöglichkeiten dargestellt werden, bevor die bislang diskutierten Lösungsansätze erörtert werden. Die Frage, wie mit Umgehungsmöglichkeiten umzugehen ist, soll im Anschluss im Wege der Gesetzesauslegung beantwortet werden.

(1) Denkbare Konstellationen

Es sind Konstellationen denkbar, in denen die übertragungsbasierte Verfallsklausel ohne Weiteres umgangen werden kann. Der erste und wohl einfachste Fall der Umgehung liegt in der Möglichkeit, die Mehrstimmrechtsaktien von einer juristischen Person halten zu lassen. Die Übertragung der Anteile dieser juristischen Person ermöglicht eine mittelbare Übertragung der Mehrstimmrechte, wodurch die Anwendung der Verfallsklausel vermieden wird. Durch einen Kontrollwechsel auf Ebene der zwischengeschalteten Gesellschaft ließe sich das Mehrstimmrecht *„durch die Hintertür"* übertragen. Denkbar sind auch schuldrechtliche Verträge, wie die Treuhandabrede oder der Stimmbindungsvertrag. Anstatt die Mehrstimmrechtsaktie zu übertragen, könnte sich der Mehrstimmrechtsaktionär gegenüber einem Dritten verpflichten, die Aktionärsrechte zukünftig treuhänderisch und entsprechend den Weisungen des Treugebers für diesen auszuüben und Ausschüttungen an diesen weiterzugeben (sog. Vereinbarungstreuhand).[1200] Im Innenverhältnis wäre er an die Interessen und Weisungen des Treugebers gebunden. Ein ähnliches Ergebnis kann durch einen Stimmbindungsvertrag erzielt werden, in dem sich der Mehrstimmrechtsaktionär gegen-

1198 RegE ZuFinG vom 16.8.2023, S. 130 f.

1199 *Casper*, ZRP 2023, 105; *Harnos*, in: Schmidt/Lutter AktG, 5. Aufl. (2024), § 135a Rn. 36.

1200 Siehe hierzu auch *Denninger/Bülow*, AG 2023, 417, 422; *Wolf*, Mehrstimmrechtsaktien (2023), S. 356 ff.

über einem Mitaktionär oder Dritten schuldrechtlich zu einer bestimmten Stimmabgabe verpflichtet. Charakteristisch für diese Gestaltungen ist, dass die Mitgliedschaft und das hieraus folgende Stimmrecht bei dem im Aktienregister eingetragenen Mehrstimmrechtsaktionär verbleiben, dem formal das Stimmrecht zukommt, während bei wirtschaftlicher Betrachtung die Ausübung für einen anderen erfolgt.

(2) Vorgeschlagene Lösungen

Ob diese Fälle von der in § 135a Abs. 2 S. 1 AktG geregelten übertragungsbasierten Verfallsklausel erfasst werden, hängt davon ab, wie die Regelung ausgelegt und welche Reichweite dem Begriff der Übertragung beigemessen wird. Die hierzu bislang vertretenen Auffassungen befassen sich überwiegend nur oberflächlich mit einzelnen Aspekten dieser Frage oder bejahen eine Erfassung ohne nähere Begründung. Einer Auffassung zufolge sollen sämtliche Umgehungskonstruktionen erfasst werden,[1201] da der Gesetzgeber den Begriff der Übertragung weit verstehen will.[1202] Vereinzelt wird das auf die für die Vinkulierung entwickelten Rechtsgrundsätze gestützt.[1203] Ein weiterer Lösungsvorschlag ist eine tatbestandliche Anlehnung an die vertypten Konstellationen des kapitalmarktrechtlichen Zurechnungsregimes des WpÜG und WpHG (i. F.: übernahmeakzessorischer Ansatz).[1204] Die Regelung sei übernahmerechtsakzessorisch auszulegen, was bedeute, dass in allen Fällen der Stimmrechtszurechnung zugleich eine zum Erlöschen der Mehrstimmrechte führende Übertragung i.S.d. § 135a Abs. 2 S. 1 AktG anzunehmen sei. Das hätte – um eine systematische Einheitlichkeit zu gewährleisten – zur Folge, dass eine Zurechnung von Mehrstimmrechten von

1201 *Wolf*, Mehrstimmrechtsaktien (2023), S. 357 f.; so i.E. auch *Kraack*, NZG 2023, 1151, 1156; Initiative Minderheitsaktionäre, Stellungnahme ZuFinG (10.5.2023), S. 4.

1202 RegE ZuFinG vom 16.8.2023, S. 130.

1203 *Gebhard/Herzog*, ZIP 2023, 1161, 1166; *Wolf*, Mehrstimmrechtsaktien (2023), S. 358; *Arnold*, in: MüKo AktG, 6. Aufl. (2024), § 135a Rn. 18; kritisch: *Kraack*, NZG 2023, 1151, 1155.

1204 So *Kraack*, NZG 2023, 1151, 1154; *Dieckmann/Kraack*, BKR 2025, 116; *Ceesay*, Die Wiedereinführung der Mehrstimmrechtsaktien: Nachbesserungsbedarf beim Regierungsentwurf des ZuFinG (30.9.2023), II. 2. a); *Ceesay*, Die Wiedereinführung der Mehrstimmrechtsaktien (2023), S. 24; ähnlich *Rieckers*, in: BeckOGK AktG, § 135a Rn. 56, der nicht an einzelne Vorschriften anknüpfen, sondern eine wertende Gesamtbetrachtung vornehmen will; hierzu noch unter (iv)(εε).

vornherein nicht in Betracht käme.[1205] *Denninger/Bülow* schlagen vor, bei der gesetzlichen Regelung des § 135a Abs. 2 S. 1 AktG nicht an einen Wechsel der unmittelbaren Inhaberschaft anzuknüpfen, sondern auf einen Wechsel der *wirtschaftlichen* Inhaberschaft abzustellen.[1206] Komme es zu einem Kontrollerwerb innerhalb dieser wirtschaftlichen Einheit, stünden die Befreiungsmöglichkeiten der §§ 36 f. WpÜG bereit. Diese Auffassung findet Zustimmung, soweit sie besagt, dass Mehrstimmrechte nicht erlöschen sollten, solange es sich nur um eine Umstrukturierung der Beteiligungsstruktur handelt.[1207] Ähnlich argumentieren *Wittig/Hummelmeier*, die vorschlagen, eine Übertragung i.S.v. § 135a Abs. 2 S. 1 AktG immer nur dann anzunehmen, wenn der wirtschaftlich Berechtigte i.S.v. § 3 Abs. 1 GWG wechselt (i. F.: geldwäscherechtlicher Ansatz).[1208] *Gumpp* hingegen befürwortet jüngst eine rein formelle Betrachtung, wonach allein der Wechsel der formalen Inhaberstellung zum Erlöschen der Mehrstimmrechte führen soll.[1209]

(3) Auslegung des § 135a Abs. 2 S. 1 AktG

Im Folgenden soll geprüft werden, ob sich die Umgehungsfälle nach derzeitiger Rechtslage anhand der klassischen Auslegungsmethoden sachgerecht lösen lassen.

(i) Grammatische Auslegung

Ausgehend von dem Wortlaut der „Übertragung“ erfasst die Verfallsklausel nur die rechtsgeschäftliche Anteilsübertragung, also den Eigentumswechsels an dem Bezugsobjekt „Aktie“. Bei dieser formaljuristischen Betrachtung würden sämtliche Fälle, die keinen Eigentumsübergang zur Folge haben, nicht von dem Wortlaut der Norm erfasst werden. Eine wortlautgetreue Anwendung würde die genannten Umgehungskonstellationen damit nicht erfassen.

1205 *Ceesay*, AG (ZuFinG Sonderbeilage) 2024, S2, S6 Rn. 36.
1206 *Denninger/Bülow*, AG 2023, 417, 421.
1207 *Wolf*, Mehrstimmrechtsaktien (2023), S. 357 f.; *Kraack*, NZG 2023, 1151, 1155.
1208 *Wittig/Hummelmeier*, WM 2024, 332, 338; Ebenso *Eichten/Lang/Morlock*, notar 2024, 75, 83; hierzu noch unter (iv)(δδ).
1209 *Gumpp*, in: Grigoleit AktG, 3. Aufl. (2025), § 135a Rn. 39.

(ii) Systematische Auslegung

Die Auslegung einer Norm darf aber nicht am Wortlaut derselben stehen bleiben, da der Wortsinn abhängig von dem jeweiligen Kontext unterschiedlich verstanden werden kann. Er muss in einem systematischen Zusammenhang betrachtet werden. Die systematische Auslegung fragt nach der Stellung der auszulegenden Norm im Gefüge der Gesamtheit des Gesetzes. Unter der äußeren Systematik ist zunächst die formale Einordnung einer Vorschrift im Normkomplex sowie ihre Stellung im Gesetz zu verstehen.[1210] § 135a AktG ist innerhalb des Vierten Teils „Verfassung der Gesellschaft" im Vierten Abschnitt „Hauptversammlung" und im Vierten Unterabschnitt „Stimmrecht" verortet. Das könnte den Schluss zulassen, dass es für die übertragungsbasierte Verfallsklausel nicht primär darauf ankommt, wer formal betrachtet Eigentümer der Mehrstimmrechtsaktie ist, sondern dass – entsprechend der Verortung im vierten Unterabschnitt „Stimmrecht" – der Fokus darauf liegt, wem das Stimmrecht rein tatsächlich zukommt. Allein diese aus der äußeren Systematik folgenden Erwägungen lassen noch keinen sicheren Schluss auf ein wirtschaftliches Verständnis des Begriffs der Übertragung zu. Unter der Prämisse, dass das Gesetz ein einheitliches und konsistentes System bereitstellt, ist weiter die innere Systematik und das funktionale Zusammenspiel der Regelung mit anderen Vorschriften des AktG zu untersuchen.

(1) Innere Systematik des § 135a AktG

Bei einer Betrachtung der inneren Systematik des § 135a AktG vor dem Hintergrund der Widerspruchsfreiheit lässt sich der Regelung zur Einführung der Mehrstimmrechtsaktie entnehmen, dass der Gesetzgeber diese nur unter erschwerter Voraussetzung zulassen wollte. Gemäß § 135a Abs. 1 S. 3 AktG bedürfen Beschlüsse zur Einführung von Mehrstimmrechten der Zustimmung aller betroffenen Aktionäre. In der Satzung kann hiervon nicht abgewichen werden. Diese erhöhte Voraussetzung könnte möglicherweise unterlaufen werden, wenn Mehrstimmrechte ohne Weiteres wirtschaftlich übertragen werden könnten. Denn die Entscheidung, ob Mehrstimmrechte eingeführt werden, wird in vielen Fällen davon abhängen, wer diese künftig ausüben wird. Die uneingeschränkte Übertragung

1210 *Meier/Jocham*, JuS 2015, 490, 492.

der Aktie könnte dazu führen, dass die Mehrstimmrechte einem Inhaber zugutekommen, der – wenn man sie ihm von Anfang an hätte gewähren wollen – die Zustimmung aller betroffenen Aktionäre nie erhalten hätte. Die Regelung in § 135a Abs. 2 S. 1 AktG könnte damit als gesetzliche Absicherung der erschwerten Einführungsvoraussetzungen angesehen werden. Die Frage, ob es einer solchen zusätzlichen Absicherung bedarf, soll an späterer Stelle erörtert werden.[1211] Der Gesetzgeber hätte eine solche Absicherung auch den Aktionären überlassen können, da ihnen unbenommen bleibt, die Mehrstimmrechtsaktien zu vinkulieren, wovon er ausweislich der Regierungsbegründung ohnehin ausgeht.[1212] Dennoch entschied er sich aus Gründen des Anleger- und Minderheitenschutzes bei der börsennotierten AG für ein zwingendes Erlöschen des Mehrstimmrechts. Die unterschiedliche Behandlung der börsennotierten und der nicht börsennotierten AG erschöpft sich allein in dieser gesetzgeberischen Erwägung. Das spricht dafür, dass die übertragungsbasierte Verfallsklausel nicht einer Absicherung des Zustimmungserfordernisses in § 135a Abs. 1 S. 3 AktG dienen sollte, sondern als Kompromisslösung allein das Spannungsverhältnis zwischen Satzungsfreiheit und Gewährung eines angemessenen Anleger- und Minderheitenschutzes zu adressieren versucht.

Zutreffend ist, dass für die nicht börsennotierte AG keine Gründe bestehen, die Satzungsfreiheit einzuschränken. Die Aktionäre einer solchen AG sollen privatautonom darüber entscheiden können, ob sie im Falle der Übertragung ein Erlöschen wünschen oder ob sie eine Vinkulierung vorsehen. Aus dieser unterschiedlichen Behandlung lässt sich auch kein Regel-Ausnahme-Verhältnis ableiten. Die Annahme, dass der Fall der nicht börsennotierten AG die Regel sei, mit der Folge, dass die Ausnahme in § 135a Abs. 2 S. 1 AktG eng auszulegen sei, Umgehungen also nicht zu erfassen sind, würde daher zu weit gehen.

Die erschwerten Voraussetzungen der Einführung der Mehrstimmrechtsaktie (Abs. 1 S. 3), die Stimmkraftbegrenzung auf ein Zehntel (Abs. 1 S. 2) sowie die gegenständliche Beschränkung (Abs. 4) lassen darauf schließen, dass der Gesetzgeber die einfach stimmberechtigten Aktionäre in besonderem Maße schützen wollte. Dieses erhöhte Schutzniveau deutet auf ein weites Verständnis des Übertragungsbegriffs hin.

1211 Hierzu noch unter E.IV.4.b)cc).
1212 RegE ZuFinG vom 16.8.2023, S. 128.

(2) Vinkulierung

Vereinzelt wird ohne nähere Begründung eine Parallele zu den Rechtsgrundsätzen der Vinkulierung gezogen. Die Vinkulierung ist im dritten Teil unter der Überschrift „Rechtsverhältnisse der Gesellschaft und der Gesellschafter" verortet. Sie muss zwingend in der Satzung geregelt werden, § 68 Abs. 2 S. 1 AktG. Sowohl die übertragungsbasierte Verfallsklausel als auch die Vinkulierung setzen tatbestandlich die Übertragung der Aktie voraus, sodass sich ein systematischer Blick auf diese Regelung und das dortige Verständnis des Übertragungsbegriffs durchaus lohnt. Der Begriff der Übertragung erfasst im Rahmen des § 68 Abs. 2 S. 1 AktG allein das Verfügungsgeschäft und die rechtsgeschäftliche Übertragung.[1213] Fälle der Gesamtrechtsnachfolge sowie das Verpflichtungsgeschäft werden hingegen ausgeklammert, worin – dem Willen des Gesetzgebers folgend[1214] – ein erster Unterschied liegt.

Ein systematischer Blick lohnt sich auch deshalb, weil die Vinkulierung ebenso wie die übertragungsbasierte Verfallsklausel durch die unter (1) dargestellten Konstellationen umgangen werden kann, sodass sich auch hier die Frage nach der Reichweite der Klausel stellt. Die Behandlung dieser Fälle ist umstritten. Unstreitig ist, dass abstrakt darauf abgestellt werden muss, ob die jeweilige Vereinbarung bei objektiver Betrachtung eine Umgehung der Vinkulierung darstellt, wofür der mit der Vinkulierung verfolgte Zweck entscheidend sein soll.[1215] Diente sie historisch betrachtet v.a. zum Schutz vor Überfremdung,[1216] steht heute die Kontrolle der Zusammensetzung des Aktionärskreises, der Schutz vor unerwünschten Übernahmen, die Perpetuierung der bisherigen Mehrheitsverhältnisse sowie die Sicherstellung der

1213 Statt vieler: *Bayer*, in: MüKo AktG, 6. Aufl. (2024), § 68 Rn. 38; *Koch*, in: Koch AktG, 2025, § 68 Rn. 11.

1214 RegE ZuFinG vom 16.8.2023, S. 130 f.

1215 *Loritz*, NZG 2007, 361, 365; *Cahn*, in: BeckOGK AktG, § 68 Rn. 78; *Lutter/Drygala*, in: KK AktG, 3. Aufl. (2011), § 68 Rn. 133; *Bayer*, in: MüKo AktG, 6. Aufl. (2024), § 68 Rn. 118; Für die GmbH: *Transfeld*, GmbHR 2010, 185, 186; *Löbbe*, in: Habersack/Casper/Löbbe GmbHG, 4. Aufl. (2025), § 15 Rn. 262; *Scheller*, MHdB GesR IX, 6. Aufl. (2021), § 17 Rn. 70; Für die GmbH & Co. KG: OLG Karlsruhe, Urt. v. 13.3.2008, 8 U 60/07, BeckRS 2008, 12851; *Sailer-Coceani/Kraft*, MHdB GesR IV, 6. Aufl. (2024), § 14 Rn. 39.

1216 B.II.3.e)cc)(1).

Leistungsfähigkeit der Aktionäre im Vordergrund.[1217] Das gewährleistet die wirtschaftliche Selbstständigkeit der AG und kann zugleich als Konzerneingangsschutz dienen.[1218] Wurde der jeweils verfolgte Zweck ermittelt, ist im Anschluss zwischen den jeweiligen Umgehungsmöglichkeiten wie folgt zu unterschieden:

(αα) Treuhandgestaltung und Stimmbindungsvertrag

Die aufgrund der Vinkulierung erforderliche Zustimmung zum Aktienerwerb kann dadurch umgangen werden, dass sich der bisherige Aktionär gegenüber dem nicht zugelassenen Erwerber verpflichtet, die Aktien zukünftig treuhänderisch für diesen zu halten, oder aber, dass die Aktien mit Zustimmung der Gesellschaft an eine Person veräußert werden, die ihrerseits als Treuhänder für einen nicht akzeptierten Dritten auftritt. In beiden Fällen wird der Zweck der Vinkulierung objektiv umgangen, weshalb die herrschende Meinung die Treuhandabrede als von der Vinkulierung erfasst ansieht.[1219] Etwas anderes gilt nur dann, wenn die Vinkulierung allein der Sicherstellung der Leistungsfähigkeit der Aktionäre dient. Als Umgehungsgeschäft wird die Treuhandabrede den Wirksamkeitsanforderungen der umgangenen satzungsmäßigen Vinkulierung, also dem Zustimmungserfordernis, unterworfen. Der Treuhandvertrag ist bis zur Erteilung der Genehmigung schwebend unwirksam.[1220] Ähnlich stellt sich der Fall beim Abschluss eines Stimmbindungsvertrags mit Personen dar, an die eine

1217 Zu den mit der Vinkulierung verfolgten Zwecken umfassend *Merkt*, in: GroßKomm AktG, 5. Aufl. (2018), § 68 Rn. 199 ff.; *Liebscher*, ZIP 2003, 825, 826; *Bayer*, in: MüKo AktG, 6. Aufl. (2024), § 68 Rn. 35 ff.

1218 *Merkt*, in: GroßKomm AktG, 5. Aufl. (2018), § 68 206 m.w.N.

1219 *Lutter/Drygala*, in: KK AktG, 3. Aufl. (2011), § 68 Rn. 118; *Binz/Mayer*, NZG 2012, 201, 207; *Merkt*, in: GroßKomm AktG, 5. Aufl. (2018), § 68 Rn. 529; *Grigoleit/Rachlitz*, in: Grigoleit AktG, 3. Aufl. (2025), § 68 Rn. 22; *Bayer*, in: MüKo AktG, 6. Aufl. (2024), § 68 Rn. 117 f.; für die GmbH (§ 15 Abs. 5 GmbHG): Reichsgericht, Urt. v. 7.6.1908, II 632/07, juris = RGZ 69, 134, 137; *Löbbe*, in: Habersack/Casper/Löbbe GmbHG, 4. Aufl. (2025), § 15 Rn. 263; Reichsgericht, Urt. v. 18.11.1921, II 226/21 = RGZ 103, 195, 199; *Schmidt*, GmbHR 2011, 1289, 1291; *Altmeppen*, in: Altmeppen GmbHG, 11. Aufl. (2023), § 15 Rn. 115; zurückhaltend *Transfeld*, GmbHR 2010, 185, 189; *Sailer-Coceani/Kraft*, MHdB GesR IV, 6. Aufl. (2024), § 14 Rn. 39.

1220 H.M.: BGH, Urt. v. 10.5.2006, II ZR 209/04, NZG 2006, 627, 628; *Lutter/Drygala*, in: KK AktG, 3. Aufl. (2011), § 68 Rn. 118; *Bayer*, in: MüKo AktG, 6. Aufl. (2024), § 68 Rn. 120 ff.; *Cahn*, in: BeckOGK AktG, § 68 Rn. 80 m.w.N; *Heckschen/Weitbrecht*, NZG 2019, 721, 724.

Übertragung ohne die Zustimmung der AG nicht erfolgen könnte. Diese werden von der Vinkulierung erfasst, sodass der Abschluss eines Stimmbindungsvertrags ebenfalls der Zustimmung der Gesellschaft bedarf.[1221]

(ββ) Fälle des mittebaren Erwerbs

Die Parallele zum Recht der Vinkulierung soll v.a. in dem Fall des mittelbaren Erwerbs gezogen werden.[1222] Betrachtet man den Meinungsstand innerhalb des § 68 Abs. 2 AktG, zeichnet sich ein differenziertes Bild. Die überwiegende Ansicht geht davon aus, dass das Zustimmungserfordernis keine Geltung für die Übertragung von Anteilen an anderen Gesellschaften beanspruchen kann. Demnach sei die Vinkulierungsklausel nicht auf Fälle der mittelbaren Anteilsverfügung anwendbar.[1223] Ist eine Gesellschaft an einem Unternehmen beteiligt, müssten die weiteren Gesellschafter von Anfang an mit einem Wechsel des Mitgliederbestands rechnen.[1224] Vinkulierungsklauseln sind als Teil des Gesellschaftsvertrags schuldrechtliche Vereinbarungen, die nur zwischen den Vertragsparteien, nicht aber gegenüber Dritten wirken.[1225] Eine Übertragung von Anteilen einer Obergesellschaft kann

1221 *Liebscher*, ZIP 2003, 825, 826; *Lutter/Drygala*, in: KK AktG, 3. Aufl. (2011), § 68 Rn. 114; *Koch*, in: Koch AktG, 2025, § 68 Rn. 12; *Grigoleit/Rachlitz*, in: Grigoleit AktG, 3. Aufl. (2025), § 68 Rn. 22; *Bayer*, in: MüKo AktG, 6. Aufl. (2024), § 68 Rn. 117 f.; zurückhaltend *Transfeld*, GmbHR 2010, 185, 189; *Löbbe*, in: Habersack/Casper/Löbbe GmbHG, 4. Aufl. (2025), § 15 Rn. 263; *Sailer-Coceani/Kraft*, MHdB GesR IV, 6. Aufl. (2024), § 14 Rn. 39.

1222 *Wolf*, Mehrstimmrechtsaktien (2023), S. 358; *Gebhard/Herzog*, ZIP 2023, 1161, 1166.

1223 *Lutter/Grunewald*, AG 1989, 409 f.; *Loritz*, NZG 2007, 361, 365 ff.; *Binz/Mayer*, NZG 2012, 201, 208; *Cahn*, in: BeckOGK AktG, § 68 Rn. 79; *Koch*, in: Hüffer/Koch, 19. Aufl. (2025), § 68 Rn. 12; *Bayer*, in: MüKo AktG, 6. Aufl. (2024), § 68 Rn. 122; *Grigoleit/Rachlitz*, in: Grigoleit AktG, 3. Aufl. (2025), § 68 Rn. 22; *Merkt*, in: GroßKomm AktG, 5. Aufl. (2018), § 68 Rn. 284, der aber „unter Umständen" eine Umgehung für denkbar hält; für die GmbH (§ 15 Abs. 5 GmbHG): *Reichert*, GmbHR 2012, 713, 722 f.; *Schmidt*, GmbHR 2011, 1289, 1292; *Altmeppen*, in: Altmeppen GmbHG, 11. Aufl. (2023), § 15 Rn. 117; *Löbbe*, in: Habersack/Casper/Löbbe GmbHG, 4. Aufl. (2025), § 15 Rn. 268 f.; für die GmbH & Co. KG: OLG Karlsruhe, Urt. v. 13.3.2008, 8 U 60/07, BeckRS 2008, 12851; *Sailer-Coceani/Kraft*, MHdB GesR IV, 6. Aufl. (2024), § 14 Rn. 39; *Werner*, NZG 2024, 438, 439.

1224 *Lutter/Grunewald*, AG 1989, 409, 410; OLG Naumburg, Urt. v. 22.1.2004, 7 U 133/03, NZG 2004, 775, 778; dem folgend OLG Karlsruhe, Urt. v. 13.3.2008, 8 U 60/07, BeckRS 2008, 12851; *Bayer*, in: MüKo AktG, 6. Aufl. (2024), § 68 Rn. 122; *Altmeppen*, in: Altmeppen GmbHG, 11. Aufl. (2023), § 15 Rn. 117.

1225 *Transfeld*, GmbHR 2010, 185, 188.

wegen § 137 S. 1 BGB nicht mit dinglicher Wirkung verhindert werden.[1226] Eine andere Beurteilung soll einem Teil der Literatur zufolge dann gelten, wenn die Geschäftsanteile einer reinen Holdinggesellschaft veräußert werden, deren Zweck allein oder weit überwiegend in der Beteiligung an der von der Vinkulierung betroffenen Gesellschaft besteht.[1227] Die Veräußerung des Anteils einer solchen Holding unterliege der Verfallsklausel, da deren Sinn gerade darin liege, den unkontrollierten Eintritt von Dritten in die Gesellschaft zu verhindern. Wechsele die Mitgliedschaft in der Holding, müsse angenommen werden, dass auch das verhindert werden sollte. Die Rechtsfolge könne wegen § 137 S. 1 BGB aber nicht die Nichtigkeit oder schwebende Unwirksamkeit der Anteilsübertragung sein.[1228] Denkbar seien nur schuldrechtliche Konsequenzen wie Schadensersatzansprüche wegen Verletzung der Treuepflicht sowie Unterlassungsansprüche.[1229]

(δδ) Zwischenfazit

Zunächst ist festzuhalten, dass die Ausführungen zum Meinungsstand innerhalb der Vinkulierung zeigen, dass für die mögliche Erfassung von Umgehungstatbeständen zwei Fragen zu unterscheiden sind: diejenige nach der Reichweite des Tatbestands und diejenige nach der anzuwenden Rechtsfolge.

Im Hinblick auf die erste Frage besteht ein Unterschied darin, dass die Vinkulierung ihre Grundlage in der Satzung hat. Die Reichweite einer Vinkulierungsklausel wird demnach durch Auslegung der Satzungsregelung

1226 *Lutter/Grunewald*, AG 1989, 409, 410; *Loritz*, NZG 2007, 361, 366; *Transfeld*, GmbHR 2010, 185, 188; *Reichert*, GmbHR 2012, 713, 722; *Löbbe*, in: Habersack/Casper/Löbbe GmbHG, 4. Aufl. (2025), § 15 Rn. 267.

1227 *Lutter/Grunewald*, AG 1989, 409, 410; *Bayer*, in: MüKo AktG, 6. Aufl. (2024), § 68 Rn. 122; für die GmbH: *Altmeppen*, in: Altmeppen GmbHG, 11. Aufl. (2023), § 15 Rn. 117; *Löbbe*, in: Habersack/Casper/Löbbe GmbHG, 4. Aufl. (2025), § 15 Rn. 269; a.A.: *Binz/Mayer*, NZG 2012, 201, 309; so i.E. auch *Liebscher*, ZIP 2003, 825, 829 ff., der auf die Treuepflicht abstellt; *Loritz*, NZG 2007, 361, 366 f.; *Sailer-Coceani/Kraft*, MHdB GesR IV, 6. Aufl. (2024), § 14 Rn. 39; kritisch auch *Werner*, NZG 2024, 438, 440 ff.

1228 *Lutter/Grunewald*, AG 1989, 409, 410 f.

1229 *Bayer*, in: MüKo AktG, 6. Aufl. (2024), § 68 Rn. 123; *Koch*, in: Koch AktG, 2025, § 68 Rn. 12; *Heckschen/Weitbrecht*, NZG 2019, 721, 730; *Altmeppen*, in: Altmeppen GmbHG, 11. Aufl. (2023), § 15 Rn. 116 f.; *Löbbe*, in: Habersack/Casper/Löbbe GmbHG, 4. Aufl. (2025), § 15 Rn. 271; *Lutter/Grunewald*, AG 1989, 409, 412; *Werner*, NZG 2024, 438, 441.

bestimmt. Ausgehend von dem Wortlaut ist sie im Kontext der gesamten Satzung zu verstehen, insbesondere unter Berücksichtigung des mit ihr im Einzelfall verfolgten Zwecks. Dabei ist zu berücksichtigen, dass das Gesetz die freie Übertragbarkeit als Regelfall und die Vinkulierung als Ausnahmefall vorsieht. Im Gegensatz zu der übertragungsbasierten Verfallsklausel, welche das Erlöschen der Mehrstimmrechte von Gesetzes wegen anordnet, basiert die Vinkulierung auf dem Willen der Satzungsgeber. Die Vinkulierung stellt damit eine bewusste Entscheidung der Satzungsgeber dar, während das Erlöschen der Mehrstimmrechte im Falle der Übertragung eine des Gesetzgebers ist. Der Ausgangspunkt für die erforderliche Auslegung ist damit ein anderer. Die Reichweite der Vinkulierung ist folglich nicht primär von der Auslegung des gesetzlichen Begriffs der Übertragung abhängig, sondern von der aufgrund § 68 Abs. 2 S. 1 AktG in der Satzung getroffenen Regelung. Umgangen wird nur diese Satzungsbestimmung, nicht aber § 68 Abs. 2 S. 1 AktG, welche nur eine Ermächtigung an den Satzungsgeber darstellt.[1230]

Darüber hinaus stellt die Vinkulierung eine satzungsmäßige Verfügungsbeschränkung dar, die das rechtliche Können einschränkt. Im Gegensatz dazu soll durch die übertragungsbasierte Verfallsklausel die freie Handelbarkeit und damit die Verfügungsbefugnis über die Mehrstimmrechtsaktie gerade nicht eingeschränkt werden.[1231] Aufgrund der übertragungsbasierten Verfallsklausel wird die Übertragung der Aktie letztlich mit einem Rechtsnachteil in Form des Erlöschens der Mehrstimmrechte verbunden. Das „Privileg" Mehrstimmrecht erlischt, wodurch sich die Mehrstimmrechtsaktie automatisch in eine Stammaktie wandelt.[1232] Ein weiterer entscheidender Unterschied liegt damit auch darin, dass, anders als bei der Vinkulierung, kein Wirksamkeitserfordernis auf Tatbestandsseite umgangen werden soll. Vielmehr soll die Vornahme eines bestimmten Geschäfts oder die Wahl einer bestimmten, gesellschaftsrechtlich zulässigen Konstruktion eine bestimmte Rechtsfolge – konkret den Eintritt einer auflösenden Bedingung – nicht auslösen. Während also bei der Vinkulierung die Frage im Raum steht, ob das Umgehungsgeschäft den Wirksamkeitserfordernissen des umgangenen Geschäfts unterworfen werden soll, dreht sich die Frage nach der Reichweite der übertragungsbasierten Verfallsklausel darum, ob das Umge-

1230 Ebenso allgemein *Scheller*, MHdB GesR IX, 6. Aufl. (2021), § 17 Rn. 70, 73 m.w.N.
1231 RegE ZuFinG vom 16.8.2023, S. 131.
1232 S.o. unter E.IV.4.a).

hungsgeschäft dieselbe Rechtsfolge wie das umgangene Geschäft auslösen soll.[1233]

Zusammenfassend ist festzuhalten, dass die für die Vinkulierung entwickelten Grundsätze punktuelle Unterschiede aufweisen. Dennoch können Ausführungen als vergleichende Hilfserwägung für ein konsistentes System, nicht jedoch als alleiniger Begründungsansatz herangezogen werden. Die Grundwertung innerhalb der Vinkulierung besagt, dass der Begriff der Übertragung nicht rein formaljuristisch zu verstehen ist, sondern das konkret geprüft werden muss, welchen Zweck die Vinkulierung im jeweiligen Einzelfall verfolgt. Ausgehend von dem so ermittelten Zweck kann eine wirtschaftliche Betrachtungsweise angezeigt sein, sofern die Vinkulierung bei objektiver Betrachtung umgangen werden würde. Entscheidend ist letztlich, ob einem Dritten über das Stimmrecht Einfluss auf die Entscheidungsfindung in der Gesellschaft gewährt wird. Diese Erwägungen lassen sich auf die hier aufgeworfene Frage übertragen.

(3) Höchststimmrecht und Stimmrechtsausschluss

In systematischer Hinsicht finden sich im vierten Unterabschnitt, der den Titel „Stimmrecht“ trägt, des Weiteren die Regelungen zum Höchststimmrecht und zum Stimmrechtsauschluss. Auch hier stellt sich die Frage nach dem Umgang mit Umgehungen. Der Gesetzgeber hat im Rahmen des Höchststimmrechts in zweifacher Hinsicht Vorkehrungen gegen Umgehungen getroffen. Zum einen ist in § 405 Abs. 3 Nr. 5 AktG ein Umgehungsschutz in Form einer Ordnungswidrigkeit vorgesehen.[1234] Danach handelt ordnungswidrig, wer Aktien, für die er oder der von ihm Vertretene das Stimmrecht nach u.a. § 134 Abs. 1 oder §§ 135, 136, 142 Abs. 1 S. 2 AktG nicht ausüben darf, einem anderen zum Zweck der Ausübung des Stimmrechts überlässt oder solche ihm überlassenen Aktien zur Ausübung des Stimmrechts benutzt. Zum anderen hat es der Gesetzgeber dem Satzungsgeber überlassen, Umgehungen in Form der Zurechnung in der Satzung vorzusehen und ihn hierzu in § 134 Abs. 1 S. 3 und 4 AktG ermächtigt. Hiernach kann die Satzung bestimmen, dass zu den Aktien, die dem Aktionär gehören, auch diejenigen zählen, die einem anderen für seine Rechnung gehören (S. 3) oder, sofern der Aktionär ein Unternehmen ist, auch die Ak-

1233 Hierzu im Einzelnen noch unter E.IV.4.b)bb)(3)(v).
1234 *Rieckers*, in: BeckOGK AktG, § 134 Rn. 19.

tien, die einem von ihm abhängigen oder ihn beherrschenden oder einem mit ihm konzernverbundenen Unternehmen oder für Rechnung solcher Unternehmen einem Dritten gehören (S. 4). Ist eine derartige Regelung vorgesehen, kommt es für eine Zurechnung allein auf das objektive Vorliegen des Zurechnungstatbestandes an.[1235] Die Frage, ob eine Zurechnung auch ohne entsprechende Satzungsregelung nach allgemeinen Grundsätzen möglich ist, wird uneinheitlich beantwortet.[1236] Die Befürworter verlangen einen Umgehungsvorsatz, um einen Gleichlauf zur Regelung in § 405 Abs. 3 Nr. 5 AktG zu gewährleisten.[1237]

Regelungen zum Umgehungsschutz finden sich auch in § 136 AktG für den Stimmrechtsausschluss. Ist ein Geschäftsherr gemäß § 136 Abs. 1 S. 1 AktG von der Ausübung des Stimmrechts ausgeschlossen, so ist eine Stimmrechtsausübung durch einen anderen ausgeschlossen. Im Interesse eines effektiven Umgehungsschutzes wird dies weit ausgelegt und umfasst auch die Treuhand.[1238] Im Falle der Beteiligung einer Gesellschaft als Aktionärin ist die Frage der Zurechnung von Stimmverboten allein anhand des Schutzzwecks zu beantworten.[1239] Sofern das Stimmverbot gegen einen Gesellschafter dieser Aktionärin besteht, soll eine Zurechnung nur dann erfolgen, wenn der betreffende Gesellschafter einen maßgeblichen Einfluss auf das Stimmverhalten ausüben kann.[1240] Es kommt auch hier auf die Einflussnahme auf das Stimmrecht an.

Anhand der vorgenannten Regelungen wird deutlich, dass der Gesetzgeber durchaus in der Lage ist, Umgehungsfälle zu erkennen und diese entsprechend gesetzlich zu adressieren. Hieraus ließe sich der Schluss ziehen, dass der Gesetzgeber überall dort, wo er Umgehungen erfassen will, diese gesetzlich festschreibt. Ähnlich scheinen *Denninger/Bülow* zu argumentieren. Sie lehnen eine weite Auslegung des Übertragungsbegriffs ab, da

---

1235 *Rieckers*, in: BeckOGK AktG, § 134 Rn. 20; *Arnold*, in: MüKo AktG, 6. Aufl. (2024), § 134 Rn. 14.

1236 Für eine Zurechnung: *Rieckers*, in: BeckOGK AktG, § 134 Rn. 20; *Koch*, in: Koch AktG, 2025, § 134 Rn. 12; *Herrler*, in: Grigoleit AktG, 3. Aufl. (2025), § 134 Rn. 11; dagegen: *Arnold*, in: MüKo AktG, 6. Aufl. (2024), § 134 Rn. 16.

1237 *Rieckers*, in: BeckOGK AktG, § 134 Rn. 20; *Herrler*, in: Grigoleit AktG, 3. Aufl. (2025), § 134 Rn. 11.

1238 *Herrler*, in: Grigoleit AktG, 3. Aufl. (2025), § 136 Rn. 14; *Rieckers*, in: BeckOGK AktG, § 136 Rn. 26; *Arnold*, in: MüKo AktG, 6. Aufl. (2024), § 136 Rn. 39.

1239 *Koch*, in: Koch AktG, 2025, § 136 Rn. 8; *Rieckers*, in: BeckOGK AktG, § 136 Rn. 28 m.w.N.; s. auch *Arnold*, in: MüKo AktG, 6. Aufl. (2024), § 136 Rn. 45 ff.

1240 *Rieckers*, in: BeckOGK AktG, § 136 Rn. 29 f.; *Arnold*, in: MüKo AktG, 6. Aufl. (2024), § 136 Rn. 57; *Koch*, in: Koch AktG, 2025, § 136 Rn. 10 f.

dem AktG ein rein formales Verständnis zugrunde liege, was sich ihrer Auffassung nach am Beispiel der Aktieninhaberschaft bei einem Squeeze-out nach § 327a AktG zeige, bei dem es nicht auf die wirtschaftliche, sondern nur auf die formale Eigentümerstellung ankomme.[1241] Dies mag für die Frage zutreffen, wem die Anteile i.S.d. § 327a Abs. 1 AktG gehören. Hieraus eine formaljuristische Sichtweise des gesamten AktG abzuleiten, wäre jedoch verkürzt, v.a. vor dem Hintergrund des Verweises des § 327a Abs. 2 AktG auf § 16 Abs. 2 und 4 AktG, wonach eine Zurechnung möglich ist. Nach herrschender Meinung kann die Stellung als „Hauptaktionär" i.S.d. § 327a AktG selbst dann angenommen werden, wenn der Hauptaktionär unmittelbar gar keine Aktie an der AG hält und damit formal gar keine Aktionärsstellung innehat.[1242] Der Norm ließe sich allenfalls entnehmen, dass eine formale Betrachtung die Regel ist und der Gesetzgeber eine wirtschaftliche Betrachtungsweise bzw. Zurechnung immer dann anordnet, wenn er dies für erforderlich hält. So widmet er etwa dem Umgehungsgeschäft in § 71a AktG eine ganze Vorschrift. In § 89 Abs. 3 AktG, § 115 Abs. 2 AktG oder § 134 Abs. 1 S. 3 und 4 AktG erweitert er den Anwendungsbereich ausdrücklich auf naheliegende Umgehungsmöglichkeiten. Dass Umgehungen teilweise explizit geregelt sind, lässt nicht zwingend den Umkehrschluss zu, dass überall dort, wo eine Regelung fehlt, ein formales Verständnis zugrunde zu legen ist und Umgehungen per se nicht erfasst und damit zulässig sind. Der Umstand, dass eine wirtschaftliche Betrachtungsweise nur an einigen Stellen im Gesetz normiert ist, bedeutet damit nicht, dass an allen anderen Stellen eine solche Betrachtungsweise ausgeschlossen ist.[1243] Das zeigt sich im Rahmen der Regelungen zur verbotenen Einlagenrückgewähr nach §§ 57, 62 AktG. Hier ist anerkannt, dass zum Schutz der Kapitalerhaltung und der Gesellschaftsgläubiger der Verbotstatbestand des § 57 Abs. 1 S. 1 AktG, der tatbestandlich die Aktionärseigenschaft voraussetzt, auch dann anzuwenden ist, wenn die AG verbotswidrig an einen Dritten leistet, der zwar nicht formal, aber wirtschaftlich die Rechtsstellung eines Aktionärs innehat.[1244] Das soll v.a. für den Treugeber als sog. faktischen Ak-

1241 *Denninger/Bülow*, AG 2023, 417, 422 Rn. 34.

1242 OLG Stuttgart, Urt. v. 1.12.2008, 20 W 12/08, AG 2009, 204, 207 m.w.N.; *Singhof*, in: BeckOGK AktG, § 327a Rn. 22 m.w.N.

1243 So zum schweizerischen Recht KGer Zug, Urt. v. 27.10.2016, A3 2015 27, 30.

1244 So ausdrücklich *Bayer*, in: MüKo AktG, 6. Aufl. (2024), § 57 Rn. 115; *Notz/Arnold*, in: GroßKomm AktG, 5. Aufl. (2022), § 57 Rn. 165; *Drygala*, in: KK AktG, 3. Aufl. (2011), § 57 Rn. 123 ff.

tionär gelten.[1245] Das AktG legt damit nicht in jedem Fall eine rein formale Betrachtungsweise zugrunde, sodass das einer erweiterten Auslegung nicht entgegengehalten werden kann.

(4) Zusammenfassung

Aus der bisherigen Auslegung lässt sich ableiten, dass es unabhängig von der formalen Eigentümerstellung darauf ankommt, wer durch die Ausübung seines Stimmrechts maßgeblichen Einfluss ausüben kann, was für die zu klärende Frage ein erweitertes Verständnis des Übertragungsbegriffs nahelegt. Auch die systematische Auslegung legt ein weites Verständnis nahe, betont aber zugleich, dass hierfür der Sinn und Zweck der jeweiligen Regelung von entscheidender Bedeutung ist.

(iii) Historische Auslegung

Die Bedeutungsfindung einer einzelnen Regelung erfordert die Ermittlung und Berücksichtigung der Vorstellungen, des Willens sowie der Motive des Gesetzgebers. Für die historische Auslegung ist der Wille des Gesetzgebers sowie seine Begründung, warum das jeweilige Gesetz eingeführt wurde, von entscheidender Bedeutung. Ziel ist die Ermittlung des Gebotsgehalts einer Vorschrift im Kontext ihrer Entstehungsgeschichte.[1246] Der Ausgangspunkt und die Grundannahme dieser Auslegungsmethode ist zwar, dass zwischen dem Gesetzeserlass und der konkreten Normanwendung lange Zeiträume liegen können, in denen sich die zugrunde liegenden Verhältnisse grundlegend geändert haben können.[1247] Die historische Auslegung dient aber zugleich der Ermittlung des von dem Gesetzgeber verfolgten Zwecks der Norm und bietet auch für neue Gesetze einen maßgeblichen Ansatzpunkt.

Die Wiedereinführung von Mehrstimmrechtsaktien soll einen wesentlichen Anreiz für Unternehmen setzen, den Schritt an die Börse zu wagen. Die Möglichkeit, die Strukturen flexibler zu gestalten, soll insbesondere

1245 BGH, Urt. v. 13.11.2007, XI ZR 294/07, NZG 2008, 106 ff.; statt vieler: *Cahn/Schild von Spannenberg*, in: BeckOGK AktG, § 57 Rn. 72 m.w.N.

1246 *Rüthers/Fischer/Birk*, Rechtstheorie und juristische Methodenlehre, 12. Aufl. (2022), Rn. 780 ff.

1247 *Rüthers/Fischer/Birk*, Rechtstheorie und juristische Methodenlehre, 12. Aufl. (2022), Rn. 779.

für Wachstumsunternehmen und Start-ups bestehen, um potenzielle Hindernisse für einen Börsengang zu überwinden und ihre Innovationsfähigkeit zu stärken. Viele dieser Unternehmen vermeiden einen Börsengang aus Sorge, damit verbundene Kontrolle und Einflussnahme zu verlieren. Gleichzeitig hat der Gesetzgeber betont, dass die Wiedereinführung von Mehrstimmrechten durch konkrete Vorgaben in § 135a AktG ergänzt werden sollte, um den Schutz von Anlegern ohne Mehrstimmrechte, Investoren und Kapitalmärkten sicherzustellen.[1248] Diese Maßnahmen seien erforderlich, da das überproportionale Stimmrecht die Rechte der übrigen Aktionäre und somit die Kontrolle über das Unternehmen beeinträchtigen könne. Um mögliche Missbräuche und Interessenkonflikte zu verhindern, sei eine unbeschränkte Gewährung von Mehrstimmrechten nicht angebracht, sondern es seien gesetzliche Schutzmechanismen vorzusehen. In der Begründung zu § 135 Abs. 2 AktG wird ausgeführt, dass entsprechend der Zielrichtung des Vorschlags Mehrstimmrechtsstrukturen auch nach einem Börsengang möglich sein sollen. Allerdings sei dann ein erweiterter Anleger- und Minderheitenschutz vorzusehen.[1249] Der Hintergrund der übertragungsbasierten Verfallsklausel liege darin, dass die bisherigen Inhaber im Umfang der Übertragung nicht mehr an der Entwicklung des Unternehmens partizipieren. Der mit dem Mehrstimmrecht verfolgte Zweck, den Gründern auch nach einem Börsengang in der Wachstumsphase eine Kontrolle über die Unternehmensstrategie zu ermöglichen, entfalle im Falle der Übertragung.[1250] Abschließend heißt es sodann:

> *„Der Begriff der Übertragung ist vor diesem Hintergrund weit zu verstehen und umfasst nicht nur rechtsgeschäftliche Verfügungen, sondern auch alle Fälle gesetzlicher Einzel- oder Gesamtrechtsnachfolge (wie etwa § 1922 BGB). Die freie Handelbarkeit wird durch die Regelung nicht eingeschränkt."*[1251]

Legt man dieses Verständnis zugrunde, so erschöpft sich der Sinn und Zweck der übertragungsbasierten Verfallsklausel darin, das Mehrstimmrecht wegen Zweckfortfalls zum Erlöschen zu bringen, sobald sein ursprünglicher Inhaber nicht mehr durch die Ausübung seines Stimmrechts an den Entwicklungen des Unternehmens teilnehmen kann. Der ursprüngliche Inhaber nimmt aber auch dann nicht an den Entwicklungen teil,

1248 RegE ZuFinG vom 16.8.2023, S. 126.
1249 RegE ZuFinG vom 16.8.2023, S. 130.
1250 RegE ZuFinG vom 16.8.2023, S. 130.
1251 RegE ZuFinG vom 16.8.2023, S. 130 f.

wenn er tatsächlich keinen Einfluss mehr über seine formal gehaltenen Mehrstimmrechtsaktien ausüben kann. Die historische Auslegung spricht damit ebenfalls für ein weites Verständnis.

(iv) Zusammenfassendes Auslegungsergebnis

Der Wortlaut des § 135a Abs. 2 S. 1 AktG lässt Zweifel darüber aufkommen, wie der Begriff der Übertragung zu verstehen ist. Eine systematische Einordnung legt nahe, dass es nicht primär auf die formale Eigentümerstellung ankommt, sondern auf das aus ihr folgende Stimmrecht und dessen tatsächliche Ausübung. Diese Erwägung lässt sich durch den Wortlaut des Art. 4 Abs. 2 S. 2 lit. a MVRD und die systematische Auslegung stützen. Der Vergleich mit anderen Regelungen hat gezeigt, dass die Frage, ob Stimmrechte zugerechnet werden oder bestimmte Tatbestände erweiternd auszulegen sind und damit die Frage, ob eine wirtschaftliche Betrachtungsweise angebracht ist, ausgehend von dem jeweiligen Zweck der Regelung beantwortet werden muss. Entscheidend ist, ob der betreffende Gesellschafter einen maßgeblichen Einfluss auf das Stimmverhalten ausüben kann. Das deckt sich mit dem Willen des Gesetzgebers sowie dem in § 135a Abs. 2 S. 1 AktG zugrunde liegenden Zweck, das Mehrstimmrecht wegen Zweckfortfalls zum Erlöschen zu bringen, sobald sein ursprünglicher Inhaber nicht mehr durch die Ausübung seines Stimmrechts an den Entwicklungen des Unternehmens teilnehmen kann. Ein solches Verständnis ließ sich auf den Wortlaut des Richtlinienvorschlags der Kommission in Art. 5 Abs. 2 S. 2 lit. a MVRD-E (COM) stützen. Hierin war geregelt, dass Mitgliedstaaten fakultativ eine Bestimmung vorsehen können,

> *„um zu verhindern, dass die mit Mehrstimmrechtsaktien verbundenen erweiterten Stimmrechte auf Dritte übertragen werden oder nach Ableben, Verlust der Geschäftsfähigkeit oder Ausscheiden des ursprünglichen Inhabers der Mehrstimmrechtsaktien weiterbestehen".*

Der Schwerpunkt liegt damit nicht in der Übertragung der Mehrstimmrechtsaktie, sondern der mit ihr verbundenen erweiterten Stimmrechte. Hinsichtlich der jeweiligen Umgehungskonstellationen gilt Folgendes:

(αα) Treuhandgestaltung und Stimmbindungsvertrag

Gemessen an dem so verstandenen Zweck und den systematischen Erwägungen ist von entscheidender Bedeutung, ob durch die jeweilige Gestaltungsmodalität einem anderen als dem Mehrstimmrechtsaktionär Einfluss auf die Entscheidungsfindung in der Gesellschaft gewährt wird. Dies kann im Falle der Ausübung des Stimmrechts nach Weisung oder durch eine schuldrechtliche Verpflichtung infolge einer Stimmbindungsvereinbarung angenommen werden. Verpflichtet sich der Mehrstimmrechtsaktionär gegenüber einem Mitaktionär, der nicht mehrfachstimmberechtigt ist, oder gegenüber einem Dritten schuldrechtlich zu einer bestimmten Stimmabgabe, so liegt die Entscheidung über die Entwicklung des Unternehmens nicht mehr originär bei dem Mehrstimmrechtsaktionär. Das gilt ebenfalls für den Treuhandvertrag, bei dem der Mehrstimmrechtsaktionär sein Stimmrecht entsprechend den Weisungen des Treugebers für diesen ausübt. Legt man das gefundene Auslegungsergebnis, insbesondere den von dem Gesetzgeber verfolgten Zweck zugrunde, müssten diese Fälle von der übertragungsbasierten Verfallsklausel erfasst werden.

(ββ) Fälle des mittelbaren Erwerbs

Im Falle des mittelbaren Erwerbs gilt das nicht ohne Weiteres. Hier besteht die Besonderheit darin, dass der Gesetzgeber im Ausgangspunkt hinsichtlich der Inhaberschaft keine Beschränkung auf natürliche Personen vorgenommen hat. Ist eine Gesellschaft Inhaberin von Mehrstimmrechten, ist das in der Gründungssatzung vorzusehen, oder es bedarf der Zustimmung aller betroffenen Aktionäre. Für alle Beteiligten ist von Anfang an ersichtlich, dass sich die Beteiligungsverhältnisse an dieser Gesellschaft verändern können. Für nach einem Börsengang hinzutretende, einfachstimmberechtigte Aktionäre ist dieser Umstand aufgrund hinreichender Transparenz ebenfalls erkennbar. In dieser Fallkonstellation ist das Schutzbedürfnis geringer als in den beiden zuvor dargestellten Konstellationen. Etwas anderes wird man vor dem Hintergrund der systematischen Gesamtschau und dem Sinn und Zweck für die Fälle annehmen müssen, in denen die Anteile einer reinen Holdinggesellschaft übertragen werden, deren Zweck allein oder weit überwiegend in der Beteiligung an der AG liegt. Hier spricht vieles für einen systematischen Gleichlauf zur Rechtslage zur Vinkulierung, sodass jedenfalls die Fälle als von der übertragungsbasierten Verfallsklausel erfasst angesehen werden müssten.

(γγ) Teleologische Reduktion bei Umstrukturierungsmaßnahmen?

Da es darauf ankommt, ob einem anderen als dem Mehrstimmrechtsaktionär Einfluss auf die Entscheidungsfindung in der Gesellschaft gewährt wird, wäre es konsequent, Umstrukturierungsmaßnahmen im Wege der teleologischen Reduktion aus dem Anwendungsbereich des § 135a Abs. 2 S. 1 AktG herauszunehmen.[1252] Sofern der Mehrstimmrechtsaktionär seine Anteile an eine juristische Person überträgt, an der nur er beteiligt ist, nimmt bei wirtschaftlicher Betrachtung kein „anderer" Einfluss auf die Entscheidungsfindung innerhalb der AG. Auch nach der Übertragung nimmt der bisherige Inhaber in gleichem Umfang an der Entwicklung des Unternehmens teil.

(δδ) Geldwäscherechtlicher Ansatz

Die vorstehend genannte Konstellation der Umstrukturierungsmaßnahme wird als Anknüpfungspunkt dafür angesehen, insgesamt für Umgehungsfälle auf den „wirtschaftlich Berechtigten" abzustellen.[1253] Das führt allerdings nicht in jedem Fall zu sachgerechten Ergebnissen.

Zunächst handelt es sich hierbei um einen geldwäscherechtlichen Begriff. § 3 GwG bestimmt, wer „wirtschaftlich Berechtigter" i.S.d. GwG ist. Gemäß § 3 Abs. 2 S. 1 GwG zählt bei einer juristischen Person zu den wirtschaftlich Berechtigten jede natürliche Person, die unmittelbar oder mittelbar mehr als 25 % der Kapitalanteile hält (Nr. 1), mehr als 25 % der Stimmrechte kontrolliert (Nr. 2) oder auf vergleichbare Weise Kontrolle ausübt (Nr. 3). Das Ziel des GwG besteht in der Herstellung von Transparenz, indem diejenigen natürlichen Personen identifiziert werden, die tatsächlich über die entsprechenden Vermögenswerte verfügen.[1254] Die Intention des GwG ist nicht nur die Verhinderung von Geldwäsche, sondern auch die

1252 Ebenso *Harnos*, in: Schmidt/Lutter AktG, 5. Aufl. (2024), § 135a Rn. 37; im Ergebnis auch *Gebhard/Herzog*, ZIP 2023, 1161, 1166; *Wolf*, Mehrstimmrechtsaktien (2023), S. 358; *Krebs*, in: Hölters/Weber AktG, 5. Aufl. (2025), § 135a Rn. 16; *Koch*, in: Koch AktG, 2025, § 135a Rn. 11; *Rieckers*, in: BeckOGK AktG, § 135a Rn. 53; a.A. *Mock/Mohamed*, in: Heidel (Hrsg.), Aktienrecht und Kapitalmarktrecht, 6. Aufl. (2024), § 135a Rn. 44.

1253 So *Wittig/Hummelmeier*, WM 2024, 332, 338; Ebenso *Eichten/Lang/Morlock*, notar 2024, 75, 83.

1254 RegE GwBekErgG, BT-Drs. 16/9038, S. 30.

Unterbindung und Prävention von Terrorismusfinanzierung.[1255] Im Gegensatz dazu soll die übertragungsbasierte Verfallsklausel eine Kompromisslösung zur Verringerung des mit den Mehrstimmrechten auftretenden Corporate Governance Problemen führen, sodass der Anknüpfungspunkt ein anderer ist.[1256]

Neben dieser unterschiedlichen Zweckverfolgung zeigt schon das Beispiel der Treuhand, wieso ein Abstellen auf den wirtschaftlich Berechtigten nicht in jedem Fall weiterhilft. Im Falle der Treuhand gelten sowohl der Treuhänder aufgrund seiner unmittelbaren Kontrolle (§ 3 Abs. 2 S. 1 Nr. 1 oder Nr. 2 GwG) als auch der Treugeber aufgrund seiner mittelbaren Kontrolle (§ 3 Abs. 2 S. 1 Nr. 3 GwG) als wirtschaftlich Berechtigte.[1257] Die Frage, ob Mehrstimmrechte aufgrund des Abschlusses einer Treuhandabrede erlöschen und eine „Übertragung" i.S.d. § 135a Abs. 2 S. 1 AktG vorliegt, lässt sich damit dem Begriff des wirtschaftlich Berechtigten gerade nicht beantworten. Es findet kein Wechsel in der „wirtschaftlichen Berechtigung" i.S.d. GwG statt, sondern es tritt vielmehr ein weiterer wirtschaftlich Berechtigter hinzu. Der geldwäscherechtliche Ansatz ist damit nicht in jedem Fall überzeugend.[1258]

(εε) Übernahmerechtlicher Ansatz

Ein weiterer Lösungsansatz liegt in der tatbestandlichen Anlehnung an die vertypten Konstellationen des kapitalmarktrechtlichen Zurechnungsregimes des § 30 WpÜG.[1259] Hiernach sei der Übertragungsbegriff übernahmerechtsakzessorisch auszulegen, was bedeute, dass in allen Fällen der Stimmrechtszurechnung zugleich eine zum Erlöschen der Mehrstimmrechte führende Übertragung i.S.d. § 135a Abs. 2 S. 1 AktG anzunehmen sei.[1260] Die Zurechnungstatbestände würden damit „vorgreiflich" wirken, da keine

1255 Statt vieler *Kertesz*, in: BeckOK GwG, 24. Aufl. (2025), § 3 Rn. 1 ff.

1256 *Harnos*, in: Schmidt/Lutter AktG, 5. Aufl. (2024), § 135a Rn. 41.

1257 RegBegr., BT-Drs. 18/11555, S. 130; Bundesverwaltungsamt, FAQ zum Transparenzregister (5.5.2023) (5.5.2023), S. 15 f.; *Reuter*, in: BeckOGK GwG (2025), § 3 Rn. 74 ff.

1258 Kritisch auch *Harnos*, in: Schmidt/Lutter AktG, 5. Aufl. (2024), § 135a Rn. 41.

1259 *Kraack*, NZG 2023, 1151, 1154; *Ceesay*, Die Wiedereinführung der Mehrstimmrechtsaktien: Nachbesserungsbedarf beim Regierungsentwurf des ZuFinG (30.9.2023), II. 2. a); *Ceesay*, Die Wiedereinführung der Mehrstimmrechtsaktien (2023), S. 24.

1260 *Ceesay*, AG (ZuFinG Sonderbeilage) 2024, S2, S6 Rn. 36.

die Meldepflicht auslösende Zurechnung stattfinde, sondern auf vorgelagerter Stufe Mehrstimmrechte, sofern sie einem Dritten zuzurechnen wären, erlöschen würden. Gegen einen solchen Ansatz könnte der unterschiedliche Anwendungsbereich sprechen. Während sich § 1 Abs. 1 WpÜG auf Angebote zum Erwerb von Wertpapieren beschränkt, die von einer Zielgesellschaft ausgegeben wurden und zum Handel an einem organisierten Markt zugelassen sind, ist § 135a Abs. 2 S. 1 AktG auch auf die AG anwendbar, deren Aktien in den Handel im Freiverkehr nach § 48 des Börsengesetzes einbezogen wurden. Da auf letztere das WpÜG nicht anwendbar ist, überzeugt dieser Ansatz dogmatisch nicht vollständig.[1261]

(v) Anzuwendende Rechtsfolge

§ 135a Abs. 2 S. 1 AktG sieht im Falle des Zweckfortfalls durch Übertragung ein Erlöschen der Mehrstimmrechte vor, sodass diese Rechtsfolge auf die Umgehungskonstruktionen angewandt werden könnte. Nach allgemeinen zivilrechtlichen Grundsätzen zur geltenden objektiven Umgehungslehre wird die Rechtsfolge der umgangenen Norm auf das Umgehungsgeschäft angewandt.[1262] So ist dies auch bei der Vinkulierung, bei der der Treuhandvertrag oder die Stimmbindungsvereinbarung den Wirksamkeitsanforderungen der umgangenen Norm, also der Zustimmung der Aktionäre, unterworfen wird. Angewendet auf die übertragungsbasierte Verfallsklausel würde das bedeuten, dass entweder der Übertragungsbegriff teleologisch extensiv auszulegen oder aber die Rechtsfolge des § 135a Abs. 2 S. 1 AktG analog auf den Treuhand- bzw. Stimmbindungsvertrag zu übertragen wäre.[1263] Ungeachtet des Vorliegens der Voraussetzungen einer Analogie,[1264]

1261 Ähnlich *Harnos*, in: Schmidt/Lutter AktG, 5. Aufl. (2024), § 135a Rn. 38.

1262 Ebenso im Zusammenhang mit der Vinkulierung *Löbbe*, in: Habersack/Casper/Löbbe GmbHG, 4. Aufl. (2025), § 15 Rn. 271; *Hefermehl*, in: Soergel BGB, 13. Aufl. (1999), § 134 Rn. 41.

1263 Zu dieser dogmatischen Frage im Falle der Umgehungsgeschäfte allgemein etwa *Vossler*, in: BeckOGK BGB, § 134 Rn. 78; *Armbrüster*, in: MüKo BGB, 10. Aufl. (2025), § 134 Rn. 19 ff.

1264 An den Voraussetzungen einer Analogie, konkret an dem Vorliegen einer planwidrigen Regelungslücke, könnte gezweifelt werden, da sowohl in der Literatur als auch in den von der Regierung eingeholten Stellungnahmen nach Veröffentlichung des Referentenentwurfs umfassend auf die möglichen Umgehungskonstruktionen hingewiesen wurde. Gleichwohl hat der Gesetzgeber diese Thematik nicht aufgegriffen. Hierauf weist zu Recht nun auch *Harnos*, in: Schmidt/Lutter AktG, 5. Aufl. (2024), § 135a Rn. 40 hin.

passt letzteres nicht,[1265] da sich die Rechtsfolge in Form des Erlöschens der Mehrstimmrechte nicht auf das umgangene Geschäft in Form der Treuhandabrede, des Stimmbindungsvertrags oder gar des mittelbaren Erwerbs übertragen lässt. Im Gegensatz zum Fall der Vinkulierung ist die „Angriffsrichtung“ eine andere, denn der Anknüpfungspunkt ist nicht das Umgehungsgeschäft. Vielmehr wird der Inhaber der Mehrstimmrechtsaktie, der die Vereinbarung schließt oder eine Gesellschaft zwischenschaltet, um deren Anteile zu veräußern, mit dem Entfall seines Privilegs in Form des Mehrstimmrechts sanktioniert. Dabei lässt sich eine gewisse Parallele zur Obliegenheit ziehen. Eine solche kann rechtlich zwar nicht einklagbar erzwungen werden, ihre Verletzung ist aber mit Rechtsnachteilen verbunden, sodass ein Eigeninteresse daran besteht, die Obliegenheit nicht zu verletzen. Ähnlich wäre es im Falle der übertragungsbasierten Verfallsklausel. Der Mehrstimmrechtsaktionär könnte ohne Weiteres die Umgehungsgeschäfte vornehmen, müsste aber damit rechnen, dass sein Privileg in Form der Mehrstimmrechte (unumkehrbar) erlischt und ihm – bzw. wirtschaftlich betrachtet dem Dritten – infolgedessen nur ein einfaches Stimmrecht zukommt.

Bei einem Umgehungsgeschäft muss aber nicht zwangsläufig die Rechtsfolge des umgangenen Geschäfts auf das Umgehungsgeschäft übertragen werden. Diejenigen, welche die Vinkulierung auf den Fall des mittelbaren Erwerbs einer reinen Holding erstrecken, wenden nicht die Rechtsfolge der Vinkulierungsklausel auf das umgangene Geschäft an, sondern sehen in der Umgehung eine Treuepflichtverletzung des Aktionärs. Diese besteht darin, dass der Aktionär seine Anteile an der Gesellschaft, die den vinkulierten Geschäftsanteil hält, nicht ohne deren Zustimmung veräußern darf. Eine derartige Treuepflicht trifft den Mehrstimmrechtsaktionär nicht. Er kann nicht verpflichtet werden, keine Stimmbindungsverträge oder Treuhandabreden zu treffen. Ein Aktionär ist nicht einmal verpflichtet, sein Stimmrecht persönlich auszuüben. Für den Mehrstimmrechtsaktionär kann nichts anderes gelten. Eine juristische Person kann Mehrstimmrechtsaktionärin sein, die ihre Anteile frei veräußern kann. Vor dem Hintergrund der Regelung in § 135a Abs. 2 S. 1 AktG und der dahinterstehenden Wertung ist allein der Ansatz überzeugend, dass den Mehrstimmrechtsaktionär die Obliegenheit

1265 Für eine analoge Anwendung der Rechtsfolge des § 135a Abs. 2 S. 1 AktG auf vergleichbare Fälle *Krebs*, in: Hölters/Weber AktG, 5. Aufl. (2025), § 135a Rn. 17.

trifft,[1266] sein Stimmrecht in eigenem Namen auf eigene Rechnung und ohne sonstige Bindung auszuüben. Tut er dies nicht, so erleidet er einen Rechtsnachteil. Der Unterschied zur Treuepflicht liegt darin, dass die Obliegenheit nicht einklagbar ist.

Ein Rechtsnachteil in Form des endgültigen Erlöschens des Mehrstimmrechts könnte allerdings dann nicht angemessen sein, wenn ein milderes, gleich geeignetes Mittel zur Verfügung stünde, was im Folgenden geprüft werden soll.

(1) Zeitweise Reduzierung auf ein einfaches Stimmrecht?

Als milderes Mittel käme eine nur vorübergehende Reduzierung auf ein einfaches Stimmrecht in Betracht. Ob es sich hierbei um ein gleich geeignetes Mittel handelt, soll im Folgenden untersucht werden. Im Gegensatz zur im Gesetz geregelten Übertragung ist ein schuldrechtlicher Vertrag oft nicht auf Dauer angelegt. Es könnte erwogen werden, das Mehrstimmrecht nicht automatisch erlöschen zu lassen, da die automatische Umwandlung einer Mehrstimmrechtsaktie in eine Stammaktie nicht reversibel ist. Denkbar wäre eine Parallele zur stimmrechtslosen Vorzugsaktie. Vorzugsaktien sind ähnlich wie Mehrstimmrechtsaktien im Vergleich zu Stammaktien mit einer bevorzugten Rechtsstellung ausgestattet. Wird der finanzielle Vorzug nicht gezahlt, lebt das Stimmrecht gemäß § 140 Abs. 2 AktG auf, bis die Rückstände beglichen sind. Im Falle der Mehrstimmrechtsaktie wird das Privileg in Form der erhöhten Stimmkraft jedoch kompensationslos gewährt. Nach dem Verständnis des Gesetzgebers lässt sich für die börsennotierte AG allerdings eine Verknüpfung zwischen erhöhtem Stimmrecht und konkretem Mehrstimmrechtsinhaber herstellen. Wird nun dieses Verhältnis „zeitweise durchbrochen", könnte das wiederum eine zeitweise Aufhebung des Vorzugs rechtfertigen. Für die Zeit, in der der Mehrstimmrechtsinhaber sein Mehrstimmrecht nicht in eigenem Namen und auf eigene Rechnung aufgrund einer schuldrechtlichen Vereinbarung ausübt, formal betrachtet aber Eigentümer ist, wäre eine Reduzierung auf ein einfaches Stimmrecht denkbar.

Dieser Ansatz ist abzulehnen, da er für eine zu große Rechtsunsicherheit führen würde und nicht praktikabel wäre. V.a. wären die Stimmrechte der übrigen Aktionäre betroffen, die durch das zeitweise Erlöschen der

1266 Eine Obliegenheit lässt sich als Handeln definieren, das nicht erzwungen werden kann, aber zur Vermeidung von Rechtsnachteilen im Eigeninteresse geboten ist.

Mehrstimmrechte an proportionalem Gewicht gewinnen und später – ohne ihr Zutun – wieder verlieren würden. Die Stimmkraft der übrigen Aktionäre kann nicht dem Belieben des Mehrstimmrechtsaktionärs unterstellt werden. Zudem ließen sich die Fälle des mittelbaren Erwerbs hiermit nicht lösen.

(2) Erlöschen des Mehrstimmrechts; Rechtsgedanke aus § 162 BGB

Eine schuldrechtliche Rechtsfolge sowie eine nur zeitweise Nichtgeltung des Mehrstimmrechts entsprechen nicht dem gesetzgeberischen Zweck. Damit kommt nur das vollständige Erlöschen des Mehrstimmrechts mit der Folge der Umwandlung der Mehrstimmrechtsaktie in eine Stammaktie in Betracht.

Das ist mit den Rechtswirkungen eines auflösend bedingten Rechtsgeschäfts i.S.d. § 158 Abs. 2 BGB vergleichbar. Die übertragungsbasierte Verfallsklausel kann als auflösende Bedingung betrachtet werden, sodass sich dieses Ergebnis auf den Rechtsgedanken des § 162 BGB stützen lässt. Wird der Bedingungseintritt von der Partei, zu deren Nachteil er gereicht, wider Treu und Glauben verhindert, so fingiert § 162 Abs. 1 BGB den Eintritt der Bedingung. Trotz der erhöhten Voraussetzungen lässt sich hieraus die Grundwertung entnehmen, dass derjenige, der den Eintritt der Bedingung verhindert, nicht in dem Genuss der für ihn vorteilhaften Rechtswirkung bleiben soll. Wird ein Stimmbindungsvertrag oder eine Treuhandabrede geschlossen, oder werden Mehrstimmrechte auf eine zwischengeschaltete reine Holding übertragen, um das Erlöschen des Mehrstimmrechts nach § 135a Abs. 2 S. 1 AktG zu verhindern, stellen die jeweiligen Umgehungskonstruktionen eine Verhinderung des Bedingungseintritts dar. Wäre das möglich, würde der Zweck der Norm nicht verwirklicht werden und die Regelung enthielte regelrecht eine Einladung zur Umgehung.[1267]

(vi) Klarstellung in der Satzung

Wollen die Aktionäre sicherstellen, dass Umgehungsmöglichkeiten von der übertragungsbasierten Verfallsklausel erfasst werden, können sie dies in der Satzung regeln. Dadurch können mögliche Folgestreitigkeiten über die Auslegung des Übertragungsbegriffs vermieden werden. Eine derartige

1267 Siehe Deutscher Anwaltverein (DAV), Stellungnahme ZuFinG (Mai 2023), S. 28.

Regelung ist zulässig, da sie über die gesetzliche Regelung hinausgeht und somit „weitere Erfordernisse" i.S.d. § 135a Abs. 3 AktG darstellt. Rechtliche Interessen Dritter werden durch diese Regelung nicht berührt, da die Wirksamkeit der jeweiligen Umgehungsgeschäfte im Außenverhältnis unberührt bleiben. Eine Satzungsregelung könnte etwa wie folgt lauten:

> *„Einer Übertragung der Aktie im Sinne des § 135a Abs. 2 S. 1 AktG steht es gleich, wenn*
> *1. das Mehrstimmrecht infolge einer Treuhandvereinbarung oder einer sonstigen Vereinbarung, die wirtschaftlich auf eine Verfügung über die Aktie gerichtet ist, bei wirtschaftlicher Betrachtung einem anderen als dem Mehrstimmrechtsaktionär zukommt, oder*
> *2. es im Fall einer juristischen Person als Mehrstimmrechtsaktionärin, deren Zweck allein oder weit überwiegend in dem Halten der Mehrstimmrechtsaktien liegt, auf Ebene dieser juristischen Person zu einem Kontrollwechsel kommt."*

Es empfiehlt sich zu definieren, wann ein Kontrollwechsel nach Auffassung der Satzungsgeber vorliegen soll. Die Nr. 2 der Klausel bindet allerdings nur die Aktionäre und nicht die an der Beteiligungsgesellschaft beteiligten Gesellschafter. Zwischen den Gesellschaftern der Beteiligungsgesellschaft und den Aktionären der mit Mehrstimmrechten ausgestatteten AG kann eine Vereinbarung getroffen werden, die die Aufnahme einer sog. verlängerten Konzernklausel auf Ebene der Beteiligungsgesellschaft vorsieht.[1268]

(vii) Zwischenfazit

De lege lata ergibt das Auslegungsergebnis, dass die Vornahme von Umgehungsgeschäften mit dem endgültigen Erlöschen des Mehrstimmrechts sanktioniert werden muss.

cc) Zwingende Vinkulierung als milderes Mittel *de lege ferenda*?

Um eine höhere Flexibilität zu gewährleisten, wird anstelle der übertragungsbasierten Verfallsklausel als milderes Mittel eine Pflicht zur Vinkulie-

1268 So zur Vinkulierung *Werner*, NZG 2024, 438, 442.

rung vorgeschlagen.[1269] Dem Gesetz sind Fälle der obligatorischen Vinkulierung nicht fremd. Die Vinkulierung ist im AktG zwingend vorgeschrieben für die Begründung satzungsmäßiger Nebenleistungspflichten (§ 55 Abs. 1 AktG) oder die Einräumung von Entsendungsrechten in den Aufsichtsrat (§ 101 Abs. 2 S. 2 AktG).[1270] Die Entscheidung über die Zustimmung sollte dann aber nicht beim Vorstand, sondern bei der Hauptversammlung liegen (§ 68 Abs. 2 S. 3 AktG),[1271] die den Zustimmungsbeschluss ohne die Geltung der Mehrstimmrechte zu fassen hätte.[1272] Das wirft die Folgefrage auf, ob die nicht zustimmenden Aktionäre zu schützen wären. *Hopt/Kalss* erwägen in Anknüpfung an die Regelungen im Übernahmerecht die Möglichkeit eines Ausscheidensrechts der überstimmten Aktionäre, lehnen ein solches Recht im Ergebnis aber ab.[1273] Es sei weder ökonomisch notwendig noch angemessen, dass dem Mehrstimmrechtsinhaber auf Kosten der anderen Aktionäre zu weit entgegengekommen würde. Dem ist gestützt auf die schweizerische Rechtslage zuzustimmen, wo eine solche Regelung praktisch bedeutungslos geblieben ist.[1274]

Ein Vorteil der Vinkulierung besteht darin, dass der Mehrstimmrechtsaktionär jeden Übertragungsvorgang zur Zustimmungserteilung bekanntgeben muss. Für Folgefragen, insbesondere den passiven Kontrollerwerb und die Aktualisierung des Aktienregisters kann das vorteilhaft sein. Der Gesetzgeber selbst geht davon aus, dass die Vinkulierung den Regelfall bilden wird.[1275] Für die rechtsgeschäftliche Übertragung stellt die Vinkulierung ein milderes, gleich geeignetes Mittel dar, welches einen flexiblen Umgang im Einzelfall ermöglicht. Fälle der Gesamtrechtsnachfolge oder

1269 So *Casper*, ZHR 187 (2023), 5, 33; *Handelsrechtsausschuss des Deutschen Anwaltvereins* (DAV), NZG 2023, 464, 469; Deutscher Anwaltverein (DAV), Stellungnahme ZuFinG (Mai 2023), S. 28; *Arnold*, in: MüKo AktG, 6. Aufl. (2024), § 135a Rn. 18.

1270 Weitere verpflichtende Vinkulierungen sind außerhalb des AktG in § 2 Abs. 1 LuftNaSiG, §§ 28 Abs. 5 S. 2, 130 Abs. 2 S. 1 WPO und § 50 Abs. 5 S. 2 StBerG, s. *Merkt*, in: GroßKomm AktG, 5. Aufl. (2018), § 68 Rn. 200 ff. *Paefgen*, in: Henssler/Strohn, 6. Aufl. (2024), § 68 Rn. 5.

1271 *Handelsrechtsausschuss des Deutschen Anwaltvereins* (DAV), NZG 2023, 464, 469; *Hopt/Kalss*, ZGR 2024, 84, 138, die einen mit satzungsändernder Mehrheit zu fassenden Beschluss fordern.

1272 *Handelsrechtsausschuss des Deutschen Anwaltvereins* (DAV), NZG 2023, 464, 469.

1273 *Hopt/Kalss*, ZGR 2024, 84, 138.

1274 S. hierzu schon unter E.IV.3.c).

1275 Begr. RegE ZuFinG vom 16.8.2023, S. 128.

des gesetzlichen Übergangs wären hingegen nicht erfasst,[1276] sodass die zwingende Vinkulierung nicht gleich geeignet wäre, den von dem Gesetzgeber formulierten Zweck vollständig zu erfüllen.

dd) Stellungnahme: Streichung des § 135a Abs. 2 S. 1 AktG

(1) Regelfall: Mehrstimmrecht als anteilsbezogenes, nicht personengebundenes Recht

Indem der Gesetzgeber den Zweck des Mehrstimmrechts darin sieht, den Gründern auch nach einem Börsengang in der Wachstumsphase die Kontrolle über die Entwicklung und Strategie des Unternehmens zu ermöglichen, die im Umfang der Übertragung entfällt, macht er aus dem Mehrstimmrecht in der börsennotierten AG ein personenbezogenes,[1277] wenn nicht höchstpersönliches Recht. Wie oben dargestellt, trifft den Mehrstimmrechtsaktionär faktisch die Obliegenheit, sein Stimmrecht in eigenem Namen auf eigene Rechnung und ohne sonstige Bindung auszuüben, da er andernfalls den Rechtsnachteil in Form des Erlöschens seines Mehrstimmrechts erleidet. Das fügt sich nicht ohne Weiteres in das allgemeine gesellschaftsrechtliche System ein. In der Personengesellschaft und der GmbH stellt das Mehrstimmrecht ein Sonderrecht[1278] dar,[1279] das grds. und im Zweifel anteilsbezogen und nicht höchstpersönlich ausgestal-

---

1276 *Koch*, in: Koch AktG, 2025, § 68 Rn. 11; *Lutter/Drygala*, in: KK AktG, 3. Aufl. (2011), § 68 Rn. 6, 66; *Bayer*, in: MüKo AktG, 6. Aufl. (2024), § 68 Rn. 52.

1277 *Gebhard/Herzog*, ZIP 2023, 1161, 1167 sprechen insoweit von einem aktionärsbezogenen Mehrstimmrecht; ebenso *Wolf*, Mehrstimmrechtsaktien (2023), S. 364; *Rieckers*, in: BeckOGK AktG, § 135a Rn. 51.

1278 Der Begriff des Sonderrechts wird im Aktienrecht allgemein vereinzelt kritisch gesehen, vgl. etwa *Heider*, in: MüKo AktG, 6. Aufl. (2024), § 11 Rn. 14 m.w.N.; im Falle des aktienrechtlichen Mehrstimmrechts ein Sonderrecht ablehnend *Harnos*, in: Schmidt/Lutter AktG, 5. Aufl. (2024), § 135a Rn. 28; *Rieckers*, in: BeckOGK AktG, § 135a Rn. 24.

1279 *Hadding*, in: Soergel BGB, 13. Aufl. (2000), § 35 Rn. 13; *Leuschner*, in: MüKo BGB, 10. Aufl. (2025), § 35 Rn. 5; *Könen*, in: BeckOGK BGB, § 35 Rn. 20; Für die AG *Eckardt*, in: Geßler/Hefermehl/Eckardt/Kropff AktG (1984), § 12 Rn. 61, der allerdings von einer Personengebundenheit ausgeht; zwischen 1900 und 1937 galt das Mehrstimmrecht nicht als Sonderrecht des Einzelaktionärs, sondern als Sonderrecht der Aktiengattung, was zur Folge hatte, dass für einen Entzug die Zustimmung sämtlicher Mehrstimmrechtsaktionäre nicht erforderlich war, vgl. *Hueck*, Vorzugsaktien (1922), S. 72 f.; für die GmbH: *Trölitzsch*, in: BeckOK GmbHG, § 53 Rn. 26a.1.

tet ist.[1280] Es besteht kein Anlass, das in der AG anders zu handhaben. Andernfalls wäre das Mehrstimmrecht in der börsennotierten AG personalistischer ausgeprägt als in der nicht börsennotierten AG, der GmbH oder gar der Personengesellschaft. Das Mehrstimmrecht, das unstreitig Teil der durch die Aktie verkörperten Mitgliedschaft ist,[1281] sollte – wie auch das Stimmrecht als solches – allein dem Anteil anhaften und nicht der Person des Aktionärs. Damit soll nicht in Abrede gestellt werden, dass das Mehrstimmrecht ein personalistisches Element darstellt. Diese Frage, die im schweizerischen Aktienrecht nicht unumstritten ist, wird von dem Bundesgericht bejaht.[1282] Entscheidend ist hier allerdings, dass das Stimmrechtsprivileg nicht mit der Übertragung der Aktie erlischt.

1280 In einer Personengesellschaft können Mehrstimmrechte gesellschaftsvertraglich in Form von höchstpersönlichen oder anteilsbezogen Sonderrechten gewährt werden. Unterschiede ergeben sich bei der Übertragung auf einen Rechtsnachfolger. Grds. gehen sämtliche Rechte und Pflichten des Gesellschafters auf den Erwerber bzw. Erben über. Für Sonderrechte gilt das nur dann, wenn diese anteilsbezogen sind. Höchstpersönliche Sonderrechte erlöschen hingegen mit dem Tod des Gesellschafters bzw. mit der Veräußerung des Anteils, soweit der Gesellschaftsvertrag nicht ein anderes vorsieht. Es ist durch Auslegung zu ermitteln, was für eine Art von Sonderrecht im konkreten Einzelfall vorliegt, wobei im Zweifel davon auszugehen ist, dass ein anteilsbezogenes Sonderrecht gewollt war. Hierzu statt vieler *Schulte*, MHdB GesR II, 6. Aufl. (2024), § 35 Rn. 19 f.; für die GmbH *Seibt*, in: Scholz GmbHG, 12. Aufl. (2024), § 14 Rn. 32; *Verse*, in: Henssler/Strohn, 6. Aufl. (2024), § 14 GmbHG Rn. 51, 53; *Grever*, RNotZ 2019, 1, 3 f.; *Waldenberger*, GmbHR 1997, 52 f.

1281 *Kalss*, ZHR 2023, 438, 452; so auch unter Geltung des AktG von 1965 *Brändel*, FS Quack (1991), S. 175, 178 wonach das Mehrstimmrecht als mit der Aktie verbunden angesehen wurde. Er betont, dass es sich von einem an die Person des Begünstigten gebundenen Sonderrechts unterscheidet.

1282 Hierzu heißt es im Urteil des Bundesgerichts, BGE 95 II 555 S. 561: *„Auch bei der Ordnung des Stimmrechts in der Generalversammlung (vgl. Art. 692 f. OR) hat der Gesetzgeber personengesellschaftlichen Gesichtspunkten Rechnung getragen. […] Die für die Beschlussfassung maßgebende Stimmkraft ist aber nicht ausschließlich an die kapitalmäßige Beteiligung gebunden, sondern beruht entscheidend auf der Person des Aktionärs. Diese Feststellung trifft für die Stimmrechtsaktien (vgl. Randtitel zu Art. 693 OR) in besonderem Maße zu […].*“; a.A: *Gerster*, Stimmrechtsaktie (1997), S. 45 f., erblickt darin kein personalistisches Element, sondern nur eine Wirkung zugunsten eines Berechtigten unabhängig von dessen Person oder persönlichen Eigenschaften.

(2) Ausreichender Schutz über § 135a Abs. 1 S. 3 AktG

Im Rahmen der systematischen Auslegung wurde dargelegt, dass die Regelung in § 135a Abs. 2 S. 1 AktG als Absicherung der erschwerten Einführungsvoraussetzungen angesehen werden kann. Eine solche gesetzliche Absicherung ist aber nicht erforderlich. Vielmehr ist durch die hohe Hürde in § 135a Abs. 1 S. 3 AktG ein ausreichender Minderheitenschutz gewährleistet,[1283] sodass weitere Schutzvorkehrungen entbehrlich sind. Wenn die Aktionäre bereit sind, einem anderen Aktionär ein Mehrstimmrecht zu gewähren, dann bringen sie ihm hierdurch ein gewisses Maß an Vertrauen entgegen, da der Mehrstimmrechtsaktionär nun überproportionalen Einfluss nehmen kann. Wollen sie dieses Vertrauen absichern, steht es ihnen frei, die Anteile zu vinkulieren oder eine übertragungsbasierte Verfallsklausel in der Satzung vorzusehen.

(3) Satzungsfreiheit statt starrer Anknüpfung an die Übertragung

Der deutsche Gesetzgeber sollte das Mehrstimmrecht durch die übertragungsbasierte Verfallsklausel und die erweiternde Auslegung des Übertragungsbegriffs, wodurch den Mehrstimmrechtsaktionär faktisch die Obliegenheit trifft, sein Stimmrecht in eigenem Namen auf eigene Rechnung und ohne sonstige Bindung auszuüben, nicht zwingend als höchstpersönliches Recht ausgestalten, sondern diese Entscheidung dem Satzungsgeber im Einzelfall überlassen. Es sind Fälle denkbar, in denen das automatische Erlöschen infolge einer Übertragung nicht den Interessen der Beteiligten entspricht. So kann der bisherige Mehrstimmrechtsaktionär einen geeigneten Nachfolger finden, mit dem auch die übrigen Aktionäre einverstanden sind. Die Übertragung der Mehrstimmrechte wäre nicht möglich, da diese automatisch erlöschen würden. Neben der Übertragung der Mehrstimmrechtsaktie wäre ein mit Zustimmung aller betroffener Aktionäre gefasster Beschluss erforderlich, um die infolge des § 135a Abs. 2 S. 1 AktG einfach stimmberechtigt gewordenen Aktien des Erwerbers erneut mit Mehrstimmrechten auszustatten. Dies wäre ein reiner Formalismus.

1283 So auch *Rubner/Leuering*, NJW-Spezial 2024, 79, 80.

Die übertragungsbasierte Verfallsklausel erweist sich zudem insbesondere für Familienunternehmen als ungeeignet.[1284] Diese könnten durch die Ausgabe von Mehrstimmrechten den Familieneinfluss generationenübergreifend sicherstellen, was nicht möglich ist, wenn diese mit dem Erbfall oder bei einer Übertragung innerhalb des Familienstammes automatisch erlöschen. Die aktuelle Rechtslage schließt die Mehrstimmrechtsaktie für Familienunternehmen als Instrument für einen Börsengang aus, was angesichts der Anzahl an Familienunternehmen in Deutschland bedauerlich ist und nicht der Zielsetzung des europäischen Gesetzgebers entspricht. Dieser stellt anders als der deutsche Gesetzgeber nicht nur auf Gründer, sondern ausdrücklich auch auf Familienunternehmen ab.[1285] Auch aus diesem Grund sollte die Regelung in § 135a Abs. 2 S. 1 AktG gestrichen werden.

(4) Einheitlicher Übertragungsbegriff im AktG

Das hätte des Weiteren den Vorteil, dass der Begriff der Übertragung im Aktienrecht, wie bisher in § 68 Abs. 2 AktG, auf Fälle der rechtsgeschäftlichen Übertragung beschränkt bleibt und nicht allein aufgrund eines von dem Gesetzgeber gewollten weiten Verständnisses in §135a Abs. 2 S. 1 AktG auch auf Fälle der Einzel- und Gesamtrechtsnachfolge erstreckt wird.

(5) Vereinbarkeit mit kapitalmarktrechtlicher Forderung nach standardisierten Produkten

Der Gesetzgeber hat mit der Regelung in § 135a AktG ein „standardisiertes Mehrstimmrechtsprodukt"[1286] geschaffen. Die Forderung des Kapitalmarkts nach einem standardisierten Anlageprodukt könnte einer Öffnung hin zu mehr Gestaltungsfreiheit entgegenstehen. Die Gestaltungsfreiheit des Satzungsgebers wird gemäß § 23 Abs. 5 AktG zum Schutz von Gläu-

1284 *Volkmann/Thoma*, RFamU 2023, 443, 448; *Ceesay*, Die Wiedereinführung der Mehrstimmrechtsaktien (2023), S. 14; Association for Financial Markets in Europe (AFME), Stellungnahme RefE ZuFinG (10.5.2023), S. 11 f.; Deutscher Anwaltverein (DAV), Stellungnahme ZuFinG (Mai 2023), S. 28; Deutsche Börse Group, Stellungnahme ZuFinG (12.4.2023), S. 4; *Wolf*, RFamU 2024, 105, 110; *Florstedt*, NZG 2024, 139, 144.

1285 COM(2022) 761 final vom 7.12.2022, S. 3.

1286 *Wolf*, Mehrstimmrechtsaktien (2023), S. 117 ff.

bigern und künftigen Aktionären eingeschränkt, um die Umlauffähigkeit der Aktie als standardisiertes Produkt zu erhöhen, indem der Informationsaufwand und die damit einhergehenden Transaktionskosten potenzieller Anleger reduziert werden, da man sich darauf verlassen können soll, dass die Satzung keine ungewöhnlichen Regelungen enthält.[1287] Das war einer der Gründe für den KonTraG-Gesetzgeber für das Verbot der Mehrstimmrechtsaktie.[1288] Wie viel Standardisierung die Aktie als Anlagepapier benötigt und wie groß die eingeräumte Satzungsfreiheit sein darf, ist allein von dem Gesetzgeber selbst zu bestimmen.[1289] Die Frage, ob und in welchem Umfang Gestaltungsfreiheit für ein gesellschaftsrechtliches Instrument erlaubt werden soll, ist letztlich eine Frage der Abwägung der betroffenen Interessen. Eine gesetzliche Einschränkung ist nur angezeigt, wenn die Rechte der übrigen Aktionäre oder der Schutz der Anleger dies erforderlich machen. Hierfür liefen insbesondere die Erfahrungen aus der Vergangenheit sowie eine ökonomische Sichtweise wichtige Anhaltspunkte. Betrachtet man die Vorteile der standardisierten Aktie auf der einen Seite und die mit dem ZuFinG verfolgten Ziele in Form der Steigerung der Attraktivität des Kapitalmarkts, der Förderung von Innovation und Investitionsbereitschaft, der Stärkung des deutschen und europäischen Kapitalmarkts sowie der vereinfachten Möglichkeit der Eigenkapitalgewinnung auf der anderen Seite, sollte die Abwägung zugunsten einer bestmöglichen Verwirklichung der mit dem ZuFinG verfolgten Ziele ausfallen. Dies gilt insbesondere vor dem Hintergrund, dass am Kapitalmarkt eine Reihe von Gestaltungsmöglichkeiten existieren, die anders als die Satzung nicht in einem öffentlich zugänglichen Register abrufbar sind und deswegen nicht immer ohne weiteres erkennbar sind, aber als zulässig anerkannt und von dem Markt angenommen werden. Die Möglichkeit, Mehrstimmrechtsaktien zu schaffen, wird diese Ziele nicht erreichen, sofern das Instrument in der Praxis aufgrund seiner Einschränkungen nicht angenommen wird. So argumentierte auch die Deutsche Börse Group, wenn es heißt

> *„dass die vorgeschlagenen zusätzlichen Vorkehrungen zum Schutz der Interessen der Anleger dazu führen könnten, dass nur wenige Gesellschaften*

1287 *Koch*, in: Koch AktG, 2025, § 23 Rn. 34; *Pentz*, in: MüKo AktG, 6. Aufl. (2024), § 23 Rn. 158.

1288 KonTraG, BT-Drs. 13/9712 vom 20.1.1998, S. 12; s. unter B.II.3.h)aa).

1289 Ähnlich *Seidel*, NZG 2023, 1205, 1211, der die Frage im Zusammenhang damit aufwirft, ob das Verbot der Mehrstimmrechtsaktie nur für die börsennotierte AG gelten sollte.

in Deutschland von der Möglichkeit der Ausgabe von Mehrstimmrechtsaktien Gebrauch machen. Im Endergebnis wäre nichts gewonnen, wenn ein Start-up eine flexiblere Rechtsordnung und in der Folge schließlich dann auch den Weg an eine US-amerikanische Börse wählt, weil das dortige System weniger restriktiv ist.“[1290]

Diese These wird durch einen Vergleich mit der Rechtslage in der Schweiz gestützt, die durch eine große Gestaltungsfreiheit gekennzeichnet ist. Daneben zeigt die Entwicklung in anderen europäischen Ländern, dass sich Dual-Class Strukturen am Kapitalmarkt etabliert haben.

(6) Endergebnis

Nach alledem ist die Regelung in § 135a Abs. 2 S. 1 AktG zu streichen.

c) Zeitbasierte Verfallsklausel, § 135a Abs. 2 S. 2 AktG

Nach § 135a Abs. 2 S. 2 AktG erlöschen Mehrstimmrechte spätestens zehn Jahre nach der Börsenzulassung bzw. Einbeziehung in den Freiverkehr *ipso iure*, wenn die Satzung keine kürzere Frist vorsieht (sog. *time-based Sunset Clause*). Die Sätze 3 bis 6 regeln die Möglichkeit einer einmaligen Verlängerung[1291] um weitere zehn Jahre. Die Verlängerung, die frühestens ein Jahr vor Ablauf der Zehnjahresfrist beschlossen werden kann, bedarf neben einer satzungsmäßigen Grundlage einer qualifizierten Mehrheit des bei der Beschlussfassung vertretenen Grundkapitals. Bei einem Wechsel von dem Freiverkehr in den regulierten Markt ist der frühere Zeitpunkt für den Fristbeginn maßgeblich.[1292] Durch die zeitliche Begrenzung soll erreicht werden, dass Inhaber von Mehrstimmrechten nur für einen bestimmten und gerade nicht für einen unbestimmten Zeitraum nach dem Börsengang eine disproportionale Kontrolle über die AG erlangen. Dieser Zeitraum gebe den Gründern ausreichend Zeit, ihre „Vision“ auch nach dem Börsen-

1290 Deutsche Börse Group, Stellungnahme ZuFinG (12.4.2023), S. 4.

1291 Das ergibt sich nicht aus dem Wortlaut, sondern aus der Regierungsbegründung, s. RegE ZuFinG vom 16.8.2023, 131: „*Durch die Beschränkung auf die einmalige Verlängerung um bis zu weitere zehn Jahre wird sichergestellt, dass auch die Verlängerung nicht unbegrenzt erfolgen kann*“.

1292 RegE ZuFinG vom 16.8.2023, S. 131; insgesamt zum Fristbeginn s. *Harnos*, in: Schmidt/Lutter AktG, 5. Aufl. (2024), § 135a Rn. 44 f.

gang und der damit verbundenen Wachstumsphase umzusetzen.[1293] Die zeitbasierte Verfallsklausel soll sicherstellen, dass die kontrollierenden Aktionäre nur effiziente Strukturen aufrechterhalten können.[1294]

Die Verfallsfrist wird teilweise befürwortet.[1295] Über die Ausgestaltung im Einzelnen besteht hingegen Uneinigkeit. Statt eines Zeitraums von zehn Jahren werden kürzere Fristen vorgeschlagen, wie z.B. ein Erlöschen nach zwei bis drei Jahren ohne Verlängerungsmöglichkeit,[1296] oder nach maximal fünf Jahren[1297] mit einmaliger Verlängerung um weitere fünf Jahre.[1298] Andere wiederum halten die Verlängerung um weitere zehn Jahre für zu lang und schlagen vor, den Verlängerungszeitraum in Fünfjahresabschnitte aufzuteilen und eine zweimalige Verlängerung zu ermöglichen, sodass Mehrstimmrechte zwar bis zu zwanzig Jahre bestehen bleiben, aber häufiger der Überprüfung durch die Aktionäre unterliegen.[1299] Andere fordern eine Lockerung der Regelung. Insbesondere wird bezweifelt, dass die nur einmalige Verlängerungsmöglichkeit einen Anreiz für den Mehrstimmrechtsaktionär schaffe, im Interesse der übrigen Aktionäre zu handeln.[1300] Zudem wird eine Absenkung des Quorums auf die einfache Mehrheit der aussenstehenden Aktionäre erwogen.[1301]

Die zeitbasierte Verfallsklausel kann auf empirische Studien zurückgeführt werden. *Cremers/Lauterbach/Pajuste* haben festgestellt, dass der Wert

---

1293 RegE ZuFinG vom 16.8.2023, S. 131.

1294 *Bebchuk/Kastiel*, The Untenable Case for Perpetual Dual-Class Stock, Virginia L. Rev. (2017), 585, S. 619.

1295 *Gebhard/Herzog*, ZIP 2023, 1161, 1166; *Casper*, ZHR 187 (2023), 5, 32 f.; *Casper*, ZRP 2023, 105; Bundesverband Investment und Asset Management e.V. (BVI), Position zum Referentenentwurf (ZuFinG) (10.5.2023), S. 9; Deutsche Schutzvereinigung für Wertpapierbesitz e.V. (DSW), Stellungnahme RefE ZuFinG, S. 7.

1296 Bundesverband Investment und Asset Management e.V. (BVI), Position zum Referentenentwurf (ZuFinG) (10.5.2023), S. 9; Deutsche Schutzvereinigung für Wertpapierbesitz e.V. (DSW), Stellungnahme RefE ZuFinG, S. 7.

1297 Initiative Minderheitsaktionäre, Stellungnahme ZuFinG (10.5.2023), S. 4; *Casper*, ZHR 187 (2023), 5, 33.

1298 Institut der Wirtschaftsprüfer in Deutschland e.V. (IDW), Stellungnahme RefE ZuFinG (8.5.2023), S. 2.

1299 *Gebhard/Herzog*, ZIP 2023, 1161, 1167.

1300 *Ceesay*, Die Wiedereinführung der Mehrstimmrechtsaktien: Nachbesserungsbedarf beim Regierungsentwurf des ZuFinG (30.9.2023), I. 2.; so auch Association for Financial Markets in Europe (AFME), Stellungnahme RefE ZuFinG (10.5.2023), S. 11, v.a. für Familienunternehmen und Unternehmen mit längerem Wachstumszyklus.

1301 *Ceesay*, Die Wiedereinführung der Mehrstimmrechtsaktien: Nachbesserungsbedarf beim Regierungsentwurf des ZuFinG (30.9.2023), I. 4.

von Unternehmen mit Mehrstimmrechtsaktien mit der Zeit abnimmt.[1302] Auch *Bebchuck/Kastiel* konzentrieren sich in ihrer Analyse aus dem Jahr 2017 auf die Frage, wie sich der Zeitablauf seit dem Börsengang auf die Effizienz von Dual Class Strukturen auswirken kann. Sie kamen zu dem Ergebnis, dass mit zunehmender Zeit seit dem Börsengang die potenziellen Vorteile einer Dual Class Struktur tendenziell abnehmen und die potenziellen Kosten steigen.[1303] Das kann u.a. daran liegen, dass sich der kontrollierende Mehrheitsaktionär im Laufe der Zeit nicht mehr als die am besten geeignete Person für diese Rolle erweist.[1304] Das Argument, dass die Gründer über besondere Fähigkeiten und fundierte Kenntnisse einer bestimmten Branche und eines bestimmten Geschäftsbereichs verfügen, sodass sie in einzigartiger Weise geeignet seien, zum Zeitpunkt des Börsengangs und unmittelbar danach „das Ruder zu übernehmen", verliere im Laufe der Zeit den größten Teil seiner Kraft.[1305]

Die empirische Evidenz deutet damit darauf hin, dass Mehrstimmrechte ihre Vorteile nur auf Zeit behalten. Nicht empirisch belegt ist hingegen, wann effiziente Mehrstimmrechtsstrukturen ineffizient werden.[1306] Die Verlängerungsoption könnte insoweit als flexibler Mittelweg gesehen werden.[1307] Die starre Frist wird auch mit der Verlängerungsmöglichkeit den individuellen Bedürfnissen nicht immer gerecht.[1308] So hält *Denninger* es für möglich, dass sich der Fristablauf zum Nachteil der übrigen Aktionäre auswirken könne, da der Mehrstimmrechtsaktionär vor Ablauf der Frist Maßnahmen ergreifen könnte, die nicht im Unternehmensinteresse liegen, sondern primär der Perpetuierung seines Einflusses dienen.[1309] Im Gegensatz dazu spricht *Harnos* der Gesamtschau der Regelung um die Verfallsfrist eine Anreizwirkung für den Mehrstimmrechtsinhaber zu.[1310]

1302 *Cremers/Lauterbach/Pajuste*, ECGI Working Paper No 550/2018 (August 2022), S. 2 ff.

1303 *Bebchuk/Kastiel*, The Untenable Case for Perpetual Dual-Class Stock, Virginia L. Rev. (2017), 585.

1304 *Dies.*, The Untenable Case for Perpetual Dual-Class Stock, Virginia L. Rev. (2017), 585, 604.

1305 *Dies.*, The Untenable Case for Perpetual Dual-Class Stock, Virginia L. Rev. (2017), 585, 605.

1306 *Beckmann*, Das Mehrstimmrecht (2023), S. 349.

1307 So *Ceesay*, Die Wiedereinführung der Mehrstimmrechtsaktien (2023), S. 16.

1308 Deutsches Aktieninstitut (DAI), Stellungnahme RegE ZuFinG (28.9.2023), S. 21.

1309 *Denninger*, DB 2022, 2329, 2336.

1310 *Harnos*, in: Schmidt/Lutter AktG, 5. Aufl. (2024), § 135a Rn. 51.

Es sollte dem Markt und der Verhandlungsmacht des Gründers überlassen bleiben, wann Mehrstimmrechte ineffizient werden.[1311] Dass der Markt in der Lage ist, entsprechend zu reagieren, zeigt sich daran, dass der aktuelle Trend in der schweizerischen AG in Richtung Einheitsaktie geht und immer mehr Aktiengesellschaften die Stimmrechtsaktie – für die eine zeitliche Beschränkung gesetzlich nicht vorgesehen ist – abschaffen.[1312] Dies zeigt, dass der Gesetzgeber kein automatisches Erlöschen vorsehen muss, sondern dies dem Satzungsgeber überlassen und auf die Reaktion des Marktes vertraut werden kann. Wenn die Aktionäre eine solche Befristung wünschen, können sie diese in der Satzung vorsehen.[1313] Eine gesetzliche Befristung ist damit abzulehnen[1314] und § 135a Abs. 2 S. 2 bis 8 AktG zu streichen.

d) Zulässigkeit auch anderer Bedingungen, § 135a Abs. 3 AktG

Über die von dem Gesetz zwingend vorgeschriebenen Verfallsklauseln hinaus kann der Satzungsgeber gemäß § 135a Abs. 3 AktG weitere Bedingungen in der Satzung vorsehen. In der Regierungsbegründung werden beispielhaft die Beschränkung auf etwaige Inhaber von Mehrstimmrechtsaktien sowie die Festlegung der in Abs. 2 vorgesehenen Verfallsklauseln auch für die nicht börsennotierte AG genannt.[1315] Hierdurch können die Stammaktionäre privatautonom ihre Stellung sowie ihre Belange stärken.[1316]

Auf die gesetzliche Vorgabe einer Beschränkung des Personenkreises, der Inhaber von Mehrstimmrechtsaktien sein kann, wurde zugunsten einer flexiblen Ausgestaltung bewusst verzichtet.[1317] Im Hinblick auf die sog. *posi-*

1311 Deutsches Aktieninstitut (DAI), Stellungnahme RegE ZuFinG (28.9.2023), S. 21; *Eckhardt*, Listing Act - Mehrstimmrechtsaktien, cepAnalyse Nr. 7/2023 (2023), S. 8; *Beckmann*, Das Mehrstimmrecht (2023), S. 356; *Wolf*, Mehrstimmrechtsaktien (2023), S. 347.

1312 C.II.4.a)aa)(2).

1313 Deutsche Börse Group, Stellungnahme ZuFinG (12.4.2023), S. 5; *Schmidt*, BB 2024, 643, 646; ähnlich *Kalss/Nicolussi*, in: Fleischer/Koch/Schmolke (Hrsg.), Gesellschaftsrecht im Spiegel großer Debatten (2024), S. 431, 460.

1314 *Nicolussi*, AG 2022, 757, 762; *Wolf*, Mehrstimmrechtsaktien (2023), S. 346 ff.; *Eckhardt*, Listing Act - Mehrstimmrechtsaktien, cepAnalyse Nr. 7/2023 (2023), S. 8; insgesamt kritisch Deutscher Anwaltverein (DAV), Stellungnahme ZuFinG (Mai 2023), S. 27.

1315 RegE ZuFinG vom 16.8.2023, S. 132.

1316 *Harnos*, in: Schmidt/Lutter AktG, 5. Aufl. (2024), § 135a Rn. 53.

1317 RegE ZuFinG vom 16.8.2023, S. 128; *Rieckers*, in: BeckOGK AktG, § 135a Rn. 27.

tion-based Sunset Clause,[1318] die an bestimmte Positionen in der AG, insbesondere an die Mitgliedschaft im Vorstand, anknüpft, oder eine Klausel, die nur Gründern die Möglichkeit eröffnet, Mehrstimmrechte zu halten, hat der Gesetzgeber konstatiert, dass eine solche Beschränkung nicht den Bedürfnissen der Praxis entspricht, da ein Ideengeber nicht zwangsläufig auch Vorstandsmitglied ist und auch erst später in den Aktionärskreis eintreten kann.[1319] Diese gesetzgeberische Erwägung ist zu begrüßen, da sie im Einzelfall sachgerechte und flexible Lösungen ermöglicht. Die Satzungsgeber können sie jedoch in der Satzung vorsehen, da sie ein „weiteres Erfordernis" darstellen. Denkbar sind zudem eine Reihe weiterer Verfallsklauseln, wie das Erlöschen bei Ausscheiden des Inhabers der Mehrstimmrechtsaktien aus dem Vorstand oder Aufsichtsrat[1320] oder bei Beendigung des Anstellungsverhältnisses. Eine sog. Verwässerungsklausel könnte zum Erlöschen des Mehrstimmrechts führen, wenn der Anteil nachträglich so gering wird, dass er ohnehin keine Kontrolle mehr vermittelt.[1321]

e) Zusammenfassende Stellungnahme: Streichung des § 135a Abs. 2 AktG

Auf die Verfallsklauseln sollte zugunsten der Satzungsautonomie verzichtet werden. Die schon vorhandenen Schutzmechanismen zum Minderheitenschutz nach geltendem Aktienrecht, insbesondere die Regelungen zu Geschäften mit nahestehenden Personen, zum Konzernrecht sowie die Einzelfallkorrektur über die Treuepflicht, aber auch die regulative Wirkung des Marktes, der auf marktunübliche Regelungen mit einem Bewertungs-

1318 Hierzu *Wolf*, Mehrstimmrechtsaktien (2023), S. 348 ff.; *Denninger/Bülow*, AG 2023, 417, 424; zur Koppelung des aktienrechtlichen Mehrstimmrechts an das Vorstandsamt oder ein Beschäftigungsverhältnis *Kraft*, ZHR 188 (2024), 833 ff.

1319 RegE ZuFinG vom 16.8.2023, S. 128; a.A.: *Ceesay*, Die Wiedereinführung der Mehrstimmrechtsaktien (2023), S. 15 f., demzufolge eine erfolgreiche Durchsetzung der Gründervision nur dann gelänge, wenn der Gründer zugleich auf Organebene Einfluss auf die Geschäftsleitung ausüben könnte. Die Organhaftung würde ein Handeln im Interesse der AG gewährleisten und Umgehungsmöglichkeiten unattraktiver machen, sodass v.a. für börsennotierte Gesellschaften viel für eine position-based Sunset spreche; hiergegen zu Recht kritisch: *Wolf*, Mehrstimmrechtsaktien (2023), S. 348 ff., da der Aufsichtsrat den Vorstand bestellt und abberuft, würde ihm die Entscheidungsmacht über das Bestehen und das Erlöschen des Mehrstimmrechts zukommen.

1320 Deutscher Anwaltverein (DAV), Stellungnahme ZuFinG (Mai 2023), S. 29; insgesamt zur kautelarjuristischen Ausgestaltung s. *Gumpp*, in: Grigoleit AktG, 3. Aufl. (2025), § 135a Rn. 26 ff.

1321 Zu möglichen weiteren Klauseln insb. *Gebhard/Herzog*, ZIP 2023, 1161, 1167 f.

abschlag reagieren kann, sprechen sowohl für die Wiedereinführung der Mehrstimmrechtsaktie als auch für eine flexible Wiedereinführung ohne Verfallsklauseln. Für die Beschlussfassung über wichtige Angelegenheiten, insbesondere solche, die strukturelle Maßnahmen zum Gegenstand haben, verlangt das AktG eine Kapitalmehrheit, auf die sich die Mehrstimmrechte nicht voll auswirken, sondern nur eine Blockademöglichkeit gewähren. Historisch betrachtet wurde das Erfordernis der Kapitalmehrheit gerade zur Begrenzung der Macht der Mehrstimmrechtsaktionäre eingeführt. Die begrenzende Wirkung dieses Instruments darf nicht verkannt werden. Zudem deckt sich das mit dem Erwägungsgrund (15) des Kommissionsvorschlags der MVRD, in dem es explizit heißt:

> *„Ob solche [zusätzliche] Schutzmaßnahmen angezeigt sind, sollten die Mitgliedstaaten mit Blick darauf überprüfen, ob sie einen wirksamen Schutz der Interessen dieser Anteilseigner gewährleisten; zugleich sollten sie sicherstellen, dass die Schutzmaßnahmen dem Zweck von Strukturen mit Mehrstimmrechtsaktien, darunter die Möglichkeit der Inhaber von Mehrstimmrechtsaktien, auf wichtige Entscheidungen wie die Ernennung und Entlassung von Mitgliedern der Verwaltungs-, Leitungs- und Aufsichtsorgane der Gesellschaft und somit auf die operativen Entscheidungen der Gesellschaft Einfluss zu nehmen, nicht zuwiderlaufen."*

Das Einstimmigkeitserfordernis und die zehnfache Stimmkraftbegrenzung erweisen sich als adäquate Schutzvorkehrungen. Hierfür spricht nicht nur der Umstand, dass alles andere für Familienunternehmen unpassend wäre, sondern auch der rechtsvergleichende Blick in Länder wie Schweden, Finnland, Dänemark und die Niederlande, die allesamt keine Verfallsklauseln vorsehen,[1322] ebenso wenig wie die Schweiz.

5. Gegenständliche Beschränkung, § 135a Abs. 4 AktG

Im Gegensatz zum Referentenentwurf sieht § 135a Abs. 4 AktG in den Fällen der Bestellung des Abschlussprüfers (§ 119 Abs. 1 Nr. 5 AktG) bzw. des Sonderprüfers (§ 142 Abs. 1 AktG) punktuelle Beschränkungen dahingehend vor, dass die Mehrstimmrechte bei diesen Beschlussfassungen in

1322 Vgl. *Hopt/Kalss*, ZGR 2024, 84, 98; zur Stimmkraftobergrenze Shearman & Sterling LLP/ISS/ECGI, Report on the Proportionality Principle in the European Union (2016), S. 27.

Anlehnung an § 33b Abs. 2 S. 1 WpÜG nur ein einfaches Stimmgewicht haben. Die Regelung wird von einigen begrüßt,[1323] von anderen jedoch kritisiert, da sie eine *„zu invasive und de lege lata nicht notwendige Regelung"* darstelle, auf die gänzlich verzichtet werden sollte.[1324]

Die Begründung für das einfache Stimmrecht bei der Bestellung des Abschlussprüfers basiert auf dem wesentlichen Ziel der Rechnungslegung, die Aktionäre zu informieren und ihr Recht auf Teilhabe am Ergebnis zu sichern. Die Entscheidung über die Person des Abschlussprüfers stelle ein wichtiges Element des Anlegerschutzes dar.[1325] Der Abschlussprüfer wird auf Vorschlag des Aufsichtsrats durch die Hauptversammlung mit einfacher Mehrheit (§ 133 Abs. 1 AktG) gewählt, § 124 Abs. 3 S. 1 Alt. 2 AktG. Gemäß § 318 Abs. 3 HGB kann auf Antrag von Aktionären, deren Anteile zum Zeitpunkt der Antragstellung zusammen den zwanzigsten Teil der Stimmrechte oder des gezeichneten Kapitals oder einen Börsenwert von 500.000 Euro erreichen, der von der Hauptversammlung nach § 318 Abs. 1 HGB gewählte Prüfer nur unter engen Voraussetzungen ausgewechselt werden. Voraussetzung ist, dass dies aus einem in der Person des gewählten Prüfers liegenden Grund geboten erscheint. Die Regelung dient dem Minderheitenschutz,[1326] ermöglicht jedoch nur eine eingeschränkte nachträgliche Kontrolle. Sofern der Gesetzgeber den Minderheitenschutz schon auf der ersten Stufe bei der Wahl des Abschlussprüfers gewährleisten möchte, erscheint die gegenständliche Beschränkung des Mehrstimmrechts in diesem Fall als nicht unvertretbar. Ähnliches gilt für die Bestellung des Sonderprüfers. Dieser wird gemäß § 142 Abs. 1 S. 1 AktG mit einfacher Stimmenmehrheit gewählt. Der Gesetzgeber will die Reichweite des Mehrstimmrechts begrenzen, um Blockademöglichkeiten zu verhindern.[1327] Minderheitenrechte bestehen im Zusammenhang mit der Bestellung des Abschlussprüfers nur in der Weise, als dass das Gericht auf Antrag von Aktionären, deren Anteile zum Zeitpunkt der Antragstellung zusammen den hundertsten Teil des Grundkapitals oder einen anteiligen Betrag von 100.000 Euro erreichen, einen anderen Sonderprüfer zu bestellen hat, sofern dies aus einem in der Person des bestellten Sonderprüfers liegenden Grund geboten erscheint (§ 142 Abs. 4 S. 1

1323 *Hopt/Kalss*, ZGR 2024, 84, 134; *Schmidt*, BB 2024, 643, 646 hält die Regelung für sinnvoll; a.A.: *Wolf*, Mehrstimmrechtsaktien (2023), S. 314, die sie als *„eine zu invasive und de lege lata nicht notwendige Regelung"* auf die gänzlich verzichtet werden sollte, kritisiert.

1324 *Wolf*, Mehrstimmrechtsaktien (2023), S. 314.

1325 RegE ZuFinG vom 16.8.2023, S. 132.

1326 *Bormann*, in: BeckOGK HGB, § 318 Rn. 155.

1327 RegE ZuFinG vom 16.8.2023, S. 132.

AktG), oder wenn die Hauptversammlung den Antrag auf Bestellung des Sonderprüfers ablehnt und hierbei Tatsachen vorliegen, die den Verdacht rechtfertigen, dass bei dem Vorgang Unredlichkeiten oder grobe Verletzungen des Gesetzes oder der Satzung vorgekommen sind (§ 142 Abs. 2 S. 1 HS. 1 AktG).

Darüber hinaus wird diskutiert, ob § 135a Abs. 4 AktG auf weitere Beschlüsse ausgedehnt werden sollte.[1328] Als weitere Ausnahmen werden Beschlüsse über den Verzicht und den Vergleich auf Ersatzansprüche gegen Organmitglieder (§ 93 Abs. 4 S. 3 AktG),[1329] die Entlastung von Vorstand und Aufsichtsrat (§ 120 Abs. 1 S. 1 AktG), die Geltendmachung von Ersatzansprüchen (§ 147 AktG)[1330] sowie der Beschluss einer börsennotierten AG über die Billigung des von dem Aufsichtsrat vorgelegten Vergütungssystems für die Vorstandsmitglieder (§ 120a Abs. 1 S. 1 AktG) genannt.[1331] Hierbei handelt es sich um typische Interessenkonflikte zwischen Minderheit und Mehrheit.[1332]

Diese Forderungen decken sich teilweise mit der schweizerischen Regelung in Art. 693 Abs. 3 OR, wonach das Stimmrechtsprivileg nicht für die Wahl der Revisionsstelle nach Art. 730 Abs. 1, 703 OR (Nr. 1), für die Ernennung von Sachverständigen zur Prüfung der Geschäftsführung oder

---

1328 Hierzu kritisch *Denninger*, DB 2022, 2329, 2336; *Casper*, ZHR 187 (2023), 5, 34; Association for Financial Markets in Europe (AFME), Stellungnahme RefE ZuFinG (10.5.2023), S. 12; ablehnend *Rieckers*, in: BeckOGK AktG, § 135a Rn. 86, der die Regelung in § 135a Abs. 4 AktG als abschließend und damit nicht analogiefähig erachtet.

1329 *Ceesay*, Die Wiedereinführung der Mehrstimmrechtsaktien (2023), S. 21.

1330 Deutsche Schutzvereinigung für Wertpapierbesitz e.V. (DSW), Stellungnahme RefE ZuFinG, S. 9; Bundesverband Investment und Asset Management e.V. (BVI), Position zum Referentenentwurf (ZuFinG) (10.5.2023), S. 10.

1331 *Ceesay*, Die Wiedereinführung der Mehrstimmrechtsaktien (2023), S. 21; Bundesverband Investment und Asset Management e.V. (BVI), Position zum Referentenentwurf (ZuFinG) (10.5.2023), S. 10; Deutsche Schutzvereinigung für Wertpapierbesitz e.V. (DSW), Stellungnahme RefE ZuFinG, S. 9; einen anderen Weg wählt *Wolf*, Mehrstimmrechtsaktien (2023), S. 313, die eine Änderung des Wortlauts des § 120a Abs. 1 S. 5 AktG und § 87 Abs. 4 S. 2 AktG vorschlägt, wonach für den Beschluss nunmehr eine Dreiviertelmehrheit des bei der Beschlussfassung vertretenen Grundkapitals erforderlich sein soll; ebenso Deutsche Gesellschaft zur Digitalisierung des Steuer- und Gesellschaftsrechts e.V. (DGDSG), Stellungnahme RefE ZuFinG (12.4.2023), S. 7. Hiergegen ließe sich wohl die gesetzgeberische Erwägung anführen, die Reichweite des Mehrstimmrechts zu begrenzen, um etwaige Blockademöglichkeiten zu verhindern.

1332 Deutscher Anwaltverein (DAV), Stellungnahme ZuFinG (Mai 2023), S. 26, die jedoch einwenden, dass schon durch die Stimmverbote ein ausreichender Schutz gewährleistet sei.

einzelner Teile nach Art. 731a Abs. 3 OR (Nr. 2) sowie für die Beschlussfassung über die Einleitung einer Sonderuntersuchung nach Art. 697a ff. OR (Nr. 3) oder die Erhebung einer Verantwortlichkeitsklage nach Art. 753 ff. OR (Nr. 4) gilt. Nach Auffassung des Bundesgerichts soll damit

> *„eine wirksame Kontrolle der Verwaltung im Interesse der nicht privilegierten Aktionäre sichergestellt und die Position der Stammaktionäre bei Beschlüssen, die unter dem Gesichtspunkt des Minderheitenschutzes besonders empfindlich sind, gestärkt werden".*[1333]

Die Stimmrechtsaktionäre sollen die Kontrolle und Verantwortlichkeit nicht durch den Einsatz ihrer erhöhten Stimmkraft unterlaufen können.[1334] Über diese gesetzlich geregelten Fälle hinaus gilt das Stimmrechtsprivileg in erweiternder Auslegung von Art. 693 Abs. 3 Nr. 4 OR auch nicht für den Beschluss über die Bestellung eines Prozessbeistands.[1335]

Bei einer Gegenüberstellung der hier geregelten Fälle mit der deutschen Rechtsordnung lässt sich Folgendes feststellen: Die in § 135a Abs. 4 AktG geregelten Fälle entsprechen der Regelung in Art. 693 Abs. 3 Nr. 1 und Nr. 3 OR. Die Frage der Ernennung von Sachverständigen zur Prüfung der Geschäftsführung (Art. 693 Abs. 3 Nr. 2 OR) oder der Erhebung einer Verantwortlichkeitsklage (Art. 693 Abs. 3 Nr. 4 OR) stellt sich nach deutschem Aktienrecht nicht, da der Aufsichtsrat gemäß § 111 Abs. 1 AktG die Geschäftsführung durch den Vorstand zu überwachen hat und gemäß § 112 S. 1 AktG für die Verfolgung von Ansprüchen gegen den Vorstand zuständig ist und nicht die Hauptversammlung. Allerdings kann die Hauptversammlung gemäß § 93 Abs. 4 S. 3 AktG auf Ersatzansprüche gegen Organmitglieder verzichten oder sich hierüber vergleichen, sodass eine gewisse Nähe zu dem in Art. 693 Abs. 3 Nr. 4 OR geregelten Fall besteht. Das könnte ein Argument für eine gegenständliche Beschränkung des Mehrstimmrechts auch im deutschen Aktienrecht sein. Der Zweck des § 93 Abs. 4 S. 3 AktG besteht in dem Schutz des Gesellschaftsvermögens und der Minderheitsaktionäre,[1336] deren Rechtsverfolgung ins Leere ginge, wenn die Mehrheit ohne Rücksicht auf die Minderheit über die Ansprüche disponieren könnte.[1337] Die ausdifferenzierte Regelung in § 93 Abs. 4 S. 3 AktG gewährleistet bereits

---

1333 BGE 132 III 707 E. 3.

1334 *Watter/Dubs*, AJP 2001, 908, 916; *Nobel*, SZW 2017, 576, 581; *Bohrer/Kummer*, in: ZK, 2. Aufl. (2021), Art. 693 OR Rn. 38.

1335 BGE 132 III 707, 713 f. E. 3.1-3.3.

1336 BGH, Urt. v. 8.7.2014, II ZR 174/13, NZG 2014, 1058, 1060 Rn. 20; *Koch*, in: Hüffer/Koch, 19. Aufl. (2025), § 93 Rn. 158; *Fleischer*, in: BeckOGK AktG, § 93 Rn. 338.

1337 *Fleischer*, in: BeckOGK AktG, § 93 Rn. 338 m.w.N.

einen hinreichenden Schutz der Minderheit. Ein Verzicht oder Vergleich ist erst drei Jahre nach Entstehen des Anspruchs möglich. Voraussetzung ist ein Zustimmungsbeschluss, für den nach § 133 Abs. 1 AktG die einfache Stimmenmehrheit ausreicht, sodass sich die Mehrstimmrechte hier grds. auswirken würden. Allerdings ist zusätzlich erforderlich, dass nicht eine Minderheit, deren Anteile zusammen den zehnten Teil des Grundkapitals erreichen, zur Niederschrift Widerspruch erhebt. Der Widerspruch ist allein von der Beteiligung am Grundkapital abhängig, sodass die Minderheit hinreichend geschützt ist und eine Beschränkung des Mehrstimmrechts in diesen Fällen nicht erforderlich erscheint.

Im Falle des Entlastungsbeschlusses ist eine Einschränkung jedenfalls wegen der geringen Rechtswirkungen, die sich in der bloßen Billigung der Verwaltung erschöpfen,[1338] zweifelhaft. Im schweizerischen Aktienrecht wird eine erweiternde Auslegung oder eine analoge Anwendung von Art. 693 Abs. 3 Nr. 4 OR auf die *Décharge* überwiegend abgelehnt.[1339]

Ähnliches gilt für den Beschluss nach § 120a Abs. 1 S. 1 AktG in der börsennotierten AG über die Billigung des von dem Aufsichtsrat vorgelegten Vergütungssystems für die Vorstandsmitglieder. Dieser Beschluss soll den Aufsichtsrat zur gewissenhaften Wahrnehmung seiner Aufgaben aus § 87 AktG anhalten und hat daher eine gewisse Öffentlichkeitswirkung.[1340] Er begründet gemäß § 120a Abs. 1 S. 2 AktG weder Rechte noch Pflichten, sodass eine Beschränkung der Mehrstimmrechte auch hier – trotz Wahrung der Öffentlichkeitswirkung – zweifelhaft, jedenfalls nicht zwingend erscheint.

Eine gegenständliche Beschränkung erscheint bei der Geltendmachung von Ersatzansprüchen nach § 147 AktG am naheliegendsten. Gemäß § 147 Abs. 1 S. 1 AktG sind Ersatzansprüche der Gesellschaft geltend zu machen, wenn die Hauptversammlung dies mit einfacher Stimmenmehrheit beschließt. Im Falle von Ersatzansprüchen gegen den Mehrstimmrechtsaktionär greift das Stimmverbot gemäß § 136 Abs. 1 S. 1 AktG. Für die übrigen Fälle sieht § 147 AktG ein abgestuftes Verfahren zum Schutz der Minder-

1338 Die Entlastung enthält keinen Verzicht auf Ersatzansprüche (§ 120 Abs. 2 S. 2 AktG). Zu den Rechtswirkungen *Koch*, in: Koch AktG, 2025, § 120 Rn. 2 ff.; *Gärtner*, AR-HdB., 2. Aufl. (2024), § 5 Rn. 173.

1339 *Bürgi*, in: ZK (1957), Art. 693 Rn. 44; *Gerster*, Stimmrechtsaktie (1997), S. 162 ff.; *Böckli*, AktR, 5. Aufl. (2022), § 3 Rn. 148; a.A. *Watter/Dubs*, AJP 2001, 908, 916 ff.

1340 Beschlussempfehlung und Bericht des Rechtsausschusses zum VorstAG v. 17.6.2009, BT-Drs. 16/13433, S. 12.

heit vor.[1341] Sofern ein Beschluss nach Abs. 1 nicht gefasst werden kann, eröffnet Abs. 2 zusätzlich die Möglichkeit, einen besonderen Vertreter zur Durchsetzung der Ersatzansprüche zu bestellen. Die Bestellung kann nicht nur durch Beschluss der Hauptversammlung gemäß § 147 Abs. 2 S. 1 AktG, sondern auch auf Antrag einer Aktionärsminderheit durch das Gericht gemäß § 147 Abs. 2 S. 2 bis 8 AktG erfolgen. Für den Antrag ist keine Stimmenmehrheit erforderlich, sondern die Minderheit muss zusammen den zehnten Teil des Grundkapitals oder den anteiligen Betrag von einer Million Euro erreichen. Mehrstimmrechte haben hierauf keinen Einfluss, sodass hierin ein ausreichender Schutz der Minderheit gesehen werden kann. Allerdings fehlen häufig die Anreize für ein solches Vorgehen, da der damit verbundene Aufwand in keinem Verhältnis zur Höhe der Beteiligung steht. Zudem haben die Aktionäre im Falle der Zurückweisung des Antrags nach § 147 Abs. 2 S. 2 AktG die Kosten selbst zu tragen.[1342] Das stellt jedoch eine dem § 147 AktG immanente Problematik dar.

Darüber hinaus sieht § 148 AktG eine weitere Möglichkeit des Minderheitenschutzes vor.[1343] Aktionäre, deren Anteile zusammen den hundertsten Teil des Grundkapitals oder einen anteiligen Betrag von 100.000 Euro des Grundkapitals erreichen, können die gerichtliche Zulassung beantragen, im eigenen Namen Ersatzansprüche der Gesellschaft gegen Organmitglieder geltend zu machen, § 148 Abs. 1 S. 1 AktG.[1344] Das Aktienrecht sieht somit einen dreistufigen Minderheitenschutz in Form des verpflichtenden Hauptversammlungsbeschlusses, der Bestellung eines besonderen Vertreters und der Klageerzwingung durch eine Aktionärsminderheit vor. Das Mehrstimmrecht wirkt sich nur auf der ersten Stufe dieses Schutzkonzepts aus, sodass einer Minderheit zwei weitere Möglichkeiten verbleiben. Im Falle der Sonderprüfung hat sich der Gesetzgeber jedoch ausdrücklich für einen Schutz schon auf „Stufe 1“ ausgesprochen, sodass die Forderung nach einer weiteren gegenständlichen Begrenzung der Wirkung des Mehrstimmrechts zugunsten eines effektiven Minderheitenschutzes im Falle des § 147 AktG nicht von der Hand zu weisen ist. Diese Argumentation könnte allenfalls mit dem Hinweis zurückgewiesen werden, dass die §§ 147 f. AktG im Gegensatz zur Bestellung eines Sonderprüfers einen differenzierten Schutzmechanismus vorsehen.

1341 *Mock*, in: BeckOGK AktG, § 147 Rn. 4.
1342 *Ders.*, in: BeckOGK AktG, § 147 Rn. 32.
1343 *Ders.*, in: BeckOGK AktG, § 148 Rn. 4.
1344 Zu den Voraussetzungen *Sethe*, ZGR 2023, 775, 794 f.

6. Keine Höchstgrenze

Eine Begrenzung, wie sie sich in § 139 Abs. 2 AktG findet, gibt es für Mehrstimmrechte nicht, sodass eine unbegrenzte Anzahl von Aktien mit einem Mehrstimmrecht ausgestattet werden kann. *Casper* erachtet das als bedenklich.[1345] Einfach stimmberechtigte Aktionäre sollen nicht einer unbegrenzten Übermacht der Mehrstimmrechtsaktionäre ausgesetzt sein, sodass nicht nur die Anzahl der Mehrstimmrechtsaktien, sondern auch die kumulierte Anzahl von Mehrstimmrechts- und Vorzugsaktien insgesamt begrenzt werden soll, etwa in der Form, dass 50 % des Stammkapitals weder Mehrstimmrechte noch einen stimmrechtslosen Vorzug aufweisen dürfen.[1346] Auch der Bundesverband Investment und Asset Management fordert eine Beschränkung auf maximal 25 % des Grundkapitals.[1347] Hierfür spricht, dass sich der hinter § 139 Abs. 2 AktG stehende Zweck, die Beherrschung einer Mehrheit von Kapitalgebern durch eine Minderheit von Stammaktionären zu verhindern,[1348] grds. auch auf die Mehrstimmrechtsaktie übertragen lässt. Die Regelung findet jedoch weder direkt noch analog Anwendung. Zwar wurde im Regierungsentwurf der Eindruck erweckt, bei der Mehrstimmrechtsaktie handele es sich um einen Unterfall der Vorzugsaktie.[1349] Unabhängig davon, dass der Wortlaut des § 139 Abs. 2 AktG auf Vorzugsaktien „ohne Stimmrecht" beschränkt ist, scheidet eine Analogie aufgrund der Klarstellung, dass Mehrstimmrechtsaktien keine Vorzugsaktien sind, mangels planwidriger Lücke aus. Der Gesetzgeber betonte in diesem Zusammenhang, dass davon abgesehen wurde, ein festes Stimmverhältnis vorzugeben, was es ermöglichen soll, in der Satzung Aktien mit unterschiedlich hohen Mehrstimmrechten vorzusehen und so mehrere Gattungen von Mehrstimmrechtsaktien zu schaffen.[1350]

Über die Frage, ob der deutsche Gesetzgeber hiervon aufgrund der europäischen Vorgaben in der Richtlinie absehen durfte, bestanden nach dem Richtlinienvorschlag der Europäischen Kommission Zweifel.[1351] Aus

1345 *Casper*, ZRP 2023, 105.

1346 *Ders.*, ZHR 187 (2023), 5, 31.

1347 Bundesverband Investment und Asset Management e.V. (BVI), Position zum Referentenentwurf (ZuFinG) (10.5.2023), S. 9.

1348 *Arnold*, in: MüKo AktG, 6. Aufl. (2024), § 139 Rn. 29; *Koch*, in: Koch AktG, 2025, § 139 Rn. 21.

1349 E.I.2.d).

1350 RegE ZuFinG vom 16.8.2023, S. 128.

1351 Für eine unzureichende Umsetzung *Hammen*, Der Konzern 2023, 289, 294; *Hopt/Kalss*, ZGR 2024, 84, 132; a.A.: Deutscher Anwaltverein (DAV), Stellungnahme

dem Wortlaut des Art. 5 Abs. 1 S. 2 lit. b i) MVRD-E (COM) („*und*") folgte, dass nicht nur eine maximal gewichtete Stimmquote, sondern zusätzlich die Vorgabe einer Höchstgrenze für die Ausgabe von Mehrstimmrechtsaktien erforderlich sein sollte.[1352] Hierbei darf nicht unberücksichtigt gelassen werden, dass es sich nur um eine von zwei Möglichkeiten zugunsten des Anlegerschutzes handelte. Denn gemäß Art. 5 Abs. 1 S. 2 lit. b ii) MVRD-E (COM) sollten Mehrstimmrechte alternativ bei denjenigen Beschlüssen, die eine qualifizierte Mehrheit erfordern, beschränkt werden können. Aus dem Erwägungsgrund (11) ging hervor, dass dies dadurch erreicht werden konnte, indem zusätzlich eine qualifizierte Kapitalmehrheit erforderlich sein sollte. Dies entsprach schon der deutschen Rechtslage, da das AktG für wichtige Beschlüsse neben einer einfachen Stimmenmehrheit eine solche Kapitalmehrheit fordert.[1353] Die Fragestellung erübrigt sich aber auch deshalb, weil die konsolidierte Fassung des Art. 4 Abs. 1 S. 2 lit. b i) MVRD nun allein eine Höchstquote für die Anzahl der mit Mehrstimmrechtsaktien verknüpften Stimmen erfordert und § 135a Abs. 1 S. 2 AktG daher schon die erste Alternative des Mindeststandards erfüllt.

Die Einführung einer Höchstgrenze, die auch im schweizerischen Aktienrecht nicht vorgesehen ist, ist damit nicht erforderlich. Das bewusste Absehen einer solchen Regelung ist zu begrüßen, da schon ausreichend begrenzende Schutzmechanismen zur Verfügung stehen. Darüber hinaus wird zu Recht darauf hingewiesen, dass eine solche Regelung bei einem zehnfachen Stimmrecht wenig sinnvoll erscheint, da schon ca. 9,1 % des Kapitalanteils für eine einfache Stimmenmehrheit ausreichen, sodass ein Mehrstimmrecht mit über 25 % oder sogar 50 % des Kapitalanteils überflüssig sei, da in diesem Fall ohnehin die Kapitalmehrheit gehalten wird.[1354]

7. Zusammenfassendes Ergebnis

Die gesetzlichen Regelungen sind – mit Ausnahme von § 135a Abs. 2 AktG – nicht zu beanstanden.

ZuFinG (Mai 2023), S. 25; *Seidel*, NZG 2023, 1205, 1206; *Wolf*, Mehrstimmrechtsaktien (2023), S. 281; *Casper*, ZRP 2023, 105.

1352 Zum Wortlaut s. unter E.I.1.b)aa).

1353 Zur Kapitalmehrheit: E.II.3; in der Sache ebenso *Wittig/Hummelmeier*, WM 2024, 332, 337; kritisch *Harnos*, in: Schmidt/Lutter AktG, 5. Aufl. (2024), § 135a 16.

1354 Deutscher Anwaltverein (DAV), Stellungnahme ZuFinG (Mai 2023), S. 25; *Wolf*, Mehrstimmrechtsaktien (2023), S. 374.

V. Transparenz und Publizität

Die Gewährleistung von Transparenz und Publizität ist eine unerlässliche Voraussetzung für die Schaffung von Mehrstimmrechten und deren Erkennbarkeit für die Anleger. Denn nur dann kann es i.S.e. Marktkontrolle dem Markt und den Marktteilnehmern überlassen bleiben, die Mehrstimmrechte zu bewerten und über eine Investition in das Unternehmen zu entscheiden.[1355] Das ZuFinG hat die schon bestehenden Transparenz- und Publizitätspflichten an wenigen Stellen weiter ausgefeilt.

1. Registerpublizität

Sollen Mehrstimmrechte schon in der Gründungssatzung vorgesehen werden, ist in der Gründungsurkunde eine den Anforderungen des § 23 Abs. 2 Nr. 2 AktG genügende Konkretisierung erforderlich. Die Registerpublizität wird dadurch sichergestellt, dass die Satzung, aus der sich die Mehrstimmrechtsaktie gemäß § 23 Abs. 3 Nr. 4 AktG zwingend ergibt, sowie jede Satzungsänderung zur Eintragung in das für jedermann zugängliche Handelsregister anzumelden ist (§ 37 Abs. 4 Nr. 1, § 181 Abs. 1 S. 1 AktG). Werden Mehrstimmrechte nachträglich im Wege der Kapitalerhöhung ausgegeben, muss dies gemäß § 185 Abs. 1 S. 1 und S. 3 Nr. 3 AktG aus dem Zeichnungsschein ergeben.

2. Gesellschaftsrechtliche Publizität

Im Zusammenhang mit der Einberufung und Abhaltung der Hauptversammlung sind einige neue Regelungen zu beachten. Gemäß § 124a Nr. 4 AktG müssen bei der börsennotierten AG alsbald nach der Einberufung der Hauptversammlung über die Internetseite der Gesellschaft die Gesamtzahl der Aktien und der Stimmrechte im Zeitpunkt der Einberufung, einschließlich getrennter Angabe zur Gesamtzahl für jede Aktiengattung zugänglich sein. Da Mehrstimmrechte eine gesonderte Gattung bilden, müssen sie gesondert angegeben werden. Des Weiteren ist gemäß § 49 Abs. 1 Nr. 1 WpHG u.a. die Gesamtzahl der Aktien und Stimmrechte unter gesonderter Angabe der Mehrstimmrechtsaktien im Bundesanzeiger zu ver-

1355 RegE ZuFinG vom 16.8.2023, S. 129.

öffentlichen. Während der Durchführung der Hauptversammlung ist ein Teilnehmerverzeichnis zu erstellen, welches gemäß § 129 Abs. 1 S. 2 AktG die Mehrstimmrechtsaktien samt der Zahl der auf sie entfallenden Stimmrechte anzugeben hat. Spiegelbildlich sind bei der börsennotierten AG in der notariellen Niederschrift zusätzlich zur Zahl der Aktien, für die gültige Stimmen abgegeben wurden, gesondert die Mehrstimmrechtsaktien unter Angabe der auf sie entfallenden Stimmenzahl anzugeben, § 130 Abs. 2 S. 2 Nr. 1 AktG. Die gesellschaftsrechtliche Publizität wird weiterhin dadurch gewährleistet, dass gemäß § 152 Abs. 1 AktG neben dem Grundkapital (S. 1) auch der auf jede Aktiengattung entfallende Betrag des Grundkapitals (S. 2) sowie die Gesamtstimmenzahl der Mehrstimmrechtsaktien (S. 4) in der Bilanz zu vermerken ist. Sofern es sich nicht um eine AG handelt, die eine kleine Kapitalgesellschaft i.S.d. § 267 Abs. 1 HGB darstellt, sind gemäß § 160 Abs. 1 Nr. 3 AktG zusätzlich Angaben über die Zahl der Aktien jeder Gattung im Anhang der Bilanz zu machen. Aktiengesellschaften bzw. deren Mutterunternehmen, die einen organisierten Markt i.S.d. § 2 Abs. 7 WpÜG durch von ihnen ausgegebene stimmberechtigte Aktien in Anspruch nehmen, haben darüber hinaus gemäß § 289a S. 1 Nr. 1 HGB bzw. § 315a S. 1 Nr. 1 HGB im (Konzern-)Lagebericht u.a. die Gattung der Aktien und die mit den Aktien verbundenen Rechte und Pflichten anzugeben. Diese Pflicht erstreckt sich auch auf die nicht am Markt gehandelten Aktien.[1356] Dadurch sollen potenzielle Bieter und sonstige Investoren über bestehende Übernahmehindernisse, insbesondere solcher, die zur Abwehr feindlicher Übernahmen aufgestellt wurden, informiert werden.[1357] Die Darstellung im (Konzern-)Lagebericht kann unterbleiben, soweit die Angaben schon Bestandteil des Anhangs oder der Bilanz sind und auf die dortigen Angaben verwiesen wird, § 289a S. 2, 3 HGB bzw. § 315a S. 2, 3 HGB.

3. Kapitalmarktpublizität und aktienrechtliche Mitteilungspflichten

Die Kapitalmarktpublizität wird durch § 49 WpHG, §§ 33 ff. WpHG sowie durch die entsprechenden Angaben im Prospekt sichergestellt. Wie schon erwähnt, hat ein Emittent unverzüglich nach der Einberufung der Hauptversammlung u.a. die Gesamtzahl der Aktien und der Stimmrechte unter

1356 *Kleindiek*, in: BeckOGK HGB, § 289a Rn. 10.

1357 BT-Drs. 16/1003, S. 24 zur Vorgängerregelung in § 289 Abs. 4 HGB a.F.; *ders.*, in: BeckOGK HGB, § 289a Rn. 4.

gesonderter Angabe der Mehrstimmrechtsaktien und der auf sie entfallenden Stimmrechte im Bundesanzeiger zu veröffentlichen, § 49 Abs. 1 Nr. 1 WpHG. Insoweit wurde die Regelung durch das ZuFinG präzisiert.[1358] Gemäß § 41 Abs. 1 S. 1 WpHG hat der Emittent bei einer Änderung der Gesamtzahl der Stimmrechte diese Gesamtzahl unter Angabe der auf diese entfallenden Anzahl von Mehrstimmrechten unverzüglich zu veröffentlichen.

Mehrstimmrechtsaktien müssen in den Prospekt für den Börsengang aufgenommen werden. Im Registrierungsformular für Aktien ist anzugeben, ob es mehr als eine Aktiengattung gibt. Für jede Gattung ist eine Beschreibung der mit ihr verbundenen Rechte, Vorrechte und Beschränkungen erforderlich.[1359] Die Stimmrechte der verschiedenen Aktiengattungen sind genau anzugeben.[1360]

Der Aktionär einer börsennotierten AG ist verpflichtet, das Über- oder Unterschreiten bestimmter Schwellenwerte unverzüglich der AG und der BaFin mitzuteilen, § 33 Abs. 1 WpHG. Dabei kommt es nur auf das Stimmrecht und nicht auf die Kapitalbeteiligung an, sodass Mehrstimmrechte relevant werden.[1361] Um eine Eigenkapitalfinanzierung über die Börse zu ermöglichen, werden Mehrstimmrechte regelmäßig vor dem Börsengang eingeführt, sodass es v.a. um die Mitteilungspflicht nach § 33 Abs. 2 WpHG gehen wird. In den FAQ zu den Transparenzpflichten des WpHG in den Abschnitten 6 (§§ 33 ff.) und 7 (§§ 48 ff.) führt die BaFin aus, wie Mehrstimmrechte in einer Stimmrechtsmitteilung anzugeben sind. Hierzu heißt es:

> *„Mit dem Zukunftsfinanzierungsgesetz hat der Gesetzgeber für Aktienemittenten die Möglichkeit geschaffen, Mehrstimmrechtsaktien auszugeben. In einer Mitteilung eines Halters von Mehrstimmrechten sind diese unter 7.a. mit ihrer eigenen ISIN in einer separaten Zeile anzugeben. Sofern die Mehrstimmrechtsaktien über keine ISIN verfügen, ist in der ISIN-Spalte „MehrstimmR" einzutragen. Unter 10. kann zusätzlich ein Hinweis darauf*

1358 RegE ZuFinG vom 16.8.2023, S. 13.

1359 Art. 13 ProspektVO (EU) 2017/1129 i.V.m. Art. 2 DelVO (EU) 2019/980 i.V.m. Ziff. 19.2.2. des Anhangs 1; RegE ZuFinG vom 16.8.2023, S. 130.

1360 RegE ZuFinG vom 16.8.2023, S. 130.

1361 *Dieckmann*, in: BeckOK WpHG, 17. Aufl. (2025), § 33 Rn. 56; zur kapitalmarktrechtlichen Meldepflicht s. *Dieckmann/Kraack*, BKR 2025, 116, 117; *Wolf*, Mehrstimmrechtsaktien (2023), S. 329.

erfolgen, dass es sich bei der gemeldeten Position um Mehrstimmrechtsaktien handelt."[1362]

Die abzugebenden Stimmrechtsmitteilungen sind im Unternehmensregister einsehbar. Darüber hinaus sind die aktienrechtlichen Mitteilungspflichten nach §§ 20 f. AktG zu berücksichtigen. Relevant ist die Mitteilungspflicht nach § 20 Abs. 4 AktG, wonach der Gesellschaft unverzüglich schriftlich mitzuteilen ist, sobald einem Unternehmen eine Mehrheitsbeteiligung i.S.d. § 16 Abs. 1 AktG gehört. § 16 Abs. 1 AktG erfasst dabei nicht nur den Erwerb von mehr als 50 % der Aktien, also die Kapitalmehrheit (§ 16 Abs. 1 Alt. 1, Abs. 2 AktG), sondern auch den Fall der Stimmrechtsmehrheit (§ 16 Abs. 1 Alt. 2, Abs. 3 AktG). Mit der Wiedereinführung der Mehrstimmrechte ist ein Auseinanderfallen von Stimm- und Kapitalmehrheit wieder denkbar, sodass es für die Mitteilungspflicht nach § 20 Abs. 4 AktG schon ausreicht, wenn ein Unternehmen mehr als 50 % der Stimmrechte erlangt. Bei einem Auseinanderfallen von Stimm- und Kapitalmehrheit können somit zwei Unternehmen mitteilungspflichtig sein.[1363]

VI. Folgeprobleme

Im Folgenden sollen auserwählte Folgeprobleme erörtert werden.

1. Parallele Ausgabe von Mehrstimmrechtsaktien und stimmrechtslosen Vorzugsaktien?

Die parallele Ausgabe von Mehrstimmrechtsaktien und stimmrechtslosen Vorzugsaktien ist möglich,[1364] sodass die Aktionäre bis zur Hälfte des Grundkapitals stimmrechtslose Vorzugsaktien und daneben Mehrstimmrechte mit einem Stimmenverhältnis von 1 zu 10 ausgeben können. Nimmt man das oben unter IV.2. genannte Beispiel unter der Prämisse, dass nur noch die Hälfte, also nur noch 50.000 Aktien stimmberechtigt sind, und halbiert entsprechend auch den Kapitalanteil, so reicht bereits eine Beteili-

1362 BaFin, FAQ zu den Transparenzpflichten des WpHG in den Abschnitten 6 (§§ 33 ff.) und 7 (§§ 48 ff.) (Stand: 27.12.2023), Frage 6c, S. 8.

1363 *Koch*, in: Koch AktG, 2025, § 20 Rn. 6.

1364 *Rieckers*, in: BeckOGK AktG, § 135a Rn. 32; *Reger*, in: Bürgers/Lieder (Hrsg.), Aktiengesetz, 6. Aufl. (2025), § 135a Rn. 9.

gung von ca. 4,55 % aus, um die Stimmenmehrheit zu erlangen.[1365] Neben den 50.000 stimmrechtslosen Vorzugaktien, wären 4.550 Aktien solche mit einem zehnfachen Stimmrecht, also Mehrstimmrechtsaktien, und die restlichen 45.450 Aktien wären Stammaktien. Auf die Mehrstimmrechtsaktien entfielen insgesamt 45.500 Stimmen, was bei einem zu berücksichtigenden Gesamtstimmrecht von 90.950 (45.500 + 45.450) einem Stimmrechtsanteil von ca. 50,03 % (45.500/90.950) entsprechen würde.

Die Zulässigkeit dieser Kombination könnte bezweifelt werden, wenn man bedenkt, dass der Gesetzgeber in seiner Begründung zur Stimmkraftobergrenze betont, dass das Stimmrecht nicht vollständig von der wirtschaftlichen Beteiligung entkoppelt werden soll.[1366] Die parallele Ausgabe könnte eine solche Entkoppelung fördern. Sie wird daher in der Literatur vereinzelt kritisiert.[1367] Vorgeschlagen wird eine Regelung, die die Ausgabe von stimmrechtslosen Vorzugsaktien neben Mehrstimmrechtsaktien verbietet.[1368] Gegen ein gesetzgeberisches Eingreifen lässt sich anführen, dass der Markt auf eine parallele Ausgabe entsprechend reagieren kann. Denn wird eine solche Struktur gewählt, müssen die Aktionäre damit rechnen, dass ein zu weitgehendes Stimmgewicht für eine künftige Börsennotierung nachteilig sein kann,[1369] da es zu einem entsprechenden Bewertungsabschlag kommen kann. Auch im schweizerischen Aktienrecht ist eine parallele Ausgabe von Stimmrechtsaktien und Partizipationsscheinen möglich.

1365 *Ceesay*, Die Wiedereinführung der Mehrstimmrechtsaktien: Nachbesserungsbedarf beim Regierungsentwurf des ZuFinG (30.9.2023), I. 5. a) spricht von einem Kapitalanteil von unter 5 %.

1366 RegE ZuFinG vom 16.8.2023, S. 129.

1367 *Wolf*, Mehrstimmrechtsaktien (2023), S. 377 ff.; *Ceesay*, Die Wiedereinführung der Mehrstimmrechtsaktien: Nachbesserungsbedarf beim Regierungsentwurf des ZuFinG (30.9.2023), I. 5. a).

1368 So auch *Ceesay*, Die Wiedereinführung der Mehrstimmrechtsaktien: Nachbesserungsbedarf beim Regierungsentwurf des ZuFinG (30.9.2023), I. 5. a); *Ceesay*, Die Wiedereinführung der Mehrstimmrechtsaktien (2023), S. 19 will § 139 Abs. 2 AktG um einen entsprechenden Zusatz ergänzen; *Wolf*, Mehrstimmrechtsaktien (2023), S. 378 schlägt eine Verortung in § 135a Abs. 2 S. 2 AktG vor.

1369 *Gebhard/Herzog*, ZIP 2023, 1161, 1164; kritisch *Krebs*, in: Hölters/Weber AktG, 5. Aufl. (2025), § 135a Rn. 8.

2. Folgen des automatischen Erlöschens der Mehrstimmrechte

a) Nachträglich unrichtige Satzungsangaben

Eine Satzungsänderung bedarf eines Beschlusses der Hauptversammlung, § 179 Abs. 1 S. 1 AktG. § 181 Abs. 3 AktG ordnet an, dass die Änderung erst mit der Eintragung in das Handelsregister wirksam wird. Die materielle Rechtslage ändert sich also erst mit der Eintragung. Der von dem Gesetzgeber vorgesehene Fall des automatischen Erlöschens der Mehrstimmrechte in der börsennotierten AG, der zu einem automatischen Wechsel der Gattungszuordnung führt,[1370] fügt sich daher nicht ohne Weiteres in diese Grundkonzeption ein. Das Erlöschen der Mehrstimmrechte mit der Folge der automatischen Umwandlung in eine Stammaktie stellt eine Änderung des Inhalts der Mitgliedschaft dar, die keiner Beschlussfassung bedarf. Dadurch wird die Satzung nachträglich unrichtig, da gemäß § 23 Abs. 3 Nr. 4 AktG nicht nur das Bestehen mehrerer Aktiengattungen, sondern auch die Zahl der Aktien jeder Gattung auszuweisen ist. Fehlt diese Satzungsbestimmung von Anfang an, stellt dies ein Eintragungshindernis nach § 38 Abs. 1, 3 Nr. 1 AktG dar.[1371] Um nachträgliche Unrichtigkeiten zu vermeiden, sollte der Satzungstext zeitnah angepasst werden. Jeder „Eingriff" in den Satzungstext fällt als Satzungsänderung in den Anwendungsbereich der §§ 179 ff. AktG, für die gemäß § 179 Abs. 1 S. 1 AktG die Hauptversammlung zuständig ist.[1372] Gemäß § 179 Abs. 1 S. 2 AktG kann die Hauptversammlung jedoch die Befugnis zu Änderungen, die nur die Fassung betreffen, auf den Aufsichtsrat übertragen. Dies kann durch Beschluss oder durch eine entsprechende Satzungsregelung erfolgen. Die Abgrenzung, wann eine bloße Fassungsänderung ohne inhaltliche Änderung vorliegt, kann im Einzelfall schwierig sein.[1373] Für eine bloße Fassungsänderung könnte sprechen, dass sich die materielle Rechtslage *ipso iure* ändert und die Satzung nur an die tatsächliche Rechtslage angepasst werden soll. Die Gründe für das Erlöschen sind im Gesetz (§ 135a Abs. 2 AktG) oder in der für jedermann einsehbaren Satzung (§ 135a Abs. 3 AktG) festgelegt. Sie sind damit erkenn-

1370 E.IV.4.a).

1371 Wird die Gesellschaft dennoch eingetragen, kann das Registergericht nach § 399 FamFG der Gesellschaft eine Frist zur Behebung des Mangels setzten. Bei nicht fristgerechter Behebung des Mangels hat das Gericht den Mangel festzustellen, wodurch die Gesellschaft nach § 262 Abs. 1 Nr. 5 gelöscht wird.

1372 *Poelzig*, in: MüKo AktG, 6. Aufl. (2025), § 179 Rn. 175.

1373 *Ders.*, in: MüKo AktG, 6. Aufl. (2025), § 179 Rn. 176 ff.

bar. Es handelt sich nicht um eine materiell-inhaltliche, sondern bloß um eine redaktionelle Anpassung der Satzung an die materielle Rechtslage. Die Übertragung auf den Aufsichtsrat ermöglicht zudem eine zügige und einfache Anpassung an die tatsächlichen Verhältnisse ohne Einberufung der Hauptversammlung, was unter Transparenzgesichtspunkten dem Schutz der Anleger dient. Der Aufsichtsrat hat dabei keinerlei materielle Befugnis, auf den Inhalt der Mitgliedschaft Einfluss zu nehmen oder eine Entscheidung zu treffen, die in den Zuständigkeitsbereich der Hauptversammlung fällt. Eine anerkannte Fallgruppe im Rahmen des § 179 Abs. 1 S. 2 AktG ist die Umwandlung einer Aktiengattung in eine andere.[1374] Im Falle des Erlöschens des Vorzugs einer stimmrechtslosen Vorzugsaktie kann die erforderliche Satzungsänderung nach § 179 Abs. 1 S. 2 AktG dem Aufsichtsrat übertragen werden.[1375] In einem Fall, in dem den Vorzugsaktionären durch einen Hauptversammlungsbeschluss ein Umtauschrecht eingeräumt werden sollte, argumentierte das Landgericht Köln, dass der

> *„Vorstand und Aufsichtsrat der Beklagten [...] lediglich ermächtigt [werden], die näheren administrativen Einzelheiten des Umwandlungsverfahrens festzulegen, sowie die endgültige sprachliche Fassung der beim Handelsregister zur Eintragung anzumeldenden Satzungsänderung an die tatsächlichen Verhältnisse nach Inanspruchnahme des Umtauschangebots durch die Vorzugsaktionäre anzupassen. Änderungsmöglichkeiten des Umtauschangebots in materieller Hinsicht bestehen für Vorstand und Aufsichtsrat nicht. Eine solche Befugnisübertragung auf den Aufsichtsrat lediglich zur Fassungsänderung ist aber gemäß § 179 Abs. 1 Satz 2 AktG zulässig [...].“*[1376]

Trotz der Parallelen besteht der Unterschied darin, dass die materielle Rechtslage in diesem Fall nicht *ipso iure*, sondern aufgrund des Beschlusses selbst eintritt.

Ein vergleichbarer Fall liegt hingegen bei einer Kapitalerhöhung aus Gesellschaftsmitteln vor. Nach der zwingenden Vorschrift des § 216 Abs. 1 AktG bleibt das Verhältnis der mit den Aktien verbundenen Rechte zueinander durch die Kapitalerhöhung unberührt. Damit soll erreicht werden,

1374 *Ders.*, in: MüKo AktG, 6. Aufl. (2025), § 179 Rn. 161.

1375 *Bormann*, in: BeckOGK AktG, § 141 Rn. 28; *Poelzig*, in: MüKo AktG, 6. Aufl. (2025), § 179 Rn. 161; in dem Fall des OLG Köln, Urt. v. 20.9.2001,18 U 125/01, ZIP 2001, 2049, 2052 ging es darum, den nach der Umwandlung feststehenden Anteil der Vorzugs- und Stammaktionäre sprachlich auszudrücken.

1376 Landgericht Köln, Urt. v. 7.3.2001, 91 O 131/00, AG 2002, 103, 104.

dass die aus der Mitgliedschaft folgenden Einzelrechte trotz der Kapitalerhöhung aus Gesellschaftsmitteln relativ unverändert bleiben. Insbesondere soll sich das Verhältnis zwischen Aktionären verschiedener Gattungen nicht verändern.[1377] Problematisch ist der Fall, in dem sich die Ungleichheit der verschiedenen Aktiengattungen auf Rechte bezieht, deren Umfang sich nicht proportional zu den Anteilen am Grundkapital verändern, wie dies z.B. bei Vorzugsaktien mit einem Gewinnvorrecht der Fall ist. Sofern sich das Gewinnvorrecht nach einem bestimmten Prozentsatz bemisst und sich die Zahl der bevorrechtigten Anteilsinhaber erhöht, würde dies automatisch zu einer Erhöhung des bevorrechtigten Betrags führen. Genau das untersagt § 216 Abs. 1 AktG, sodass das Gewinnvorrecht *ipso iure* so auf alte und neue Vorzugsaktien zu verteilen ist, dass der Betrag der Vorabdividende unverändert bleibt.[1378] Der Prozentsatz wird kraft Gesetzes[1379] entsprechend herabgesetzt, was aus dem Satzungstext nicht ersichtlich ist. *Poelzig* bezeichnet diese Konstellation als Rechtsfolge einer Satzungsänderung, die kraft Gesetzes eintritt.[1380] Für diese Satzungsanpassung sei eine Befassung der Hauptversammlung zulässig, aber nicht zwingend.[1381] In einem solchen Fall der formellen Satzungsänderung bestehe gemäß § 179 Abs. 2 S. 1 AktG die Möglichkeit der Delegation auf den Aufsichtsrat.[1382] Die Befassung der Hauptversammlung mit einer solchen Satzungsanpassung könne den Ein-

1377 *Koch*, in: Koch AktG, 2025, § 216 Rn. 1, 3; *Fett/Spiering*, NZG 2002, 358, 365; *Arnold*, in: MüKo AktG, 6. Aufl. (2025), § 216 Rn. 1.

1378 *Fett/Spiering*, NZG 2002, 358, 366 nennen in diesem Zusammenhang folgendes Beispiel nach Wiedemann: „*Eine AG mit einem Grundkapital von 40 Millionen Euro, eingeteilt in Nennbeträge von 32 Millionen Euro (Stammaktien) und 8 Millionen Euro (Vorzugsaktien), gewährt einen Vorzug in Höhe von 5% bezogen auf den Nennbetrag der Vorzugsaktien, also in Höhe von 400000 Euro. Wird nun eine Kapitalerhöhung auf 50 Millionen Euro durchgeführt, erhöht sich der Nennbetrag der Vorzugsaktien entsprechend auf 10 Millionen Euro und damit der Vorzug auf 500000 Euro. Dieses Ergebnis aber lässt sich nicht mit § 216 I AktG vereinbaren, da sich hiernach das Verhältnis zwischen Stamm- und Vorzugsaktionären nicht verändern darf. Zur Lösung dieses Problems wird der Prozentsatz entsprechend auf 4% verringert, was zu dem geforderten Vorzugsbetrag von 400000 Euro führt. Diese Rechtsfolge tritt wegen § 216 I AktG per Gesetz ein, ohne dass es dazu besonderer Angaben im Kapitalerhöhungsbeschluss bedürfte.*"; s. auch *Arnold*, in: MüKo AktG, 6. Aufl. (2025), § 216 Rn. 12 ff.

1379 *Arnold*, in: MüKo AktG, 6. Aufl. (2025), § 216 Rn. 16 m.w.N.

1380 *Poelzig*, in: MüKo AktG, 6. Aufl. (2025), § 179 Rn. 178.

1381 *Simons*, in: Hölters/Weber AktG, 5. Aufl. (2025), § 216 Rn. 6.

1382 *Poelzig*, in: MüKo AktG, 6. Aufl. (2025), § 179 Rn. 178; *Fett/Spiering*, NZG 2002, 358, 366; *Koch*, in: Koch AktG, 2025, § 216 Rn. 4; *Simons*, in: Hölters/Weber AktG, 5. Aufl. (2025), § 216 Rn. 6; *Arnold*, in: MüKo AktG, 6. Aufl. (2025), § 216 Rn. 17.

druck eines Entscheidungsrechts vermitteln, welches ihr wegen der *ipso iure* Wirkung der Satzungsänderung nicht zustehe.[1383]

Diese von *Poelzig* beschriebene Konstellation der Rechtsfolgen einer Satzungsänderung, die kraft Gesetzes eintritt, liegt auch im Fall des § 135a Abs. 2 AktG oder dem Vorsehen statuarischer Verfallsklauseln vor. Es spricht daher viel dafür, einen Fall des § 179 Abs. 2 S. 1 AktG anzunehmen, für den eine entsprechende Ermächtigung in der Satzung vorzusehen ist.[1384]

b) Übernahmerecht: Passive Kontrollerlangung?

Für die mit Mehrstimmrechten ausgestattete börsennotierte AG stellen sich einige übernahmerechtliche Folgefragen.[1385] Durch das Erlöschen der Mehrstimmrechte aufgrund der gesetzlichen oder statuarischen Verfallsklauseln reduziert sich die Gesamtzahl der Stimmrechte an der betroffenen AG, was zur Verschiebung des Stimmgewichts innerhalb der AG führt. Ein bislang einfachstimmberechtigter Aktionär kann hierdurch ohne sein Zutun die Kontrollschwelle nach § 29 Abs. 2 WpÜG überschreiten (sog. passive Kontrollerlangung), was ihn in einer börsennotierten AG gemäß § 35 Abs. 1 WpÜG dazu verpflichtet, ein Pflichtangebot abzugeben. Das stieß auf Kritik, sodass noch während des laufenden Gesetzgebungsverfahrens gefordert wurde, dem Vorbild der österreichischen Regelung in § 22b ÜbG folgend, eine Ausnahmeregelung für den Fall des nicht vorhersehbaren passiven Kontrollerwerbs zu schaffen.[1386] Die Regelung in § 22b Abs. 1 S. 1 ÜbG lautet:

> „*Wer eine kontrollierende Beteiligung erlangt, ohne dies durch zeitnahe Handlungen, wie insbesondere durch Anteilserwerb bewirkt zu haben, muss kein Angebot legen, wenn er beim Erwerb der Anteile nicht mit der Kontrollerlangung rechnen musste.*“

1383 *Fett/Spiering*, NZG 2002, 358, 366.

1384 So nun auch *Mock/Mohamed*, in: Heidel (Hrsg.), Aktienrecht und Kapitalmarktrecht, 6. Aufl. (2024), § 135a Rn. 61.

1385 Insgesamt zu den übernahmerechtlichen Implikationen *Kraack*, NZG 2023, 1151 ff.; *Denninger/Bülow*, AG 2023, 417 ff.; *Rieckers*, in: BeckOGK AktG, § 135a Rn. 111 ff.; *Schirrmacher/Meiß*, BKR 2024, 512 ff.

1386 *Mock/Mohamed*, NZG 2022, 1275, 1278 f.; *Casper*, ZHR 187 (2023), 5, 34; ebenfalls für eine Ausnahmeregelung Deutscher Anwaltverein (DAV), Stellungnahme ZuFinG (Mai 2023), S. 28 f.; *Handelsrechtsausschuss des Deutschen Anwaltvereins* (DAV), NZG 2023, 464, 469; *Wolf*, Mehrstimmrechtsaktien (2023), S. 278 ff., 281; kritisch *Denninger/Bülow*, AG 2023, 417, 423 Rn. 41; a.A.: *Gebhard/Herzog*, ZIP 2023, 1161, 1166.

Der deutsche Gesetzgeber wählte hingegen einen anderen Weg. In der Regierungsbegründung hält er fest, dass in derartigen Fällen für den betroffenen Aktionär eine Befreiung gemäß § 37 WpÜG i.V.m. § 9 S. 1 Nr. 5 WpÜG-Angebots-VO, der den Befreiungsgrund der *„Verringerung der Gesamtzahl der Stimmrechte an der Zielgesellschaft"* enthält, in Betracht kommt. Dieser Befreiungsgrund decke auch die Verringerung der Gesamtstimmrechtszahl durch das Erlöschen von Mehrstimmrechten ab.[1387] Für den betroffenen Aktionär bedeutet das, dass er nicht automatisch von einem Pflichtangebot befreit wird, sondern dass er sich durch die BaFin im Wege eines gesonderten Verwaltungsverfahrens von der Angebotspflicht befreien lassen muss. Die Entscheidung über eine entsprechende Befreiung liegt dabei im Ermessen der BaFin.[1388] Eine Ermessensreduktion auf Null aufgrund der Besonderheit der Mehrstimmrechte wird nur schwer begründbar sein.[1389] Mit dem Befreiungsgrund der Geltendmachung der *„Verringerung der Gesamtzahl der Stimmrechte an der Zielgesellschaft"* enthält das geltende Recht eine passende Lösung, um mit den Fällen des passiven Kontrollerwerbs infolge des Erlöschens der Mehrstimmrechte umzugehen. Der Zweck der Regelung des § 37 WpÜG liegt in der Gewährleistung der Einzelfallgerechtigkeit als erforderliches Korrektiv zu der Regelung in § 35 WpÜG.[1390] Dieser Weg, der überwiegend befürwortet wird,[1391] ermöglicht eine sachgerechte Entscheidung im Einzelfall.

VII. Fazit

Die jüngsten Gesetzgebungsvorhaben auf europäischer und deutscher Ebene zur Wiedereinführung der Mehrstimmrechtsaktie sind zu begrüßen. Die

---

1387 RegE ZuFinG vom 16.8.2023, S. 131 f.; ebenso *Gebhard/Herzog*, ZIP 2023, 1161, 1166 die schon während des Gesetzgebungsverfahrens auf diese Möglichkeit hinwiesen.

1388 *Krause/Pötzsch/Seiler*, in: Assmann/Pötzsch/Schneider WpÜG, 4. Aufl. (2024), § 37 Rn. 1; *Schlitt/Biller*, in: Müko AktG, 6. Aufl. (2024), § 37 WpÜG Rn. 2.

1389 *Harnos*, in: Schmidt/Lutter AktG, 5. Aufl. (2024), § 135a Rn. 86.

1390 *Krause/Pötzsch/Seiler*, in: Assmann/Pötzsch/Schneider WpÜG, 4. Aufl. (2024), § 37 Rn. 5.

1391 *Florstedt*, NZG 2024, 139, 143; *Koch*, in: Koch AktG, 2025, § 135a Rn. 14; *Denninger/Bülow*, AG 2023, 417, 423 Rn. 40; Initiative Minderheitsaktionäre, Stellungnahme ZuFinG (10.5.2023), S. 4; *Krebs*, in: Hölters/Weber AktG, 5. Aufl. (2025), § 135a Rn. 23; kritisch *Kraack*, NZG 2023, 1151, 1159 wegen des damit einhergehenden aufwendigen Verwaltungsverfahrens; *Ceesay*, Die Wiedereinführung der Mehrstimmrechtsaktien (2023), S. 26 hält eine Befreiung regelmäßig für sachlich nicht gerechtfertigt.

Wiedereinführung verstößt weder gegen höherrangiges Recht noch stellt sie eine Abkehr von dem zwingenden *one share, one vote*-Grundsatz dar. Wie in Kapitel C. herausgearbeitet, lässt sich dem Aktienrecht keine zwingende Geltung des Grundsatzes entnehmen, dass die Stimmkraft zwingend dem Kapitaleinsatz entsprechen muss. Der *one share, one vote*-Grundsatz war schon vor der Wiedereinführung der Mehrstimmrechte aufgrund der zugelassenen Ausnahmen nicht als zwingender Grundsatz des Aktienrechts anzusehen, sodass er auch als Argument gegen eine Wiedereinführung nicht zu überzeugen vermag. Aus der rechtsökonomischen Betrachtung haben sich keine zwingenden Gründe gegen eine Wiedereinführung ergeben. Sowohl das Aktienrecht als auch der Markt stellen ausreichende Schutzmechanismen zur Verfügung. Bei einer Abwägung der genannten Vor- und Nachteile ist festzustellen, dass das von dem Gesetzgeber verfolgte Ziel, die Investitionsmöglichkeiten zu stärken, den hohen Finanzierungsbedarfs insbesondere kleiner und mittlerer Unternehmen zu decken und die Attraktivität der Kapitalmärkte zu erhöhen, schwerer wiegt als die möglicherweise eintretenden Gefahren. Die Entscheidung über die Einführung von Mehrstimmrechtstrukturen sollte daher – der schweizerischen Rechtslage folgend – allein dem Satzungsgeber überlassen bleiben. Die schweizerische Rechtslage zeigt darüber hinaus, dass auch der deutsche Gesetzgeber mehr Gestaltungsfreiheit wagen kann. Gerade die Beschränkungen in § 135a Abs. 2 AktG sind kritisch zu sehen und ihre Streichung zu fordern. Sie sind als zusätzlicher Schutzmechanismus nicht erforderlich. Vielmehr schließen sie die Mehrstimmrechtsaktie als Instrument für den Börsengang von Familienunternehmen aus, was angesichts der Zahl der Familienunternehmen in Deutschland zu bedauern ist. Für diese stellen Mehrstimmrechte wegen der Verfallsklauseln keine echte Alternative dar.

F. Zusammenfassung der wesentlichen Ergebnisse

Nachfolgend werden die wesentlichen Ergebnisse dieser Arbeit zusammengefasst.

I. Abschließende rechtsvergleichende Betrachtung des one share, one vote-Grundsatzes

1. Historische Entwicklung

Die Untersuchung hat ergeben, dass die deutsche und die schweizerische Rechtsordnung im Ausgangspunkt von einem *one share, one vote*-Grundsatz i.S.d. Proportionalitätsprinzips ausgehen. Dabei hat sich die AG historisch aus einer Rechtsform entwickelt, die diesen Grundsatz gerade nicht kannte. In den Handelskompagnien des 17. Jahrhunderts, die aus dem Zusammenschluss kaufmännischer Vereinigungen entstanden, leisteten die Beteiligten unterschiedlich hohe Einlagen zur Durchführung des von dem Unternehmen verfolgten Zwecks – meist der Schifffahrt – ohne dass ihnen irgendwelche Verwaltungsrechte, insbesondere Stimmrechte, zustanden. Die Entscheidungsmacht oblag allein den von der Regierung ernannten Vorstehern.

Die weitere Entwicklung der juristischen Person des Privatrechts, insbesondere der AG, orientierte sich am Vorbild staatlicher Strukturen, was u.a. in dem bis heute gebräuchlichen, wenn auch irreführenden und abzulehnenden Begriff der Aktionärsdemokratie zum Ausdruck kommt. Eine solche „*Demokratisierung*" fand Ende des 17. Jahrhunderts in der Form statt, dass zunehmend Generalversammlungen gebildet wurden. In der Folge etablierte sich ein Grundkonzept, das in beiden Rechtsordnungen von Gestaltungsfreiheit geprägt war. Die daran anknüpfende weitere historische Entwicklung in Deutschland und der Schweiz ist verantwortlich für die heute in den jeweiligen Rechtsordnungen zulässigen, teilweise unterschiedlichen Gestaltungsmodalitäten der einzelnen Stimmrechtsabweichungen.

Der deutsche Gesetzgeber hat immer wieder versucht, auf Missstände gesetzgeberisch zu reagieren. Dies lässt sich am Beispiel der Mehrstimmrechtsaktie verdeutlichen: Ein in der Praxis zunächst kaum relevantes Instrument wurde 1884 verboten, um es wenige Jahre später – durch das HGB von 1897 – erstmals uneingeschränkt gesetzlich zuzulassen. Nachdem es zunächst völlig unbedeutend geblieben war, erfuhr es nach dem Ersten Weltkrieg großer Beliebtheit. Die eingeräumte Gestaltungsfreiheit führte zu Missbräuchen, denen der Gesetzgeber 1937 dadurch zu begegnen suchte, dass er die Neuschaffung von Mehrstimmrechten grundsätzlich untersagte und Ausnahmen von einer ministeriellen Genehmigung abhängig machte („*Verbot mit Erlaubnisvorbehalt*"). Die Voraussetzungen für die Erteilung einer solchen ministeriellen Genehmigung wurden nur wenige Jahre später – im Jahr 1965 – weiter verschärft und mündeten schließlich 1998 in ein vollständiges Verbot von Mehrstimmrechten, um heute – 25 Jahre später – über deren Wiedereinführung zu diskutieren. Im Ergebnis stellte dies jeweils auch eine Reaktion auf wirtschaftliche und politische Hintergründe dar.

Im Vergleich dazu erweist sich das schweizerische System als konsistent, da es auf ein entstandenes praktisches Bedürfnis mit der Bereitstellung der notwendigen Instrumente reagiert und dabei möglichen Missbräuchen von Anfang an durch entsprechende Regelungen entgegengewirkt hat. Gerade im Hinblick auf den historischen Vergleich der Mehrstimmrechtsaktie mit der Stimmrechtsaktie ist zu berücksichtigen, dass die Mehrstimmrechtsaktie als gesellschaftsrechtliche Gestaltungsmöglichkeit geschaffen wurde, da eine gesetzliche Diskriminierung von Staatsangehörigen der alliierten und assoziierten Mächte in Wirtschaftsangelegenheiten nach Art. 276 des Friedensvertrags von Versailles vom 28. Juni 1919 verboten war. Aufgrund der Kriegsfolgen war eine „Überfremdung" des Kapitals, nicht aber eine „Überfremdung" des Stimmrechts gewollt. Ein Problem, das sich in der schweizerischen AG nicht stellte.

2. Stimmrechtsabweichungen in der jeweiligen Rechtsordnung

Vergleicht man die im deutschen und schweizerischen Aktienrecht jeweils zugelassenen Ausnahmen, so besteht ein erster Unterschied zwar im Ausgangspunkt hinsichtlich der dem Satzungsgeber eingeräumten Freiheit, Abweichungen vom Grundsatz *one share, one vote* vorzusehen. Hier stehen sich die Grundsätze der Statutenfreiheit und der Satzungsstrenge gegenüber. Trotz dieser unterschiedlichen, historisch gewachsenen Ausgangslage der beiden Rechtsordnungen hat sich jedoch gezeigt, dass sich im Hinblick auf die Ausgestaltung und Verteilung der Stimmrechte ähnliche Gestaltungsinstrumente gebildet haben. Es gibt solche, die das Stimmrecht vollständig ausschließen (stimmrechtslose Vorzugsaktien; Partizipationsscheine), solche, die es beschränken (Höchststimmrechte; Höchststimmklausel und Prozentvinkulierung) und solche, die es verstärken (Mehrstimmrechtsaktie; Stimmrechtsaktie).

Die anerkannten Ausnahmen sind jeweils vom Ausgangspunkt der Rechtsordnung her zu betrachten: Die in § 23 Abs. 5 AktG normierte Satzungsstrenge steht an der Spitze des deutschen Aktienrechts. Danach kann die Satzung von den Vorschriften des Gesetzes nur abweichen, wenn es ausdrücklich zugelassen ist. Der Bedeutungsgehalt von *one share, one vote* im deutschen Aktienrecht kann und muss damit ausgehend von den Regelungen des AktG ermittelt werden. Nach den für das Stimmrecht relevanten Vorschriften bedeutet das, dass jede Aktie ein Stimmrecht gewährt (§ 12 S. 1 AktG). Es wird nach Aktiennennbeträgen, bei Stückaktien nach deren Zahl ausgeübt (§ 134 Abs. 1 S. 1 AktG). Dabei bestimmt sich der Anteil am Grundkapital bei Nennbetragsaktien nach dem Verhältnis ihres Nennbetrags zum Grundkapital, bei Stückaktien nach der Zahl der Aktien (§ 8 Abs. 4 AktG). Daraus ergibt sich das Proportionalitätsprinzip zwischen Stimmkraft und Kapitalbeteiligung. Entsprechend eng sollte auch der Grundsatz *one share, one vote* verstanden werden. Abweichungen hiervon sind unzulässig, es sei denn, der Gesetzgeber lässt sie ausdrücklich zu (§ 23 Abs. 5 AktG). Das bedeutet, dass das Aktienrecht nur in den ausdrücklich genannten Fällen und auch nur in dem dort vorgesehenen Umfang Gestaltungsfreiheit gewährt. Der *one share, one vote*-Grundsatz wird damit durch die Satzungsstrenge abgesichert. Gesetzliche Abweichungen sind nur in Form der stimmrechtslosen Vorzugsaktie (§§ 12 S. 2 Alt. 2, 139 ff. AktG), der Höchststimmrechte für die nicht börsennotierte AG (§ 134 Abs. 1 S. 2 bis 6 AktG) und nunmehr auch in Form der Mehrstimmrechtsaktie (§§ 12 S. 2 Alt. 1, 135a AktG) zulässig. Die dabei eingeräumte Gestaltungsfreiheit variiert im Einzelnen.

Demgegenüber ist das schweizerische Aktienrecht von der Gestaltungsfreiheit geprägt. Für das Stimmrecht steht die Regelung in Art. 692 Abs. 2 S. 1 OR an der Spitze, wonach eine Aktie zwingend immer mindestens ein Stimmrecht gewähren muss. Das schweizerische Aktienrecht scheint damit den *one share, one vote*-Grundsatz im Ausgangspunkt wörtlich zu nehmen. Vor diesem Hintergrund ist das schweizerische Aktienrecht formaljuristisch strenger, da im Gegensatz zur deutschen Rechtsordnung stimmrechtslose Aktien nicht möglich sind. Relativiert wird dies allerdings durch die Möglichkeit der Schaffung von Partizipationskapital und Partizipationsscheinen. In diesem Fall werden keine stimmrechtslosen Aktien geschaffen, sondern Partizipationsscheine, die zwar keine Aktien sind, diesen aber weitgehend gleichgestellt sind (vgl. Art. 656a ff. OR). Gleiches gilt für stimmrechtsverstärkende Mechanismen. Die Stimmrechtsprivilegierung wird dabei nicht direkt über die Schaffung von Mehrstimmrechten, sondern indirekt über die Ausgestaltung unterschiedlich hoher Nennwerte geschaffen (Art. 693 OR).

Dass sich im Ergebnis trotz unterschiedlicher Ausgangslage ähnliche Gestaltungsinstrumente herausbilden, liegt am gemeinsamen praktischen Bedürfnis. Die einzelnen Abweichungsmöglichkeiten haben sich entwickelt, da in der AG unterschiedliche Aktionärstypen zusammentreffen. Um die divergierenden Interessen in Einklang zu bringen, bedarf es einer flexiblen Ausgestaltung des Stimmrechts. Das Aktienrecht sollte in der Lage sein, diesen Bedürfnissen hinreichend Rechnung zu tragen. Abweichungen stellen in aller Regel ein personalistisches Element in der AG dar. Je größer der Kreis der Aktionäre ist, desto eher sind diese unterschiedlichen Typen anzutreffen, sodass gerade auch in börsennotierten Aktiengesellschaften unterschiedliche Interessen aufeinandertreffen und v.a. in dieser Hinsicht Stimmrechtsabweichungen relevant werden können. Bei der konkreten Ausgestaltung der jeweiligen Abweichungsmöglichkeiten erweist sich das schweizerische Aktienrecht insgesamt als großzügiger, was an der geltenden Gestaltungsfreiheit liegt. Denn im Kern geht es bei den Abweichungsmöglichkeiten insgesamt um den Konflikt zwischen dem Grundsatz der Satzungsstrenge und dem Grundsatz der Gestaltungsfreiheit. Das zeigt sich vor allem an dem Vergleich der Mehrstimmrechtsaktie zur Stimmrechtsaktie.

3. Insbesondere: Mehrstimmrechtsaktie vs. Stimmrechtsaktie

Das schweizerische Pendant zur Mehrstimmrechtsaktie ist die seit 1936 verbotene echte bzw. direkte Stimmrechtsaktie. Während die Mehrstimmrechtsaktie bei gleichlautendem Nennwert ein mehrfaches Stimmrecht gewährt, wird bei der – gesetzlich zulässigen – unechten bzw. indirekten Stimmrechtsaktie nicht über die Zuweisung einer unterschiedlichen Zahl von Stimmen, sondern über die unterschiedlichen Nennwerte der verschiedenen Aktienkategorien, die je eine Stimme gewähren, differenziert (Art. 693 Abs. 1 OR). Die deutsche Rechtsordnung geht damit von einer direkten, die schweizerische von einer indirekten Stimmrechtsprivilegierung aus. Schlagwortartig stehen sich die Gestaltungsoptionen *„gleicher Nenn-*

wert, unterschiedliche Stimmkraft“ und „*unterschiedlicher Nennwert, gleiche Stimmkraft*“ gegenüber.

Dass in der Schweiz eine Stimmrechtsdifferenzierung durch die Ausgestaltung unterschiedlich hoher Nennwerte erreicht wird, ist allein historisch bedingt. Man wollte – wie in Deutschland – unterschiedliche Stimmgewichtungen zulassen, hielt dies aber mit dem damaligen Art. 640 Abs. 1 OR 1881 für unvereinbar. Da sich die indirekte Stimmrechtsprivilegierung über Jahre hinweg in der Praxis bewährt hatte, sah man keine Notwendigkeit, dies zu ändern oder gar eine direkte Stimmrechtsprivilegierung zu schaffen, da dies zu undurchsichtigen Verhältnissen geführt hätte.

Vergleicht man die beiden Rechtsinstitute, so lassen sich einige Gemeinsamkeiten feststellen: In beiden Fällen kann das Privileg nur für Namensaktien und nur maximal auf das zehnfache der Stimmkraft ausgegeben werden. Der Gesetzgeber schränkt den Anwendungsbereich dadurch ein, dass das Stimmkraftprivileg für bestimmte Beschlussgegenstände nicht gelten soll. Darüber hinaus wirken sie sich bei Doppel-Quoren bzw. der Kapitalmehrheit nicht aus, jedenfalls nicht aktiv. Eine Beschränkung des Gesamtanteils der Stimmen, welche auf Mehrstimmrechtsaktien bzw. Stimmrechtsaktien entfallen, ist nicht vorgesehen, obwohl beide Rechtsordnungen diese Beschränkung für stimmrechtslose Aktien bzw. Partizipationsscheine vorsehen. Das Stimmrechtsprivileg ist in der Schweiz insgesamt, in Deutschland nur bei der nicht börsennotierten AG übertragbar.

Ein Unterschied besteht darin, dass Stimmrechtsaktien nicht befristet oder an Bedingungen geknüpft werden können,[1392] die im Falle des Eintritts bzw. Fristablaufs zu einer automatischen Umwandlung in Stammaktien führen. Für eine solche Umwandlung ist eine Zusammenlegung der Aktien erforderlich, die eine Zustimmung der betroffenen Aktionäre erfordert.[1393] Ein weiterer Unterschied besteht in der Möglichkeit der Schaffung von Stimmrechtsaktien im Wege des genehmigten Kapitals, sofern dies in den Statuten vorgesehen ist. Dieser Unterschied ergibt sich aus dem jeweils verfolgten gesetzgeberischen Zweck: Da man in Deutschland Börsengänge von Start-ups fördern wollte, sah man kein Bedürfnis, die Möglichkeit zu schaffen, dass der Vorstand nachträglich Mehrstimmrechte ausgeben kann. Der deutsche Gesetzgeber schränkt den Einsatzbereich der Mehrstimmrechtsaktien zudem entsprechend seiner Zielsetzung ein. Diese sollen von

1392 So auch zur Befristung *Gerster*, Stimmrechtsaktie (1997), S. 14; *von der Crone*, Bericht zu einer Teilrevision des Aktienrechts (2002), S. 9.

1393 *Gerster*, Stimmrechtsaktie (1997), S. 14 f.; *von der Crone*, Bericht zu einer Teilrevision des Aktienrechts (2002), S. 9.

Wachstumsunternehmen und insbesondere von Start-ups vor einem Börsengang ausgegeben werden. Im Gegensatz dazu sieht der schweizerische Gesetzgeber den Einsatzbereich v.a. bei Familienunternehmen.

4. Abschließende Begriffsbestimmung

Der Bedeutungsgehalt des *one share, one vote*-Grundsatzes erschöpft sich in beiden Rechtsordnungen unstreitig im Proportionalitätsprinzip. Dieses Prinzip besagt, dass der Kapitalanteil, also das Verhältnis des Nennwerts zum Aktienkapital, dem Stimmenanteil entspricht. Es geht damit um das Verhältnis der Stimmkraft zur Kapitalbeteiligung, konkret zur nominellen Kapitalbeteiligung. Aus dem *one share, one vote*-Grundsatz lässt sich jedoch nicht im Umkehrschluss ableiten, dass immer dann, wenn eine Aktie eine Stimme gewährt, auch eine proportionale Verteilung des Stimmrechts vorliegt, wie das Beispiel der schweizerischen Stimmrechtsaktie zeigt.

Dem Wortlaut folgend ist der *one share, one vote*-Grundsatz eng zu verstehen und auf die Verknüpfung der aus der Mitgliedschaft folgenden Stimmkraft mit der kapitalmäßigen Beteiligung zu beschränken. *One share, one vote* bedeutet also zusammenfassend die Proportionalität der aus der Mitgliedschaft folgenden Stimmkraft zur nominellen Kapitalbeteiligung. Eine Abweichung von diesem Grundsatz kann daher von vornherein nur in einer gesellschaftsrechtlichen, nicht aber in einer schuldrechtlichen Gestaltungsmöglichkeit liegen. Gestaltungsmöglichkeiten, die darüber hinaus eine Trennung von Eigentum und Kontrolle ermöglichen, wie beispielsweise die Rechtsform der KGaA oder Pyramidenstrukturen, oder Rechte, die eine größere Einflussmöglichkeit gewähren wie beispielsweise das Entsendungsrecht (§ 101 Abs. 2 AktG), stellen nach dem hier vertretenen engen Verständnis keine Abweichung von dem *one share, one vote*-Grundsatz im eigentlichen Sinne dar.

5. Tatsächlicher Bedeutungsgehalt

Die Untersuchung hat gezeigt, dass der *one share, one vote*-Grundsatz den gesetzlichen Ausgangspunkt des Aktienrechts darstellt, von dem der Gesetzgeber in Abwägung der betroffenen Interessen Ausnahmen zulassen kann. Dabei sind die Interessen der betroffenen Aktionäre, die Flexibilität der Gesellschaft sowie die Gewährleistung eines angemessenen Minderheiten- und Anlegerschutzes gegeneinander abzuwägen. Bei der Frage nach der Zulässigkeit von (weiteren) Stimmrechtsabweichungen ist zu berücksichtigen, dass die Gestaltungs- und Vertragsfreiheit dort ihre Grenzen finden muss, wo schutzwürdige Interessen verletzt werden. Die Stimmrechtsausübung eines Aktionärs berührt nicht nur die Interessen der übrigen Aktionäre, sondern kann auch übergeordnete Interessen der Gesellschaft berühren. Diese Schutzbereiche hat der Gesetzgeber zu berücksichtigen. Allein der *one share, one vote*-Grundsatz kann als Grundprinzip einer neuen Gestaltungsmöglichkeit nicht entgegenstehen. Die gesetzliche Anerkennung von Stimmrechtsabweichungen belegt, dass das Aktienrecht keinen zwingenden Gleichlauf von Stimmkraft und (nomineller) Kapitalbeteiligung kennt. Eine gesetzliche Einschränkung ist nur dort angezeigt, wo ein konkretes Gefahrenpotenzial besteht und die Rechte der übrigen Aktionäre oder der Schutz der Anleger dies erfordern. Die Erfahrungen aus der Vergangenheit und eine ökonomische Sichtweise bieten hierfür eine wichtige Orientierung.

In der rechtsökonomischen Literatur finden sich sowohl Argumente für als auch gegen einen strikten Gleichlauf von Stimmkraft und wirtschaftlicher Betroffenheit. Eine eindeutige Effizienz des *one share, one vote*-Grundsatzes mit der Konsequenz, dass er strikt befolgt werden sollte, lässt sich aus den zum Teil widersprüchlichen empirischen Befunden gerade nicht ableiten. Soweit empirische Untersuchungen darauf hindeuten, dass der Kurswert von Aktien mit geringerem Stimmrecht niedriger bewertet wird, als dies bei strikter Anwendung des *one share, one vote*-Prinzips der Fall wäre, kann und sollte dies als Beleg dafür gewertet werden, dass der Markt in der Lage ist, auf unterschiedliche Strukturen zu reagieren, und nicht als Argument gegen solche Gestaltungsmöglichkeiten.

6. Erforderlichkeit der Wiedereinführung der Mehrstimmrechtsaktie im deutschen Aktienrecht

Aus dem soeben Dargestellten folgt, dass der *one share, one vote*-Grundsatz für sich genommen einer Wiedereinführung der Mehrstimmrechtsaktie im deutschen Aktienrecht nicht entgegenstehen kann. Die Entscheidung, ob die Mehrstimmrechtsaktie als weitere Ausnahme zugelassen werden soll, obliegt allein dem Gesetzgeber im Rahmen eines Abwägungsprozesses. Das von dem Gesetzgeber verfolgte Ziel, die Stärkung von Investitionsmöglichkeiten und die Deckung des hohen Finanzierungsbedarfs, v.a. bei KMU, sowie die Steigerung der Attraktivität der Kapitalmärkte, ist gegenüber den potenziell eintretenden Gefahren gewichtiger. Für die Aufhebung des Verbots der Mehrstimmrechtsaktie sprechen zudem die gewandelte ökonomische Vorstellung, ein anderes wirtschaftliches Klima, die erleichterte Möglichkeit, eine andere Rechtsordnung zu wählen sowie der internationale Vergleich. Bei ausreichender Transparenz sollte es allein dem Anleger überlassen bleiben, ob er in ein Unternehmen mit Mehrstimmrechtsstruktur investieren möchte. Diese Flexibilität ist geeignet, unterschiedliche Aktionärstypen zusammenzubringen. So kann ein Gründer, der seine Vision und seinen Einfluss auf das Geschäftsmodell behalten möchte und gleichzeitig die strategische Ausrichtung in der Hand behalten möchte, mit einem Anleger zusammengebracht werden, der nicht strategisch eingreifen möchte, sondern nur nach einer Finanzanlage sucht.

Für die nicht börsennotierte AG besteht kein Grund, die Satzungsfreiheit einzuschränken und Mehrstimmrechtsaktien zu verbieten. Eine Differenzierung zwischen börsennotierter und nicht börsennotierter AG würde sich grds. in das deutsche System einfügen und in die Systematik des § 134 Abs. 1 S. 2 AktG einordnen lassen. Auch für die börsennotierte AG überwiegen jedoch die Vorteile einer Wiedereinführung der Mehrstimmrechtsaktie. Das im KonTraG angeführte Argument, der Kapitalmarkt erfordere eine standardisierte Aktie, vermag angesichts der schweizerischen Rechtslage nicht zu überzeugen. Diese zeichnet sich im Bereich der notierten AG durch eine große Gestaltungsfreiheit aus und lässt die notierte Stimmrechtsaktie zu. Auch die Entwicklung in anderen europäischen Ländern zeigt, dass sich Dual-Class Strukturen am Kapitalmarkt etabliert haben. Darüber hinaus sind in der Kapitalmarktpraxis verschiedene Gestaltungsmöglichkeiten anerkannt, die einzelne Rechtspositionen von der Mitgliedschaft isolieren, wie beispielsweise das *Empty Voting*.

Die Wiedereinführung der Mehrstimmrechtsaktie verstößt auch nicht gegen höherrangiges Recht, da weder der Gesetzgebungsakt noch die darauf beruhende Satzungsregelung die Kapitalverkehrs- (Art. 63 AEUV) oder die Niederlassungsfreiheit (Art. 49 AEUV) beeinträchtigen. Zwar handelt es sich bei dem Gesetzgebungsakt um eine an den Grundfreiheiten zu messende staatliche Maßnahme, diese hat jedoch keine beeinträchtigende Wirkung, sondern stellt eine unterschiedslos geltende Investitionsmodalität i.S.d. Keck-Rechtsprechung dar. Die entsprechende privatrechtliche Satzungsregelung ist mangels unmittelbarer Drittwirkung nicht an den Grundfreiheiten zu messen. Aufgrund des in § 135a Abs. 1 S. 3 AktG normierten Zustimmungserfordernisses wird auch eine dem Staat zurechenbare Satzungsregelung abzulehnen sein. Der Zurechnungszusammenhang wird durchbrochen, da jeder betroffene Aktionär die Einführung eines Mehrstimmrechts zugunsten des Staates verhindern kann. Der Fall einer grenzüberschreitenden mittelbaren Drittwirkung, die dem Staat bei offener Diskriminierung eine Handlungspflicht auferlegt, oder der Fall, dass der Staat sich selbst durch ein Sondergesetz ein Mehrstimmrecht einräumt, dürfte in der Praxis kaum relevant werden. Auch das europäische Sekundärrecht kennt weder ein Verbot von Mehrstimmrechtsaktien noch einen europaweit verbindlichen *one share, one vote*-Grundsatz. Vielmehr sieht die MVRD und dessen Art. 3 nunmehr eine Mindestharmonisierung zur Einführung von Mehrstimmrechtsaktien vor.

Die Mehrstimmrechtsaktie ist auch nicht aufgrund der schon bestehenden Gestaltungsmöglichkeiten obsolet, da sie für Start-ups keine gleichwertige Alternative bieten, um die von dem Gesetzgeber verfolgten Ziele zu verwirklichen. Das gilt v.a. für die stimmrechtslose Vorzugsaktie. Für Start-ups scheidet in der Frühphase eine Fremdkapitalfinanzierung mangels ausreichender Sicherheiten regelmäßig aus. Sie sind daher in dieser Phase auf eine Venture Capital Finanzierung angewiesen, für die stimmberechtigte Aktien eine Grundvoraussetzung sind. Die von dem Gesetzgeber anvisierten Vorteile können auch mit Höchststimmrechten nicht oder allenfalls nur unvollkommen erreicht werden, da sie für die börsennotierte AG unzulässig sind. Die KGaA weist im Vergleich zur AG mit Mehrstimmrechtsstruktur eine komplexere und intransparentere Struktur auf. Zudem dürften ausländischen Investoren Mehrstimmrechtsstrukturen leichter zu erklären sein als die Rechtsform der KGaA.

Auch die historisch gewachsene Kritik spricht nicht gegen eine Wiedereinführung. Eine Machtkonzentration, wie sie zu Zeiten der Weimarer Republik möglich war, ist heute nicht mehr denkbar. Im Gegensatz zur damaligen Rechtslage hat die Hauptversammlung keine Allzuständigkeit mehr (vgl. § 119 Abs. 1 AktG). Sie ist seit 1937 nicht mehr das oberste Willensbildungsorgan und nicht mehr in der Lage, bindende Beschlüsse über jeden beliebigen Gegenstand zu fassen. Die aktienrechtlichen Rahmenbedingungen, insbesondere das Konzernrecht und der Minderheitenschutz, haben sich im Laufe der Zeit kontinuierlich weiterentwickelt. Weitere relevante Schutzvorschriften finden sich etwa in den in § 136 AktG geregelten Stimmverboten, den Anfechtungsmöglichkeiten wegen der Gewährung von Sondervorteilen (§ 243 Abs. 2 S. 1 AktG) oder wegen Verletzung der Treuepflicht (§ 243 Abs. 1 AktG), den Regelungen zu den Related Party Transactions (§§ 111a ff. AktG), den Vorschriften zum Verbot der Einlagenrückgewähr (§§ 57, 62 AktG) sowie den Haftungsvorschriften in § 117 AktG und §§ 93 Abs. 2, 116 AktG. Bei der börsennotierten AG kommt als letzte Kontrollinstanz die Selbstregulierungskraft der Kapitalmärkte hinzu. Eine erste, dem AktG schon immanente Einschränkung der Mehrstimmrechte stellt das Erfordernis der Kapitalmehrheit dar, da sich die erhöhte Stimmkraft hierauf nicht aktiv auswirkt.

Aus den vorstehenden Erwägungen ist die Wiedereinführung der Mehrstimmrechtsaktie für sämtliche Aktiengesellschaften zu befürworten.

II. Thesenartige Zusammenfassung

1. Die Arbeit hat gezeigt, dass der *one share, one vote*-Grundsatz den Ausgangspunkt des deutschen und schweizerischen Aktienrechts darstellt.
2. Der *one share, one vote*-Grundsatz ist als Proportionalität der aus der Mitgliedschaft folgenden Stimmkraft zur nominellen Kapitalbeteiligung zu verstehen. Er ist auf gesellschaftsrechtliche Gestaltungen zu beschränken.
3. Um den jeweiligen Aktionärsinteressen gerecht zu werden und im internationalen Vergleich als Rechtsform und Kapitalmarktstandort attraktiv zu bleiben, bedarf es flexibler Gestaltungsmöglichkeiten. Eine davon sollte die Mehrstimmrechtsaktie sein.
4. Die im deutschen Aktienrecht bestehenden Gestaltungsmöglichkeiten bieten für Start-ups keine gleichwertige Alternative, um die von dem Gesetzgeber mit dem ZuFinG verfolgten Ziele zu verwirklichen.
5. Die Beschränkung auf Namensaktien (§ 135a Abs. 1 S. 1 AktG) ist nicht zu beanstanden, da es wichtig ist, dass potenzielle Erwerber erkennen können, wem die Mehrstimmrechte zustehen.
6. Auch die in § 135a Abs. 1 S. 2 AktG normierte Begrenzung auf das Zehnfache des Stimmrechts ist zu begrüßen. Die historische Erfahrung hat gezeigt, dass eine zu starke Entkopplung von Stimmkraft und Kapitalbeteiligung vermieden werden muss. Gerade in diesem Bereich ist es nach dem Ende des Ersten Weltkrieges zu Missbräuchen gekommen. Auch aus ökonomischer Sicht sollte ein zu großes Auseinanderfallen von Stimmkraft und Kapitalbeteiligung vermieden werden. Die ökonomische Analyse legt nahe, dass die Risiken der Corporate Governance umso schwerer wiegen, je stärker sich die Kontrolle des Unternehmens von der Kapitalbeteiligung entkoppelt. Die ökonomisch aufgezeigten

Gefahren, die historische Entwicklung, die europäische Tendenz und die Rechtslage in der Schweiz (Art. 693 Abs. 2 S. 2 OR) sprechen für eine Begrenzung auf das Zehnfache des Stimmrechts.

7. Die in § 135a Abs. 1 S. 3 AktG vorgesehene Zustimmung aller betroffenen Aktionäre zur Ausstattung oder Ausgabe von Aktien mit Mehrstimmrechten gewährleistet einen ausreichenden Minderheitenschutz. Insofern ist zu fordern, dass die Betroffenheit im Zeitpunkt der Beschlussfassung vorliegen muss. Nicht ausreichend ist eine bloß potenzielle Betroffenheit, sodass stimmrechtslose Vorzugsaktionäre grundsätzlich nicht als „Betroffene" i.S.d. § 135a Abs. 1 S. 3 AktG gelten. Etwas anderes gilt nur dann, wenn ihr Stimmrecht im Zeitpunkt der Beschlussfassung ausnahmsweise besteht.
8. Der Begriff der Betroffenheit umfasst seinem Wortsinn nach neben der positiven auch die negative Betroffenheit, die wiederum als Benachteiligung bezeichnet wird. Die erforderliche Zustimmung kann auch konkludent erteilt werden. Im Falle der verhältniswahrenden Ausgabe von Mehrstimmrechten lässt sich der Begriff, wie der Bundesgerichtshof im Zusammenhang mit den Höchststimmrechten und der Regelung in § 180 AktG andeutet, dahingehend auslegen, dass er i.S.e. Benachteiligung zu verstehen ist. Denn liegt ausnahmsweise eine (konkludente) Zustimmung nicht vor, wird es in der Regel an der Schutzbedürftigkeit fehlen, sodass ein Vetorecht nicht angemessen ist.
9. Die in § 135a Abs. 2 S. 1 AktG normierte Übertragung stellt eine auflösende Bedingung, die in § 135a Abs. 2 S. 2 AktG geregelte zeitbasierte Verfallsklausel eine auflösende Befristung dar.
10. Das Erlöschen des Mehrstimmrechts hat eine automatische Änderung der Gattungszuordnung zur Folge, was sich auf den allgemeinen Rechtsgedanken der §§ 158 Abs. 2, 163 Alt. 2 BGB stützen lässt.
11. Erlöschen Mehrstimmechte automatisch, liegt nach der hier vertretenen Auffassung ein Fall des § 179 Abs. 1 S. 2 AktG vor, wonach die Hauptversammlung die Befugnis zu Fassungsänderungen auf den Aufsichtsrat übertragen kann. Der AG ist zu empfehlen, eine entsprechende Regelung in die Satzung aufzunehmen.
12. § 135a Abs. 2 AktG ist vollständig zu streichen. Die hohen Ausgabevoraussetzungen in Form der Zustimmung der betroffenen Aktionäre in § 135a Abs. 1 AktG stellen sicher, dass Mehrstimmrechte nicht gegen den Willen auch nur eines Aktionärs eingeführt werden können. Die Aktionäre entscheiden sich bewusste für diese Struktur. Potenzielle Anleger sind durch die Transparenzanforderungen hinreichend

geschützt. Das Aktienrecht gewährt ausreichende Schutzinstrumente. Der Gesetzgeber hat durch das zusätzliche Schutzniveau in § 135a Abs. 2 AktG eine Situation geschaffen, die in der Praxis mehr schaden als helfen dürfte, da sie dazu führen kann, dass von Mehrstimmrechten kein Gebrauch gemacht wird. Gerade für Familienunternehmen sind die Verfallsklauseln nachteilig und machen die Mehrstimmrechtsaktie gänzlich unattraktiv. Es bedarf damit keines zusätzlichen Schutzes. Die Streichung führt zu einem Gleichlauf zwischen der börsennotierten und der nicht börsennotierten AG. Mehrstimmrechte können dann auch für die in Deutschland weit verbreiteten Familienunternehmen attraktiv werden.

13. Die Streichung der übertragungsbasierten Verfallsklausel vermeidet zudem eine unterschiedliche Auslegung des Übertragungsbegriffs im Aktienrecht, da nach dem Willen des Gesetzgebers der Übertragungsbegriff in § 135a Abs. 2 S. 1 AktG – anders als i.R.d. § 68 Abs. 2 S. 1 AktG – auch Fälle der Gesamt- und Einzelrechtsnachfolge erfassen soll.
14. Für eine Streichung spricht auch das Ergebnis der Auslegung des Übertragungsbegriffes in § 135a Abs. 2 S. 1 AktG. Aus dieser Auslegung folgt, dass die Vornahme von Umgehungsgeschäften nach derzeitiger Rechtslage zum Erlöschen der Mehrstimmrechte führen muss, wenn der Wille des Gesetzgebers verwirklicht werden soll. Den Mehrstimmrechtsaktionär trifft damit faktisch die Obliegenheit, sein Stimmrecht in eigenem Namen, auf eigene Rechnung und ohne sonstige Bindung auszuüben oder, soweit es sich um eine reine Zwischenholding handelt, seine Anteile nicht auf einen Dritten zu übertragen. Andernfalls erleidet er bzw. der wirtschaftliche Inhaber einen Rechtsnachteil in Form des Erlöschens des Mehrstimmrechts.
15. Ein solches Verständnis würde dazu führen, dass die Mehrstimmrechtsaktie in der börsennotierten AG, nicht aber in der nicht börsennotierten AG zu einem personengebundenen, höchstpersönlichen Recht wird. Das fügt sich nicht in das allgemeine gesellschaftsrechtliche System ein. Gerade in der GmbH, aber auch in Personengesellschaften ist anerkannt, dass das Mehrstimmrecht in der Regel und im Zweifel anteils- und nicht personengebunden ist. Das sollte auch und erst recht für die börsennotierte AG gelten. Das Mehrstimmrecht sollte – wie das Stimmrecht als solches – allein dem Anteil und nicht der Person des Aktionärs folgen.
16. Die zeitbasierte Verfallsklausel in § 135a Abs. 2 S. 2 bis S. 8 AktG ist ebenfalls zu streichen, da es allein dem Markt und der Verhandlungs-

macht des Gründers überlassen bleiben sollte, wann Mehrstimmrechte ineffizient werden.

17. Abschließend bleibt festzuhalten, dass der deutsche Gesetzgeber – dem schweizerischen Vorbild folgend – mehr Gestaltungsfreiheit wagen darf.

Literaturverzeichnis

Adams, Michael, Höchststimmrechte, Mehrfachstimmrechte und sonstige wundersame Hindernisse auf dem Markt für Unternehmenskontrolle, AG 1990, S. 63–78.

Adams, Renée/Ferreira, Daniel, One Share, One Vote: The Empirical Evidence, 2007.

AFME, Stellungnahme zum Referentenentwurf eines Zukunftsfinanzierungsgesetzes (ZuFinG), 10.5.2023.

Altmeppen, Holger (Hrsg.), Gesetz betreffend die Gesellschaften mit beschränkter Haftung – Kommentar, 11. Aufl. 2023 (zit. Altmeppen GmbHG/*Bearbeiter*).

Álvarez, Sonja, Personio: Deutsches Einhorn will an die Börse, WiWo 9.1.2023.

Amstutz, Max Denis, Macht und Ohnmacht des Aktionärs – Möglichkeiten und Grenzen der Corporate Governance bei der Wahrnehmung der Aktionärsinteressen, Zürich 2007.

Amtliches Bulletin der Bundesversammlung, Obligationenrecht. Revision der Titel XXIV bis XXXIII., 10.6.1934.

Anderson, Navid, Stimmrechtsproportionalität im Aktienrecht, Dissertation, Humboldt-Universität zu Berlin 2016 (zit. *Anderson*, Stimmrechtsproportionalität).

Arnold, Michael, § 4 – Aufgaben und Kompetenzen, in: Goette, Wulf/Arnold, Michael (Hrsg.), Handbuch Aufsichtsrat, 2. Aufl., 2024 (zit. *Arnold*, AR-HdB.).

Assmann, Heinz-Dieter/Bozenhardt, Friedrich, Übernahmeangebote als Regelungsproblem zwischen gesellschaftsrechtlichen Normen und zivilrechtlich begründeten Verhaltensgeboten, in: Assmann, Heinz-Dieter/Basaldua, Nathalie u.a. (Hrsg.), Übernahmeangebote, 1990, S. 1.

Assmann, Heinz-Dieter/Pötzsch, Thorsten/Schneider, Uwe H. (Hrsg.), Wertpapiererwerbs- und Übernahmegesetz – Wertpapiererwerbs- und Übernahmegesetz, 4. Aufl. 2024 (zit. Assmann/Pötzsch/Schneider WpÜG/*Bearbeiter*).

Bachmann, Gottlieb Albert, Das schweizerische Obligationenrecht vom 30. März 1911 – zugleich vierte Auflage des einbändigen Kommentars von Dr. U. Schneider und Dr. H. Fick, Zürich 1915 (zit. *Bachmann*, OR).

Bachmann, Gregor, Verwaltungsvollmacht und „Aktionärsdemokratie“: Selbstregulative Ansätze für die Hauptversammlung, AG 2001, S. 635.

—, Rechtsfragen der Wertpapierleihe, ZHR 2009, S. 596.

—, Nationales Privatrecht im Spannungsfeld der Grundfreiheiten, AcP 210 (2010), S. 424–488.

Barz, Carl Hans/Gadow, Wilhelm (Hrsg.), Aktiengesetz – Großkommentar, 3. Aufl., Berlin 1973 (zit. GroßKomm AktG/*Bearbeiter*).

Bauer, Axel, Partizipationsscheine im Schweizer Aktienrecht - im Vergleich zum deutschen Aktienrecht, Dissertation 1976 (zit. *Bauer*, Partizipationsscheine).

Bauguess, Scott W./Slovin, Myron B./Sushka, Marie E., Large shareholder diversification, corporate risk taking, and the benefits of changing to differential voting rights, J. Banking & Fin., 2012.

Baums, Theodor, Stellungnahme zur Aktienrechtsreform 1997, AG Sonderheft („Die Aktienrechtsreform 1997"), S. 26.

—, Höchststimmrechte, AG 1990, S. 221–242.

—, Der Aufsichtsrat - Aufgaben und Reformfragen, ZIP 1995, S. 11.

—, Recht der Unternehmensfinanzierung2017.

Baums, Theodor/Teichmann, Christoph, Der European Model Company Act (EMCA) - Inspiration für Gesetzgeber und Wissenschaft im Kapitalgesellschaftsrecht, AG 2017, S. 562.

Bayer, Walter, Abwehr feindlicher Übernahmen, ZGR 2002, S. 588.

—, Zulässige und unzulässige Einschränkungen der europäischen Grundfreiheiten im Gesellschaftsrecht - Anmerkung zu den Entscheidungen des EuGH v. 4.6.2002 - Rs. C-483 /99, C-367/98, C-503/99 ("Goldene Aktien"), BB 2002, 1282, BB 2002, S. 2289.

—, Aktuelle Entwicklungen im Europäischen Gesellschaftsrecht, BB 2004, S. 1.

—, Empfehlen sich besondere Regelungen für börsennotierte und für geschlossene Gesellschaften? - Gutachten E zum 67. Deutschen Juristentag, München 2008 (zit. *Bayer*, Gutachten E zum 67. DJT).

Bayer, Walter/Hoffmann, Thomas, Mehrstimmrechtsaktien in Deutschland, AG 2008, R464.

—, Mehrstimmrechtsaktien in Deutschland, AG 2008, R464.

Bebchuk, Lucian A./Kastiel, Kobi, The Untenable Case for Perpetual Dual-Class Stock, Virginia Law Review, 2017, https://papers.ssrn.com/sol3/papers.cfm?abstract_id=2954630.

—, The Perils of Small-Minority Controllers, Geo. L. J., Juni 2019.

Beck, E./Bürgi, W. F./Egger, A./Escher, Arnold/Gutzwiller, M./Haab, Robert/Homberger, A./Jäggi, P./Liver, P./Naegeli, E./Oftiner, K./Oser, H./Scherrer, W./Schönenberger, W./ Siegwart, Alfred/v. Steiger, W. (Hrsg.), Kommentar zum Schweizerischen Zivilgesetzbuch - V. Band: Obligationenrecht, Zürich 1957 (zit. ZK/*Bearbeiter*).

Beckmann, Christoph, Das aktienrechtliche Mehrstimmrecht - Geschichte, Corporate Governance und Perspektive, Dissertation, Universität Hamburg 2023 (zit. *Beckmann*, Das Mehrstimmrecht).

Bericht der durch den 34. Juristentag zur Prüfung einer Reform des Aktienrechts eingesetzten Kommission, Mannheim (Nachdruck 1928).

Berle, Adolf Augustus/Means, Gardiner, The Modern Corporation and Private Property1932.

Bessler, Wolfgang/Vendrasco, Marco, Corporate Governance and the Relevance of Shares with Unequal Voting Rights in Europe, Justus-Liebig University Giessen 25.10.2019 (zit. *Bessler/Vendrasco*, Corporate Governance and the Relevance of Shares with Unequal Voting Rights in Europe).

Bezzenberger, Tilman, Vorzugsaktien ohne Stimmrecht, Dissertation, Universität München 1991 (zit. *Bezzenberger*, Vorzugsaktien).

—, Was wird aus der Vorzugsaktie ohne Stimmrecht?, ZHR 183 (2019), S. 521.

Biber, Egon, Die Stimmrechtsaktie nach deutschem, französischem und schweizerischem Recht, Dissertation, Universität Zürich 1940 (zit. *Biber*, Die Stimmrechtsaktie).

Bieri, Adrian, Statutarische Beschränkungen des Stimmrechts bei Gesellschaften mit börsenkotierten Aktien, Dissertation, Universität Zürich 2011 (zit. *Bieri*, Statutarische Beschränkungen).

Binz, Mark K./Mayer, Gerd, Anteilsvinkulierung bei Familienunternehmen, NZG 2012, S. 201.

Binz, Mark K./Sorg, Martin H., Die GmbH & Co. Kommanditgesellschaft auf Aktien – Ausweg oder Irrweg für börsenwillige Familienunternehmen?, BB 1988, S. 2041.

bitkom, Stellungnahme Zukunftsfinanzierungsgesetz, September 2023, https://www.bitkom.org/Bitkom/Publikationen/Stellungnahme-Zukunftsfinanzierungsgesetz.

Blumer, Peter, Aktionärsdemokratie – Sozioökonomische Implikationen sich verändernder Parameter der Vollmachtsstimmrechtsausübung in deutschen Aktiengesellschaften, Dissertation, Universität Augsburg 2003 (zit. *Blumer*, Aktionärsdemokratie).

BMF, Eckpunkte für ein Zukunftsfinanzierungsgesetz – Maßnahmen zur verbesserten Finanzierung von Zukunftsinvestitionen und zur Erleichterung des Kapitalmarktzugangs für Unternehmen, insbesondere Start-ups, Wachstumsunternehmen und KMU, 29.06.2022.

BMWK, Die Start-up-Strategie der Bundesregierung, Juli 2022.

Böckli, Peter, Schweizer Aktienrecht – Mit Fusionsgesetz, Börsengesellschaftsrecht, Konzernrecht, corporate governance, Recht der Revisionsstelle und der Abschlussprüfung in neuer Fassung unter Berücksichtigung der angelaufenen Revision des Aktien- und Rechnungslegungsrechts, 4. Aufl., Zürich 2009.

—, «Aktionärsdemokratie»: Ein Schlagwort mit Schlagseite, GesKR 2013, S. 179.

—, Schweizer Aktienrecht – Aktienrecht mit Rechnungslegung, 5. Aufl., Zürich 2022 (zit. *Böckli*, AktR).

Böckli, Peter/Huguenin, Claire/Dessemontet, François, Expertenbericht der Arbeitsgruppe «Corporate Governance» zur Teilrevision des Aktienrechts – mit einem ausgearbeiteten Gesetzesentwurf für eine Revision des 26. Titels des Obligationenrechtes «Die Aktiengesellschaft» und Erläuterungen, 30.09.2003.

Bösselmann, Kurt, Die Entwicklung des deutschen Aktienwesens im 19. Jahrhundert – Ein Beitrag zur Frage der Finanzierung gemeinwirtschaftlicher Unternehmungen und zu den Reformen des Aktienrechts, Berlin 1939 (zit. *Bösselmann*, Die Entwicklung des deutschen Aktienwesens im 19. Jhd).

Brändel, Oliver C., Mehrstimmrechtsaktien - ein in Vergessenheit geratenes Instrument der Beherrschung und des Minderheitenschutzes ?, in: Westermann, H. Peter/Rosener, Wolfgang (Hrsg.), Festschrift für Karlheinz Quack zum 65. Geburtstag am 3. Januar 1991, Berlin 1991, S. 175–188 (zit. *Brändel*, FS Quack).

Brass, Stefan/Helbling, Nicolas, Mehrstimmrechtsaktien als Gestaltungsinstrument für Start-Ups und sonstige Wachstumsunternehmen, BB 2025, S. 2057.

Brian, Ilka/Pelz, Christian (Hrsg.), BeckOK GwG, 24. Aufl. 2025 (zit. BeckOK GwG/*Bearbeiter*).

Bruch, Rudolf, Die Reform des Aktienrechts – Eine kritische Stellungnahme zu dem Aktienrechtsentwurf des Reichsjustizministeriums vom Jahre 1930, Dissertation, Universität zu Marburg 1932 (zit. *Bruch*, Die Reform des Aktienrechts).

Bueren, Eckart/Crowder, Jennifer, § 19 Der weltweite Technologiekonzern – Die Satzung der Google Inc./ Alphabet Inc., in: Fleischer, Holger/Mock, Sebastian (Hrsg.), Große Gesellschaftsverträge aus Geschichte und Gegenwart, 2021.

Bühler, Roland, Partizipationsscheine, Rechtswirklichkeit und Aktienrechtsreform, in: Treuhand-Kammer/Schweizerische Kammer der Bücher-, Steuer- und Treuhandexperten (Hrsg.), Schweizer Treuhänder, 1985, S. 209 (zit. *Bühler*, Schweizer Treuhänder).

Bundesnotarkammer, Referentenentwurf eines Gesetzes zur Finanzierung von zukunftssichernden Investitionen (Zukunftsfinanzierungsgesetz – ZuFinG) – Stellungnahme der Bundesnotarkammer, 10.5.2023.

Bundesverband Crowdfunding e.V., Stellungnahme des Bundesverbandes Crowdfunding e.V. zum Entwurf eines Gesetzes zur Finanzierung von zukunftssichernden Investitionen (Zukunftsfinanzierungsgesetz -ZuFinG) - Regierungsentwurf, 11.10.2023.

Bundesverband Deutsche Startups e.V., Stellungnahme zum Entwurf eines Gesetzes zur Finanzierung von zukunftssichernden Investitionen (Zukunftsfinanzierungsgesetzes - ZuFinG), 4.10.2023.

Bundesverwaltungsamt, FAQ zum Transparenzregister, 5.5.2023.

Bungert, Hartwin, § 35 Zuständigkeit der Hauptversammlung, in: Hoffmann-Becking, Michael (Hrsg.), Münchener Handbuch des Gesellschaftsrechts – Band 4, 6. Aufl., 2024 (zit. *Bungert*, MHdB GesR IV).

Burckhardt, Christoph, Loyalitätsaktien im Rahmen der Aktienrechtsrevision, in: Müller, Matthias P.A./Forrer, Lucas/Zuur. Floris (Hrsg.), Das Aktienrecht im Wandel – Zum 50. Geburtstag von Hans-Ueli Vogt, 2020, S. 367.

BVI, Stellungnahme zum Vorschlag der Europäischen Kommission für eine Richtlinie zu Mehrstimmrechtsstrukturen bei Gesellschaften, die eine Zulassung zum Handel ihrer Aktien an einem KMU-Wachstumsmarkt anstreben (KOM-Nummer: COM(2022) 761 final), 21.2.2023.

—, Position zum Referentenentwurf von BMF und BMJ: Entwurf eines Gesetzes zur Finanzierung von zukunftssichernden Investitionen (Zukunftsfinanzierungsgesetz – ZuFinG), 10.5.2023.

Bundesverband der Wertpapierfirmen e.V., Entwurf eines Gesetzes zur Finanzierung von zukunftssichernden Investitionen (Zukunftsfinanzierungsgesetz – ZuFinG), 10.5.2023.

Bürgers, Tobias/Körber, Torsten/Lieder, Jan (Hrsg.), Aktiengesetz, 5. Aufl., Heidelberg 2021 (zit. Bürgers/Körber/Lieder AktG/*Bearbeiter*).

Bürgers, Tobias/Lieder, Jan (Hrsg.), Aktiengesetz, 6. Aufl., Heidelberg 2025.

Burkart, Mike/Lee, Samuel, The One Share - One Vote Debate: A Theoretical Perspective, Mai 2007, https://www.ecgi.global/sites/default/files/working_papers/documents/SSRN-id987486.pdf.

Burkhalter, Thomas, Einheitsaktie – Ihre Einführung und Existenz im Lichte der Diskussion um Corporate Governance, Dissertation 2001 (zit. *Burkhalter,* Einheitsaktie).

Calliess, Christian/Ruffert, Matthias (Hrsg.), EUV/AEUV – Das Verfassungsrecht der Europäischen Union mit Europäischer Grundrechtecharta, 6. Aufl. 2022.

Canaris, Claus-Wilhelm, Drittwirkung der gemeinschaftsrechtlichen Grundfreiheiten, in: Bauer, Hartmut/Czybulka, Detlef u.a. (Hrsg.), Umwelt, Wirtschaft und Recht – Wissenschaftliches Symposium aus Anlaß des 65. Geburtstages von Reiner Schmidt, 16./17. November 2001, Tübingen 2002.

Casper, Matthias, Das Zukunftsfinanzierungsgesetz – Zwischen Griff in die historische Mottenkiste und behutsamer Fortentwicklung der Unternehmensfinanzierung, ZHR 187 (2023), S. 5–47.

—, Das Zukunftsfinanzierungsgesetz: Sammelsurium oder großer Wurf?, ZRP 2023, S. 105.

Ceesay, Philipp, Die Wiedereinführung der Mehrstimmrechtsaktien: Nachbesserungsbedarf beim Regierungsentwurf des ZuFinG, 2023.

—, Die Wiedereinführung der Mehrstimmrechtsaktien: Nachbesserungsbedarf beim Regierungsentwurf des ZuFinG, 30.9.2023, https://blog.otto-schmidt.de/gesellschaftsrecht/2023/09/30/die-wiedereinfuehrung-der-mehrstimmrechtsaktien-nachbesserungsbedarf-beim-regierungsentwurf-des-zufing/ (geprüft am 24.6.2024).

—, Mehrstimmrechtsaktien nach § 135a AktG im Blickfeld von Aktien-, Übernahme-, Konzernrecht und DCGK, AG (ZuFinG Sonderbeilage) 2024, S2.

Claussen, Carsten P., Aktienrechtsreform 1997, AG 1996, S. 481.

Commission of the European Communities, Impact Assessment on the Proportionality between Capital and Control in Listed Companies, SEC (2007) 1705, 12.12.2007.

Cordes, Albrecht/Jahntz, Katharina, Aktiengesellschaften vor 1807?, in: Bayer, Walter/Habersack, Mathias (Hrsg.), Aktienrecht im Wandel – Band I - Entwicklung des Aktienrechts, Tübingen 2007, S. 1 (zit. *Cordes/Jahntz,* Aktienrecht im Wandel I).

Cremers, Martijn/Lauterbach, Beni/Pajuste, Anete, ECGI Working Paper No 550/2018, August 2022, https://papers.ssrn.com/sol3/papers.cfm?abstract_id=3062895 (geprüft am 25.4.2024).

von der Crone, Hans Caspar, Bericht zu einer Teilrevision des Aktienrechts – Teil 5: Einführung echter Stimmrechtsaktien, 2002.

—, Aktienrecht2020.

von der Crone, Hans Caspar/Plaksen, Evgeny, The Value of Dual-Class Shares in Switzerland, 2010, https://deliverypdf.ssrn.com/delivery.php?ID=390114006122096109069075100104070112056050065027039051078098006067064080112074123109005035107005061025044073075029126123069094038037078052000094105023100008111007004053035024086120082086087021029023102094002103117029082075112096012107092022115085064&EXT=pdf&INDEX=TRUE.

von der Crone, Hans Caspar/Reiser, Nina/Plaksen, Evgeny, Stimmrechtsaktien: Eine juristische und ökonomische Analyse, SZW 2010, S. 93.

Daeniker, Daniel, One Share, one vote – Bedeutung der Debatte für die M&A-Praxis, in: Tschäni, Rudolf (Hrsg.), Mergers & Acquisitions XV, 2013, S. 145.

—, Wer kontrolliert die Aktiengesellschaft?, SZW 2016, S. 434.

Daske, Stefan/Ehrhardt, Olaf, Kursunterschiede und Renditen deutscher Stamm- und Vorzugsaktien, 2002, https://www.econstor.eu/handle/10419/65353.

DAI, Auslandslistings von BioNTech, CureVac & Co. – Handlungsempfehlungen an die Politik für mehr Börsengänge in Deutschland, Juli 2021.

—, Zukunftsfinanzierungsgesetz: Weitere Überarbeitungen notwendig – Spruchverfahren bei Kapitalerhöhungen als Option –Mitarbeiterkapitalbeteiligungen ohne Haltefristen, 28.9.2023.

Daske, Stefan, Vorzugsaktien in Deutschland – Historische und rechtliche Grundlagen, ökonomische Analyse, empirische Befunde, Dissertation, Humboldt-Universität zu Berlin 2018 (zit. *Daske*, Vorzugsaktien).

Dauner-Lieb, Barbara, Das Tauziehen um die Übernahmerichtlinie - eine Momentaufnahme, DStR 2003, S. 555.

DAV, Referentenentwurf zur Änderung des Aktiengesetzes („KonTraG") – Stellungnahme, ZIP 1997, S. 163.

—, Stellungnahme des Deutschen Anwaltvereins durch den Ausschuss Handelsrecht unter Mitwirkung der Ausschüsse Steuerrecht (zu Art. 16) und Insolvenzrecht (zu Art. 19) zum Entwurf eines Gesetzes zur Finanzierung von zukunftssichernden Investitionen (Zukunftsfinanzierungsgesetz – ZuFinG) – Stellungnahme Nr.: 29/2023, Mai 2023, https://anwaltverein.de/de/newsroom/sn-29-23-zukunftsfinanzierungsgesetz-zufing (geprüft am 30.3.2024).

Demirakou, Maria, Europäische Kapitalverkehrsfreiheit und deutsches Aktienrecht, Dissertation, Universität München 2011 (zit. *Demirakou*, Demirakou 2011).

Dempewolf, Günter, Ist die vorgesehene Abschaffung von Mehrstimmrechtsaktien in jedem Fall zweckmäßig?, DB 1959, S. 131–132.

Denninger, Philip, Mehrstimmrechte in der Aktiengesellschaft – ein Wiedergänger in der deutschen und europäischen Reformdebatte, DB 2022, S. 2329.

Denninger, Philip/Bülow, Daniel von, Mehrstimmrechtsaktien im Recht der öffentlichen Übernahmen, AG 2023, S. 417–425.

Depenbrock, Hartwig, Zur Entwicklung und Bedeutung der Vorzugsaktien in den Aktienrechten der USA und im deutschen Aktienrecht – eine vergleichende Untersuchung, Dissertation, Universität Bielefeld 1975 (zit. *Depenbrock*, Vorzugsaktien).

Deutsch, Andreas, Die Aktiengesellschaft im Code de Commerce von 1807 und ihre Vorbildfunktion für die Entwicklung in Deutschland, in: Bayer, Walter/Habersack, Mathias (Hrsg.), Aktienrecht im Wandel – Band I - Entwicklung des Aktienrechts, Tübingen 2007, S. 46 (zit. *Deutsch*, Aktienrecht im Wandel I).

Deutsche Börse Group, Strategien zur nachhaltigen Finanzierung der Zukunft Deutschlands – Die Leistungsfähigkeit unseres Kapitalmarkts: Was wir tun müssen, um das Potenzial zu nutzen, 2021.

—, Entwurf eines Gesetzes zur Finanzierung von zukunftssichernden Investitionen (Zukunftsfinanzierungsgesetz) – Stellungnahme der Gruppe Deutsche Börse, 12.4.2023.

Deutscher Gewerkschaftsbund, Stellungnahme zum Referentenentwurf eines Zukunftsfinanzierungsgesetzes (ZuFinG) des Deutschen Gewerkschaftsbundes, 8.5.2023.

—, Stellungnahme des Deutschen Gewerkschaftsbundes zum Gesetzentwurf der Bundesregierung Entwurf eines Gesetzes zur Finanzierung von zukunftssichernden Investitionen (Zukunftsfinanzierungsgesetz – ZuFinG) Bt-Drs.20/8292, 2.10.2023.

Deutscher Notarverein e.V., Kapitalgesellschaftsrecht – Mehrstimmrechtsaktien – Vorschlag der Europäischen Kommission für eine Richtlinie zu Mehrstimmrechtsstrukturen bei Gesellschaften, die eine Zulassung zum Handel ihrer Aktien an einem KMU-Wachstumsmarkt anstreben (KOM-Nummer: COM(2022) 761 final), 21.2.2023.

DGDSG, Stellungnahme der DGDSG e.V. zu den aktienrechtlichen Veränderungen im Referentenentwurf des ZuFinG, 12.4.2023.

Dolzer, Pius O., § 32 – Die Mehrstimmrechtsaktie, in: Reichert, Jochem (Hrsg.), Arbeitshandbuch für die Hauptversammlung, 6. Aufl., 2024 (zit. *Dolzer*, Reichert HV-HdB).

Drinhausen, Florian, Weiterer Reformbedarf im Aktienrecht – Mehr Aktionärsdemokratie wagen, ZHR 186 (2022), S. 201.

Druey, Jean Nicolas, Die personalistische Aktiengesellschaft in der Schweiz, AG 1995, S. 545.

DSW, Stellungnahme zu dem Referentenentwurf eines Gesetzes zur Finanzierung von zukunftssicheren Investitionen (Zukunftsfinanzierungsgesetz – ZuFinG).

Dieckmann, Andreas/Kraack, Jörg-Peter, Mehrstimmrechtsaktien und kapitalmarktrechtliche Beteiligungspublizität, BKR 2025, S. 116.

Dimitrov, Valentin/Jain, Prem C., Recapitalization of One Class of Common Stock into Dual-Class: Growth and Long-Run Stock Returns, J. Corp. Fin., 2006.

Druey, Jean Nicolas/Druey-Just, Eva/Glanzmann, Lukas, Gesellschafts- und Handelsrecht2021.

Easterbrook, Frank H./Fischel, Daniel R., Voting in Corporate Law, The Journal of Law & Economics, 1983.

Eckhardt, Philipp, Listing Act - Mehrstimmrechtsaktien – cepAnalyse Nr. 7/2023, Freiburg/Berlin, 2023.

Egger, A., Das Aktienrecht nach den Beschlüssen der Expertenkommission, SJZ 21 (1924/25), S. 345.

Egger, A./Escher, Arnold/Haab, Robert/Homberger, A./Oser, H./Schönenberger, W./Siegwart, Alfred (Hrsg.), Kommentar zum Schweizerischen Zivilgesetzbuch – V. Band - Das Obligationenrecht. 5. Teil: Die Aktiengesellschaft, Zürich 1945.

Eichten, Rouven/Lang, Thomas/Morlock, Lauritz, Die Wiedereinführung aktienrechtlicher Mehrstimmrechte – Historie, aktuelle Entwicklungen, Spannungsfelder, notar 2024, S. 75.

Eidenmüller, Horst, Kapitalgesellschaftsrecht im Spiegel der ökonomischen Theorie, JZ 2001, S. 1041.

Ethos, Richtlinien zur Ausübung der Stimmrechte 2023 – Grundsätze der Corporate Governance, 2023, https://www.ethosfund.ch/sites/default/files/221212_lignes_directrices_de__vote_2023_DE_FINAL.pdf (geprüft am 12.10.2023).

Fama, Eugene F./Jensen, Michael C., Separation of Ownership and Control, The Journal of Law & Economics, 1983, https://www.jstor.org/stable/725104.

Feddersen, Dieter, Die Vorzugsaktie ohne Stimmrecht: Viel geschmätes Recht aus vergangenen Zeiten oder nützliches Finanzierungsinstrument?, in: Habersack, Mathias/Hommelhoff, Peter u.a. (Hrsg.), Festschrift für Peter Ulmer zum 70. Geburtstag am 2. Januar 2003, 2003 (zit. *Feddersen*, FS Ulmer).

Fehrenbacher, Oliver/Dicken, André/Hennrichs, Joachim/Kleindiek, Detlef/Watrin, Christoph (Hrsg.), beck-online.GROSSKOMMENTAR HGB (zit. BeckOGK HGB/*Bearbeiter*).

Fett, Torsten/Spiering, Christoph, Typische Probleme bei der Kapitalerhöhung aus Gesellschaftsmitteln, NZG 2002, S. 358.

Fisch, Jill/Solomon, Steven Davidoff, The Problem of Sunsets, B.U.L. Rev., 2019.

Fischer, Curt Eduard, Die Reform des Aktienrechts – Grundsätzliche Gesichtspunkte und einige Vorschläge für die Neufassung, AcP 154 (1955), S. 181–243.

Fischer zu Cramburg, Ralf, „One Share - One Vote"? EU-Kommission veröffentlicht Studie über Verhältnis zwischen Kapitalbeteiligung und Kontrolle, NZG 2007, S. 539.

Flechtheim, Julius/Wolff, Martin/Schmulewitz, Maximilian, Die Satzungen der deutschen Aktiengesellschaften, Mannheim 1929.

Fleischer, Holger, Grundfragen der ökonomischen Theorie im Gesellschafts- und Kapitalmarktrecht, ZGR 2001, S. 1.

—, Aktionärsdemokratie versus Verwaltungsmacht: Empowering Shareholders oder Director Primacy?, in: Fleischer, Holger/Kalss, Susanne/Vogt, Hans-Ueli (Hrsg.), Konvergenzen und Divergenzen im deutschen, österreichischen und schweizerischen Gesellschafts- und Kapitalmarktrecht, 2011, S. 81 (zit. *ders.*, Konvergenzen und Divergenzen im deutschen, österreichischen und schweizerischen Gesellschafts- und Kapitalmarktrecht).

—, Die Siemens AG: Rechtliche Wegmarken von der Familien- zur Publikumsgesellschaft, AG 2019, S. 481.

Fleischer, Holger/Bueren, Eckart, § 3 – Wirtschaftliche und rechtsökonomische Grundlagen des Übernahmerechts, in: Paschos, Nikolaos/Fleischer, Holger (Hrsg.), Handbuch Übernahmerecht nach dem WpÜG, München 2017 (zit. *Fleischer/Bueren*, Übernahmerecht-HdB).

Fleischer, Holger/Maas, Jannik L., Börsennotierte Familienunternehmen: Rechtliche Grundlagen und Gestaltungsoptionen, DB 2021, S. 37–46.

Fleischer, Holger/Mock, Sebastian, Gesellschaftsverträge und Satzungen im Wandel der Zeiten, NZG 2020, S. 161.

— (Hrsg.), Große Gesellschaftsverträge aus Geschichte und Gegenwart2021.

Flore, Daniel, Mehr Aktionärsdemokratie wagen? – Proxy Contests statt Verwaltungsstimmrecht?, Dissertation 2010 (zit. *Flore,* Mehr Aktionärsdemokratie wagen?).

Florstedt, Tim, Das Zukunftsfinanzierungsgesetz – Börsenmantelaktiengesellschaft und Mehrstimmrechtsaktie, NZG 2024, S. 139.

Forstmoser, Peter, Informations- und Meinungsäusserungsrechte des Aktionärs, in: Druey, Jean Nicolas/Forstmoser, Peter (Hrsg.), Rechtsfragen um die Generalversammlung, Zürich 1997, S. 85 (zit. *Forstmoser,* Generalversammlung).

—, Exit oder Voice? Das Dilema institutioneller Investoren, in: Bucher, Eugen (Hrsg.), Norm und Wirkung: Beiträge zum Privat- und Wirtschaftsrecht aus heutiger und historischer Perspektive – Festschrift für Wolfgang Wiegand zum 65. Geburtstag, Bern 2005, S. 785 (zit. *ders.,* FS Wiegand).

—, Wirtschaftsrecht im Wandel, SJZ 104 (2008), S. 133.

—, Stärkung der Aktionärsdemokratie – aber wie?, NZZ 29.7.2010, S. 26.

Forstmoser, Peter/Küchler, Marcel, Schweizer Aktienrecht 2020 – Zum Stand der schweizerischen Aktienrechtsreform, EF 2016, S. 86.

— (Hrsg.), Schweizerisches Aktienrecht 2020 – Mit neuem Recht der GmbH und der Genossenschaft und den weiteren Gesetzesänderungen, 2022 (zit. Schweizerisches Aktienrecht/*Bearbeiter*).

Frank-Fahle, Guenther, Die Stimmrechtsaktie1923.

Funk, Fritz, Zur Frage des Pluralstimmrechts der Aktionäre, SJZ 24 (1927/28), S. 375.

Gärtner, Matthias, § 5 – Pflichten und Sanktionen, in: Goette, Wulf/Arnold, Michael (Hrsg.), Handbuch Aufsichtsrat, 2. Aufl., 2024 (zit. *Gärtner,* AR-HdB.).

Gebhard, Bero/Herzog, Alexander, Die Wiederzulassung von Mehrstimmrechten – zurück in die Zukunft?, ZIP 2023, S. 1161–1169.

Gehrer, Carole Lea, Statutarische Abwehrmassnahmen gegen Übernahmen – Eine Untersuchung der an der SWX kotierten Schweizer Aktiengesellschaften, Dissertation, Universität Zürich 2003 (zit. *Gehrer,* Statutarische Abwehrmassnahmen).

Gerster, Max Walter, Stimmrechtsaktie, Dissertation, Universität Zürich 1997 (zit. *Gerster,* Stimmrechtsaktie).

Geßler, Ernst/Hefermehl, Wolfgang/Eckardt, Ulrich/Kropff, Bruno (Hrsg.), Aktiengesetz1984 (zit. Geßler/Hefermehl/Eckardt/Kropff AktG/*Bearbeiter*).

Glass Lewis, Benchmark Policy Guidelines – Continental Europe, 2024, https://www.glasslewis.com/voting-policies-current/ (geprüft am 23.4.2024).

Goette, Wulf/Habersack, Mathias/Kalss, Susanne (Hrsg.), Münchener Kommentar zum Aktiengesetz – Band 7. Europäisches Aktienrecht; SE-VO; SEBG; Europäische Niederlassungsfreiheit, 5. Aufl. 2021 (zit. MüKo AktG/*Bearbeiter*).

— (Hrsg.), Münchener Kommentar zum Aktiengesetz – Band 1. §§ 1 - 75, 6. Aufl. 2024 (zit. MüKo AktG/*Bearbeiter*).

— (Hrsg.), Münchener Kommentar zum Aktiengesetz – Band 3. §§ 118-178, 6. Aufl., München 2024 (zit. MüKo AktG/*Bearbeiter*).

— (Hrsg.), Münchener Kommentar zum Aktiengesetz – Band 6. §§ 329-410, WpÜG, Österreichisches Übernahmerecht, 6. Aufl. 2024 (zit. Müko AktG/*Bearbeiter*).

— (Hrsg.), Münchener Kommentar zum Aktiengesetz – Band 4. §§ 179 - 277, 6. Aufl. 2025 (zit. MüKo AktG/*Bearbeiter*).

Goshen, Zohar/Hamdani, Assaf, Corporate Control and Idiosyncratic Vision, Yale L. J.

Goshen, Zohar/Squire, Richard, Principal Costs: A New Theory for Corporate Law and Governance, Columbia Law Review.

Grabitz, Eberhard/Hilf, Meinhard/Nettesheim, Martin (Hrsg.), Das Recht der Europäischen Union – Band I - EUV/AEUV, 2025 (zit. GHN AEUV/*Bearbeiter*).

Grever, Sebastian, Disquotale Ausgestaltung von Gesellschafterrechten – zivilrechtliche Gestaltungsmöglichkeiten und steuerrechtliche Folgen, RNotZ 2019, S. 1–18.

Greyerz, Christoph von, Die Aktiengesellschaft, in: Steiger, Werner von (Hrsg.), Handelsrecht – VIII/2, Basel 1982.

Grigoleit, Hans Christoph (Hrsg.), Aktiengesetz – Kommentar, 3. Aufl. 2025 (zit. Grigoleit AktG/*Bearbeiter*).

Grobe, Tony/Müller, Robert/Rau, Marco, Rapide Skalierung von Tech-Start-ups – Systemische Grenzen des deutschen Gesellschafts- und Kapitalmarktrechts sowie Potenziale durch das ZuFinG, BB 2024, S. 259.

Grobecker, Wolfgang, Familienunternehmen und Börse?, AG 2017, R140.

Groeben, Hans von der/*Schwarze, Jürgen/Hatje, Armin* (Hrsg.), Europäisches Unionsrecht – Vertrag über die Europäische Union, Vertrag über die Arbeitsweise der Europäischen Union, Charta der Grundrechte der Europäischen Union, 7. Aufl., Baden-Baden 2015.

Grossman, Sanford J./Hart, Oliver D., One Share - One Vote and the Market for Corporate Control, Journal of Financial Economics, 1988.

Grundmann, Stefan/Möslein, Florian, ECLR - Die Goldene Aktie – Staatskontrollrechte in Europarecht und wirtschaftspolitischer Bewertung, ZGR 2003, S. 317–366.

Gsell, Beate/Krüger, Wolfgang/Lorenz, Stephan/Reymann, Christoph (Hrsg.), beck-online.GROSSKOMMENTAR – BGB (zit. BeckOGK BGB/*Bearbeiter*).

Gumpp, Tobias, Die Kommissionsvorschläge zum EU Listing Act – Zwecke, Inhalt, Bewertung, BKR 2023, S. 82.

Habersack, Mathias, Wandlungen des Aktienrechts, AG 2009, S. 1.

Habersack, Mathias/Casper, Matthias/Löbbe, Marc (Hrsg.), Gesetz betreffend die Gesellschaften mit beschränkter Haftung (GmbHG) – Großkommentar. Band 1, 4. Aufl. 2025 (zit. Habersack/Casper/Löbbe GmbHG/*Bearbeiter*).

DAV, Stellungnahme zum Vorschlag der Europäischen Kommission für eine Richtlinie über Strukturen mit Mehrstimmrechtsaktien in Gesellschaften, die eine Zulassung ihrer Anteile zum Handel an einem KMU-Wachstumsmarkt beantragen – COM (2022) 761 final – Februar 2023, NZG 2023, S. 464.

Hammen, Horst, Reform des Rechts der Mehrstimmrechtsaktien, Der Konzern 2023, S. 289.

Handschin, Lukas (Hrsg.), Zürcher Kommentar – Obligationenrecht: Art. 620-659b OR. Die Aktiengesellschaft, 2. Aufl., Zürich 2016 (zit. ZK/*Bearbeiter*).

Handschin, Lukas/Jung, Peter (Hrsg.), Zürcher Kommentar - Obligationenrecht – Art. 660-697m OR: Die Aktiengesellschaft, 2. Aufl., Zürich 2021 (zit. ZK/*Bearbeiter*).

Hansemann, David, Die Eisenbahnen und deren Aktionäre in ihrem Verhältniß zum Staat, Leipzig 1837.

Harnos, Rafael, Unternehmensrechtliche Regelungsvorschläge im Referentenentwurf des Zukunftsfinanzierungsgesetzes, AG 2023, S. 348.

Hasselbach, Kai/Ebbinghaus, Felix, Die KGaA als Unternehmensform für den deutschen Mittelstand, DB 2015, S. 1269–1277.

Häusermann, Daniel M., Stimmrechtsaktien zwischen Gestaltungsfreiheit und Minderheitenschutz, SZW 2015, S. 239–249.

Heckschen, Heribert/Weitbrecht, Jannik, Überfremdungsschutz im GmbH- und Aktienrecht, NZG 2019, S. 721.

Heidel, Thomas (Hrsg.), Aktienrecht und Kapitalmarktrecht, 6. Aufl. 2024.

Heilbrunn, Ludwig, Zur Reform des Aktienrechts, Berlin 1930.

Heim, Michael, «One share, one vote» sollte auch für die Baloise gelten, Handelszeitung 26.3.2024.

Henn, Günter, Handbuch des Aktienrechts, 7. Aufl., Heidelberg 2002.

Henssler, Martin/Spindler, Gerald/Stilz, Eberhard (Hrsg.), beck-online.GROSSKOMMENTAR – AktG (zit. BeckOGK AktG/*Bearbeiter*).

Henssler, Martin/Strohn, Lutz (Hrsg.), Gesellschaftsrecht – BGB, PartGG, HGB, GmbHG, AktG, DCGK, GenG, UmwG, InsO, AnfG, IntGesR, 6. Aufl., München 2024 (zit. Henssler/Strohn/*Bearbeiter*).

Herfs, Achim, § 76 Geschichtliche Entwicklung und heutige wirtschaftliche Bedeutung, in: Hoffmann-Becking, Michael (Hrsg.), Münchener Handbuch des Gesellschaftsrechts – Band 4, 5. Aufl., 2020 (zit. *Herfs*, MHdB GesR IV).

Herzog, Alexander/Gebhard, Bero, Unternehmensrecht im Koalitionsvertrag der 20. Legislaturperiode, GWR 2021, S. 445.

—, Mehrstimmrechte im Aktienrecht, ZIP 2022, S. 1893–1900.

High Level Forum on the Capital Markets Union, A new vision for Europe's capital markets – Final Report, 2020, https://finance.ec.europa.eu/system/files/2020-06/200610-cmu-high-level-forum-final-report_en.pdf.

Hinderling, Hans, Über die Zulässigkeit mehrstimmiger Aktien nach schweizerischem OR, ZSR 48 (1929), S. 88.

Hirte, Heribert/Mülbert, Peter O./Roth, Markus (Hrsg.), Großkommentar Aktiengesetz – Band 4/1, §§ 76-91, 5. Aufl. 2015 (zit. GroßKomm AktG/*Bearbeiter*).

— (Hrsg.), Großkommentar Aktiengesetz – Band 1 - Einleitung, §§ 1 - 22, 5. Aufl. 2017 (zit. GroßKomm AktG/*Bearbeiter*).

— (Hrsg.), Großkommentar Aktiengesetz – Dritter Band - Teilband 2, §§ 67–75, 5. Aufl. 2018 (zit. GroßKomm AktG/*Bearbeiter*).

— (Hrsg.), Großkommentar Aktiengesetz – Band 7/2 - §§ 131-146, 5. Aufl., Berlin 2019 (zit. GroßKomm AktG/*Bearbeiter*).

— (Hrsg.), Großkommentar Aktiengesetz – Band 12, §§ 256-290, 5. Aufl., Berlin/Boston 2020 (zit. GroßKomm AktG/*Bearbeiter*).

— (Hrsg.), Großkommentar Aktiengesetz – Band 3/1, §§ 53a-66, 5. Aufl. 2022 (zit. GroßKomm AktG/*Bearbeiter*).

Hirte, Heribert/Seibt, Christoph H./Mock, Sebastian/Schwarz, Simon (Hrsg.), Kölner Kommentar zum WpÜG – mit AngebVO, 3. Aufl. 2022 (zit. KK WpÜG/*Bearbeiter*).

Hoffmann, Christoph, Der Partizipationsschein oder die stimmrechtslose Aktie – Ein Beitrag zur geplanten Teilrevision des schweizerischen Aktienrechtes unter Berücksichtigung des englischen, französischen, deutschen und europäischen Rechtes 1976 (zit. *Hoffmann*, Der Partizipationsschein).

Hoffmann-Becking, Michael, § 72 Geschichtliche Entwicklung und heutige wirtschaftliche Bedeutung, in: ders. (Hrsg.), Münchener Handbuch des Gesellschaftsrechts – Band 4, 6. Aufl., 2024 (zit. *Hoffmann-Becking*, MHdB GesR IV).

Hofstetter, Karl, Corporate Governance in der Schweiz, Bericht im Zusammenhang mit den Arbeiten der Expertengruppe «Corporate Governance», 2002.

Hölters, Wolfgang/Weber, Markus (Hrsg.), Aktiengesetz – Kommentar, 5. Aufl., München 2025 (zit. Hölters/Weber AktG/*Bearbeiter*).

Homburger, Max, Neugestaltung des Aktienrechts – zur Kritik des Vorentwurfs, Berlin 1931.

Hopt, Klaus J., Ideelle und wirtschaftliche Grundlagen der Aktien-, Bank- und Börsenrechtsentwicklung im 19. Jahrhundert, in: Coing, Helmut/Wilhelm, Walter (Hrsg.), Wissenschaft und Kodifikation des Privatrechts im 19. Jahrhundert, Bd. 5, Frankfurt a. M. 1980, S. 128–168 (zit. *Hopt*, Wissenschaft und Kodifikation des Privatrechts im 19. Jh., Bd. 5).

—, Stellungnahme zur Aktienrechtsreform 1997, AG Sonderheft („Die Aktienrechtsreform 1997") 1997, S. 42.

—, Vergleichende Corporate Governance – Forshcung und internationale Regulierung, ZHR 175 (2011), S. 444.

—, Europäisches Übernahmerecht, Tübingen 2013.

Hopt, Klaus J./Kalss, Susanne, Mehrstimmrechtsaktien – Grundsatzprobleme, Regelungsbausteine, Praxisfragen, ZGR 2024, S. 84.

Hopt, Klaus J./Wiedemann, Herbert (Hrsg.), Aktiengesetz Großkommentar. Einleitung; §§ 1-53, 4. Aufl. 2004 (zit. GroßKomm AktG/*Bearbeiter*).

— (Hrsg.), Aktiengesetz Großkommentar – Band 6. §§150-220, 4. Aufl. 2006 (zit. GroßKomm AktG/*Bearbeiter*).

— (Hrsg.), Aktiengesetz Großkommentar – Band 7/2. §§ 241-277, 4. Aufl. 2013 (zit. GroßKomm AktG/*Bearbeiter*).

Horrwitz, Hugo, Das Recht der Generalversammlungen der Aktiengesellschaften und Kommanditgesellschaften auf Aktien, Berlin 1913 (zit. *Horrwitz*, Das Recht der Generalversammlungen).

—, Schutz- und Vorratsaktien – Mit einem Anhang: Beschluss der Zulassungsstellen vom 17. September 1925, 1926.

Hueck, Alfred, Vorzugsaktien mit mehrfachem Stimmrecht, Mannheim 1922 (zit. *Hueck*, Vorzugsaktien).

Hüffer, Uwe, Der Vorstand als Leitungsorgan und die Mandats- sowie Haftungsbeziehungen seiner Mitglieder, in: Bayer, Walter/Habersack, Mathias (Hrsg.), Aktienrecht im Wandel – Band II - Grundsatzfragen des Aktienrechts, Tübingen 2007, S. 334 (zit. *Hüffer*, Aktienrecht im Wandel II).

Hüffer, Uwe/Koch, Jens (Hrsg.), Aktiengesetz, 16. Aufl. 2022 (zit. Hüffer/Koch/*Bearbeiter*).

Hug, Walther, Zur Revision des schweizerischen Aktienrechts, St. Gallen 1934.

Hütten, Hilmar, Gesetzliche und satzungsmäßige Investitions- und Übernahmehindernisse – Zum Einwirkungspotential der Kapitalverkehrs- und Niederlassungsfreiheit auf die Organisationsverfassung der Aktiengesellschaft, Dissertation 2016 (zit. *Hütten*, Investitions- und Übernahmehindernisse).

IDW, Referentenentwurf eines Gesetzes zur Finanzierung von zukunftssichernden Investitionen (Zukunftsfinanzierungsgesetz – ZuFinG), 8.5.2023.

Initiative Minderheitsaktionäre, Stellungnahme zum Entwurf eines Gesetzes zur Finanzierung von zukunftssichernden Investitionen (Zukunftsfinanzierungsgesetz - ZuFinG), 10.5.2023.

ISS, Proxy Voting Guidelines – Benchmark Policy Recommendations, 1.2.2024.

ISS/ Shearman & Sterling LLP/ ECGI, Report on the Proportionality Principle in the European Union, 18.5.2007.

Jensen, Michael C./Meckling, William H., Theory of the firm: Managerial behavior, agency costs and ownership structure, Journal of Financial Economics, 1976.

Jentsch, Valentin, Die Schweizer Aktienrechtsrevision 2020 – Auf dem Weg zum besten Aktienrecht der Welt?, ZHR 186 (2022), S. 883.

Joser, Niklas, Der Referentenentwurf zum Zukunftsfinanzierungsgesetz, ZIP 2023, S. 1006.

Kägi, Arthur, Die Prioritätsaktien nach schweizerischem und deutschem Recht, Dissertation, rechts- und staatswissenschaftliche Fakultät der Universität Zürich 1918 (zit. *Kägi*, Prioritätsaktien).

Kainer, Friedemann, Binnenmarktrechtliche Grenzen des Übernahmerechts – Zum Einfluss der Grundfreiheiten auf das Kapitalmarkt- und Gesellschaftsrecht, ZHR 168 (2004), S. 542–574.

Kalss, Susanne, Gesellschaftsrecht: Sperrminorität im VW-Gesetz – Anmerkung, EuZW 2013, S. 946.

—, Das Kommen, Gehen und Wiederkommen des Mehrstimmrechts, ZHR 2023, S. 438–497.

Kalss, Susanne/Deutsch, Jakob, § 20 Gesellschaftsrecht, in: Dauses. Manfred/Ludwigs, Markus (Hrsg.), Handbuch des EU-Wirtschaftsrechts – Band 1, 64. Aufl., 2025 (zit. *Kalss/Deutsch*, EU-WirtschaftsR-HdB).

Kalss, Susanne/Nicolussi, Julia, § 11 One Share – One Vote oder Mehrstimmrechtsaktien, in: Fleischer, Holger/Koch, Jens/Schmolke, Klaus Ulrich (Hrsg.), Gesellschaftsrecht im Spiegel großer Debatten, 2024, S. 431.

Kießling, Erik, Das preußische Aktiengesetz von 1843, in: Bayer, Walter/Habersack, Mathias (Hrsg.), Aktienrecht im Wandel – Band I - Entwicklung des Aktienrechts, Tübingen 2007, S. 193–236 (zit. *Kießling*, Aktienrecht im Wandel I).

Kilian, Wolfgang, Vom sinkenden Wert der „Goldenen Aktien", NJW 2003, S. 2653.

Klausing, Friedrich, Gesetz über Aktiengesellschaften und Kommanditgesellschaften auf Aktien (Aktien-Gesetz) – nebst Einführungsgesetz und "Amtlicher Begründung", Berlin 1937 (zit. *Klausing*, AktG).

Kläy, Hanspeter, Die Vinkulierung – Theorie und Praxis im neuen Aktienrecht, Dissertation, Universität Basel 1997 (zit. *Kläy*, Kläy 1997).

Kloß, R., in: Die Rechtsprechung und Schrifttum in Reichssteuersachen – Band 10: Enthaltend das Jahr 1928, Berlin, Boston 2021 (zit. *Kloß*, Die Rechtsprechung und Schrifttum in Reichssteuersachen).

Klug, Ulrich, Neue Mehrstimmrechtsaktien?, BB 1955, S. 234.

Kluth, Winfried, Abschaffung von Mehrstimmrechtsaktien verfassungswidrig?, ZIP 1997, S. 1217.

Koch, Jens (Hrsg.), Aktiengesetz, 19. Aufl., München 2025.

Koch, Raphael, Unzulänglichkeiten im Übernahmerecht? Das Verhinderungsverbot aus institutionenökonomischer Perspektive, WM 2010, S. 1155.

Kraack, Jörg-Peter, Beteiligungsbezogene Publizität – Ersatz der Systemfunktionen des Kapitalprinzips durch eine Investorenpublizität im Recht der börsennotierten Aktiengesellschaft, Dissertation, Bucerius Law School 2022 (zit. *Kraack*, Beteiligungsbezogene Publizität).

—, Übernahmerechtliche Implikationen des Zukunftsfinanzierungsgesetzes, NZG 2023, S. 1151.

Kraft, Julia, Kontinuität in der Diskontinuität – Zur Einführung von Mehrstimmrechtsaktien durch Rechtsfortschreibung beim Formwechsel, ZGR 2024, S. 574.

—, Personenbezogene Mehrstimmrechtsaktien, ZHR 188 (2024), S. 833.

Kren Kostkiewicz, Jolanta/Wolf, Stephan/Amstutz, Marc/Frankhauser, Roland (Hrsg.), OR Kommentar – Schweizerisches Obligationenrecht, 4. Aufl., Genf u.a. 2023 (zit. OFK OR/*Bearbeiter*).

Kropff, Bruno, Aktiengesetz – Textausgabe des Aktiengesetzes vom 6. 9. 1965 und des Einführungsgesetzes zum Aktiengesetz vom 6. 9. 1965 mit Begründung des Regierungsentwurfs, Düsseldorf 1965 (zit. *Kropff*, AktG).

—, Reformbestrebungen im Nachkriegsdeutschland und die Aktienrechtsreform 1965, in: Bayer, Walter/Habersack, Mathias (Hrsg.), Aktienrecht im Wandel – Band I - Entwicklung des Aktienrechts, Tübingen 2007, S. 670 (zit. *ders.*, Aktienrecht im Wandel I).

Kübler, Friedrich, Stellungnahme zur Aktienrechtsreform 1997, AG Sonderheft ("Die Aktienrechtsreform 1997") 1997, S. 48.

Kumpan, Christoph/Mittermeier, Martin, Risikoentleerte Stimmrechte – Auswirkungen von Wertpapierdarlehen im Gesellschaftsrecht, ZIP 2009, S. 404.

Kümpel, Jeremias, Mehrstimmrechtsaktien im Stabilisierungs- und Restrukturierungsrahmen, AG 2024, S. 426.

Kunz, Peter V., Permanenter Umbruch im Gesellschaftsrecht – Eine Übersicht zu den legislativen Sturmböen seit 1991, SJZ 102 (2006), S. 145.

Kurz, Simon, Die Überfremdungsgefahr der deutschen Aktiengesellschaften und ihre Abwehr, in: F. Schmid (Hrsg.), Betriebs- und Finanzwirtschaftliche Forschungen, Frankfurt 1921 (zit. *Kurz*, Betriebs- und Finanzwirtschaftliche Forschungen).

Kuthe, Thorsten, Der Referentenentwurf des Zukunftsfinanzierungsgesetz, BB 2023, S. 1603–1609.

Lehmann, Karl, Die geschichtliche Entwicklung des Aktienrechts bis zum Code de Commerce, Berlin 1895 (zit. *Lehmann*, Die geschichtliche Entwicklung des Aktienrechts).

Lehn, Kenneth/Netter, Jeffry/Poulsen, Annette, Consolidating corporate control: Dual-class recapitalizations versus leveraged buyouts, Journal of Financial Economics, 1990.

Liebscher, Thomas, Umgehungsresistenz von Vinkulierungsklauseln, ZIP 2003, S. 825.

Lieder, Jan, Die 1. Aktienrechtsnovelle vom 11. Juni 1870, in: Bayer, Walter/Habersack, Mathias (Hrsg.), Aktienrecht im Wandel - Band I - Entwicklung des Aktienrechts, Tübingen 2007, S. 318–414 (zit. *Lieder*, Aktienrecht im Wandel I).

—, Staatliche Sonderrechte in Aktiengesellschaften– Zulässigkeit nach deutschem Aktienrecht und europäischem Gemeinschaftsrecht, ZHR 172 (2008), S. 306.

Lieder, Jan/Schaub, Bernhard/Schmidt, Uwe/Vetter, Jochen (Hrsg.), beck-online.GROSSKOMMENTAR – GwG, 2025 (zit. BeckOGK GwG/*Bearbeiter*).

Lieder, Jan/Stüttgen, Nikolai, Die Mehrstimmrechtsaktien-RL auf der Zielgeraden, NZG 2024, S. 753.

Linden, Klaus von der/*Schäfer, Tom*, Der RegE des Zukunftsfinanzierungsgesetzes: Neues zu Mehrstimmrechten, Kapitalerhöhungen und SPACs, DB 2023, S. 2292.

Loritz, Karl-Georg, Die Reichweite von Vinkulierungsklauseln in GmbH-Gesellschaftsverträgen, NZG 2007, S. 361.

Lüpold, Martin, Der Ausbau der „Festung Schweiz“: Aktienrecht und Corporate Governance in der Schweiz, 1881-1961, Dissertation, Universität Zürich 2008 (zit. *Lüpold*, Der Ausbau der „Festung Schweiz“).

Lutter, Marcus, Europäisches Unternehmensrecht – Grundlagen, Stand und Entwicklung nebst Texten und Materialien zur Rechtsangleichung, ZGR Sonderheft 4. Aufl., Berlin/New York, 1996.

—, Stellungnahme zur Aktienrechtsreform 1997, AG Sonderheft („Die Aktienrechtsreform 1997") 1997, S. 52.

Lutter, Marcus/Bayer, Walter/Schmidt, Jessica, Europäisches Unternehmens- und Kapitalmarktrecht – Grundlagen, Stand und Entwicklung nebst Texten und Materialien, ZGR Sonderheft 6. Aufl., Berlin/Boston, 2017.

Lutter, Marcus/Grunewald, Barbara, Gesellschaften als Inhaber vinkulierter Aktien und Geschäftsanteile, AG 1989, S. 409.

Manne, Henry G., Mergers and the Market for Corporate Control, Journal of Political Economy, 1965.

Manz, Gerhard/Mayer, Barbara (Hrsg.), Europäische Aktiengesellschaft – SE, 3. Aufl. 2019.

Masulis, Ronald W./Wang, Cong/Xie, Fei, Agency Problems at Dual-Class Companies, Juni 2008, https://papers.ssrn.com/sol3/papers.cfm?abstract_id=1080361 (geprüft am 12.3.2024).

Maul, Silja, § 4 – Der Aktionär, in: Drinhausen, Florian/Eckstein, Hans-Martin (Hrsg.), Beck'sches Handbuch der AG – Gesellschaftsrecht - Steuerrecht - Börsengang, München 2018 (zit. *Maul*, BeckHdB AG).

May, Peter, Die Sicherung des Familieneinflusses auf die Führung der börsengehandelten Aktiengesellschaft – Zugleich ein Beitrag zur Gestaltungsfreiheit im Gesellschaftsrecht, Dissertation 1992 (zit. *May*, Sicherung des Familieneinflusses).

Meier, Patrick/Jocham, Felix, Wie man Argumente gewinnt – Die Kunst, dogmatisch und überzeugend zu begründen, JuS 2015, S. 490.

Meier-Hayoz, Arthur, Personengesellschaftsrechtliche Elemente im Recht der Aktiengesellschaft, in: Jagmetti, Riccardo L./Schluep, Walther (Hrsg.), Festschrift für Walther Hug – zum 70. Geburtstag 14. April 1968, Bern 1968, S. 377 (zit. *Meier-Hayoz*, FS Hug).

Meier-Hayoz, Arthur/Forstmoser, Peter, Schweizerisches Gesellschaftsrecht – Mit neuem Aktien- und Handelsregisterrecht, 13. Aufl. 2023 (zit. *Meier-Hayoz/Forstmoser*, GesR).

Menke, Joachim, Die Kapitalbasis deutscher Aktiengesellschaften vom Beginn der Reformdiskussion im Jahre 1924 bis zum Erlaß des Aktiengesetzes von 1937, Dissertation, Universität Kiel 1988 (zit. *Menke*, Die Kapitalbasis).

Mestmaecker, Ernst-Joachim, Verwaltung, Konzerngewalt und Rechte der Aktionäre1958.

Mittermeier, Martin, Empty Voting – Risikoentleerte Stimmrechtsausübung im Recht der börsennotierten Aktiengesellschaft, Dissertation, Humboldt-Universität zu Berlin 2014 (zit. *Mittermeier*, Empty Voting).

Mock, Sebastian/Mohamed, Jean, Goodbye One Share One Vote? – Welcome Dual-Class Shares!, NZG 2022, S. 1275.

Möslein, Florian, Inhaltskontrolle aktienrechtlicher Entsendungsrechte: Europäische Anforderungen und Ausgestaltung im deutschen Aktienrecht, AG 2007, S. 770.

—, Kapitalverkehrsfreiheit und Gesellschaftsrecht – Zugleich Besprechung EuGH v. 28.9.2006 – Rs C-282 u. 283/04, ZIP 2007, 221 zu statutarischen Sonderrechten, ZIP 2007, S. 208.

Müffling, Hanskarl von, Höchst- und Mehrstimmrecht – Bedeutung und Grenzen ihrer Auswirkung nach dem neuen Aktiengesetz; (zugleich ein Beitrag zur Erläuterung der 3. DVO zum Aktiengesetz vom 21.12.1928), Dissertation 1940 (zit. *Müffling*, Höchst- und Mehrstimmrecht).

Müller-Graff, Peter-Christian, Die horizontale Direktwirkung der Grundfreiheiten, EuR 2014, S. 3.

Nahrath, Charles, Das Stimmrecht des Aktionärs nach schweizerischem Recht, Dissertation 1933 (zit. *Nahrath*, Stimmrecht).

Neumann, Kay-Uwe/Ogorek, Markus, Das aktienrechtliche Entsenderecht auf dem Prüfstand der Kapitalverkehrsfreiheit – Überlegungen anlässlich der Entscheidung des OLG Hamm v. 31. 3. 2008, NZG 2008, 914 (in diesem Heft) – ThyssenKrupp –, NZG 2008, S. 892.

Nicolussi, Julia, Mehrstimmrechtsaktie – Renaissance auf europäischer und auf nationaler Ebene, AG 2022, S. 757.

Noack, Ulrich, Das Aktienrecht der Krise – das Aktienrecht in der Krise?, AG 2009, S. 227.

—, Hauptversammlung und Stimmrecht nach 50 Jahren Aktiengesetz, in: Fleischer, Holger/Koch, Jens/Kropff, Bruno (Hrsg.), 50 Jahre Aktiengesetz, 2016, S. 163 (zit. *ders.*, 50 Jahre Aktiengesetz).

Noack, Ulrich/Servatius, Wolfgang/Haas, Philipp (Hrsg.), Gesetz betreffend die Gesellschaften mit beschränkter Haftung, 24. Aufl. 2025 (zit. *Bearbeiter*, in: Noack/Servatius/Haas (Hrsg.), Noack/Servatius/Haas GmbHG).

Nobel, Peter (Hrsg.), Berner Kommentar zum Obligationenrecht – Das Aktienrecht: Systematische Darstellung, Bern 2017 (zit. BK/*Bearbeiter*).

—, Stimmrechtsaktien und andere bevorzugte Aktien, SZW 2017, S. 576–585.

Nörr, Knut Wolfgang, Zur Entwicklung des Aktien- und Konzernrechts während der Weimarer Republik, ZHR 1986, S. 155–181.

Nüesch, Stephan, Dual-class shares, external financing needs, and firm, Journal of Management & Governance, 2016.

Nußbaum, Arthur, Aktionär und Verwaltung, Berlin 1928.

Ockert, Franziska, Die langfristige Bindung von Gesellschaftern – Eine Systematisierung ihrer Motive und Mechanismen vom Start-up bis zur börsennotierten Aktiengesellschaft, Dissertation, Martin-Luther-Universität Halle-Wittenberg 2020 (zit. *Ockert*, Ockert 2020).

Oehlrich, Marcus, Vorstands- und Aufsichtsratsvergütung im Lichte der Principal-Agent- und Kapitalmarkttheorie, NZG 2019, S. 1049.

Oppitz, Martin, Börsenotierte Familiengesellschaft und Kapitalmarkt-Compliance, in: Vogt, Gustav/Fleischer, Holger/Kalss, Susanne (Hrsg.), Recht der Familiengesellschaften – siebtes Deutsch-österreichisch-schweizerisches Symposium, Zürich 12.-13. Mai 2016, Tübingen 2017, S. 133.

Osterloh-Konrad, Christine, Gefährdet "Empty Voting" die Willensbildung in der Aktiengesellschaft? – Überlegungen zur Proportionalität zwischen Stimmrechtseinfluss und wirtschaftlicher Betroffenheit der Aktionäre, ZGR 2012, S. 35–80.

Oxera Consulting LLP, Primary and secondary equity markets in the EU – Final report, September 2020.

Oxera Consulting LLP/*Kaserer, Christoph*, Wie können Börsengänge für Start-ups in Deutschland erleichtert werden? Internationaler Vergleich und Handlungsempfehlungen – Studie im Auftrag des Bundesministeriums für Wirtschaft und Energie, 27.9.2021.

Pahlow, Louis, Aktienrecht und Aktiengesellschaft zwischen Revolution und Reichsgründung. Das Allgemeine Deutsche Handelsgesetzbuch von 1861, in: Bayer, Walter/Habersack, Mathias (Hrsg.), Aktienrecht im Wandel – Band I - Entwicklung des Aktienrechts, Tübingen 2007, S. 237–286 (zit. *Pahlow*, Aktienrecht im Wandel I).

Passow, Richard, Die Aktiengesellschaft: eine wirtschaftswissenschaftliche Studie, 2. Aufl., Jena 1922 (zit. *Passow*, Die AG).

—, Der Strukturwandel der Aktiengesellschaft im Lichte der Wirtschaftsenquete – Mit einem Anhang: Das Schicksal der Aktienrechtsreform, Jena 1930.

Pellens, Bernhard/Ahlich, Katrin/Schmidt, André, Verhalten und Präferenzen deutscher Aktionäre 2018 – Eine Befragung von privaten und institutionellen Anlegern zum Informationsverhalten, zur Dividendenpräferenz und zur Stimmrechtsnutzung, Juli 2019.

Pellens, Bernhard/Hillebrandt, Franca, Vorzugsaktien vor dem Hintergrund der Corporate Governance-Diskussion, AG 2001, S. 57–67.

Peltzer, Martin, Empfehlen sich gesetzliche Regeln zur Einschränkung des Einflusses der Kreditinstitute auf Aktiengesellschaften?, JZ 1996, S. 842.

—, Die Abschaffung von Mehrstimmrechten und Stimmrechtsbeschränkungen im KonTraG-Entwurf. Sonderheft, AG Sonderheft („Die Aktienrechtsreform 1997") 1997, S. 90.

Petersen, Julius/Pechmann, Wilhelm Freiherr von, Gesetz betreffend die Kommanditgesellschaften auf Aktien und die Aktiengesellschaften – vom 18. Juli 1884, Leipzig 1890 (zit. *Petersen/Pechmann*, Gesetz betreffend die KGaA und die AG).

Pistor, Katharina, Corporate Governance durch Mitbestimmung und Arbeitsmärkte, in: Hommelhoff, Peter/Hopt, Klaus J./Werder, Axel v. (Hrsg.), Handbuch Corporate Governance – Leitung und Überwachung börsennotierter Unternehmen in der Rechts- und Wirtschaftspraxis, 2. Aufl., Köln 2009, S. 231 (zit. *Pistor*, Hdb. Corporate Governance).

Planitz, Hans, Die Stimmrechtsaktie: ein Beitrag zur Reform des Aktienrechts, Leipzig 1922 (zit. *Planitz*, Die Stimmrechtsaktie).

Poggio, Karin/Zihler, Florian, Weiterer Meilenstein in der Aktienrechtsrevision – Der Bundesrat nimmt die Vernehmlassungsergebnisse zur Kenntnis und beschliesst das weitere Vorgehen, EF 2016, S. 79.

Pöhls, Meno, Das Recht der Actiengesellschaften mit besonderer Rücksicht auf Eisenbahngesellschaften, Hamburg 1842.

Reichert, Jochem, Vinkulierung von GmbH-Geschäftsanteilen – Möglichkeiten der Vertragsgestaltung, GmbHR 2012, S. 713.

Renaud, Achilles, Das Recht der Actiengesellschaften, 2. Aufl., Leipzig 1875 (zit. *Renaud*, Das Recht der AG).

Renner, Moritz, Hauptversammlungszuständigkeit und Organadäquanz, AG 2015, S. 513.

Report of the High Level Group of Company Lax Experts on issues related to takeover bids.

Roberto, Vito/Trüeb, Hans Rudolf (Hrsg.), Handkommentar zum Schweizer Privatrecht – Personengesellschaften und Aktiengesellschaft. Art. 530 - 771 OR, 4. Aufl., Zürich u.a. 2024 (zit. *Bearbeiter*, in: Roberto/Trüeb (Hrsg.), CHK).

Rompe, Sybille A., Ordnung und Unordnung im Aktienwesen, Dissertation 2020 (zit. *Rompe*, Ordnung und Unordnung im Aktienwesen).

Ross, Stephen A., The Economic Theory of Agency: The Principals Problem, American Economic Review, 1973.

Roßkopf, Gabriele, § 2, in: Goette, Wulf/Arnold, Michael (Hrsg.), Handbuch Aufsichtsrat, 2. Aufl., 2024 (zit. *Roßkopf*, AR-HdB.).

Röthlisberger, Alain P., Die Abschaffung von Stimmrechtsaktien, Zürich 2000.

Rubner, Daniel/Leuering, Dieter, Mehrstimmrechtsaktien nach dem Zukunftsfinanzierungsgesetz, NJW-Spezial 2024, S. 79.

Ruffner, Markus, Die ökonomischen Grundlagen eines Rechts der Publikumsgesellschaft 2000 (zit. *Ruffner*, Die ökonomischen Grundlagen eines Rechts der Publikumsgesellschaft).

Säcker, Franz Jürgen/Rixecker, Roland/Oetker, Hartmut/Limperg, Bettina (Hrsg.), Münchener Kommentar zum Bürgerlichen Gesetzbuch – Band 1 - Allgemeiner Teil. §§ 1 - 241, 10. Aufl. 2025 (zit. MüKo BGB/*Bearbeiter*).

Saenger, Ingo, Mehrstimmrechte bei Aktiengesellschaften, ZIP 1997, S. 1813–1820.

Sailer-Coceani, Viola/Kraft, Ernst-Thomas, § 14 – Verfügungen über die Aktie, in: Hoffmann-Becking, Michael (Hrsg.), Münchener Handbuch des Gesellschaftsrechts – Band 4, 6. Aufl., 2024 (zit. *Sailer-Coceani/Kraft*, MHdB GesR IV).

Salis, Ulysses von, Beschränkung der Stimmkraft der Aktionäre durch Höchststimmklauseln, in: Schluep, Walter R./Forstmoser, Peter/Isler, Peter R. (Hrsg.), Neues zum Gesellschafts- und Wirtschaftsrecht – zum 50. Geburtstag von Peter Forstmoser, Zürich 1993, S. 171–185.

Salis, Ulysses von/*Haas, Philipp*, Familieninterne Unternehmensnachfolge und M&A Transaktionen, in: Tschäni, Rudolf (Hrsg.), Mergers & Acquisitions XVI, 2014.

Sander, Florian, Höchststimmrechte und Kapitalverkehrsfreiheit nach der VW-Gesetz-Entscheidung – Psychologisiert der EuGH den Schutzbereich des Art. 56 EG?, EuZW 2008, S. 33.

Scalable Capital, Scalable Capital zum Entwurf eines Gesetzes zur Finanzierung von zukunftssichernden Investitionen (Zukunftsfinanzierungsgesetz), 10.5.2023.

Scheller, Johannes, § 17 – Überfremdungsschutz durch Vinkulierungsklauseln - Anforderungen an die Gestaltungspraxis, in: Bochmann, Christian/Scheller, Johannes/Prütting, Jens (Hrsg.), Münchener Handbuch des Gesellschaftsrechts – Band 9 Recht der Familienunternehmen, 6. Aufl., 2021 (zit. *Scheller*, MHdB GesR IX).

Schirrmacher, Carsten/Meiß, Leonard, Angebotspflicht gem. § 35 WpÜG nach passivem Kontrollerwerb durch Erlöschen von Mehrstimmrechten?, BKR 2024, S. 512.

Schlegelberger, Franz/Quassowski, Leo/Herbig, Gustav/Geßler, Ernst/Hefermehl, Wolfgang, Aktiengesetz vom 30. Januar 1937, Berlin 1937 (zit. *Schlegelberger/Quassowski/Herbig u.a.*, AktG 1937).

Schlitt, Michael/Ries, Susanne, Listing Act: Entwurf der Mehrstimmrechtsaktien-RL, NZG 2023, S. 145.

Schmalenbach, Eugen, Finanzierungen, 4. Aufl., Leipzig 1928.

Schmidt, Jessica, Der European Model Company Act (EMCA), ZHR 181 (2017), S. 43.

—, EU Listing Act am Horizont, NZG 2021, S. 1617–1618.

—, Die Mehrstimmrechte-RL (MVRD): Das Comeback der Mehrstimmrechte im Listing Act, BB 2024, S. 643.

—, Europa: Listing Act beschlossen, NZG 2024, S. 226.

—, EU Listing Act: bull or bear?, NZG 2025, S. 3.

Schmidt, Karsten, Gesellschaftsrecht, 4. Aufl., Köln 2002.

Schmidt, Karsten/Lutter, Marcus (Hrsg.), Aktiengesetz – Kommentar, 5. Aufl. 2024 (zit. Schmidt/Lutter AktG/*Bearbeiter*).

Schmulewitz, Maximilian, Die Verwaltungsaktie – Herrschafts- und Vorratsaktie; ihre rechtlichen und wirtschaftlichen Grundlagen, Berlin 1927.

Schneider, Uwe H., Gesetzliches Verbot für Stimmrechtsbeschränkungen bei der Aktiengesellschaft? – Zugleich ein Beitrag zur statutarischen Konzerngründungsklausel bei der abhängigen Aktiengeseilschaft, AG 1990, S. 56–63.

Scholz – Kommentar zum GmbH-Gesetz, 12. Aufl. 2024 (zit. Scholz GmbHG/*Bearbeiter*).

Schubert, Werner/Hommelhoff, Peter, Hundert Jahre modernes Aktienrecht – Eine Sammlung von Texten und Quellen zur Aktienrechtsreform 1884 mit zwei Einführungen, ZGR Sonderheft 4 (1985).

Schulte, Norbert, § 35 – Übertragung und Umwandlung der Gesellschafterstellung, in: Gummert, Hans/Weipert, Lutz (Hrsg.), Münchener Handbuch des Gesellschaftsrechts – Band 2, 6. Aufl., 2024 (zit. *Schulte*, MHdB GesR II).

Schulz, Peter/Brunner, Michael/Werz, Ralf Stefan, Die disproportionale Gewinn- und Stimmrechtsverteilung - ein Instrument für die Nachfolgeplanung, BB 2005, S. 2.

Seibert, Ulrich, Was ist Corporate Governance und warum beschäftigt sie die Gesetzgebung so intensiv?, in: Erle, Bernd/Goette, Wulf u.a. (Hrsg.), Festschrift für Peter Hommelhoff – zum 70. Geburtstag, 2012 (zit. *Seibert*, FS Hommelhoff).

Seibt, Christoph H., Verbandssouveränität und Abspaltungsverbot im Aktien- und Kapitalmarktrecht - Revisted: Hidden Ownership, Empty Voting und andere Kleinigkeiten, ZGR 2010, S. 795–835.

Seibt, Christoph H./Buck-Heeb, Petra/Harnos, Rafael (Hrsg.), BeckOK Wertpapierhandelsrecht, 17. Aufl. 2025 (zit. BeckOK WpHG/*Bearbeiter*).

Seidel, Andreas, Die Renaissance der Mehrstimmrechtsaktie, NZG 2023, S. 1205.

Selgert, Felix, Börsenzulassungsstellen, Reichsregierung und die (Selbst-)Regulierung der Mehrstimmrechtsaktie, 1919-1937, Jahrbuch für Wirtschaftsgeschichte 59 (2018), S. 77–103.

Sethe, Rolf, Die personalistische Kapitalgesellschaft mit Börsenzugang – Die reformierte KGaA als Mittel zur Verbesserung der Eigenkapitalausstattung deutscher Unternehmen, Dissertation, Universität Tübingen 1996 (zit. *Sethe*, Die personalistische Kapitalgesellschaft mit Börsenzugang).

—, Der Geltungsbereich der Organhaftung – ein deutsch-schweizerischer Rechtsvergleich, ZGR 2023, S. 775.

Shearman & Sterling LLP, Proportionality between Ownership and Control in EU-Listed Companies – Comparative Legal Study, 18.5.2007, https://ec.europa.eu/docsroom/documents/14881 (geprüft am 11.3.2024).

Shearman & Sterling LLP/ (ISS)/ (ECGI), Report on the Proportionality Principle in the European Union – External Study Commissioned by the European Commission, 2016, https://ec.europa.eu/docsroom/documents/14881 (geprüft am 11.3.2024).

Soergel, Hans Theodor (Hrsg.), Bürgerliches Gesetzbuch – Allgemeiner Teil 2, 13. Aufl. 1999 (zit. Soergel BGB/*Bearbeiter*).

Soergel, Hans Theodor/Siebert, Wolfgang (Hrsg.), Bürgerliches Gesetzbuch – Allgemeiner Teil 1, 13. Aufl. 2000 (zit. Soergel BGB/*Bearbeiter*).

SPD/ Die Grünen/ FDP, Mehr Fortschritt wagen.

Spindler, Gerald, Recht und Konzern, Tübingen 1993.

—, Deutsches Gesellschaftsrecht in der Zange zwischen Inspire Art und Golden Shares? – Anmerkung zu EuGH, Urteile vom 13. 5. 2003 - Rs. C-463/00 - Kommission/Spanien, RIW 2003, 869, und Rs. C-98/01 - Kommission/Vereinigtes Königreich Großbritannien und Nordirland, RIW 2003, 872, RIW 2003, S. 850.

—, Kriegsfolgen, Konzernbildung und Machtfrage als zentrale Aspekte der aktienrechtlichen Diskussion in der Weimarer Republik, in: Bayer, Walter/Habersack, Mathias (Hrsg.), Aktienrecht im Wandel – Band I - Entwicklung des Aktienrechts, Tübingen 2007, S. 440–569 (zit. *ders.*, Aktienrecht im Wandel I).

Staub, Hermann, Kommentar zum allgemeinen deutschen Handelsgesetzbuch – (ohne Seerecht), Berlin 1893.

—, Kommentar zum Handelsgesetzbuch – Erster Band, Enthaltend Buch 1 (Handelsstand) und Buch 2 (Handelsgesellschaften und stille Gesellschaften), 6. Aufl., Berlin 1900.

Stellungnahme des Bundesrates vom 19.8.2015 zum Postulat Minder (1.6.2015).

Stiftung Familienunternehmen, Die volkswirtschaftliche Bedeutung der Familienunternehmen – Schwerpunkt „Ausbildungsengagement", 6. Aufl., 2023, https://www.familienunternehmen.de/de/publikationen/die-volkswirtschaftliche-bedeutung-der-familienunternehmen-2023.

Stöber, Michael, Goldene Aktien und Kapitalverkehrsfreiheit in Europa, NZG 2010, S. 977–979.

Streinz, Rudolf (Hrsg.), EUV/ AEUV – Vertrag über die Europäische Union, Vertrag über die Arbeitsweise der Europäischen Union, Charta der Grundrechte der Europäischen Union, 3. Aufl., München 2018 (zit. Streinz AEUV/*Bearbeiter*).

Tautges, Marco, Empty Voting und Hidden (Morphable) Ownership – Die Entkopplung des Stimmrechts des Aktionärs einer börsennotierten Aktiengesellschaft von der wirtschaftlichen Betroffenheit, Dissertation, Rheinischen Friedrich-Wilhelms-Universität 2015 (zit. *Tautges*, Tautges 2015).

TESG, Empowering EU Capital Markets for SMEs – Making listing cool again, Mai 2021.

Teichmann, Christoph/Heise, Elisabeth, Das VW-Urteil des EuGH und seine Folgen, BB 2007, S. 2577.

Teuber, Hanno, § 85 – Wertpapierdarlehen und Wertpapierpensionsgeschäft, in: Ellenberger, Jürgen/Bunte, Hermann-Josef (Hrsg.), Bankrechts-Handbuch – Band I, 6. Aufl., 2022 (zit. *Teuber*, Ellenberger/Bunte, BankR-HdB).

Theusinger, Ingo/Möritz, Daniel, Empty Voting als moderner Stimmenkauf?, NZG 2010, S. 607.

Transfeld, Carsten, Anteilsübertragung trotz Vinkulierung – ein vermeintlicher Widerspruch? – Lösungsansätze für die gesellschaftsrechtliche Praxis, GmbHR 2010, S. 185.

Tschäni, Rudolf (Hrsg.), Mergers & Acquisitions XV2013.

— (Hrsg.), Mergers & Acquisitions XVI2014.

Verse, Dirk A., Aktienrechtliche Entsendungsrechte am Maßstab des Gleichbehandlungsgrundsatzes und der Kapitalverkehrsfreiheit – Überlegungen im Anschluss an OLG Hamm v. 31.3.2008 – 8 U 222/07, ZIP 2008, 1530 „ThyssenKrupp", ZIP 2008, S. 1754.

—, Kapitalverkehrsfreiheit, VW-Gesetz und VW-Satzung – eine unendliche Geschichte?, in: Breuer, Marten/Epiney, Astrid u.a. (Hrsg.), Der Staat im Recht – Festschrift für Eckart Klein zum 70. Geburtstag, Berlin 2013, 701 (zit. *ders.*, FS E. Klein).

Vogl-Mühlhaus, Claudia, Mehrfachstimmrechtsaktien – Historische Entstehung, gegenwärtige Verbreitung und ökonomische Bedeutung, Dissertation, Julius-Maximilian-Universität Würzburg 1998 (zit. *Vogl-Mühlhaus*, Mehrfachstimmrechtsaktien).

Vogt, Gustav, Zur Theorie der Handelsgesellschaften, insbesondere der Aktiengesellschaft, ZHR 1858, S. 477–539.

Vogt, Hans-Ueli, Aktionärsdemokratie – Über die Möglichkeiten und Grenzen der Verwirklichung eines politischen Leitbildes im Aktienrecht, mit besonderer Berücksichtigung der Revision des schweizerischen Aktienrechts, Zürich/St. Gallen 2012.

Volkmann, Frederike/Thoma, Carl-Friedrich, ZuFinG – Mehrstimmrechtsaktien als Instrument für Familienunternehmer und Gründer?, RFamU 2023, S. 443.

Voß, Heinrich, Das Stimmrecht der Generalversammlung der Aktiengesellschaft in seiner praktischen Ausgestaltung, Dissertation, Universität Köln 1930 (zit. *Voß*, Das Stimmrecht der Generalversammlung).

Wachter, Thomas (Hrsg.), Kommentar zum Aktiengesetz, 4. Aufl. 2022 (zit. Wachter AktG/*Bearbeiter*).

Waldenberger, Arthur, Sonderrechte der Gesellschafter einer GmbH – ihre Arten und ihre rechtliche Behandlung, GmbHR 1997, S. 52.

Wandlungen in den wirtschaftlichen Organisationsformen, Verhandlungen und Berichte des Unterausschusses für Allgemeine Wirtschaftsstruktur, (I. Unterausschuß), 3. Arbeitsgruppe. - Teil 3. Wandlungen in der aktienrechtlichen Gestaltung der Einzelunternehmen und Konzerne: Generalbericht, Berlin, 1930.

Wang, Xianrui, Vorzugsaktie ohne Stimmrecht – Rechtsdogmatik und Rechtstatsachen, Dissertation, Friedrich-Schiller-Universität Jena 2016 (zit. *Wang*, Vorzugsaktie).

Wasmann, Dirk, Erlöschen und Beseitigung von Mehrstimmrechten nach § 5 EGAktG: Gerichtliche Prüfung des Ausgleichs im Spruchverfahren, BB 2003, S. 57.

Watter, Rolf/Dubs, Dieter, Der Déchargebeschluss, AJP 2001, S. 908.

Watter, Rolf/Maizar, Karim, Aktionärsdemokratie – Über erweiterte Zuständigkeiten der Generalversammlung und Erleichrterungen bei der Stimmrechtsausübung in schweizerischen Aktiengesellschaften, in: Breitschmid, Peter/Portmann, Wolfgang u.a. (Hrsg.), Grundfragen der juristischen Person – Festschrift für Hans Michael Riemer zum 65. Geburtstag, 2007 (zit. *Watter/Maizar*, FS Riemer).

Watter, Rolf/Vogt, Hans-Ueli (Hrsg.), Basler Kommentar – Obligationenrecht II. Art. 530- 964 OR inkl. Schluss- und Übergangsbestimmungen, 6. Aufl. 2024 (zit. BSK OR II/*Bearbeiter*).

Weiss, Gottfried, Zum schweizerischen Aktienrecht, Bern 1968.

Weitnauer, Wolfgang, Teil A – Rahmenbedingungen von Venture Capital, in: ders. (Hrsg.), Handbuch Venture Capital – Von der Innovation zum Börsengang, 7. Aufl., 2022 (zit. *Weitnauer*, HdB Venture Capital).

—, Teil D – Die Gründung, in: ders. (Hrsg.), Handbuch Venture Capital – Von der Innovation zum Börsengang, 7. Aufl., 2022 (zit. *ders.*, HdB Venture Capital).

—, Teil F – Der Beginn des operativen Geschäfts, in: ders. (Hrsg.), Handbuch Venture Capital – Von der Innovation zum Börsengang, 7. Aufl., 2022 (zit. *ders.*, HdB Venture Capital).

Werner, Rüdiger, Umgehung einer Vinkulierungsklausel durch Übertragung von Anteilen an zwischengeschaltete Gesellschaften – Zugleich Bespr. von OLG Hamm v. 19.6.2023 – 8 U 177/22, NZG 2024, 443 (in diesem Heft), NZG 2024, S. 438.

Wicke, Hartmut/Berkefeld, Sebastian, § 18 – Gesellschafter- und Poolvereinbarungen, in: Bochmann, Christian/Scheller, Johannes/Prütting, Jens (Hrsg.), Münchener Handbuch des Gesellschaftsrechts – Band 9 Recht der Familienunternehmen, 6. Aufl., 2021 (zit. *Wicke/Berkefeld*, MHdB GesR IX).

Wiethölter, Rudolf, Interessen und Organisation der Aktiengesellschaft im amerikanischen und deutschen Recht, Karlsruhe 1961 (zit. *Wiethölter*, Interessen und Organisation der AG).

Wilmowsky, Peter von, EG-Freiheiten und Vertragsrecht, JZ 1996, S. 590.

Winkler, Nina, Das Stimmrecht der Aktionäre in der Europäischen Union – Rechtsvergleichende Analysen unter besonderer Berücksichtigung grenzüberschreitender Beteiligungen und der großen Mitgliedstaaten, Diss. 2006 (zit. *Winkler*, Das Stimmrecht der Aktionäre in der Europäischen Union).

Wittig, Arne/Hummelmeier, Jakob, Back to the Future: Mehrstimmrechtsaktien nach dem Zukunftsfinanzierungsgesetz, WM 2024, S. 332.

Wohlmann, Herbert, Partizipationsscheine - zugleich ein Beitrag zur Interdependenz von Gesellschaftsrecht und Finanzmarkt, SZW 63 (1991), S. 169.

Wolf, Lisa, Mehrstimmrechtsaktien – Ein Vergleich des US-amerikanischen mit dem deutschen Recht unter Berücksichtigung ökonomischer und empirischer Gesichtspunkte sowie des EU Listing Act und des ZuFinG, Diss., Universität Augsburg 2023 (zit. *Wolf*, Mehrstimmrechtsaktien).

—, Mehrstimmrechtsaktien – eine neue Perspektive für Familienunternehmen?, RFamU 2024, S. 105.

Wolf, Maximilian/Schirrmacher, Paul, Das Bezugsrecht bei einer Kapitalerhöhung mit Stamm- und Vorzugsaktien, NZG 2021, S. 914.

Zeißig, Martina, Mitgliedschaft und Stimmrechtsmacht in der Aktiengesellschaft: eine Untersuchung zu Höchststimmrechten und Mehrstimmrechten, Dissertation, Freie Universität Berlin 1996 (zit. *Zeißig*, Mitgliedschaft und Stimmrechtsmacht).

ZEW, Evaluation des BMWi-Förderprogramms „INVEST – Zuschuss für Wagniskapital" – Kurzfassung des Projektberichts an das BMW, Mannheim, Juni 2016, https://www.zew.de/forschung/evaluation-des-bmwi-foerderprogramms-invest-zuschuss-fuer-wagniskapital (geprüft am 10.4.2024).

Ziemons, Hildegard/Jaeger, Carsten/Pöschke, Moritz (Hrsg.), Beck'scher Online-Kommentar GmbHG. 56. Edition (Stand: 1.11.2025), München (zit. BeckOK GmbHG/*Bearbeiter*).

Zinser, Alexander, Entwicklungen zu einem europäischen Übernahmerecht, ZRP 2003, S. 78.

Zöllner, Wolfgang, Die Schranken mitgliedschaftlicher Stimmrechtsmacht bei den privatrechtlichen Personenverbänden, Habilitationsschrift 1963 (zit. *Zöllner*, Stimmrechtsmacht).

— (Hrsg.), Kölner Kommentar zum Aktiengesetz – Einleitungs-Band, Köln/Berlin 1984 (zit. KK/*Bearbeiter*).

— (Hrsg.), Kölner Kommentar zum Aktiengesetz, 2. Aufl. 1988 (zit. KK/*Bearbeiter*).

Zöllner, Wolfgang/Hanau, Hans, Die verfassungsrechtlichen Grenzen der Beseitigung von Mehrstimmrechten bei Aktiengesellschaften, AG 1997, S. 206–219.

Zöllner, Wolfgang/Noack, Ulrich, One share – one vote? – Stimmrecht und Kapitalbeteiligung bei der Aktiengesellschaft, AG 1991, S. 117.

— (Hrsg.), Kölner Kommentar zum Aktiengesetz – Band 1. §§ 1 - 75, 3. Aufl. 2011 (zit. KK AktG/*Bearbeiter*).

— (Hrsg.), Kölner Kommentar zum Aktiengesetz – Band 5. §§ 241-290, 3. Aufl. 2018 (zit. KK AktG/*Bearbeiter*).

— (Hrsg.), Kölner Kommentar zum Aktiengesetz – Band 4/1, 3. Aufl. 2020 (zit. KK AktG/*Bearbeiter*).

— (Hrsg.), Kölner Kommentar zum Aktiengesetz – Band 3 Teilband 1a, 2. Aufl. 2021 (zit. KK AktG/*Bearbeiter*).

Zweiter Bericht über die Revision der Titel 24 bis 33 des schweizerischen Obligationenrechts.